Your vocabulary is the total number of words you k
The vocabulary of a language is all t

암기고래 APP 서비스 제공

공무원 영어 필수 기출 어휘집

VOCA EXTREME

심우철 지음

심슨북스
커넥츠 공단기
인터넷 강의 gong.conects.com

FEATURE

교재 특징

1. 공무원 시험을 위한 최적의 단어장

<보카익스트림> 단 한 권으로 공무원 어휘에 대한 철저한 대비가 가능합니다. 공무원 시험 10개년의 기출 분석과 공무원 시험을 수년간 분석해온 심우철 선생님의 노하우를 통해 출제 빈도가 매우 높은 2,000개의 표제어를 엄선해서 수록하였습니다.

2. 어휘의 초고효율 학습을 위한 구성

<보카익스트림>은 표제어를 2,000개만 선정하여 학습의 부담감은 줄이고 휴대의 편리성은 높였습니다. 하지만 표제어에 들어가지 못한 나머지 단어들은 동의어와 파생어로 자연스럽게 녹아들어 있기에 수험생들의 학습량에 전혀 부족함이 없습니다.

3. 도식화된 어원 설명과 연상을 활용한 단어 학습

영어 단어 학습에서 어원이 가지는 역할은 상당히 큽니다. 표제어 옆에 어원을 도식화시켜서 어근, 접두사, 접미사를 중심으로 나눈 뒤 친절하게 설명까지 덧붙였습니다. 이를 통해 학습자들은 단어를 가장 효과적으로 암기할 수 있습니다. 또한 어휘의 발음과 형태를 이용한 연상 설명으로 단어 학습의 흥미를 높이고 강력한 암기 효과를 얻을 수 있습니다.

4. 반복적인 동의어 학습

공무원 수험생들이 단어를 외울 때 가장 힘들어하는 부분이 바로 방대한 양의 동의어 암기입니다. <보카익스트림>은 표제어로 나온 단어가 다른 표제어의 동의어로 여러 차례 등장하도록 편집되었습니다. 따라서 의미를 까먹었을 법한 단어들이 다른 단어의 동의어로 자주 등장하기에 반복적인 학습이 가능하고 그로 인해 장기적으로 어휘를 기억할 수 있습니다.

STRUCTURE

교재 구성

1. 도식화된 어원을 통한 암기

표제어 옆에 배치한 도식화된 어원 설명을 통해서 단어를 가장 효과적으로 암기할 수 있습니다.

2. 발음과 형태를 이용한 연상 암기

위트 넘치고, 재미있는 연상 설명을 통해서 흥미로운 단어 학습이 가능합니다.

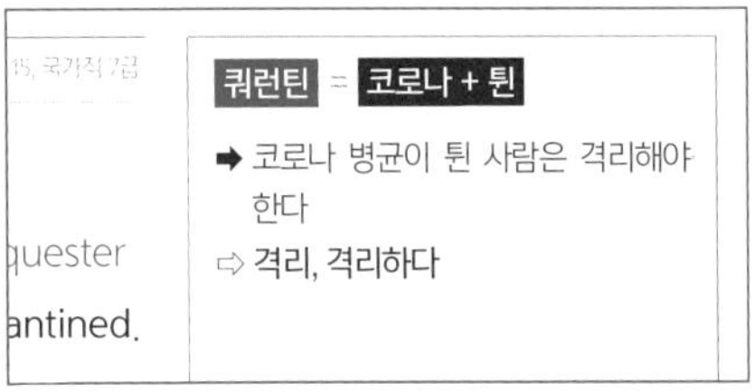

3. 동의어와 파생어

표제어에 들어가지 못한 단어들은 동의어와 파생어로 자연스럽게 녹아있어서 초고효율의 단어 암기가 가능합니다.

4. 심화 단어 표시

시험을 앞둔 수험생들은 암기의 우선순위를 파악하여 더욱 효율적으로 학습할 수 있습니다.

VOCA EXTREME

권장 학습 계획표

1. 나는 차근차근 꼼꼼히 공부하는 것이 좋아! 누적 복습 Course (10주 3회독 완성 계획표)

1주차	1일차	2일차	3일차	4일차	5일차	6일차	7일차
	DAY 01	DAY 02	DAY 01, 02	DAY 03	DAY 04	DAY 03, 04	DAY 01~04
2주차	8일차	9일차	10일차	11일차	12일차	13일차	14일차
	DAY 05	DAY 06	DAY 05, 06	DAY 07	DAY 08	DAY 07, 08	DAY 05~08
3주차	15일차	16일차	17일차	18일차	19일차	20일차	21일차
	DAY 09	DAY 10	DAY 09, 10	DAY 11	DAY 12	DAY 11, 12	DAY 09~12
4주차	22일차	23일차	24일차	25일차	26일차	27일차	28일차
	DAY 13	DAY 14	DAY 13, 14	DAY 15	DAY 16	DAY 15, 16	DAY 13~16
5주차	29일차	30일차	31일차	32일차	33일차	34일차	35일차
	DAY 17	DAY 18	DAY 17, 18	DAY 19	DAY 20	DAY 19, 20	DAY 17~20
6주차	36일차	37일차	38일차	39일차	40일차	41일차	42일차
	DAY 21	DAY 22	DAY 21, 22	DAY 23	DAY 24	DAY 23, 24	DAY 21~24
7주차	43일차	44일차	45일차	46일차	47일차	48일차	49일차
	DAY 25	DAY 26	DAY 25, 26	DAY 27	DAY 28	DAY 27, 28	DAY 25~28
8주차	50일차	51일차	52일차	53일차	54일차	55일차	56일차
	DAY 29	DAY 30	DAY 29, 30	DAY 31	DAY 32	DAY 31, 32	DAY 29~32
9주차	57일차	58일차	59일차	60일차	61일차	62일차	63일차
	DAY 33	DAY 34	DAY 33, 34	DAY 35	DAY 36	DAY 35, 36	DAY 33~36
10주차	64일차	65일차	66일차	67일차	68일차	69일차	70일차
	DAY 37	DAY 38	DAY 37, 38	DAY 39	DAY 40	DAY 39, 40	DAY 37~40

아래의 표는 심슨영어연구소에서 권장하는 하나의 예시 계획표입니다.
참고하여 각자 본인의 현재 상황에 맞게 실행 가능하고 효율적인 계획을 세워보도록 합시다!

2. 난 단기간에 단어를 빡세게 외울 거야! 인텐시브 Course (6주 4회독 완성 계획표)

1주차	1일차	2일차	3일차	4일차	5일차	6일차	7일차
	DAY 01, 02	DAY 03, 04	DAY 05, 06	DAY 07, 08	DAY 09, 10	DAY 01~05	DAY 06~10
2주차	8일차	9일차	10일차	11일차	12일차	13일차	14일차
	DAY 11, 12	DAY 13, 14	DAY 15, 16	DAY 17, 18	DAY 19, 20	DAY 11~15	DAY 16~20
3주차	15일차	16일차	17일차	18일차	19일차	20일차	21일차
	DAY 21, 22	DAY 23, 24	DAY 25, 26	DAY 27, 28	DAY 29, 30	DAY 21~25	DAY 26~30
4주차	22일차	23일차	24일차	25일차	26일차	27일차	28일차
	DAY 31, 32	DAY 33, 34	DAY 35, 36	DAY 37, 38	DAY 39, 40	DAY 31~35	DAY 36~40
5주차	29일차	30일차	31일차	32일차	33일차	34일차	35일차
	DAY 01~04	DAY 05~08	DAY 09~12	DAY 13~16	DAY 17~20	DAY 01~10	DAY 11~20
6주차	36일차	37일차	38일차	39일차	40일차	41일차	42일차
	DAY 21~24	DAY 25~28	DAY 29~32	DAY 33~36	DAY 37~40	DAY 21~30	DAY 31~40

3. 시험이 코앞, 막판 버닝 가즈아! 최종 회독 Course (3주 4회독 완성 계획표)

1주차	1일차	2일차	3일차	4일차	5일차	6일차	7일차
	DAY 01~04	DAY 05~08	DAY 09~12	DAY 13~16	DAY 17~20	DAY 21~24	DAY 25~28
2주차	8일차	9일차	10일차	11일차	12일차	13일차	14일차
	DAY 29~32	DAY 33~36	DAY 37~40	DAY 01~08	DAY 09~16	DAY 17~24	DAY 25~32
3주차	15일차	16일차	17일차	18일차	19일차	20일차	21일차
	DAY 33~40	DAY 01~10	DAY 11~20	DAY 21~30	DAY 31~40	DAY 01~20	DAY 21~40

CONTENTS

PART 1 어원으로 외우면 좋은 단어 10

Day 01~29

어원으로 외우면 좋은 단어

Part 1.

전 직렬 적중으로 증명된

VOCA EXTREME

DAY 01

R01 spect, spec, spis, spic : 보다(see)

0001 1 2 3 4 5 20. 지역인재 9급

perspective
[pərspéktiv]

명 ① 관점, 시각 ② 원근법

a global perspective
세계적 관점

per + spect + ive
through see 명접
→ 전체를 두루(per) 봄(spect)
⇨ 관점

0002 1 2 3 4 5 09. 국가직 7급

respect
[rispékt]

respectful 형 존중하는, 공손한
respective 형 각각의, 각자의
respectable 형 존경할 만한, 훌륭한

동 존경하다 명 ① 존경 ② (측)면

= 동 adore, revere, defer, venerate

trust and respect each other
서로를 믿고 존경하다

re + spect
again see
→ 보고 또(re) 볼만한(spect) 사람이니까
⇨ 존경하다

0003 1 2 3 4 5 21. 지방직 9급 / 15. 국가직 7급 / 08. 국가직 9급

inspect
[inspékt]

inspection 명 점검, 사찰
inspector 명 조사관, 감독관

동 조사하다

= probe, scrutinize, investigate, overhaul

inspect what is going on
일이 어떻게 되어 가는지를 조사하다

in + spect
in see
→ 안을(in) 들여다보다(spect)
⇨ 조사하다

0004 1 2 3 4 5

retrospect
[rétrəspèkt]

retrospective 형 회고하는
retrospection 명 회고, 회상

명 회상, 추억 동 회고하다, 회상하다

= 동 recall, recollect, reminisce

In **retrospect**, I think that I was wrong.
돌이켜 보니 내가 틀렸던 것 같다.

retro + spect
back see
→ 뒤돌아(retro) 보니까(spect)
⇨ 회고하다

0005 1 2 3 4 5

introspective
[intrəspéktiv]

introspect 동 자아 성찰[자기반성]하다
introspection 명 자기 성찰

형 자기 성찰적인, 내성적인

= reserved, introvert, introverted, diffident

He is **introspective** and likes being alone.
그는 내성적이고 혼자 있는 것을 좋아한다.

intro + spect + ive
inward see 형접
→ 자신의 안을(intro) 들여다보는(spect) 거니까
⇨ 자기 성찰적인

0006 1 2 3 4 5 20. 국회직 8급

speculate

[spékjulèit]

speculation 명 추측, (어림) 짐작

동 ① 사색하다, 추측하다 ② 투기하다

speculate about what might happen
일어날지도 모르는 일에 대해 추측하다

spec(ul) + **ate**
see 동접

→ 어떤 문제를 자세히 훑어보는(spec) 것에서 유래
⇨ 추측하다

0007 1 2 3 4 5 19. 서울시 7급 추가채용 / 16. 기상직 9급

specific

[spisífik]

specifically 부 특히, 분명히
specification 명 ① 상술 ② 설명서

형 ① 구체적인, 분명한 ② 특정한

ask the interviewees **specific** questions
면접자들에게 구체적인 질문을 하다

spec(i) + **fic**
see 형접

→ 눈으로 자세히 볼(spec) 수 있게 만드는(fic) 거니까
⇨ 구체적인

0008 1 2 3 4 5

specify

[spésəfài]

specified 형 명시된

동 명시하다, 구체화하다

= stipulate

specify what they want
그들이 원하는 것을 구체화하다

spec(i) + **fy**
see 동접

→ 눈으로 자세히 볼(spec) 수 있게 하다(fy)
⇨ 명시하다

0009 1 2 3 4 5 17. 법원직 9급

despise

[dispáiz]

despicable 형 비열한, 야비한

동 경멸하다

= contemn, scorn, disdain

despise gossip
험담을 경멸하다

de + **spis(e)**
down see

→ 눈을 아래로(de) 낮추어서 보다(spis)
⇨ 경멸하다

0010 1 2 3 4 5 20. 국가직 9급 / 19. 국회직 9급

conspicuous

[kənspíkjuəs]

conspicuously 부 눈에 띄게, 두드러지게
conspicuity 명 눈에 잘 띔

형 눈에 잘 띄는, 뚜렷한

= apparent, obvious, distinct, evident, noticeable, palpable, manifest

Most people don't want to be too **conspicuous**.
대부분의 사람들이 너무 눈에 띄는 것은 원하지 않는다.

con + **spic(u)** + **ous**
completely see 형접

→ 완전히(con) 보이는(spic) 것이니까
⇨ 눈에 잘 띄는

R02 vis, vise, vid : 보다(see)

0011 1 2 3 4 5

supervise
[sùːpərváiz]

동 감독하다, 관리하다

= superintend, oversee, overlook

supervise the children playing outside
밖에서 노는 아이들을 감독하다

supervisor 명 감독관, 관리자
supervision 명 감독, 감시
supervisory 형 감독상의, 관리상의

super (over) + vise (see)
→ 위에서(super) 내려다보다(vise)
⇨ 감독하다

0012 1 2 3 4 5

revise
[riváiz]

동 ① 수정하다, 개정하다 ② 복습하다

= ① correct, redress, mend, amend, rectify

revise the policy
정책을 개정하다

revision 명 수정(사항), 검토

re (again) + vise (see)
→ 다시(re) 들여다보고(vise) 바꾸다
⇨ 수정하다, 개정하다

0013 1 2 3 4 5 20. 국회직 8급 / 19. 지방직 7급

devise
[diváiz]

동 고안하다, 궁리하다

= conceive, contrive, invent

devise an alternative solution
대안적인 해결책을 고안하다

device 명 장치, 고안품

de (down) + vise (see)
→ 아래를(de) 보며(vise) 생각하다 (로댕의 생각하는 사람을 연상)
⇨ 궁리하다
새로운 장치(device)를 고안하다(devise)
⇨ 고안하다

0014 1 2 3 4 5

envision
[invíʒən]

동 상상하다, 마음속에 그리다

= conceive, fancy, envisage

envision an equal society
평등한 사회를 상상하다

envisioned 형 구상 중인

en (make) + vis (see) + ion (동접)
→ 보이도록(vis) 마음속에 그리다(en)
⇨ 상상하다

0015 1 2 3 4 5 20. 지역인재 9급 / 18. 지방직 9급

improvise
[ímprəvàiz]

동 즉흥적으로 하다

= ad-lib, extemporize

Wise people know how to improvise.
현명한 자들은 어떻게 즉흥적으로 대처하는지 안다.

improvised 형 즉석에서 지은, 즉흥의
improvisation 명 즉석에서 하기, 즉석에서 한 것

im (not) + pro (ahead) + vise (see)
→ 사전에(pro) 본(vise) 것이 아니니까(im)
⇨ 즉흥적으로 하다
[임프로바이즈] = 안 풀어봤지 ➡ 미리 안 풀어봤지? 여기서 즉흥적으로(improvise) 풀어봐 ⇨ 즉흥적으로 하다

0016 1 2 3 4 5 심화

invidious
[invídiəs]

형 ① 비위[눈]에 거슬리는
② 불공평한, 몹시 차별하는

= ② unfair, discriminatory, one-sided

an **invidious** comparison
불공평한 비교

in + vid + ious
not / see / 형접
→ 보고(vid) 싶지 않은(in)
⇨ 비위에 거슬리는
→ 능력·성과를 제대로 보지(vid) 않는(in)
⇨ 불공평한

R 03 voc, voke : ① 목소리(voice) ② 부르다(call)

0017 1 2 3 4 5

vocation
[voukéiʃən]

명 ① 천직, 소명 ② 직업

= ① calling ② occupation, profession

He is a doctor with a strong sense of **vocation**.
그는 강한 소명 의식을 가진 의사이다.

vocational 형 직업과 관련된, 직업상의

voc + ation
call / 명접
→ 신의 부름(voc)
⇨ 천직

0018 1 2 3 4 5 20. 지방직 7급 / 16. 기상직 9급 / 14. 서울시 7급

advocate
동 [ǽdvəkèit]
명 [ǽdvəkət]

동 ① 변호하다, 지지하다 ② 주장하다
명 지지자, 옹호자

= 동 ① defend, plead
명 supporter, proponent

advocate the reduction of all violence
모든 폭력의 축소를 지지하다

advocacy 명 지지

ad + voc + ate
to / call / 동·명접
→ -에(ad) 자신의 목소리를(voc) 내니까
⇨ 변호하다, 지지하다

0019 1 2 3 4 5 17. 국가직 9급 추가채용 / 15. 지방직 9급 / 14. 지방직 9급 / 14. 서울시 7급

provoke
[prəvóuk]

동 ① (특정 반응을) 유발하다 ② 화나게 하다

= ② infuriate, enrage, incense, exasperate, vex

The news **provoked** a negative response.
그 뉴스는 부정적인 반응을 유발했다.

provocation 명 도발, 자극
provocative 형 도발적인

pro + voke
forward / call
→ 감정을 앞으로(pro) 불러내니까(voke)
⇨ 유발하다

0020 1 2 3 4 5 18. 국회직 9급 / 17. 서울시 9급 / 14. 국가직 9급

evoke
[ivóuk]

동 불러내다, (기억·감정을) 일깨우다

= engender, beget, incur, induce, elicit

Her case **evoked** public sympathy.
그녀의 사건이 대중의 연민을 불러일으켰다.

evocative 형 좋은 생각을 떠올리게 하는
evocation 명 불러냄, 환기

e + voke
out / call
→ 밖으로(e) 불러내니까(voke)
⇨ 불러내다

0021 1 2 3 4 5 15. 경찰직 1차 / 15. 사회복지직 9급

revoke

[rivóuk]

revocable 형 취소할 수 있는
revocation 명 폐지, 철회
irrevocable 형 취소할 수 없는, 돌이킬 수 없는

동 무효로 하다, 취소하다

= annul, nullify, retract, repeal, rescind, recant, countermand, abrogate

His license was **revoked** for three months.
그는 3개월간 면허가 취소되었다.

re + **voke**
back call

→ 앞에서 한 말을 다시 뒤로(re) 불러오니까(voke)
⇨ 무효로 하다

0022 1 2 3 4 5 09. 국가직 9급

invoke

[invóuk]

동 ① 기원하다, 호소하다 ② 적용하다 ③ 언급하다

= ① appeal

invoke the power of the law
법의 힘에 호소하다

in + **voke**
in call

→ 마음 안에서(in) 신을 부르니까(voke)
⇨ 기원하다, 호소하다
→ 주장·이론을 안으로(in) 부르니까(voke)
⇨ 적용하다, 언급하다

0023 1 2 3 4 5 심화

vociferate

[vousífərèit]

vociferous 형 소리 높여 표현하는

동 소리치다, 고함치다

= exclaim, roar

They **vociferated** their demands.
그들은 그들의 요구를 부르짖었다.

voc(i) + **fer** + **ate**
voice carry 동접

→ 소리를(voc) 끊임없이 실어(fer) 나르니까
⇨ 소리치다

R 04 claim, clam : 외치다(cry)

0024 1 2 3 4 5

acclaim

[əkléim]

acclamation 명 환호, 갈채
acclaimed 형 칭찬을 받는

동 칭송하다, 환호하다

= praise, commend, compliment, exalt, extol, laud, applaud

The song was **acclaimed** as a masterpiece.
그 곡은 걸작으로 칭송받았다.

ac + **claim**
to cry

→ ~쪽을 향해(ac) 강하게 소리치다(claim)
⇨ 환호하다

0025 1 2 3 4 5

exclaim

[ikskléim]

exclamatory 형 감탄조의
exclamation 명 감탄사, 외침

동 소리치다, 외치다

= roar, vociferate

'It isn't fair!', she **exclaimed** angrily.
'이건 불공평해!' 그녀가 화가 나서 소리쳤다.

ex + **claim**
out cry

→ 밖으로(ex) 크게 외치다(claim)
⇨ 소리치다

0026 1 2 3 4 5 15. 기상직 7급 / 12. 사회복지직 9급

proclaim

[proukléim]

동 ① 선언[선포]하다 ② 분명히 보여주다

= ① declare, announce, profess

proclaim the independence of Korea
대한민국의 독립을 선언하다

proclamation 명 ① 선언서, 성명서 ② 선언, 선포

pro + claim
forward cry

→ 국민들 앞으로(pro) 어떤 제도나 법령을 소리치다(claim)
⇨ 선언하다

0027 1 2 3 4 5 심화 13. 서울시 7급

declaim

[dikléim]

동 ① 연설하다, 열변을 토하다 ② 격렬하게 비난하다

= ② denounce, reproach, reprehend, rebuke, censure, impugn, oppugn, excoriate

declaim with authority
권위를 가지고 연설하다

declamation 명 ① 열변(을 토함) ② 연설, 연설문

de + claim
completely cry

→ 모여 있는 군중들을 향해 강하게(de) 외치다(claim)
⇨ 연설하다
→ 상대에게 강하게(de) 부당함을 외치다(claim)
⇨ 격렬하게 비난하다

0028 1 2 3 4 5 심화

disclaim

[diskléim]

동 ① 권리를 포기하다 ② 부인하다

disclaim all responsibility for the accident
그 사건에 대해 모든 책임을 부인하다

dis + claim
not cry

→ 권리를 갖지 않겠다고(dis) 주장하다(claim)
⇨ 권리를 포기하다
→ 사실이 아니라고(dis) 주장하다(claim)
⇨ 부인하다

0029 1 2 3 4 5 심화

reclaim

[rikléim]

동 ① 교정하다, 개선하다 ② 개간하다

He was reclaimed from the vice.
그는 나쁜 행실에서 손을 뗐다.

reclamation 명 ① 교정, 교화 ② 개간

re + claim
again cry

→ 다시(re) 요구해서(claim) 고치게 하다
⇨ 교정하다

[리클레임] = 이끌림 ➡ 착한 친구에 의해 좋은 쪽으로 이끌림 ⇨ 교정하다, 개선하다

0030 1 2 3 4 5

clamorous

[klǽmərəs]

형 떠들썩한, 시끄러운

= vociferous, strident, raucous

the clamorous sound of children
아이들의 떠들썩한 소리

clamor 동 외치다, 떠들어대다
명 시끄러운 외침, 떠들썩함

clam + or + ous
cry 사람 형접

→ 소리치는(clam) 사람이(or) 많은 거니까
⇨ 떠들썩한

R 05 pir, spir : 숨을 쉬다(breath)

0031 1 2 3 4 5 18. 기상직 9급

respire
[rispáiər]

respiratory 형 호흡의, 호흡 기관의
respiration 명 호흡

동 ① 호흡하다 ② 휴식하다

= ① breathe

Fish **respire** through their gills.
어류는 아가미를 통해 숨을 쉰다.

re + **spir(e)**
again breath
→ 반복해서(re) 숨을 쉬다(spir)
⇨ 호흡하다

0032 1 2 3 4 5 18. 기상직 9급 / 12. 사회복지직 9급

inspire
[inspáiər]

inspiring 형 고무하는, 자극하는
inspiration 명 영감, 영감이 되는 사람[것]
inspirational 형 영감을 주는

동 ① (감정·생각을) 불어넣다, 영감을 주다
② 고무[격려]하다

inspire me with confidence
내게 자신감을 불어넣다

in + **spir(e)**
in breath
→ 안에(in) 숨을(spir) 불어넣다
⇨ 불어넣다, 영감을 주다

0033 1 2 3 4 5 17. 경찰직 1차

conspire
[kənspáiər]

conspiracy 명 음모, 공모
conspirator 명 공모자, 음모자
conspiratorial 형 음모의

동 공모하다, 음모를 꾸미다

= plot, collude, intrigue

conspire against the king
왕에 대항할 음모를 꾸미다

con + **spir(e)**
together breath
→ 함께(con) 조용히 숨을 쉬다(spir)
⇨ 공모하다

0034 1 2 3 4 5 심화

perspire
[pərspáiər]

perspiration 명 땀, 땀 흘리기
perspiratory 형 땀나는, 발한의

동 땀을 흘리다

They began to **perspire** heavily.
그들은 심하게 땀을 흘리기 시작했다.

per + **spir(e)**
through breath
→ 피부를 통해서(per) 숨을 쉬다(spir)
⇨ 땀을 흘리다

0035 1 2 3 4 5 22. 간호직 8급 / 18. 기상직 9급

expire
[ikspáiər]

expired 형 만료된, 기한이 지난
expiration 명 만기, 종결

동 만료되다

= terminate, cease, lapse

When does your passport **expire**?
당신의 여권 만료일이 언제예요?

ex + **pir(e)**
out breath
→ 밖으로(ex) 숨이(pir) 다 빠져나오다
⇨ 만료되다

0036 1 2 3 4 5 심화 12. 지방직 7급

transpire
[trænspáiər]

동 누설되다, 새다, 배출하다

Most plants **transpire** water during the night.
대부분의 식물들은 밤중에 수분을 배출한다.

transpiration 명 증산, 발산

trans + pir(e)
through breath
→ 사이를 통과해(trans) 숨이(pir) 새어 나가는 거니까
⇨ 누설되다

R 06 phon, son : 소리(sound)

0037 1 2 3 4 5

phonate
[fóuneit]

동 발음하다, 소리를 내다

= vocalize

When we **phonate**, our vocal cords vibrate.
우리가 소리를 낼 때, 성대가 울린다.

phonetic 형 음성(발음)을 나타내는

phon + ate
sound 동접
→ 소리(phon) 내서 들리게 하다
⇨ 발음하다

0038 1 2 3 4 5 심화 19. 서울시 7급

consonant
[kánsənənt]

형 -와 일치하는 (with) 명 자음

= 형 consistent, coincident, concurrent, congruent, congruous

cf. vowel (모음)

His actions are **consonant** with his principles.
그의 행위는 그의 원칙과 일치한다.

consonance 명 일치, 조화

con + son + ant
together sound 형·명접
→ 함께(con) 소리를(son) 내는 거니까
⇨ -와 일치하는

R 07 dict, dic : 말하다(say)

0039 1 2 3 4 5

predict
[pridíkt]

동 예언하다, 예측[예상]하다

= foresee, forecast, foretell

I **predict** this year will be even better.
나는 올해는 훨씬 더 좋아질 것이라고 예측한다.

prediction 명 예견, 예측
predictor 명 예측 변수

pre + dict
before say
→ 미리(pre) 말하다(dict)
⇨ 예언하다

0040 1 2 3 4 5

addict
[ǽdikt]

동 중독시키다
명 ① 중독자 ② 애호가, 팬

= 명 ② devotee, aficionado

Everybody knows she is a chocolate **addict**.
모두가 그녀가 초콜릿 중독자라는 것을 안다.

addictive 형 중독(성)의
addicted 형 중독된
addiction 명 중독

ad + dict
to say
→ -를 향해(ad) 자꾸 오라고 말하는(dict) 거니까
⇨ 중독시키다

0041 1 2 3 4 5

dictate
[dikteit]

동 ① 명령[지시]하다
② 받아쓰게 하다, 구술하다
명 명령, 지시

= 동 ① command, bid, mandate

dictation 명 구술, 받아쓰기 시험
dictator 명 독재자

She **dictated** a letter to her secretary.
그녀는 비서에게 편지를 받아쓰게 했다.

dict + **ate**
say 동접
→ 상대방에게 말하다(dict)
⇨ 명령하다

0042 1 2 3 4 5

contradict
[kɑ̀ntrədíkt]

동 ① 반박하다, 반대하다 ② 모순되다

contradictory 형 모순되는
contradiction 명 모순, 반박

contradict everything he says
그가 하는 모든 말을 반박하다

contra + **dict**
opposite say
→ 상대방의 주장에 대해 반대로 (contra) 말하다(dict)
⇨ 반박하다

0043 1 2 3 4 5 16. 국회직 9급

indicate
[índikèit]

동 ① 나타내다, 암시하다
② 지시하다, 가리키다

= ① imply, infer, allude, insinuate, implicate, connote

indicative 형 ~을 나타내는, 시사하는
indication 명 암시, 표시
indicator 명 지표

indicate a boom in the economy
경제가 호황임을 나타내다

in + **dic** + **ate**
in say 동접
→ 안쪽을(in) 가리키며 말하다(dic)
⇨ 나타내다
→ 드러내지 않고 안으로(in) 말하다(dic)
⇨ 암시하다

0044 1 2 3 4 5 심화

abdicate
[ǽbdəkèit]

동 퇴위하다

= retire, resign

abdication 명 퇴위, 사직
abdicator 명 퇴위자

abdicate from the throne of Spain
스페인 왕위에서 퇴위하다

ab + **dic** + **ate**
away say 동접
→ (왕에서 물러나겠다고) 말하고(dic) 왕좌에서 멀어지다(ab)
⇨ 퇴위하다

0045 1 2 3 4 5 17. 기상직 9급

dedicate
[dédikèit]

동 바치다, 전념[헌신]하다

= devote, commit

dedicated 형 헌신적인
dedication 명 헌신

dedicate his life to academic research
학술 연구에 그의 생애를 바치다

de + **dic** + **ate**
away say 동접
→ 속세로부터 멀어져(de) 신께 봉헌하겠다고 말하다(dic)
⇨ 바치다

[대디케이트] = 대디께 ➡ 대디(하느님 아버지)께 몸과 마음을 바치다 ⇨ 헌신하다

0046 1 2 3 4 5 심화

indict

[indáit]

indictment 명 기소, 고발장

동 기소하다, 고발하다

= charge, accuse, arraign, litigate, prosecute, impeach

He was **indicted** on charges of corruption.
그는 부패 혐의로 기소되었다.

in + **dict**
in say

→ 말을(dict) 해서 법정 안으로(in) 들어오게 하다
⇨ **기소하다**

0047 1 2 3 4 5 '20, 국회직 8급 / '13, 기상직 9급

vindicate

[víndəkèit]

vindicative 형 변호하는

동 ① 정당성[결백]을 입증하다 ② 주장[요구]하다

= ① testify, attest, verify, validate, substantiate, corroborate

vindicate the stance he takes
그가 취하는 입장의 정당성을 입증하다

vin + **dic** + **ate**
force say 동접

→ 강하게(vin) 주장을(dic) 해서 획득하는 거니까
⇨ **정당성을 입증하다**

0048 1 2 3 4 5 심화

jurisdiction

[dʒùərisdíkʃən]

jury 명 배심원단
judicial 형 사법의

명 ① 사법(권) ② 권한

jurisdiction over the murder investigation
살인 수사에 대한 권한

juris + **dict** + **ion**
law say 명접

→ 법적인(juris) 말을(dict) 할 수 있는 것이니까
⇨ **사법(권)**

0049 1 2 3 4 5 심화

valediction

[vælədíkʃən]

valedictory 형 고별의

명 작별, 고별(사)

= farewell, parting

deliver a sad **valediction**
슬픈 고별사를 전하다

vale + **dict** + **ion**
goodbye say 명접

→ 잘 가라고(vale) 말하는(dict) 거니까
⇨ **작별, 고별(사)**

0050 1 2 3 4 5

dictum

[díktəm]

명 격언, 금언

= maxim, axiom, adage, aphorism, precept

does not follow his **dictum**
그의 격언을 따르지 않다

dict + **um**
say 명접

→ 성현들의 어록을(dict) 모아 놓은 거니까
⇨ **격언, 금언**

DAY 02

R 08 log, loqu : 말하다(speak)

0051 1 2 3 4 5

analogy
[ənǽlədʒi]

명 ① 유사, 비슷함 ② 유추

= ① similarity, resemblance, parallelism

reasoning by **analogy**
유추를 통한 추론

analogous 형 유사한, 비슷한

ana + **log(y)**
upon speak

→ 어떤 말과(log) 딱 붙어있는(ana) 비슷한 의미의 말(log)
⇨ 유사, 유추

그 아날로그(analogue) 감성을 아는 사람들은 비슷한 연령대로 유추된다(analogy)
⇨ 유사, 비슷함, 유추

0052 1 2 3 4 5 14. 지방직 9급

eloquent
[éləkwənt]

형 웅변의, 말 잘하는

= fluent

She is an **eloquent** speaker.
그녀는 웅변가이다.

elocution 명 웅변, 능변

e + **loqu** + **ent**
out speak 형접

→ 입에서 말이(loqu) 술술 나오는(e) 거니까
⇨ 웅변의, 말 잘하는

0053 1 2 3 4 5 심화

colloquial
[kəlóukwiəl]

형 구어(체)의, 대화(체)의

cf. literary (문어체의)

The book is written in a **colloquial** style.
그 책은 구어체로 쓰였다.

colloquium 명 학회, 세미나

col + **loqu** + **ial**
together speak 형접

→ 함께(col) 이야기하는(loqu) 거니까
⇨ 구어(체)의

0054 1 2 3 4 5 심화

grandiloquent
[grændíləkwənt]

형 과장된, 호언장담하는

= exaggerated, bombastic, inflated

a **grandiloquent** interpretation
과장된 해석

grand(i) + **loqu** + **ent**
huge speak 형접

→ 거대하게(grand) 말하는(loqu) 거니까
⇨ 과장된

0055 1 2 3 4 5 22. 서울시 9급 추가채용 / 14. 지방직 9급

loquacious
[loukwéiʃəs]

형 수다스러운, 말이 많은

= talkative, prolix, verbose, garrulous

become **loquacious**
말이 많아지다

loquacity 명 수다, 다변

loqu + **acious**
speak 형접

→ 말을(loqu) 계속해서 늘어놓는 거니까
⇨ 수다스러운

0056 1 2 3 4 5 심화

eulogy
[júːlədʒi]

명 찬사, 칭송

= applause, acclamation, compliment, laudation

The song was a **eulogy** to the joys of learning.
그 노래는 배움의 기쁨에 대한 찬사였다.

eulogistic 형 찬미의, 찬양하는

eu + log(y)
well speak
→ 좋게(eu) 말해주는(log) 거니까
⇨ 찬사

R 09 fa, fess : 말하다(speak)

0057 1 2 3 4 5

fable
[féibl]

명 우화, 전설, 꾸며낸 이야기

= parable, allegory

a **fable** about a dog
강아지에 관한 우화

fa + ble
speak 명접
→ 동물들이 사람처럼 말하니까(fa)
⇨ 우화

0058 1 2 3 4 5

infancy
[ínfənsi]

명 ① 유아기, 유년기 ② 초창기

= ② incipience, nascence

education from **infancy**
유아기 때부터의 교육

infant 명 아기

in + fa + ncy
not speak 명접
→ 거의 말을(fa) 하지 못하는(in) 시기니까
⇨ 유아기

0059 1 2 3 4 5

fascinate
[fǽsənèit]

동 매혹시키다, 마음을 사로잡다

= enamor, enchant, enthrall, bewitch, mesmerize, beguile

fascinate the audience
청중의 마음을 사로잡다

fascinated 형 매료된, 매혹된
fascinating 형 매력적인
fascination 명 매력

fa + scin + ate
speak spell 동접
→ 마녀가 주문을(scin) 말해(fa) 저항하지 못하게 만든다는 말에서 유래
⇨ 마음을 사로잡다

모델이 패셔너블(fashionable)한 옷으로 눈을 사로잡다(fascinate) ⇨ 매혹시키다

0060 1 2 3 4 5

affable
[ǽfəbl]

형 상냥한, 붙임성 있는

= amicable, amiable, affectionate, benign, cordial, genial

try to be **affable** with everyone
누구에게나 상냥해지려고 노력하다

affability 명 상냥함

af + fa + ble
to speak 형접
→ 쉽게 다가가서(af) 말하는(fa) 성격이니까
⇨ 상냥한

0061 1 2 3 4 5 17. 지역인재 9급

confess

[kənfés]

confession 명 자백, 고백

동 ① 고백하다, 자백하다 ② 인정하다

confess her lack of knowledge
그녀의 무지를 고백하다

con + fess
completely speak

→ 빠짐없이 모두(con) 말하다(fess)
⇨ 고백하다

[컨페스] = 큰 폐수 ➡ 공장장이 큰 폐수를 버렸다고 인정하다(confess) ⇨ 고백하다, 자백하다

0062 1 2 3 4 5

profess

[prəfés]

professor 명 교수
profession 명 직업
professional 형 전문적인, 직업의
명 전문가

동 ① 공언하다, 주장하다 ② 고백하다

= ① proclaim, declare, announce

profess his undying love for her
그녀에 대한 그의 불멸의 사랑을 고백하다

pro + fess
forward speak

→ 사람들 앞에서(pro) 말하다(fess)
⇨ 공언하다

R 10 or : ① 입(mouth) ② 말하다(speak)

0063 1 2 3 4 5

oral

[ɔ́:rəl]

형 구두의, 구강의

= spoken, verbal

oral evidence
구두 증언

or + al
mouth 형접

→ 입(or)에 관한 것이니까
⇨ 구두의, 구강의

0064 1 2 3 4 5

oration

[ɔ:réiʃən]

orator 명 연설가
oratory 명 웅변술

명 연설

= address

deliver an oration on the value of art
예술의 가치에 관한 연설을 하다

or + ation
speak 명접

→ 말하는(or) 것
⇨ 연설

0065 1 2 3 4 5 심화 18. 경찰직 3차 / 17. 서울시 7급

inexorable

[inéksərəbl]

inexorably 부 냉혹하게, 가차 없이

형 ① 가차 없는, 냉혹한, 무자비한
② 멈출[변경할] 수 없는

= ① harsh, brutal, relentless, unrelenting, ruthless

an inexorable rise in the price of oil
가차 없는 유가 상승

in + ex + or + able
not out speak 형접

→ 말로(or) 표현할(ex) 수(able) 없을(in) 정도로
⇨ 냉혹한

→ 말을(or) 내뱉어도(ex) 멈출 수(able) 없는(in)
⇨ 멈출[변경할] 수 없는

R11 vent, ven : 오다(come)

0066 1 2 3 4 5

revenge
[rivéndʒ]

동 ① 복수하다 ② 원한을 풀다
명 ① 복수 ② 원한

= 명 ① vengeance, retaliation, reprisal, retribution

have **revenge** on the criminal
범인에게 복수하다

re + ven(ge)
again come
→ 나쁜 행동에 대해 다시(re) 되돌려 주다(ven)
⇨ 복수하다

0067 1 2 3 4 5

avenge
[əvéndʒ]

동 복수하다, 원수를 갚다

= revenge, retaliate

avenge their lord's death
그들의 영주의 죽음에 대해 복수하다

a + ven(ge)
to come
→ -에게(a) 돌려주다(ven)
⇨ 복수하다

0068 1 2 3 4 5 15. 법원직 9급

advent
[ǽdvent]

명 출현, 도래

= emergence

the **advent** of the Internet
인터넷의 출현

ad + vent
to come
→ 사람이나 시대가 -에(ad) 나타나니까(vent)
⇨ 출현

0069 1 2 3 4 5

intervene
[intərvíːn]

동 ① 간섭[개입]하다, 중재하다
② 끼어들다, 방해하다

= ① arbitrate, interfere, intercede, meddle, mediate

It was not a matter for me to **intervene** in.
그건 내가 끼어들 문제가 아니었다.

intervention 명 개입, 중재

inter + ven(e)
between come
→ 두 사람 사이에(inter) 와서(ven) 끼어들다
⇨ 간섭하다

0070 1 2 3 4 5 14. 국가직 9급

convene
[kənvíːn]

동 ① 소집하다 ② 회합하다

= ① assemble, gather, mobilize, muster, congregate

The assembly will **convene** in March.
그 회의는 3월에 소집될 것이다.

convention 명 ① 관습, 관례 ② 집회, 대회
conventional 형 관습적인, 관례적인

con + ven(e)
together come
→ 사람들이 함께(con) 오는(ven) 거니까
⇨ 소집하다, 회합하다

0071 1 2 3 4 5 심화

adventitious

[ӕdvəntíʃəs]

형 우발적인, 우연한

= accidental, casual, coincidental, fortuitous, inadvertent

an **adventitious** match
우연한 일치

ad + **vent** + **itious**
to come 형접

→ –에(ad) 우연히 다가오는(vent) 거니까
⇨ 우발적인

어드벤쳐(모험)는 우연히 발생하죠 ⇨ 우발적인

0072 1 2 3 4 5 심화

ventilate

[véntəlèit]

ventilation 명 환기

동 ① 환기하다 ② 표명하다

ventilate the room
방을 환기시키다

vent + **il** + **ate**
come easy 동접

→ 공기가 오기(vent) 쉽게(il) 하다
⇨ 환기하다

0073 1 2 3 4 5 심화

contravene

[kὰntrəví:n]

contravention 명 위반

동 위반하다, 위배하다

= violate, breach, infringe, transgress

contravene humanitarian conventions
인도주의 협약을 위반하다

contra + **ven(e)**
against come

→ 법의 반대로(contra) 오다(ven)
⇨ 위반하다

R 12 it : 가다(go)

0074 1 2 3 4 5

initial

[iníʃəl]

initially 부 처음에

형 처음의, 최초의 명 머리글자[이니셜]

= 형 incipient, nascent, embryonic

The **initial** reaction has been excellent.
초기 대응은 아주 훌륭했다.

in + **it** + **ial**
into go 형접

→ 동굴 안으로(in) 출발하는(it) 거니까
⇨ 처음의

0075 1 2 3 4 5 19. 국회직 9급 / 12. 사회복지직 9급

initiative

[iníʃiətiv]

initiate 동 착수시키다
initiatively 부 앞서서, 처음에

명 ① 주도(권), 진취성, 계획 ② 솔선, 선도

He did it on his own **initiative**.
그는 본인 주도에 따라 그것을 했다.

in + **it** + **iative**
into go 명접

→ 사람들이 안으로(in) 가도록(it) 만들다
⇨ 주도(권), 선도

0076 1 2 3 4 5 21. 경찰직 1차 / 17. 국회직 8급

reiterate

[riːítəreit]

reiteration 명 반복

동 반복하다, 되풀이하다

= repeat, iterate

It is worth **reiterating** why this is important.
왜 이것이 중요한지 반복해 말할 가치가 있다.

re + it + erate
again go 동접

→ 자꾸자꾸 다시(re) 가는(it) 거니까
⇨ 반복하다

0077 1 2 3 4 5

cogitate

[kádʒətèit]

cogitative 형 심사숙고하는
cogitation 명 숙고

동 곰곰이 생각하다, 숙고하다

= deliberate, meditate, ponder, contemplate

cf. cognize (인식하다)

cogitate about the meaning of life
삶의 의미를 곰곰이 생각하다

co + g + it + ate
together drive go 동접

→ 여러 요소를 함께(co) 이끌어서(g) 어떤 결론을 향해 가는 거니까(it)
⇨ 곰곰이 생각하다

[코기테이트] = 고기 탔대 ➡ 딴 생각하다
고기 탔대 ⇨ 곰곰이 생각하다, 숙고하다

R 13 va, vade : 가다(go)

0078 1 2 3 4 5

invade

[invéid]

invader 명 침략자, 침입자
invasion 명 침략, 침입, 침해

동 ① 침입[침략]하다 ② (권리를) 침해하다

= ① intrude, trespass, encroach

invade the privacy
사생활을 침해하다

in + vade
in go

→ 성 안으로(in) 들어가다(vade)
⇨ 침략하다

배(vade) 안(in)으로 침입하다 ⇨ 침략하다

0079 1 2 3 4 5

evade

[ivéid]

evasion 명 회피, 모면, 얼버무리기

동 피하다, 회피하다

= circumvent, shun, avert, eschew, elude, dodge

evade an embarrassing question
곤란한 질문을 피하다

e + vade
out go

→ 밖으로(e) 빠져나가다(vade)
⇨ 회피하다

0080 1 2 3 4 5 21. 국가직 9급 / 18. 기상직 9급

pervasive

[pərvéisiv]

pervade 동 만연하다, 스며들다
pervasion 명 보급, 침투

형 만연한, 스며드는

= prevalent, rampant

an extensive and **pervasive** information age
광범위하고 만연해 있는 정보 시대

per + va + sive
through go 형접

→ 통과하여(per) 가는(va) 거니까
⇨ 만연한, 스며드는

R 14 cede, ceas, ceed, cess : 가다(go)

0081 1 2 3 4 5 21. 소방직 9급

accessible

[æksésəbəl]

access 명 접근
inaccessible 형 접근하기 어려운

형 ① 접근[이용] 가능한 ② 접근하기 쉬운

= ① available

an accessible area
접근 가능한 지역

ac + cess + ible
to go 형접
→ ~쪽으로(ac) 가니까(cess)
⇨ 접근하기 쉬운

0082 1 2 3 4 5

exceed

[iksíːd]

excess 명 과다, 과도
excessive 형 과다한, 과도한
exceedingly 부 지나치게

동 넘다, 초과하다, 능가하다

= surpass, excel, outdo, outperform, outstrip, overrun

exceed the speed limit
제한속도를 초과하다

ex + ceed
out go
→ 적당한 정도를 넘어(ex) 가다(ceed)
⇨ 초과하다

0083 1 2 3 4 5

proceed

[prəsíːd]

procedure 명 ① 절차 ② 수술
process 명 ① 과정 ② 처리
동 처리하다

동 나아가다, 계속하다, 진행되다

= continue, progress

proceed with the lesson
수업을 계속하다

pro + ceed
forward go
→ 앞으로(pro) 나아가니까(ceed)
⇨ 나아가다, 계속하다

0084 1 2 3 4 5 14. 지방직 9급

precede

[prisíːd]

precedent 명 선례, 전례
형 선행하는, 앞선
unprecedented 형 전례 없는
precedence 명 우선(함)

동 ~에 선행하다, ~보다 먼저 일어나다

= antecede, forego

Family duties **precede** those of society.
가족의 의무는 사회의 의무보다 우선이다.

pre + cede
before go
→ ~에 앞서(pre) 가다(cede)
⇨ ~에 선행하다

0085 1 2 3 4 5 17. 지방직 9급

predecessor

[prédəsèsər]

명 전임자, 선배

cf. successor (후임자)

take over the work from the **predecessor**
전임자로부터 업무를 인계받다

pre + de + cess + or
before down go 명접
→ 먼저(pre) 거쳐(de) 간(cess) 사람
⇨ 전임자

0086 1 2 3 4 5 19. 해경직 1차

recede

[risíːd]

동 ① 후퇴하다, 물러나다 ② 약해지다

= ① withdraw, retreat

As old threats **recede**, new ones emerge.
오래된 위협이 사라지자 새로운 위협이 모습을 드러낸다.

recession 명 불황, 일시적 후퇴
recessive 형 후퇴하는, 역행하는

re + cede
back go

→ 뒤로(re) 가다(cede)
⇨ 후퇴하다

0087 1 2 3 4 5 심화

recess

[risés]

명 ① 휴식 ② 휴회 (기간)
동 휴회를 하다

= 명 ① break, relaxation

After much work, she went into a **recess**.
일을 많이 한 후에, 그녀는 쉬었다.

re + cess
back go

→ 일에서 잠깐 뒤로(re) 물러나는 (cess) 것이니까
⇨ 휴식

0088 1 2 3 4 5 심화

accede

[æksíːd]

동 ① 응하다, 동의하다 ② (지위) 오르다

accede to demands for his resignation
그의 사임 요구에 응하다

accession 명 취임, 즉위

ac + cede
to go

→ –에(ac) 마음이 가니까(cede)
⇨ 응하다
→ 어떤 지위로(ac) 가니까(cede)
⇨ 오르다

0089 1 2 3 4 5 08. 지방직 7급

cease

[siːs]

동 그만두다, 멈추다

= quit, suspend, terminate, halt

make a bargain to **cease** strike
파업을 중단하기 위해 협의하다

ceaseless 형 끊임없는

ceas(e)
go

→ 중간에 두고 가버리는(ceas) 거니까
⇨ 그만두다

0090 1 2 3 4 5 20. 해경직 3차

concede

[kənsíːd]

동 ① 양보하다 ② 인정하다

= ① yield, compromise

concede the logic of his theory
그의 이론의 논리성을 인정하다

concession 명 ① 양보 ② 인정 ③ 권리[혜택]

con + cede
completely go

→ 자기 몫까지 다른 사람에게 다(con) 가다(cede)
⇨ 양보하다

한 세대(cede)가 함께(con) 살아가려면 서로 인정하고 양보해야지 ⇨ 양보하다, 인정하다

0091 1 2 3 4 5

antecedent

[æntəsíːdnt]

명 ① 선례 ② 조상 형 선행된, 이전의

= 형 precedent

find out about their **antecedents**
그들의 조상에 대해 알아보다

antecede 동 ~에 선행하다, 앞서다

ante + cede + nt
before go 형·명접
→ 먼저(ante) 다녀간(cede) 거니까
⇨ 선례

R 15 vi, via, vey : 길(way)

0092 1 2 3 4 5

convey

[kənvéi]

동 ① 나르다, 운반하다 ② 전하다, 전달하다

Her words **convey** no meaning to me.
그녀의 말이 무슨 뜻인지 나는 전혀 모르겠다.

con + vey
together way
→ 길(vey)을 따라 함께(con) 가다
⇨ 전달하다

0093 1 2 3 4 5 17. 국가직 9급 / 13. 국회직 9급

obvious

[ábviəs]

형 명백한, 분명한

= apparent, conspicuous, distinct, evident, noticeable, overt, palpable, manifest

It is **obvious** that he will succeed.
그가 성공할 것은 명백한 일이다.

obviously 부 명백하게, 분명히, 두드러지게

ob + vi + ous
against way 형접
→ 마주 보는(ob) 길(vi) 앞에 있어 모습이 잘 드러나니까
⇨ 명백한

0094 1 2 3 4 5 20. 소방직 9급

deviate

[díːvièit]

동 벗어나다, 일탈하다

= diverge, digress, stray

The player's eyes never **deviated** off the ball.
그 선수의 눈은 공에서 전혀 벗어나지 않았다.

deviant 형 벗어난, 일탈적인
devious 형 ① 꾸불꾸불한 ② 바른 길을 벗어난, 부정한
deviance 명 이상(행동), 일탈

de + vi + ate
off way 동접
→ 길에서(vi) 비껴(de) 나가게 하다
⇨ 벗어나다

0095 1 2 3 4 5 심화

obviate

[ábvièit]

동 ① 미연에 방지하다 ② 제거하다

= ② eliminate, abolish, efface, liquidate, obliterate, expunge

obviate the need for further enquiries
추가 조사의 필요성을 없애다

obviation 명 ① 사전 방지 ② 제거

ob + via + te
against way 동접
→ 못 가도록 길을(via) 막는(ob) 거니까
⇨ 미연에 방지하다

R 16 ped, pat : 발(foot)

0096 1 2 3 4 5

patrol

[pətróul]

동 순찰하다, 돌아다니다
명 순찰, 순찰대

He was starting **patrol** when I was leaving.
내가 떠날 때 그는 순찰을 시작하고 있었다.

pat + rol
foot watch
→ 발로(pat) 걸어 다니며 보는(rol) 거니까
⇨ 순찰하다

0097 1 2 3 4 5

pedestrian

[pədéstriən]

명 보행자 형 보행의, 도보의

hit a **pedestrian** on the street
길거리에서 보행자를 치다

ped(estri) + an
foot 형·명접
→ 걸어(ped) 다니는 사람이니까(an)
⇨ 보행자

0098 1 2 3 4 5

expedite

[ékspədàit]

동 ① 촉진시키다 ② 신속히 처리하다

= ① hasten, facilitate, accelerate, precipitate

expedite the emergency relief plan
긴급 구호계획을 빠르게 실시하다

expeditious 형 신속한

ex + ped + ite
out foot 동접
→ 발에서(ped) 족쇄를 벗겨(ex) 빨리 움직이게 하니까
⇨ 촉진시키다

0099 1 2 3 4 5

expedient

[ikspíːdiənt]

명 방편, 처방
형 편리한, 편의주의적인

What is **expedient** is not always right.
편리한 것이 반드시 옳지는 않다.

expediency 명 편의

ex + ped(i) + ent
out foot 형·명접
→ 발에서(ped) 족쇄를 벗겨(ex) 편하게 하니까
⇨ 편리한

익스피디아(Expedia)는 아주 편리한(expedient) 여행 예약 사이트 ⇨ 편리한

0100 1 2 3 4 5

impede

[impíːd]

동 방해하다, 지연시키다

= interrupt, hamper, hinder, thwart, obstruct, disrupt

impede the flow of the work
일의 흐름을 방해하다

impeditive 형 방해되는, 장애의
impediment 명 장애(물)

im + ped(e)
in foot
→ 안에(in) 발을(ped) 넣어 걸려 넘어지게 하니까
⇨ 방해하다

R 17 grad, gress : 걸어가다(step, go)

0101 1 2 3 4 5

gradual

[grǽdʒuəl]

형 단계적인, 점진적인

= progressive, incremental

Losing weight is a slow, **gradual** process.
체중을 줄이는 것은 느리고 점진적인 과정이다.

gradually 부 서서히, 점점

grad + ual
step 형접
→ 한 걸음(grad)씩 내딛는
⇨ 점진적인

0102 1 2 3 4 5 18. 경찰직 3차 / 15. 경찰직 2차 / 15. 지방직 9급

aggressive

[əgrésiv]

형 공격적인

= belligerent, bellicose, pugnacious

an **aggressive** marketing campaign
공격적인 마케팅 작전

aggression 명 공격, 침략, 공격성

ag + gress + ive
to step 형접
→ 남의 영토로(ag) 발을 내디딘(gress) 거니까
⇨ 공격적인

0103 1 2 3 4 5

regress

[rigrés]

동 퇴보하다, 퇴행하다

= retrogress

The national economy has **regressed**.
국가 경제가 퇴보했다.

regression 명 퇴행, 퇴보
regressive 형 퇴행하는, 퇴보하는

re + gress
back go
→ 뒤로(re) 가다(gress)
⇨ 퇴보하다

0104 1 2 3 4 5 심화 16. 서울시 7급

digress

[daigrés]

동 탈선하다, 주제에서 벗어나다

= deviate, diverge, stray

He **digressed** in the excitement of the moment.
그는 그 순간의 흥분 때문에 옆길로 샜다.

digressive 형 본론에서 벗어난, 지엽적인

di + gress
apart go
→ 멀리 벗어나(di) 엉뚱한 곳으로 가다(gress)
⇨ 탈선하다

0105 1 2 3 4 5 심화

transgress

[trænsgrés]

동 위반하다, 넘어서다

= violate, breach, infringe, contravene

The bus driver **transgressed** the traffic signal.
그 버스 기사는 교통신호를 위반했다.

transgression 명 ① 위반, 범죄 ② (종교·도덕적) 죄
transgressive 형 위반하기 쉬운, 범하기 쉬운

trans + gress
across go
→ 법을 가로질러(trans) 가다(gress)
⇨ 위반하다

R18 nounce : 발표하다(announce)

0106 1 2 3 4 5

pronounce

[prənáuns]

동 ① 발음하다 ② 선언하다

= ① enunciate, articulate

pronounce the name correctly
이름을 정확히 발음하다

pronunciation 명 발음(법)
pronouncement 명 공표, 선언
pronounced 형 단호한, 확연한

pro + **nounce**
forward announce
→ 앞으로(pro) 소리 내서 발표하다(nounce)
⇨ 발음하다, 선언하다

0107 1 2 3 4 5 18. 국회직 8급 / 16. 서울시 7급

denounce

[dináuns]

동 ① 맹렬히 비난하다 ② 고발하다

= ① declaim, reproach, reprehend, rebuke, censure, impugn, oppugn, excoriate

denounce an arm sales
무기 판매를 맹렬히 비난하다

denunciation 명 비난

de + **nounce**
down announce
→ 말을(nounce) 해서 상대방을 다운시키는(de) 거니까
⇨ 맹렬히 비난하다

0108 1 2 3 4 5 21. 경찰직 2차 / 21. 경찰직 1차 / 10. 지방직 7급

renounce

[rináuns]

동 포기하다

= abandon, discard, relinquish, waive, forgo, forsake, abjure

renounce the authority of the law
법의 권위를 포기하다

renouncement 명 ① 포기 ② 부정

re + **nounce**
back announce
→ 뒤로(re) 물러나겠다고 발표하다(nounce)
⇨ 포기하다

R19 plor : 울다, 소리치다(cry)

0109 1 2 3 4 5

deplore

[diplɔ́ːr]

동 비탄하다, 개탄하다

= grieve, mourn, lament, bemoan, bewail

I **deplore** and condemn this killing.
나는 이런 살인 행위를 개탄하고 규탄한다.

deplorable 형 통탄할, 한탄스러운, 개탄스러운

de + **plor(e)**
down cry
→ 울면서(plor) 땅을(de) 치다
⇨ 비탄하다

0110 1 2 3 4 5

implore

[implɔ́ːr]

동 간청하다

= beg, beseech, plead, solicit, entreat, adjure

I **implored** him not to go.
나는 그에게 가지 말라고 간청했다.

imploration 명 탄원, 애원
imploring 형 탄원하는, 애원하는

im + **plor(e)**
on cry
→ 절벽 위에서(on) 살려달라고 우는(plor) 의미에서
⇨ 간청하다

[임플로어] = 임 풀러줘 ➡ 임(님)을 풀어달라고 간청하다(implore) ⇨ 간청하다

R 20 cogn, no, gno, quaint : 알다(know)

0111 1 2 3 4 5

recognize

[rékəgnàiz]

recognized 형 인정된, 공인된
recognizable 형 인식할 수 있는, 알아볼 수 있는
recognition 명 ① 인식 ② 인정, 감사 ③ 승인

동 ① 알아보다 ② 인정하다

recognize the voice of my mom
엄마의 목소리를 알아듣다

re + cogn + ize
again know 동접

→ 다시(re) 알아보다(cogn)
⇨ 알아보다

0112 1 2 3 4 5

diagnose

[dáiəgnòus]

diagnosis 명 진단
diagnostic 형 진단의

동 진단하다

diagnose a variety of diseases
다양한 질병들을 진단하다

dia + gno(se)
apart know

→ 이것저것을 구분하여(dia) 따져봐서 질병의 원인을 알아내려(gno) 하니까
⇨ 진단하다

0113 1 2 3 4 5

noble

[nóubl]

nobly 부 고귀하게, 당당히
nobility 명 귀족 (계급), 고귀함
ignoble 형 비천한, 비열한, 야비한

형 ① 고결한, 숭고한 ② 귀족의

= ① dignified, honorable, lofty

His **noble** bearing deeply impressed her.
그의 고상한 태도는 그녀에게 깊은 인상을 주었다.

no + ble
know 형접

→ 널리 알려질(no) 만한 거니까
⇨ 고결한

0114 1 2 3 4 5

acquaint

[əkwéint]

acquainted 형 알고 있는, 아는 사이인
acquaintance 명 아는 사이

동 ① 알리다, 전하다 ② 숙지시키다

cf. quaint (이상한)

Please **acquaint** me with the details of the case.
그 사건의 자세한 내용을 나에게 알려주세요.

ac + quaint
to know

→ ~에게(ac) 잘 알게(quaint) 하니까
⇨ 숙지시키다

방송사에 이상한(quaint) 사건을 알리다(acquaint) ⇨ 알리다, 전하다

0115 1 2 3 4 5 심화

incognito

[inkάgnitòu]

형 익명의 부 가명으로, 익명으로

= 형 anonymous, pseudonymous

Actors often prefer to travel **incognito**.
영화배우들은 흔히 자기 신분을 숨기고 여행을 하기를 선호한다.

in + cogn(ito)
not know

→ 알고 있지(cogn) 않은(in) 것이니까
⇨ 익명의

R21 prob, prov : ① 시험하다(test) ② 증명하다(prove)

0116 1 2 3 4 5 17. 교행직 9급

approve

[əprúːv]

동 ① 찬성하다 ② 허가하다, 승인하다

approve of violence
폭력을 승인하다

approval 명 ① 인정, 찬성 ② 허가, 승인
disapprove 동 찬성하지 않다, 못마땅해 하다

ap + **prov(e)**
to prove
→ -에(ap) 좋다고 증명해주니까(prov)
⇨ 찬성하다, 허가하다

0117 1 2 3 4 5

probe

[proub]

동 ① 엄밀히 조사하다 ② 규명하다
명 ① 철저한 조사 ② 탐사선

= 동 ① scrutinize, investigate, overhaul

probe the wound carefully
상처 부위를 신중히 살피다

prob(e)
test
→ -에 대해 이것저것 테스트해(prob) 보니까
⇨ 엄밀히 조사하다

0118 1 2 3 4 5

reprove

[riprúːv]

동 꾸짖다, 책망하다

= scold, admonish, reprimand, reproach, berate

She **reproved** him for rushing away.
그녀는 그를 서둔다고 나무랐다.

reproval 명 비난, 질책

re + **prov(e)**
against prove
→ 어떤 행동이나 그 결과에 대해 안 좋다고(re) 증명해(prov) 보이니까
⇨ 꾸짖다, 책망하다

0119 1 2 3 4 5 심화

reprobate

[réprəbèit]

동 비난하다, 나무라다
명 ① 타락한 사람 ② 난봉꾼

reprobate her inappropriate behavior
그녀의 적절치 못한 행동을 나무라다

reprobation 명 반대, 배척

re + **prob** + **ate**
against prove 동·명접
→ -에 대해 반대로(re) 증명해(prob) 보이니까
⇨ 비난하다

[리프로베이트] = 니 + 프로 + 배렸어 ➡ 니 때문에 프로그램 다 배렸다고 비난하다 ⇨ 비난하다

0120 1 2 3 4 5 심화 18. 해경직 2차 / 17. 해경직 2차

probation

[proubéiʃən]

명 ① 시험, 견습 기간
② 집행유예, 보호 관찰, 가석방

The prisoner will be put on **probation**.
그 재소자는 보호 관찰에 처해질 것이다.

prob + **ation**
test 명접
→ 테스트(prob) 하는 거니까
⇨ 시험
→ 형을 내리기 전에 한 번 더 시험해(prob) 보는 것
⇨ 집행유예

R 22 not, note : ① 표시하다(mark) ② 알다(know)

0121 1 2 3 4 5 22. 서울시 9급 추가채용 / 17. 경찰직 1차

notorious

[noutɔ́:riəs]

notoriety 명 악명, 악평

형 소문난, 악명이 높은

= infamous, ill-famed

She is **notorious** for fouling other's names.
그녀는 다른 이들의 험담을 하기로 악명 높다.

not + **orious**
know 형접
→ 나쁜 쪽으로 잘 알려진(not)
⇨ 악명이 높은

0122 1 2 3 4 5

denote

[dinóut]

denotation 명 지시
denotative 형 표시하는, 지시하는

동 ① 조짐을 보이다 ② 의미하다, 나타내다

= ② signify, indicate, imply

Here 'couple' **denotes** mother and father.
여기서 '부부'는 어머니와 아버지를 뜻한다.

de + **note**
completely mark
→ 확실히(de) 표시하여(note)
⇨ 의미하다, 나타내다

0123 1 2 3 4 5 심화

connote

[kənóut]

connotation 명 내포, 암시

동 내포하다, 암시하다

= imply, infer, allude, insinuate, implicate

What he says **connotes** multiple meanings.
그의 말은 복합적인 의미를 내포하고 있다.

con + **note**
together know
→ 의미를 함께(con) 알게(note) 하니까
⇨ 내포하다, 암시하다

R 23 sign : 표시(mark)

0124 1 2 3 4 5

signify

[ˈsignifai]

significant 형 ① 중요한 ② 상당한
significance 명 ① 중요성, 중대성 ② 의미

동 ① 의미하다, 나타내다 ② 중요하다

= ① denote, indicate, imply

She nodded to **signify** that she agreed.
그녀는 동의한다는 것을 보여주기 위해 고개를 끄덕였다.

sign + **ify**
mark 동접
→ 기호로(sign) 나타내 보이니까(ify)
⇨ 의미하다

0125 1 2 3 4 5 17. 국가직 9급 추가채용

assign

[əsáin]

assignment 명 과제, 임무
assigned 형 할당된

동 ① 배정하다, 할당하다 ② 지정하다

= ① allocate, allot, apportion, impart

Which one of these seats is she **assigned** to?
그녀가 이 좌석들 중에 어느 좌석으로 배정받았지?

as + **sign**
to mark
→ 각각에게(as) 몫이라고 표시해서(sign) 나눠주니까
⇨ 할당하다

0126 ①②③④⑤ 16. 국가직 9급

resign

[rizáin]

동 ① 사임하다, 사직하다 ② 포기하다, 체념하다

= ① retire

heavy pressure to resign
극심한 사임 압박

resignation 명 사직, 사임
resigned 형 받아들이는, 체념한

re + sign
back mark
→ 물러나겠다고(re) 서명하다(sign)
⇨ 사직하다

0127 ①②③④⑤

designate

[dézignèit]

동 지정하다, 지명[임명]하다 형 지명된

= 동 appoint, nominate

This room was designated as a smoking area.
이 방은 흡연 구역으로 지정됐다.

designated 형 ① 지정된 ② 관선의
designation 명 ① 지정 ② 임명

de + sign + ate
down mark 동접
→ 지명할 사람 이름 아래에(de) 표시하다(sign)
⇨ 지정하다

R 24 test : 증인, 증언하다(witness)

0128 ①②③④⑤ 14. 서울시 7급

testify

[téstifài]

동 ① 증언하다 ② 증명하다

= ② attest, verify, validate, vindicate, substantiate, corroborate

testify for the defence
피고를 위해 증언하다

test + ify
witness 동접
→ 증인이(test) 되다
⇨ 증언하다

0129 ①②③④⑤

attest

[ətést]

동 ① 증언하다 ② 증명하다

= ② testify, verify, validate, vindicate, substantiate, corroborate

The signature was attested by a witness.
그 서명에 대해서 증인이 증언했다.

attestation 명 증명, 입증

at + test
to witness
→ ~에게(at) 목격한 대로 말하다(test)
⇨ 증언하다

0130 ①②③④⑤

protest

[próutest]

동 ① 항의하다, 시위하다 ② 주장하다
명 ① 항의, 시위 ② 주장

That protest exploded into a riot.
그 시위가 폭발하여 폭동이 되었다.

protester 명 시위자
protestant 명 ① 신교도 ② 항의자

pro + test
forward witness
→ 부당한 대우에 대해 앞에(pro) 나서서 증언하는(test) 것이니까
⇨ 항의

프로(pro) 선수의 실력을 시험하면(test) 항의하겠죠 ⇨ 항의하다

R 25 cern, crimin, cri, creet, cret : ① 체로 거르다(sift) ② 분리하다(separate)

0131 1 2 3 4 5 20. 경찰직 2차 / 19. 국가직 9급 / 09. 지방직 9급

discern

[disə́ːrn]

동 ① 구별[분별]하다, 구분하다 ② 인식하다

= ① distinguish, discriminate

discern how widespread public support is
대중의 지지가 얼마나 폭넓은지를 인식하다

discernible 형 인식할 수 있는
discerning 형 안목이 있는

dis + **cern**
away sift

→ 따로(dis) 체로 쳐서 가려내다(cern)
⇨ 구별[분별]하다

선(cern)과 악을 따로(dis) 구별하다(discern) ⇨ 구분하다

0132 1 2 3 4 5

discrete

[diskríːt]

형 별개의, 분리된

= separate, distinct

group into **discrete** categories
별개의 범주로 나누다

discretely 부 분리되어, 따로따로

dis + **cret(e)**
away separate

→ 따로(dis) 구분되어 분리된(cret) 거니까
⇨ 별개의

discrete에서 e가 서로 분리되어 있으니까 ⇨ 분리된

0133 1 2 3 4 5 15. 경찰직 3차

discreet

[diskríːt]

형 신중한, 분별력 있는

= deliberate, prudent, circumspect, vigilant, cautious

She is **discreet** in her behavior.
그녀는 행동이 신중하다.

discretion 명 ① 재량(권) ② 신중함
indiscreet 형 지각없는, 조심성 없는

dis + **creet**
away separate

→ 좋은 것과 나쁜 것을 따로(dis) 분리할(creet) 줄 아니까
⇨ 신중한

[디스크릿] = 디스크래 ➡ 의사 선생님이 나 디스크래! 허리를 신중히 쓰래 ⇨ 신중한

0134 1 2 3 4 5

criminate

[ˈkrɪmɪneɪt]

동 ① -에게 죄를 지우다 ② 고발하다 ③ 비난하다

= ② indict, charge, accuse, arraign, litigate, prosecute, impeach

No one needs to **criminate** himself.
누구도 자신을 비난할 필요는 없다.

criminal 형 범죄의 명 범죄자

crimin + **ate**
sift 동접

→ 누가 죄인인지 가려(crimin) 내니까
⇨ -에게 죄를 지우다

0135 1 2 3 4 5 15. 사회복지직 9급 / 14. 국회직 8급 / 14. 사회복지직 9급

discriminate

[diskrímənèit]

동 ① 구별하다 ② 차별하다

= ① distinguish, discern

discriminate on grounds of race, sex or religion
인종, 성별, 종교를 이유로 차별하다

discrimination 명 차별, 구별, 차이

dis + **crimin** + **ate**
away sift 동접

→ 체로 쳐 따로(dis) 구별하다(crimin)
⇨ 차별하다

0136 1 2 3 4 5 15. 지방직 7급

criticize

[ˈkrɪtɪsaɪz]

critical 형 ① 중요한 ② 비판적인
critic 명 비평가, 평론가
criticism 명 비평, 비판, 평론
critique 명 비평한 글, 평론
동 비평하다, 평론을 쓰다

동 비판하다, 비난하다

= denounce, reproach, reprehend, rebuke, censure, impugn, oppugn, excoriate

criticize about his opinion
그의 생각에 대해 비판하다

cri(t) + icize
separate 동접

→ 트집 잡을 것을 분리하니까(crit)
⇨ 비판하다

0137 1 2 3 4 5 심화

excrete

[ikskríːt]

excretion 명 배설물
excretive 형 배설 작용을 하는, 분비하는

동 배설하다, 분비하다

= evacuate, secrete

Your open pores **excrete** sweat and dirt.
당신의 열린 땀구멍은 땀과 먼지를 배출한다.

ex + cret(e)
out separate

→ 몸 밖으로(ex) 분리하는(cret) 거니까
⇨ 배설하다

몸 안에서 만들어낸(create) 걸 밖으로(ex) 분비하다(excrete) ⇨ 배설하다

R 26 doc, doct, dog : 가르치다(teach)

0138 1 2 3 4 5 심화

indoctrinate

[indáktrənèit]

indoctrination 명 ① 가르침 ② 주입, 세뇌

동 ① 가르치다 ② 세뇌시키다, 주입하다

= ② instill, infuse, imbue, inculcate

indoctrinate from an early age
어릴 때부터 세뇌시키다

in + doct(rin) + ate
in teach 동접

→ 안으로(in) 가르침(doctrin)을 주입하다
⇨ 가르치다, 세뇌시키다

0139 1 2 3 4 5

docile

[dáːsl]

docility 명 온순함

형 유순한, 고분고분한

= submissive, compliant, amenable, pliant, complaisant

She is an intelligent and **docile** pupil.
그녀는 총명하고 유순한 학생이다.

doc + ile
teach 형접

→ 가르치기(doc) 쉬운(ile) 거니까
⇨ 유순한

0140 1 2 3 4 5

dogmatic

[dɔːgmǽtik]

dogma 명 ① 교리, 교의 ② 독단적 주장

형 ① 독단적인 ② 교리(상)의

= ① arbitrary, unilateral, peremptory

dogmatic teaching methods
독단적인 교수법

dog + mat + ic
teach learn 형접

→ 배울(mat) 가치가 있는 가르침의(dog)
⇨ 교리(상)의

R27 quir, quisit : 구하다(seek)

0141 1 2 3 4 5 16. 국회직 9급

require
[rikwáiər]

required 형 필수의
requirement 명 ① 필요(조건) ② 자격 요건

동 ① 요구하다 ② 필요로 하다

require urgent treatment
긴급 치료를 필요로 하다

re + quir(e)
again seek
→ 자꾸 다시(re) 구하다(quir)
⇨ 요구하다, 필요로 하다

0142 1 2 3 4 5

acquire
[əkwáiər]

acquired 형 ① 획득한 ② 후천적인
acquirement 명 습득, 취득
acquisition 명 획득(물), 취득(물)
acquisitive 형 소유욕이 많은

동 얻다, 획득하다, 습득하다

acquire a foreign language
외국어를 습득하다

ac + quir(e)
to seek
→ −에(ac) 대해 구하다(quir)
⇨ 얻다, 획득하다

0143 1 2 3 4 5 16. 교행직 9급

inquire
[inkwáiər]

inquiry 명 ① 조사 ② 문의, 질문

동 ① 묻다, 질문하다 ② 조사하다

= ② probe, scrutinize, investigate, overhaul

inquire about the result of the exam
시험 결과를 묻다

in + quir(e)
in seek
→ 계속 안을(in) 캐서 자료를 구하다(quir)
⇨ 조사하다

0144 1 2 3 4 5 18. 기상직 9급 / 18. 국회직 8급

exquisite
[ikskwizit, ékskwizit]

형 ① 매우 훌륭한 ② 정교한, 우아한

= ② delicate, elaborate, sophisticated

an exquisite taste
훌륭한 감각

ex + quisit(e)
out seek
→ 밖으로(ex) 열심히 찾아다닌(quisit) 거니까
⇨ 매우 훌륭한

[익스퀴짓] = 익숙해진 ➡ 어려운 발레 동작이 익숙해진 ⇨ 매우 훌륭한, 정교한

R28 se, sect : ① 분리된(apart) ② 자르다(cut)

0145 1 2 3 4 5 22. 국가직 9급

separate
[sépərèit]

separation 명 ① 분리 ② 별거

형 분리된, 별개의 동 분리하다, 별거하다

separate the personal affairs from business
공과 사를 구분하다

se + par + ate
apart prepare 동접
→ 따로따로 분리해서(se) 준비하다(par)
⇨ 분리된, 분리하다

0146 1 2 3 4 5

seclude

[siklúːd]

동 격리시키다, 은둔시키다

= isolate, segregate, quarantine, sequester

He **secluded** himself from the outside world.
그는 외부와의 연락을 끊었다.

seclusion 명 격리, 은둔

se + **clude**
apart shut

→ 세상으로부터 떨어져(se) 문을 닫으니까(clude)
⇨ 격리시키다

0147 1 2 3 4 5

sever

[sévər]

동 자르다, 끊다

= amputate

The body of the ship was **severed** in two.
그 배의 동체가 두 동강이 났다.

severance 명 단절

se + **ver**
apart 동접

→ 분리하는(se) 것이니까
⇨ 자르다

하나를 자르면(sever) 여러 개(several)가 되죠 ⇨ 자르다

0148 1 2 3 4 5 심화

sequester

[sikwéstər]

동 격리하다, 고립시키다

= isolate, seclude, segregate, quarantine

He **sequestered** himself from the world.
그는 세상으로부터 스스로를 고립시켰다.

sequestered 형 외딴, 한적한
sequestration 명 격리, 추방

se + **quest** + **er**
apart ask 동접

→ 범죄자를 사람들과 떨어뜨리도록(se) 요구하니까(quest)
⇨ 격리하다, 고립시키다

0149 1 2 3 4 5

intersect

[intərsékt]

동 가로지르다, 교차하다

The two lines **intersect** at right angles.
두 선은 직각으로 만난다.

intersection 명 교차로, 가로지름

inter + **sect**
between cut

→ ~사이를(inter) 자르듯(sect) 지나가다
⇨ 가로지르다

0150 1 2 3 4 5

dissect

[disékt]

동 ① 해부[절개]하다 ② 나누다 ③ 분석하다

= ① incise, anatomize

This city is **dissected** by a network of old canals.
이 도시는 오래된 운하망으로 나뉘어 있다.

dissection 명 ① 해부(체) ② 분석

dis + **sect**
apart cut

→ 따로따로(dis) 자르다(sect)
⇨ 절개하다, 나누다

R 29 tom, tomy : 자르다(cut)

0151 1 2 3 4 5 심화

dichotomy

[daikɑ́təmi]

명 양분, 이분법

= bisection

dichotomy of view
관점의 양분

dichotomous 형 양분된, 이분법의

di + cho + tomy
two into cut
→ 둘로(dicho) 잘린(tomy) 것
⇨ 양분

0152 1 2 3 4 5

epitome

[ipítəmi]

명 ① 발췌, 요약 ② 본보기, 전형

Most books in epitome are cursory.
요약된 형태의 대다수 책들은 피상적이다.

epitomize 동 ① 요약하다 ② 전형적으로 보여주다

epi + tom(e)
into cut
→ 중요한 내용만 종이 안으로(epi) 잘라서(tom) 넣은 거니까
⇨ 발췌

R 30 part, port : 부분(part, portion)

0153 1 2 3 4 5

partial

[pɑ́ːrʃəl]

형 ① 부분적인, 불완전한 ② 편애하는, 불공평한

a partial solution to the problem
문제에 대한 부분적인 해결책

partly 부 부분적으로
partiality 명 편애

part + ial
part 형접
→ 한쪽 편(part)만을 편드니까
⇨ 편애하는, 불공평한

0154 1 2 3 4 5 21. 지역인재 9급 / 19. 서울시 7급 추가채용 / 17. 법원직 9급

particular

[pərtíkjulər]

형 특정한, 특별한

= specific

pay particular attention to the point
그 점에 특별한 관심을 기울이다

particularly 부 특히

part + icular
part 형접
→ 부분(part)에 관한
⇨ 특정한

0155 1 2 3 4 5

apportion

[əpɔ́ːrʃən]

동 할당하다, 나누다

= assign, allocate, allot, impart

apportion her inheritance
그녀의 유산을 배분하다

apportionment 명 배분, 할당

ap + port + ion
to portion 동접
→ 각자에게(ap) 각자의 부분(port)을 주다
⇨ 할당하다

R31 frag, frac : 부수다(break)

0156 1 2 3 4 5

fracture

[frǽktʃər]

명 골절, 파손 동 골절되다, 파열되다

Old people's bones are vulnerable to **fracture**.
노인들의 뼈는 골절이 되기가 쉽다.

fractured 형 파열된, 골절된

frac + ture
break 동·명접
→ 뼈가 부서진(frac) 거니까
⇨ 골절

0157 1 2 3 4 5 18. 국회직 9급 / 17. 국회직 8급 / 14. 사회복지직 9급

fragile

[frǽdʒəl]

형 약한, 부서지기 쉬운

= weak, frail, feeble, flimsy, brittle, infirm, delicate, tenuous

fragile articles
부서지기 쉬운 물건

fragility 명 부서지기 쉬움, 여림, 허약

frag + ile
break 형접
→ 부서지기(frag) 쉬우니까(ile)
⇨ 약한, 부서지기 쉬운

0158 1 2 3 4 5

fraction

[frǽkʃən]

명 ① 분수, 비율 ② 일부분, 단편

cf. fragment (조각, 파편)

a **fraction** of the oil of the Middle East
중동 석유의 일부

fractional 형 ① 단편적인 ② 분수의

frac + tion
break 명접
→ 전체에서 부서져(frac) 나온 것이니까
⇨ 일부분, 단편

0159 1 2 3 4 5 심화

infraction

[infrǽkʃən]

명 (법규의) 위반

= violation, breach, infringement

Speeding is the **infraction** of the traffic laws.
과속은 교통법 위반이다.

infract 동 어기다, 위반하다

in + frac + tion
in break 명접
→ 내부(in)를 깨는(frac) 것이니까
⇨ 위반

0160 1 2 3 4 5 심화 13. 서울시 7급

refractory

[rifrǽktəri]

형 고집 센, 다루기 힘든

= obstinate, obdurate, tenacious, pertinacious, recalcitrant

I have never seen such a **refractory** student in my life.
나는 그렇게 다루기 힘든 학생은 내 인생에서 본 적이 없다.

refract 동 굴절시키다
refraction 명 굴절

re + frac + tory
back break 형접
→ 다른 의견에 대해서는 뒤(re)로 물리치니까(frac)
⇨ 고집 센, 다루기 힘든

R 32 rupt : 깨지다, 깨뜨리다(break)

0161 1 2 3 4 5

bankrupt
[bǽŋkrʌpt]

형 파산한, 지급 불능의

= insolvent

Many banks and factories went **bankrupt**.
많은 은행과 공장들이 파산했다.

bankruptcy 명 파산, 도산

bank + rupt
bank break
→ 은행(bank)과의 관계가 깨진(rupt) 것이니까
⇨ 파산한

0162 1 2 3 4 5

corrupt
[kərʌ́pt]

형 부패한, 타락한
동 타락시키다, 부패하게 하다

She was **corrupted** by power and ambition.
그녀는 권력과 야망으로 타락해 있었다.

corruptible 형 부패하기 쉬운
corruption 명 부패, 타락

cor + rupt
completely break
→ 정상적인 상태를 완전히(cor) 깨뜨리다(rupt)
⇨ 타락시키다

0163 1 2 3 4 5

erupt
[irʌ́pt]

동 분출하다, 폭발하다

= explode, blast, detonate

The volcano is expected to **erupt** at any time.
그 화산은 언제든지 분출할 수 있을 것으로 예상된다.

eruptive 형 ① 분출하는 ② (병리) 발진성의
eruption 명 폭발, 분출

e + rupt
out break
→ 화산이 밖으로(e) 터져(rupt) 나오니까
⇨ 분출하다

0164 1 2 3 4 5 19. 해경직 1차 / 17. 지방직 9급 추가채용

interrupt
[intərʌ́pt]

동 방해하다, 중단하다

= impede, hamper, hinder, thwart, obstruct, disrupt

It is rude to **interrupt** the speaker.
말하는 사람을 방해하는 것은 무례하다.

interruption 명 방해, 저지, 중단

inter + rupt
between break
→ 사이에(inter) 끊고(rupt) 들어가다
⇨ 방해하다

0165 1 2 3 4 5

abrupt
[əbrʌ́pt]

형 ① 갑작스러운, 돌연한 ② 퉁명스러운

She was very **abrupt** with me in the meeting.
회의 때 그녀는 내게 몹시 퉁명스러웠다.

abruptly 부 ① 갑자기 ② 퉁명스럽게

ab + rupt
off break
→ 갑자기 깨지듯이(rupt) 떨어져(ab) 나오니까
⇨ 돌연한

0166 1 2 3 4 5 심화

rupture

[rʌ́ptʃər]

명 파열, 불화
동 파열시키다, 불화를 일으키다

Nothing could heal the **rupture** with him.
그 무엇으로도 그와의 불화를 치유할 수 없었다.

rupt + ure
break 동·명접
→ 깨진(rupt) 것이니까
⇨ 파열

0167 1 2 3 4 5

disrupt

[disrʌ́pt]

동 ① 붕괴시키다, 파괴하다
② 방해하다, 중단시키다

= ② impede, interrupt, hamper, hinder, thwart, obstruct

disruptive 형 분열시키는, 파괴적인
disruption 명 분열, 붕괴, 중단, 혼란

Bus services will be **disrupted** today.
버스 운행이 오늘 중단될 것이다.

dis + rupt
away break
→ 깨뜨려서(rupt) 원래 상태에서 멀어지게(dis) 만드니까
⇨ 붕괴시키다

R 33 cit : 불러내다, 소환하다(summon)

0168 1 2 3 4 5 14, 서울시 9급

recite

[risáit]

동 ① 암송하다 ② 낭독하다

recital 명 독주회, 독창회

Each student had to **recite** a poem to the class.
모든 학생들은 학급 학생들 앞에서 시를 암송해야 했다.

re + cit(e)
back summon
→ 다시(re) 소리 내어 부르다(cit)
⇨ 암송하다

0169 1 2 3 4 5

incite

[insáit]

동 ① 자극하다, 격려하다
② 선동하다, 유발하다

= ② instigate, agitate, foment, abet

incitation 명 ① 고무 ② 선동
incitement 명 선동

incite the crowd to violence
군중에게 폭력 행위를 하도록 선동하다

in + cit(e)
in summon
→ 마음속에(in) 감정을 불러일으키다(cit)
⇨ 자극하다
인(in)터넷 사이트(cite)는 사람들을 자극하고 선동하니까(incite) ⇨ 자극하다, 선동하다

0170 1 2 3 4 5

solicit

[səlísit]

동 간청하다, 요청하다

= beg, beseech, plead, implore, entreat, adjure

solicitude 명 ① 염려 ② 갈망 ③ 배려
solicitor 명 ① 간청자 ② 사무 변호사
solicitous 형 ① 염려하는 ② 간절히 바라는 ③ 세심한

solicit funds from an organization
기관으로부터 기금을 요청하다

soli + cit
whole summon
→ 전체를(soli) 다 불러서(cit) 부탁하니까
⇨ 간청하다
태양(sol)을 보며 비를 내려달라고 간청하다(solicit) ⇨ 간청하다

R 34 duct, duce, di : 이끌다, 인도하다(lead)

0171 1 2 3 4 5 　 18. 해경직 2차 / 16. 서울시 9급

conduct
[kándʌkt]

동 ① 인도하다, 지휘하다
② 경영하다, 수행하다
명 ① 수행 ② 실시

conductor 명 ① 지휘자 ② 경영자 ③ 안내자

conduct background checks
배경 조사를 실시하다

con + **duct**
together 　 lead

→ 사람들/연주자들을 함께(con) 이끄니까(duct)
⇨ 인도하다, 지휘하다
→ 기업/어떤 일을 함께(con) 이끄니까(duct)
⇨ 경영하다, 수행하다

0172 1 2 3 4 5

deduct
[didʌ́kt]

동 공제하다, 빼다, 할인하다

= subtract

deductible 형 공제할 수 있는

Five points will be **deducted**.
5점이 감점될 것이다.

de + **duct**
down 　 lead

→ 받을 몫에서 일정한 금액을 아래로(de) 끌어내리니까(duct)
⇨ 공제하다

0173 1 2 3 4 5 　 16. 경찰직 1차

abduct
[æbdʌ́kt]

동 유괴하다, 납치하다

= kidnap

abduction 명 유괴

The child was **abducted** on the way to school.
그 아이는 등굣길에 유괴되었다.

ab + **duct**
away 　 lead

→ 멀리(ab) 다른 곳으로 이끌고(duct) 가다
⇨ 유괴하다

0174 1 2 3 4 5 심화

induct
[indʌ́kt]

동 ① 안내하다 ② 가르치다
③ 임명하다, 취임시키다

She **inducted** him into a seat.
그녀는 그를 자리로 안내했다.

in + **duct**
in 　 lead

→ 어떤 자리 안으로(in) 이끄는(duct) 거니까
⇨ 안내하다

0175 1 2 3 4 5 　 19. 경찰직 1차 / 19. 법원직 9급 / 17. 국가직 9급

reduce
[ridjúːs]

동 줄이다, 축소하다

= lessen, dwindle, diminish, curtail, abate

reduction 명 감소, 축소, 삭감(액)

reduce the risk of heart disease
심장병 위험을 줄이다

re + **duce**
back 　 lead

→ 현 상태에서 뒤로(re) 이끄니까(duce)
⇨ 줄이다, 축소하다

0176 1 2 3 4 5 — 16. 국회직 9급 / 14. 국회직 9급

induce
[indjúːs]

동 ① 유도하다, 설득하다 ② 유발하다, 일으키다 ③ 귀납하다

= ② evoke, engender, beget, incur, elicit

Nothing would **induce** him to take the job.
그 무엇으로 유도해도 그는 그 일을 맡지 않을 것이다.

induction 명 ① 유도, 도입 ② 귀납(법)
inducement 명 권유, 유도(하는 것)

in (in) + **duce** (lead)
→ 내 주장 안으로(in) 사람을 끌어오는(duce) 거니까
⇨ 유도하다

0177 1 2 3 4 5

deduce
[didjúːs]

동 연역하다, 추론하다

deduce a lot from what people buy
사람들이 사는 것으로부터 많은 것을 추론하다

deductive 형 연역적인
deduction 명 연역, 추론

de (down) + **duce** (lead)
→ 일반적 사실(진리)에서(de) 특수한 사실을 이끌어내는(duce) 거니까
⇨ 연역하다

0178 1 2 3 4 5

seduce
[sidjúːs]

동 ① 부추기다 ② 유혹하다

= ② allure, entice, lure, decoy

seduce students into learning
학생들을 꾀어서 공부하도록 하다

seductive 형 유혹하는
seduction 명 유혹, 매혹

se (away) + **duce** (lead)
→ 바른길에서 이탈하도록(se) 이끌다(duce)
⇨ 부추기다

0179 1 2 3 4 5 심화

educe
[idjúːs]

동 끌어내다

educe her potential
그녀의 잠재력을 끌어내다

e (out) + **duce** (lead)
→ 밖으로(e) 이끌어내니까(duce)
⇨ 끌어내다

0180 1 2 3 4 5 심화 — 20. 국회직 8급

adduce
[ədjúːs]

동 ① 제시하다 ② 인증하다, 인용하다

adduce examples to explain the situation
그 상황을 설명하기 위해 예를 들다

adduction 명 예증, 인증

ad (to) + **duce** (lead)
→ -에(ad) 증거를 이끌어내니까(duce)
⇨ 제시하다

[어듀스] = 어디서 ➡ 어디서 왔냐는 질문에 신분증을 제시하여 인증하다 ⇨ 제시하다, 인증하다

0181 1 2 3 4 5 심화

conduce
[kəndjúːs]

동 ① 이끌다, -에 이르다 ② 공헌하다

= ② contribute

conduce to universal truths
보편적 진리에 이르다

conducive 형 도움이 되는, 이바지하는

con + duce
together lead
→ 함께(con) 노력해서 좋은 결과를 이끌어내니까(duce)
⇨ 공헌하다

0182 1 2 3 4 5 심화

edify
[édɪfaɪ]

동 교화하다, 덕성을 기르다

= enlighten, civilize

continuously edify children
아이들을 계속 교화하다

edification 명 교화

e + di + fy
out lead 동접
→ 잠재된 좋은 면을 끌고(di) 나오니까(e)
⇨ 교화하다

R 35 tract, treat, tra : 끌다, 끌리다(draw)

0183 1 2 3 4 5

abstract
[æbstrǽkt]

형 ① 추상적인 ② 난해한, 심오한
명 요약, 발췌
동 ① 추출하다 ② 요약하다, 발췌하다

= 형 ② abstruse, profound, esoteric, recondite

Picasso's paintings are abstract art.
피카소의 그림은 추상 예술이다.

abstraction 명 관념, 추상적 개념

abs + tract
away draw
→ 구체적인 것에서 멀리(abs) 끌어내는(tract)
⇨ 추상적인

0184 1 2 3 4 5

extract
[ékstrækt]

동 ① 뽑아내다, 추출하다 ② 발췌하다
명 ① 추출물 ② 발췌

= 명 ② excerpt

extract benefit from the trip
여행에서 덕을 보다

extraction 명 뽑아냄, 추출
extractor 명 ① 추출기 ② 환기 장치

ex + tract
out draw
→ 밖으로(ex) 끌어내다(tract)
⇨ 뽑아내다

0185 1 2 3 4 5 18. 국회직 9급 / 10. 국가직 9급

distract
[distrǽkt]

동 (주의를) 딴 데로 돌리다, 산만하게 하다

= interrupt, bother, disturb, disrupt

distract attention from the truth
진실로부터 주의를 딴 데로 돌리다

distraction 명 ① 주의산만 ② 기분 전환

dis + tract
away draw
→ 다른 방향으로(dis) 주의를 끌다(tract)
⇨ 산만하게 하다

0186 1 2 3 4 5 심화

distraught

[distrɔ́:t]

형 제정신이 아닌, 마음이 산란해진

She was **distraught** with grief.
그녀는 슬픔으로 제정신이 아니었다.

dis + **tra** + **ught**
away draw 형접

→ 멀리(dis) 주의를 끌어낸(tra) 것이니까
⇨ 제정신이 아닌

[디스트롯] = 디스 + 트로트 ➡ 이(this) 트로트만 나오면 흥분해서 제정신이 아닌 (distraught) ⇨ 제정신이 아닌

0187 1 2 3 4 5

contract

[kənˊtrækt]

동 ① 계약하다 ② 수축하다[시키다]
③ (병에) 걸리다
명 계약, 계약서

contraction 명 수축, 축소
contractor 명 계약자, 도급업자

contract an infectious disease
전염병에 걸리다

con + **tract**
together draw

→ 상대방과 함께(con) 거래라는 결론을 끌어내니까(tract)
⇨ 계약하다

0188 1 2 3 4 5 심화

detract

[ditrǽkt]

동 ① 손상시키다, 떨어뜨리다
② 딴 데로 돌리다

= ① derogate

detract attention from the political crisis
정치적 위기로부터 주의를 딴 데로 돌리다

de + **tract**
down draw

→ 가치를 아래로(de) 끌어(tract) 내리다
⇨ 손상시키다, 떨어뜨리다
→ 상대방의 관심을 멀리 아래로(de) 끌어(tract) 내리니까
⇨ 딴 데로 돌리다

0189 1 2 3 4 5

retract

[ritrǽkt]

동 취소하다, 철회하다

= revoke, annul, nullify, repeal, rescind, recant, countermand, abrogate

retraction 명 철회
retractable 형 집어넣을[오므릴] 수 있는

He tried to persuade me to **retract** my words.
그는 내가 한 말을 취소하도록 나를 설득하려 했다.

re + **tract**
back draw

→ 약속이나 말을 다시 뒤로(re) 끌어당기는(tract) 거니까
⇨ 취소하다

0190 1 2 3 4 5 심화 15. 기상직 7급

protract

[proutrǽkt]

동 ① 연장하다, 오래 끌다 ② 내밀다

= ① prolong, elongate

protracted 형 오래 끈, 장기간의
protraction 명 ① 연장 ② 돌출부

protract the argument further
그 논쟁을 더 오래 끌다

pro + **tract**
forward draw

→ 계속해서 앞으로(pro) 끌어당기는(tract) 거니까
⇨ 연장하다

0191 1 2 3 4 5

entreat

[intríːt]

동 간청하다, 간절히 원하다

= beg, beseech, plead, implore, solicit, adjure

She **entreated** us not to go.
그녀는 우리에게 가지 말라고 간청했다.

entreaty 명 간청, 애원
entreatingly 부 간청하듯이

en + **treat**
make draw

→ 상대방의 마음이 끌리게(treat) 만들다(en)
⇨ 간청하다

아버지를 치료(treat)해달라고 간청하다(entreat) ⇨ 간청하다

0192 1 2 3 4 5 19. 지방직 7급

traitor

[tréitər]

명 배반자, 반역자

= betrayer, treacher

He denied that he had turned into a **traitor**.
그는 자신이 반역자가 되었다는 것을 부인했다.

tra + **it** + **or**
draw go 명접

→ 국가의 것을 상대 국가에 끌고(tra) 가는(it) 사람(or)
⇨ 배반자, 반역자

0193 1 2 3 4 5 심화

trance

[træns]

명 ① 무아지경 ② 혼수상태

= ① ecstasy ② unconsciousness, coma

He stared out of the window in a **trance**.
그는 무아지경에 빠져서 창문 밖을 응시했다.

tra + **nce**
draw 명접

→ 정신이 끌려가는(tra) 것
⇨ 무아지경

혼수상태(trance)는 정신이 의식에서 무의식으로 건너간(trans) 것 ⇨ 혼수상태

R 36 stig, stim : 찌르다(prick)

0194 1 2 3 4 5 22. 간호직 8급

stimulate

[stímjulèit]

동 ① 자극하다, 활발하게 하다
② 격려하다, 고무하다

= ① invigorate, enliven, exhilarate, galvanize, rejuvenate

Coffee **stimulates** the heart.
커피는 심장을 자극한다.

stimulus 명 자극제, 자극
stimulation 명 자극, 격려
stimulative 형 자극적인, 흥분시키는

stim(ul) + **ate**
prick 동접

→ 찔러서(stim) 부추기다
⇨ 자극하다

0195 1 2 3 4 5

prestige

[prestíːʒ]

명 위신, 명성
형 위신 있는, 선망을 얻는

= 명 reputation, fame, prominence

the **prestige** of teachers
교사의 위신

prestigious 형 명망 높은, 일류의

pre + **stig(e)**
before prick

→ 너무 유명해서 먼저(pre) 눈에 찌르듯(stig) 들어오니까
⇨ 위신, 명성

위신 있는(prestige) 사람은 맨 앞에(pre) 서(s) 튀지(tige) ⇨ 위신 있는

R 37 clude, clos, cluse : 닫다(close, shut)

0196 1 2 3 4 5 19. 경찰직 2차 / 19. 국가직 9급 / 13. 가상직 9급

disclose

[disklóuz]

동 드러내다, 폭로하다

= reveal, unveil, divulge, debunk

disclose details of the takeover
인수 작업에 대한 자세한 내용을 드러내다

disclosure 명 폭로, 탄로

dis + **clos(e)**
not close

→ '닫다(clos)'의 반대(dis)
⇨ 폭로하다

0197 1 2 3 4 5 19. 국회직 9급 / 15. 지방직 9급

exclude

[iksklúːd]

동 ① 제외[배제]하다 ② 막다, 차단하다 ③ 몰아내다, 내쫓다

= ② preclude, occlude, inhibit, interdict, deter, forestall, proscribe, outlaw

It is unjust to **exclude** him.
그를 제외시키는 것은 부당하다.

exclusive 형 ① 독점적인, 배타적인 ② 특권층의
exclusion 명 제외, 배제

ex + **clude**
out close

→ 밖에(ex) 두고 못 들어오게 닫다(clude)
⇨ 차단하다

0198 1 2 3 4 5 13. 서울시 7급

preclude

[priklúːd]

동 못하게 하다, 막다

= occlude, inhibit, interdict, deter, forestall, proscribe, outlaw

preclude a new contract
새로운 계약을 막다

preclusive 형 ① 제외하는 ② 방지하는, 예방적인
preclusion 명 ① 제외, 배제 ② 방해, 방지, 저지

pre + **clude**
before close

→ 못 들어오도록 미리(pre) 문을 닫아 버리다(clude)
⇨ 못하게 하다, 막다

0199 1 2 3 4 5 심화

occlude

[əklúːd]

동 막다, 차단하다

= preclude, inhibit, interdict, deter, forestall, proscribe, outlaw

Looking ahead, her future seems **occluded**.
앞을 내다보았을 때, 그녀의 미래는 막막해 보인다.

oc + **clude**
against close

→ 지나가지 못하도록(oc) 닫으니까(clude)
⇨ 막다

0200 1 2 3 4 5 심화

recluse

형 [riklúːs]
명 [réklu:s]

형 ① 속세를 떠난, 은둔한 ② 외로운
명 은둔자

= 명 hermit

a life of a **recluse**
은둔자의 삶

reclusive 형 ① 세상을 버린, 은둔한 ② 쓸쓸한, 적막한
reclusion 명 ① 은둔, 출가 ② 사회적 소외

re + **cluse**
back close

→ 뒤로(re) 숨어 세상과 통하는 문을 닫은(cluse) 거니까
⇨ 속세를 떠난

DAY 05

R 38 lap : 미끄러지다(slip)

0201 1 2 3 4 5 16. 서울시 7급 / 13. 국회직 9급

collapse
[kəlǽps]

동 붕괴하다, 무너지다
명 붕괴, 실패

He looked ready to **collapse** at any minute.
그는 금방이라도 쓰러질 것 같았다.

col + **lap** + **se**
together slip 동·명접
→ 모두 다 같이(col) 미끄러지다(lap)
⇨ 무너지다

0202 1 2 3 4 5 심화

elapse
[ilǽps]

동 경과하다, 지나다

We should not allow any time to **elapse**.
우리는 시간을 그냥 흘려보내지 말아야 한다.

e + **lap** + **se**
out slip 동·명접
→ 시간이 미끄러지듯(lap) 지나가는(e) 거니까
⇨ 경과하다

0203 1 2 3 4 5

relapse
[rilǽps]

명 재발 동 재발하다, 되돌아가다

an unexpected **relapse**
갑작스러운 병의 재발

re + **lap** + **se**
back slip 동·명접
→ 뒤로(re) 미끄러져서(lap) 되돌아가니까
⇨ 되돌아가다

0204 1 2 3 4 5

lapse
[læps]

명 ① 실수, 잘못 ② 경과
동 ① 벗어나다, 실수하다 ② 소멸되다

a momentary **lapse**
순간적인 실수

lap(se)
slip
→ 아차 하는 순간 미끄러지는(lap) 것이니까
⇨ 실수, 잘못

R 39 lect, leg, lig : ① 모으다(gather) ② 선택하다(choose)

0205 1 2 3 4 5 19. 소방직 9급

recollect
[rèkəlékt]

동 회상하다, 생각해 내다

= retrospect, reminisce

I don't **recollect** what she said.
그녀가 뭐라고 했는지 기억이 안 난다.

recollection 명 ① 추억 ② 기억(력)

re + **col** + **lect**
again together gather
→ 과거의 추억 등을 다시(re) 함께(col) 모으다(lect)
⇨ 회상하다

0206 1 2 3 4 5

allege

[əlédʒ]

동 ① 주장하다, 단언하다 ② 혐의를 제기하다

He **alleged** malpractice.
그는 의료과실을 주장했다.

alleged 형 주장된, ~이라고들 말하는
allegation 명 ① 혐의 ② 주장

al + **leg(e)**
to gather

→ ~에(al) 할 말을 모아서(leg) 보내다
⇨ 주장하다, 단언하다

"모두(all) 술값을 내지(lege)"라며 더치페이를 주장하다(allege) ⇨ 주장하다

0207 1 2 3 4 5 심화 21. 경찰직 1차

eclectic

[ikléktik]

형 ① 절충적인 ② 다방면의

= ② diverse, broad

She has very **eclectic** tastes in literature.
그녀는 문학에 대한 취향이 아주 다양하다.

eclecticism 명 절충주의

e(c) + **lect** + **ic**
out choose 형접

→ 대립되는 의견 둘 모두를 선택해(lect) 내놓으니(e)
⇨ 절충적인, 다방면의

0208 1 2 3 4 5 14. 법원직 9급

eligible

[élidʒəbl]

형 적임의, 적격의

= fit, suitable, qualified

cf. illegible (읽기 어려운)

an **eligible** bachelor
좋은 신랑감

eligibility 명 적임, 적격

e + **lig** + **ible**
out choose 형접

→ 선택되어(lig) 밖으로(e) 나온
⇨ 적임의

이 자리에는 엘리트(elite)가 적임이다(eligible) ⇨ 적임의

R 40 greg : 모이다(flock)

0209 1 2 3 4 5 17. 지역인재 9급

congregate

[káŋgrigèit]

동 모이다, 모으다

= assemble, convene, gather, mobilize, muster

congregate in the station square
역전 광장에 모이다

congregation 명 ① 모임, 집회 ② 신자, 신도
congregated 형 집합한, 밀집한

con + **greg** + **ate**
together flock 동접

→ 많은 사람들이 함께(con) 모이니까(greg)
⇨ 모이다

0210 1 2 3 4 5 19. 해경직 3차 / 17. 지방직 7급 / 14. 서울시 7급

aggregate

[ǽgrigət]

동 ① 합계가 ~이 되다 ② 모이다, 모으다
명 합계, 총액, 집합체 형 합계의, 총합의

aggregate total scores
모든 점수를 합계하다

aggregation 명 집합(체), 집단, 모임

ag + **greg** + **ate**
to flock 동·명접

→ 각각의 숫자가 한 곳으로(ag) 모이니까(greg)
⇨ 합계가 ~이 되다

0211 1 2 3 4 5

segregate

[ségrigèit]

segregation 명 ① 분리, 격리 ② 인종[성별] 차별(대우)
desegregate 동 (인종)차별을 철폐하다

동 ① 분리하다, 격리하다 ② 인종차별하다

= ① isolate, seclude, quarantine, sequester

Blacks were **segregated** from whites here.
이곳에서 흑인들은 백인들로부터 분리되었다.

se + **greg** + **ate**
apart / flock / 동접

→ 무리를(greg) 갈라 따로(se) 떨어지게 만드니까
⇨ 분리하다

0212 1 2 3 4 5 　　17. 서울시 9급

gregarious

[grigέəriəs]

형 ① 집단의 ② 사교적인

= ② sociable, outgoing

an outgoing and **gregarious** personality
외향적이고 사교적인 성격

greg + **arious**
flock / 형접

→ 무리 지어 모이는(greg) 거니까
⇨ 집단의, 사교적인

R 41 join, jug, junc : 결합하다(join)

0213 1 2 3 4 5

adjoin

[ədʒɔ́in]

동 인접하다, 붙어 있다, 이웃하다

cf. adjourn (연기하다, 중단하다), adjacent (인접한)

The buildings **adjoin** each other.
건물들이 서로 붙어 있다.

ad + **join**
to / join

→ ~에(ad) 결합이(join) 되다
⇨ 인접하다

0214 1 2 3 4 5 심화

disjoin

[disdʒɔ́in]

동 분리하다

= detach

This server was **disjoined** from its domain.
이 서버는 도메인으로부터 분리되었다.

dis + **join**
away / join

→ 결합에서(join) 멀어지니까(dis)
⇨ 분리하다

0215 1 2 3 4 5 심화

conjugal

[kάndʒugəl]

형 부부(간)의, 혼인(상)의

= connubial

a **conjugal** visit
배우자 접견

con + **jug** + **al**
together / join / 형접

→ 서로(con) 결합한(jug) 사이니까
⇨ 부부(간)의

함께(con) 죽을(jugal) 사이니까 ⇨ 부부의

0216 1 2 3 4 5

conjunction

[kəndʒʌŋkʃən]

명 ① 결합, 합동 ② 접속사

I'm willing to work in **conjunction** with you.
나는 당신과 함께 기꺼이 일할 의향이 있다.

conjunct 형 결합한, 공동의, 긴밀한
in conjunction with 전 ~와 함께

con + junc + tion
together join 명접

→ 서로(con) 결합한(junc) 것이니까
⇨ 결합

R 42 sert, ert : 결합하다(join)

0217 1 2 3 4 5 08. 국가직 9급

desert

[dézərt]

명 사막, 황야
동 ① 버리다 ② 떠나다

= 명 wilderness, wasteland

adapt well to life in the **desert**
사막 생활에 잘 적응하다

deserted 형 ① 사람이 없는 ② 버림받은

de + sert
away join

→ 서로 결합된(sert) 땅에서 멀리 벗어난(de) 것이니까
⇨ 황야, 떠나다

0218 1 2 3 4 5 17. 해경직 2차

insert

[insə́:rt]

동 끼워 넣다

Insert coins in machine slots.
동전을 기계 구멍에 넣으세요.

insertion 명 ① 삽입, 끼워 넣기 ② 첨가(물)

in + sert
in join

→ 안(in)에 함께 넣다(sert)
⇨ 끼워 넣다

0219 1 2 3 4 5

exert

[igzə́:rt]

동 ① 발휘하다, 행사하다
② (– oneself) 노력하다

= ① exercise, wield

exert power
권력을 행사하다

exertion 명 노력, 분투

ex + ert
out join

→ 결합된(ert) 모든 힘을 밖으로(ex) 내다
⇨ 발휘하다, 행사하다

운동(exercise)을 할 때 힘을 행사하거나 발휘하려고 노력하죠 ⇨ 발휘하다, 행사하다, 노력하다

0220 1 2 3 4 5 18. 서울시 9급 / 16. 기상직 9급

assert

[əsə́:rt]

동 주장하다, 단언하다

= affirm, aver

He continued to **assert** that he was innocent.
그는 계속해서 자기가 무죄라고 주장했다.

assertive 형 적극적인, 확신에 찬
assertion 명 ① 주장 ② 행사

as + sert
to join

→ –에 대해(as) 확실하게 묶어두는(sert) 거니까
⇨ 단언하다

R43 cept, ceive, cip, cap : 취하다, 잡다(take)

0221 1 2 3 4 5

intercept

[intərsépt]

interception 명 ① 가로챔 ② 차단

동 ① 가로채다 ② 차단하다

intercept the flight of a criminal
범인의 탈주를 차단하다

inter + **cept**
between take

→ ~사이에서(inter) 잡아채다(cept)
⇨ 가로채다

0222 1 2 3 4 5 21. 국가직 9급

deceptive

[diséptiv]

deception 명 속임, 기만
deceptively 부 남을 속여서
deceive 동 속이다, 기만하다

형 기만적인, 현혹하는

= deceitful, misleading, tricky, fraudulent

a **deceptive** advertisement
기만적인 광고

de + **cept** + **ive**
from take 형접

→ 사실에서(de) 먼 것을 취하게(cept) 만드는 거니까
⇨ 기만적인

[디셉티브] = 뒤에서 씹으 ➡ 뒤에서 씹으면 (욕하면) 기만하는거죠 ⇨ 기만적인

0223 1 2 3 4 5 13. 국가직 9급

conceive

[kənsíːv]

preconceive 동 미리 생각하다, 예상하다
conception 명 ① 구상 ② 이해 ③ 임신

동 ① 마음에 품다, 상상하다 ② 임신하다

= ① envision, envisage

conceive the project
그 계획을 떠올리다

con + **ceive**
completely take

→ 마음/자궁 속에 완전히(con) 품다(ceive)
⇨ 마음에 품다, 임신하다

0224 1 2 3 4 5 17. 지방직 9급 / 09. 국가직 9급

susceptible

[səséptəbl]

susceptibility 명 민감성, 감수성

형 ① 영향 받기 쉬운, 민감한 ② (병에) 걸리기 쉬운

= ① vulnerable, sensitive, liable

Everyone is **susceptible** to trends.
누구나 유행에 민감하다.

sus + **cept** + **ible**
under take 형접

→ 아래로(sus) 취해지는(cept) 거니까
⇨ 영향 받기 쉬운

0225 1 2 3 4 5 심화

precept

[príːsept]

preceptor 명 교훈자, 교사, 지도자
preceptive 형 교훈적인, 명령적인

명 교훈, 격언

= maxim, axiom, dictum, adage, aphorism

cf. pretext (구실, 변명)

Practice is better than **precept**.
실천이 교훈보다 더 낫다.

pre + **cept**
before take

→ 선인들이 먼저(pre) 깨달은(cept) 생각
⇨ 교훈

0226 1 2 3 4 5 09. 국가직 9급

emancipate

[ɪˈmænsɪpeɪt]

emancipation 명 해방, 벗어남

동 해방시키다

= liberate, disentangle, detach, extricate

Korea was not **emancipated** until 1945.
한국은 1945년이 되어서야 해방되었다.

e + **man** + **cip** + **ate**
out hand take 동접

→ 잡았던(cip) 손을(man) 놓아 밖으로(e) 풀어주니까
⇨ 해방시키다

0227 1 2 3 4 5

participate

[paːrtísəpèit]

participation 명 참가, 참여

동 참가하다, 참여하다 (in)

participate in fundraising activities
모금 활동에 참여하다

parti + **cip** + **ate**
part take 동접

→ 한 부분(parti)을 차지하니까(cip)
⇨ 참가하다, 참여하다

0228 1 2 3 4 5 17. 서울시 7급

disciplinary

[dísəplənèri]

discipline 명 훈육, 규율
disciplined 형 훈련받은

형 징계의, 훈계의

= punitive

face **disciplinary** action
징계 처분에 맞닥뜨리다

dis + **cip** + **linary**
apart take 형접

→ 떨어져(dis) 앉아 가르침을 받는(cip) 것이니까
⇨ 징계의, 훈계의

0229 1 2 3 4 5 심화

disciple

[disáipl]

명 제자, 신봉자

= devotee, adherent, fanatic, zealot

Saint Peter was one of Christ's **disciples**.
성 베드로는 그리스도의 제자 중 한 사람이었다.

dis + **cip** + **le**
apart take 명접

→ 떨어져(dis) 앉아 가르침을 받는(cip) 사람
⇨ 제자

0230 1 2 3 4 5 15. 국회직 9급

precipitate

[prisípitèit]

precipitation 명 ① 강수(량) ② 촉진

동 촉발시키다

= hasten, facilitate, accelerate, expedite

precipitate a crisis
위기를 촉발시키다

pre + **cip** + **it** + **ate**
forth take go 동접

→ 취해서(cip) 앞으로(pre) 가게(it) 하니까
⇨ 촉발시키다

0231 1 2 3 4 5 18, 경찰직 3차

incipient

[insípiənt]

형 초기의, 시초의

= initial, nascent, embryonic

an **incipient** stage
초기 단계

incipiency 명 초기, 시작

in + **cip** + **ient**
on take 형접

→ 처음 접해(in) 일을 잡는(cip) 것이니까

⇨ **초기의**

[인씨피언트] = 인(人) + 씹히던 ➡ 사람이 씹히던(잡아먹히던) 시절이니까 ⇨ 초기의, 시초의

0232 1 2 3 4 5

capacious

[kəpéiʃəs]

형 널찍한, 큼직한

= spacious, commodious

possess a **capacious** mind
넓은 마음을 소유하다

capacity 명 용량, 수용력

cap(aci) + **ous**
take 형접

→ 많이 잡아둘(cap) 수 있는 거니까

⇨ **널찍한, 큼직한**

용량, 수용력(capacity)이 넓으니까 ⇨ 널찍한, 큼직한

R 44 tain, ten, tin : 가지다, 잡다, 쥐다(hold)

0233 1 2 3 4 5 12, 사회복지직 9급

obtain

[əbtéin]

동 얻다, 획득하다

= get, acquire, procure

obtain approval to operate a food shop
음식점을 운영하기 위해 승인을 얻다

ob + **tain**
in front of hold

→ 자신 앞으로(ob) 취하다(tain)

⇨ **얻다, 획득하다**

0234 1 2 3 4 5 18, 지방직 7급 / 18, 지역인재 9급 / 15, 서울시 9급 / 14, 방재안전직 9급

maintain

[meintéin]

동 ① 유지[지속]하다 ② 주장하다

maintain a dominant position in South Korea
한국에서의 우세한 위치를 유지하다

main + **tain**
hand hold

→ 손(main) 안에 꼭 쥐고(tain) 있다

⇨ **유지하다, 주장하다**

0235 1 2 3 4 5

abstain

[əbstéin]

동 삼가다, 자제하다 (from)

= restrain, refrain, forbear

abstain from drinking
술을 삼가다

abstained 형 절제된

abs + **tain**
away hold

→ 닿지(tain) 않도록 손을 멀리하다(abs)

⇨ **자제하다**

태우던(tain) 담배가 없으(abs)니까 ⇨ 삼가다, 자제하다

0236 1 2 3 4 5 17. 지방직 7급

detain

[ditéin]

동 구금하다, 붙들다

= imprison, incarcerate

One man was **detained** for questioning.
한 남자가 심문을 받기 위해 구금되었다.

detention 명 구금, 붙듦

de + **tain**
away hold

→ 따로 떨어뜨려(de) 붙들어(tain) 매니까
⇨ 구금하다, 붙들다

0237 1 2 3 4 5 18. 경찰직 2차

retain

[ritéin]

동 유지하다, 보유하다

retain the original indicator as a new one
원래의 지표를 새것처럼 유지하다

retention 명 보유, 유지

re + **tain**
back hold

→ 다시(re) 붙잡고(tain) 있는 거니까
⇨ 유지하다, 보유하다

0238 1 2 3 4 5 20. 경찰직 1차

contain

[kəntéin]

동 ① 포함하다, 함유하다
② 억제하다, 억누르다

Doctors struggled to **contain** the epidemic.
의사들은 그 전염병을 억제하기 위해 애썼다.

container 명 용기, 그릇
containment 명 억제

con + **tain**
together hold

→ 모두 함께(con) 잡아서(tain) 넣는 거니까
⇨ 포함하다, 함유하다
→ 충동을 모두 함께(con) 강하게 붙잡는(tain) 거니까
⇨ 억제하다, 억누르다

0239 1 2 3 4 5 심화 18. 지역인재 9급

tenable

[ténəbl]

형 ① 옹호될 수 있는, 쉽게 방어될 수 있는
② 유지되는

= ① defensible

Such an old idea is no longer **tenable**.
그러한 낡은 생각은 더 이상 옹호될 수 없다.

tenability 명 지킬 수 있음, 유지할 수 있음

ten + **able**
hold 형접

→ 비판으로부터도 견지될(ten) 수 있는(able) 거니까
⇨ 옹호될 수 있는
→ 잡아둘(ten) 수 있는(able) 것이니까
⇨ 유지되는

0240 1 2 3 4 5 21. 국회직 9급 / 19. 국회직 9급

pertinent

[ˈpɜːtɪnənt]

형 적절한, 관련 있는

= relevant

a **pertinent** question
적절한 질문

pertain 동 ① 존재하다, 속하다 ② 적용되다
impertinent 형 무례한, 버릇없는

per + **tin** + **ent**
through hold 형접

→ 어디든 통하도록(per) 붙잡고(tin) 있으니까
⇨ 적절한, 관련 있는

나와 관련 있는 사람들을 파티(perti)에 넣는(nent) 게 적절하다 ⇨ 적절한, 관련 있는

0241 1 2 3 4 5 　21. 경찰직 2차 / 20. 해경직 3차 / 17. 경찰직 1차 / 14. 기상직 9급 / 12. 지방직 7급

tenacious

[tənéiʃəs]

형 고집하는, 끈질긴

≡ indomitable, strenuous, pertinacious, perseverant, unflinching, adamant

We need to be **tenacious** and persevering.
우리는 끈질기고 인내심이 강할 필요가 있다.

tenacity 명 고집, 끈기

ten (hold) + **acious** (형접)

→ 계속 붙잡고(ten) 있으니까
⇨ 끈질긴

[터내이셔스] = 더 내셔 ➡ 국세청 직원이 끈질기게(tenacious) "더 내셔"하는 모습을 연상 ⇨ 끈질긴

0242 1 2 3 4 5 심화

pertinacious

[pɜ:tɪˈneɪʃəs]

형 끈질긴, 완강한

≡ tenacious, indomitable, strenuous, perseverant, unflinching, adamant

the **pertinacious** efforts
끈질긴 노력

pertinacity 명 완고

per (completely) + **tin** (hold) + **acious** (형접)

→ 완전히(per) 붙잡으니까(tin)
⇨ 끈질긴, 완강한

[펄터네이셔스] = 버텨내셔쓰 ➡ 역경을 끝까지 버텨내셔쓰(pertinacious) ⇨ 끈질긴, 완강한

0243 1 2 3 4 5 심화 　14. 지방직 7급 / 09. 국가직 7급

countenance

[káuntənəns]

동 동의하다, 지지하다
명 표정, 용모

≡ 동 buttress, bolster

countenance a good behaviour
좋은 행동을 지지하다

coun (together) + **ten** (hold) + **ance** (명접)

➡ 누군가의 의견을 함께(coun) 붙잡아주니까(ten)
⇨ 동의하다

[카운터넌스] = 카운터 + 넣었으 ➡ 불우이웃을 지지하려(countenance) 카운터 모금함에 돈 넣었으 ⇨ 지지하다

0244 1 2 3 4 5 심화

continence

[kάːntɪnəns]

명 (감정·성욕 등의) 절제, 금욕

≡ abstinence, celibacy

My **continence** was at the limit.
나의 억제하는 능력은 한계에 도달했다.

continent 형 자제심 있는

con (completely) + **tin** (hold) + **ence** (명접)

→ 유혹에도 완전히(con) 마음을 잡고(tin) 평정을 유지하는 거니까
⇨ 절제, 금욕

R 45 prehend, pris : 붙잡다(seize)

0245 1 2 3 4 5 　21. 지방직 9급 / 20. 지역인재 9급 / 17. 국가직 9급 추가채용 / 17. 국회직 9급

apprehend

[æprihénd]

동 ① 체포하다 ② 파악하다 ③ 걱정하다

≡ ② grasp, comprehend

apprehend the hijacker
납치범을 체포하다

apprehensive 형 ① 걱정하는, 근심하는 ② 이해가 빠른
apprehensible 형 이해할 수 있는
apprehension 명 ① 염려, 걱정 ② 이해(력)

ap (to) + **prehend** (seize)

→ 범인/의미/마음을(ap) 꽉 붙잡다(prehend)
⇨ 체포하다, 파악하다, 걱정하다

0246 1 2 3 4 5

reprehend

[rèprihénd]

동 꾸짖다, 비난하다

= denounce, reproach, rebuke, censure, impugn, oppugn, excoriate

He **reprehended** them in a gentle way.
그는 점잖게 그들을 꾸짖었다.

reprehensible 형 비난받을 만한
reprehension 명 비난, 질책

re + **prehend**
back seize

→ 어떤 사람의 뒤를(re) 붙잡다(prehend)
⇨ 꾸짖다

[리프리핸드] = 니 풀이 + 핸드(hand) ➡ "니 풀이 내 손에 묻었잖아!" 하며 상대방에게 화내니까 ⇨ 꾸짖다, 비난하다

0247 1 2 3 4 5 심화

reprisal

[ripráizəl]

명 보복, 앙갚음

= vengeance, retaliation, retribution

cf. appraisal (평가, 판단)

She did not give evidence for fear of **reprisals**.
그녀는 보복이 두려워 증언을 하지 않았다.

re + **pris** + **al**
back seize 명접

→ 나에게 해를 끼친 사람의 뒤를(re) 잡는(pris) 것
⇨ 보복

다시(re) 값(price)을 치루게 하는 거니까 ⇨ 보복, 앙갚음

R 46 hab, hib : ① 잡다, 쥐다(hold) ② 살다(dwell)

0248 1 2 3 4 5

prohibit

[prouhíbit]

동 금지하다, 막다

= preclude, occlude, inhibit, interdict, deter, forestall, proscribe, outlaw

The use of the Internet is **prohibited**.
인터넷의 사용은 금지된다.

prohibition 명 금지(령)

pro + **hib(it)**
forward hold

→ 앞으로(pro) 못 가도록 붙잡는(hib) 것이니까
⇨ 금지하다, 막다

0249 1 2 3 4 5

exhibit

[igzíbit]

동 ① 전시하다, 진열하다 ② 나타내다, 드러내다
명 전시품

The gallery is **exhibiting** Van Gogh's paintings.
그 미술관은 반 고흐의 그림을 전시하고 있다.

exhibition 명 전시(회), 전람회

ex + **hib(it)**
out hold

→ 쥐고(hib) 있는 것을 밖으로(ex) 드러내다
⇨ 전시하다

0250 1 2 3 4 5 심화

rehabilitate

[rìːhəbílətèit]

동 ① 사회에 복귀시키다
② 회복시키다, 복원하다

rehabilitate youthful offenders
청소년 범죄자들을 사회에 복귀시키다

rehabilitation 명 사회 복귀, 갱생

re + **hab(ilit)** + **ate**
again dwell 동접

→ 살던(hab) 곳으로 다시(re) 돌려보내다
⇨ 사회에 복귀시키다

R 47 ag, act : 움직이다(move)

0251 1 2 3 4 5

active

[ǽktiv]

activity 명 활동, 운동
action 명 활동, 행동

형 활동적인, 적극적인

an active involvement
활발한 참여

act + ive
move 형접
→ 움직이는(act) 성향이니까
⇨ 활동적인, 적극적인

0252 1 2 3 4 5

activate

[ǽktəvèit]

동 작동시키다, 활성화시키다

activate a mechanism
기계장치를 작동시키다

act + ivate
move 동접
→ 움직이게(act) 만드니까
⇨ 작동시키다, 활성화시키다

0253 1 2 3 4 5

actual

[ǽktʃuəl]

actually 부 실제로

형 실제의, 사실상의

the actual cost
실제 비용

act + ual
move 형접
→ 실제로 눈앞에서 움직이니까(act)
⇨ 실제의, 사실상의

0254 1 2 3 4 5 심화

agony

[ǽgəni]

agonize 동 몹시 괴롭히다, 고뇌하다

명 극심한 고통

= distress, anguish

She rolled around the floor in agony.
그녀는 극심한 고통으로 바닥에서 데굴데굴 굴렀다.

ag + ony
move 명접
→ 몸과 마음을 극단으로 움직이니까(ag)
⇨ 극심한 고통

[애고니] = 에고 니 ➡ (고통에 빠진 사람을 위로하며) 에고 니 괜찮나? ⇨ 극심한 고통

0255 1 2 3 4 5

agitate

[ǽdʒitèit]

agitation 명 불안, 동요
agitated 형 불안해하는, 동요된

동 ① 심하게 흔들다
② (사람을) 선동하다, 교란하다

= ② incite, instigate, foment, abet

agitate a crowd
군중을 선동하다

ag + it + ate
move go 동접
→ 활발히 움직여서(ag) 이리저리 가도록(it) 만드니까
⇨ 선동하다

[애지테잍] = 에 + 저택이 ➡ 에고! 저택이 심하게 흔들린다(agitate)! ⇨ 심하게 흔들다

0256 1 2 3 4 5

agile
[ædʒəl]

형 날렵한, 민첩한

= nimble

Ballet made her strong and **agile**.
발레는 그녀를 튼튼하고 날렵하게 만들었다.

agility 명 민첩, 명민함

ag + **ile**
move 형접
→ 몸을 움직이기(ag) 쉬우니까
⇨ 날렵한

R 48 grat, grace : 호의(favor)

0257 1 2 3 4 5 19. 경찰직 1차 / 18. 해경직 2차

gratify
[ˈgrætɪfaɪ]

동 만족시키다

= satiate

gratify his desires
그의 욕망을 만족시키다

gratification 명 만족(감), 만족(감)을 주는 것

grat + **ify**
favor 동접
→ 남들에게 호의를(grat) 베푸니까
⇨ 만족시키다

0258 1 2 3 4 5 심화

ingratiate
[ingréiʃièit]

동 비위를 맞추다

ingratiate advertisers
광고주들에게 비위를 맞추다

ingratiating 형 환심을 사려는

in + **grat(i)** + **ate**
in favor 동접
→ 상대방 마음속에(in) 호의를(grat) 베푸니까
⇨ 비위를 맞추다

0259 1 2 3 4 5 18. 기상직 9급

disgrace
[disgréis]

명 불명예

bring **disgrace** on his reputation
그의 명성에 불명예를 가져다주다

disgraceful 형 수치스러운

dis + **grace**
not favor
→ 남들의 호의(grace)가 없는(dis) 거니까
⇨ 불명예

0260 1 2 3 4 5

gratuitous
[grəˈtjuːɪtəs]

형 ① 공짜의 ② 불필요한, 쓸데없는

= ① free, complimentary

gratuitous service
무료 봉사

grat(u) + **itous**
favor 형접
→ 대가 없이 호의를(grat) 베풀어주니까
⇨ 공짜의

[그러튜어터스] = 그려 추웠지 ➡ 한겨울 노숙자들에게 "그려 추웠지"하며 공짜(gratuitous) 숙소를 제공하다 ⇨ 공짜의

R 49 plac, plais : 진정시키다, 기쁘게하다(please)

0261 1 2 3 4 5

placate

[pléikeit]

동 달래다, 위로하다

= ease, relieve, alleviate, appease, assuage, allay, mollify, mitigate, pacify, conciliate, soothe

placate her critics
그녀의 비판자들을 달래다

placable 형 달래기 쉬운, 온화한

plac (please) + ate (동접)
→ 상대방을 진정시키는(plac) 거니까
⇨ 달래다

0262 1 2 3 4 5 심화

implacable

[implǽkəbl]

형 무자비한, 달랠 수 없는

= harsh, brutal, relentless, unrelenting, ruthless, inexorable

an implacable enemy
무자비한 적

im (not) + plac (please) + able (형접)
→ 달래지(plac) 못하는(im)
⇨ 달랠 수 없는

0263 1 2 3 4 5 22. 서울시 9급 추가채용 / 21. 경찰직 1차

placid

[plǽsid]

형 차분한, 잔잔한

= serene, tranquil, equanimous

the placid water of the lake
호수의 잔잔한 물결

plac (please) + id (형접)
→ 마음을 진정시키는(plac) 거니까
⇨ 차분한

한 장소(place)에 가만히 있는 차분한(placid) 아이 ⇨ 차분한

0264 1 2 3 4 5 12. 국가직 9급

complacent

[kəmpléisnt]

형 자기만족적인, 현실에 안주하는

a complacent attitude
자기만족적인 태도

complacency 명 현 상태에 만족함, 자기만족

com (completely) + plac (please) + ent (형접)
→ 지금 처한 현실에 매우(com) 기쁜(plac) 거니까
⇨ 자기만족적인

큰(com) 집(place)을 가진 사람은 현실에 만족하겠죠(complacent) ⇨ 현실에 안주하는

0265 1 2 3 4 5 심화

complaisant

[kəmpléiznt]

형 남의 뜻에 잘 따르는, 순종적인

= docile, submissive, compliant, amenable, pliant

can't help being complaisant to the king's order
왕의 명령에 순종하지 않을 수 없다

complaisance 명 정중, 공손

com (completely) + plais (please) + ant (형접)
→ 사람들을 매우(com) 기분 좋게(plais) 하는 거니까
⇨ 남의 뜻에 잘 따르는

종업원이 손님의 불평(complaint)에 순종적인(complaisant) 태도를 보였다 ⇨ 순종적인

R 50 ami, amor : 좋아하다, 사랑하다(love)

0266 1 2 3 4 5

enamor

[inǽmər]

동 마음을 사로잡다

= enchant, enthrall, bewitch, mesmerize, beguile

fail to **enamor** her husband
남편의 마음을 사로잡는 데에 실패하다

en (make) + **amor** (love)

→ 사랑하게(amor) 만들다(en)
⇨ 마음을 사로잡다

0267 1 2 3 4 5 — 16. 국회직 9급

amiable

[éimiəbl]

형 붙임성 있는, 호감을 주는, 상냥한

= amicable, affable, affectionate, benign, cordial, genial

an **amiable** tone of voice
상냥한 어조의 목소리

amiability 명 상냥함, 온화

ami (love) + **able** (형접)

→ 좋아할(ami) 수 있는(able) 사람이니까
⇨ 붙임성 있는

0268 1 2 3 4 5

amicable

[ǽmikəbl]

형 우호적인, 원만한

= amiable, affable, affectionate, benign, cordial, genial

the power in an **amicable** environment
우호적인 환경에서의 힘

amicability 명 우호, 화친

ami(c) (love) + **able** (형접)

→ 서로 좋아할(ami) 능력이 있는(able) 것이니까
⇨ 우호적인

양 국가 군대(army)의 케이블(cable)이 연결되어 있으면 관계가 원만하다(amicable) ⇨ 우호적인, 원만한

0269 1 2 3 4 5 심화

amorous

[ǽmərəs]

형 호색적인

an **amorous** glance
호색적인 눈길

amor (love) + **ous** (형접)

→ 사랑을(amor) 나누고 싶어 하니까
⇨ 호색적인

R 51 culp : 유죄의(guilty)

0270 1 2 3 4 5

culpable

[kʌ́lpəbl]

형 과실이 있는, 비난받을 만한

= liable, responsible

hold him **culpable**
그에게 과실이 있다고 생각하다

culp (guilty) + **able** (형접)

→ 죄가(culp) 있다고 할 수 있는(able) 거니까
⇨ 과실이 있는

0271 1 2 3 4 5 — 18. 국가직 9급 / 15. 기상직 7급

culprit
[kʌ́lprit]

명 ① 범인 ② 장본인

= ① offender, criminal

arrest a culprit
범인을 체포하다

culp + rit
guilty 명접
→ 죄가(culp) 있는 사람이니까
⇨ 범인

0272 1 2 3 4 5 심화

exculpate
[ékskʌlpèit]

동 무죄를 입증[선언]하다, 죄를 면하게 하다

= exempt, absolve, acquit, exonerate

exculpate her from a charge
그녀의 혐의를 벗겨주다

exculpation 명 무죄 판결

ex + culp + ate
out guilty 동접
→ 유죄에서(culp) 벗어나게(ex) 하다
⇨ 무죄를 입증하다

R 52 dol : 슬퍼하다(grieve)

0273 1 2 3 4 5

condole
[kəndóul]

동 ① 조문하다 ② (죽음을) 위안[위로]하다

condole with him on the death of his father
그의 아버지의 죽음을 애도하다

condolence 명 애도, 조의
condolent 형 조의의, 애도하는

con + dol(e)
together grieve
→ 함께(con) 슬퍼하다(dol)
⇨ 조문하다, 위안하다
[컨도울] = 큰 돌 ➡ 큰 돌(고인돌) 앞에서 조문하다(condole) ⇨ 조문하다

0274 1 2 3 4 5

doleful
[ˈdəʊlfl]

형 서글픈, 음울한

= somber, dismal, sullen, morose, dejected, despondent

a doleful look on his face
서글픈 표정의 그의 얼굴

dole 명 슬픔, 비탄

dol(e) + ful
grieve 형접
→ 몹시 슬퍼하는(dol) 거니까
⇨ 서글픈

0275 1 2 3 4 5 심화

dolor
[dóulər]

명 슬픔

= grief, sorrow, heartbreak

convey her dolor
그녀의 슬픔을 전하다

dolorous 형 슬픈, 비통한

dol + or
grieve 명접
→ 슬퍼하는(dol) 것이니까
⇨ 슬픔

0276 1 2 3 4 5

indolent
[indələnt]

형 게으른, 나태한

= idle

cf. redolent (냄새가 많이 나는)

live an **indolent** life
나태한 삶을 살다

indolence 명 게으름, 나태

in + **dol** + **ent**
not grieve 형접
→ 먹고 사는데 노력과 슬픔이(dol) 없는(in) 거니까
⇨ 게으른

인도(Indo) 사람들이 게으르다는(indolent) 잘못된 편견이 있죠 ⇨ 게으른

R 53 rect, right : 똑바른(straight)

0277 1 2 3 4 5

upright
[ʌ́pràit]

형 똑바로 선, 직립의 명 수직, 직립

= 형 erect, vertical, perpendicular

raise into an **upright** position
똑바른 자세로 일어나다

up + **right**
up straight
→ 위(up)로 똑바른(right) 것이니까
⇨ 똑바로 선, 직립의

0278 1 2 3 4 5

erect
[irékt]

형 똑바로 선 동 세우다, 건립하다

= 형 upright, vertical, perpendicular

erect barriers to keep people back
사람들이 다가오지 못하도록 장애물을 세우다

e + **rect**
up straight
→ 위쪽으로(e) 똑바른(rect) 거니까
⇨ 똑바로 선

0279 1 2 3 4 5

rectify
[réktəfài]

동 바로잡다, 교정하다

= revise, correct, redress, mend, amend

rectify the situation
상황을 바로잡다

rectification 명 수정, 조정

rect + **ify**
straight 동접
→ 똑바르게(rect) 하다
⇨ 바로잡다, 교정하다

0280 1 2 3 4 5 심화

rectitude
[réktitjù:d]

명 정직, 강직

= candor

the unfailing **rectitude**
한결같은 정직

rect(i) + **tude**
straight 명접
→ 대나무처럼 곧게(rect) 뻗어 있는 성품이니까
⇨ 정직

R 54 sym, syn : 함께(together)

0281 1 2 3 4 5 심화

symbiosis

[simbióusis]

명 공생

Her ideas are focused on **symbiosis**.
그녀의 생각은 공생에 초점이 맞추어져 있다.

symbiotic 형 공생하는, 공생의

sym + **bio** + **sis**
together / life / 명접

→ 함께(sym) 생활하는(bio) 것이니까
⇨ 공생

0282 1 2 3 4 5

synthetic

[sinθétik]

형 ① 합성한, 인조의 ② 종합적인
명 인조 물질[직물]

= 형 ① artificial

Nylon is a **synthetic** fiber.
나일론은 합성 섬유이다.

synthesize 동 합성하다, 종합하다
synthesis 명 ① 합성 ② 종합, 통합

syn + **thet** + **ic**
together / place / 형접

→ 한 곳에 함께(syn) 모아 두는(thet) 것이니까
⇨ 합성한

R 55 proper, propri : 자기 자신의(one's own)

0283 1 2 3 4 5

proper

[prάpər]

형 적절한, 적당한

He is the **proper** person for the work.
그는 그 일에 적임자이다.

properly 부 제대로, 적절히
property 명 ① 재산, 소유물 ② 특성, 속성
propriety 명 ① 예의 바름, 예절 ② 타당(성)

proper
one's own

→ 자기 자신(proper)에게 딱 들어맞는 것이니까
⇨ 적절한, 적당한

0284 1 2 3 4 5 18. 법원직 9급

appropriate

[əpróupriət]

형 적합한, 어울리는
동 ① (물건·자금을) 충당하다, 사용하다
② (예산을) 측정하다

a speech **appropriate** for the occasion
그 경우에 어울리는 연설

ap + **propri** + **ate**
to / one's own / 동·형접

→ 자기 자신(propri)에게(ap) 알맞은 거니까
⇨ 적합한, 어울리는

0285 1 2 3 4 5 심화

expropriate

[eksprόuprièit]

동 ① 도용하다, 훔치다 ② 몰수하다, 징발하다

= ② confiscate, impound

cf. forfeit (몰수당하다)

expropriate land for a public park
시민 공원용으로 토지를 몰수하다

expropriation 명 (토지 등의) 수용, 징발, 몰수

ex + **propri** + **ate**
away / one's own / 동접

→ 다른 사람의 재산을 빼앗아(ex) 자신의(propri) 것으로 만들다
⇨ 도용하다, 훔치다

R 56 sens, sent : 느끼다(feel)

0286 1 2 3 4 5

19. 국회직 9급 / 19. 기상직 9급 / 18. 소방직 9급 / 17. 경찰직 1차 / 13. 서울시 9급

sensible

[sénsəbl]

sensory 형 감각의, 지각의
insensible 형 ① 이해할 수 없는 ② 무감각한

형 ① 현명한, 지적인 ② 이성적인, 분별 있는

= ① judicious, sapient, sagacious

a **sensible** interpretation of the passage
구절에 대한 합리적인 해석

sens (feel) + **ible** (형접)
→ 느낄(sens) 수 있는(ible) 거니까
⇨ 현명한, 분별 있는

0287 1 2 3 4 5

resent

[rizént]

resentful 형 분개하는
resentment 명 분개, 분노

동 분개하다, 불쾌하게 여기다

bitterly **resent** being treated like a child
아이 취급 당하는 것에 몹시 분개하다

re (completely) + **sent** (feel)
→ 어떤 사람에게 나쁜 감정을 강하게(re) 느끼니까(sent)
⇨ 분개하다

0288 1 2 3 4 5

assent

[əsént]

동 동의하다 명 승인

= 동 consent, concur

assent to his opinion
그의 의견에 찬성하다

as (to) + **sent** (feel)
→ -와(as) 같은 감정을 느끼다(sent)
⇨ 동의하다

0289 1 2 3 4 5

dissent

[disént]

dissentient 형 다수 의견에 반대하는 명 다수 의견 반대자
dissension 명 의견 충돌, 불화

동 반대하다 명 반대

cf. decent (적당한)

dissent over foreign policy
외교 정책에 대한 반대

dis (apart) + **sent** (feel)
→ 상대방과 다르게(dis) 느끼니까(sent)
⇨ 반대하다

0290 1 2 3 4 5

consensus

[kənsénsəs]

consent 동 동의하다

명 의견 일치, 합의

a general **consensus** among teachers
교사들 사이의 일반적인 의견 일치

con (together) + **sens** (feel) + **us** (명접)
→ 모두 같게(con) 느끼니까(sens)
⇨ 의견 일치

R 57 liter : 글자(letter)

0291 1 2 3 4 5

literate

[lítərət]

literary 형 문학의
literature 명 문학
literal 형 문자의, 글자 그대로의
literacy 명 읽고 쓸 줄 아는 능력

형 글을 읽고 쓸 줄 아는

cf. illiterate (글을 모르는, 문맹의)

Most of the children in his class are **literate**.
그의 학급 어린이들의 대부분이 글을 읽고 쓸 수 있다.

liter + ate
letter 형접

→ 글자를(liter) 읽고 쓸 줄 아는 거니까
⇨ 글을 읽고 쓸 줄 아는

0292 1 2 3 4 5 심화 20. 경찰직 1차 / 17. 기상직 9급

obliterate

[əblítərèit]

동 삭제하다, 없애다

= eliminate, abolish, efface, liquidate, obviate, expunge

obliterate race distinctions
인종차별을 없애다

obliteration 명 말소, 삭제

ob + liter + ate
against letter 동접

→ 글자를(liter) 반대로(ob) 지우니까
⇨ 삭제하다, 없애다

R 58 scrib, scribe, script : 쓰다(write)

0293 1 2 3 4 5

prescribe

[priskráib]

prescriptive 형 지시하는, 규범적인
prescription 명 처방전, 처방된 약

동 ① 처방하다 ② 규정하다

The doctor **prescribed** him stronger one.
의사는 그에게 더 강한 것을 처방했다.

pre + scribe
before write

→ 약을 타기 전에 의사가 미리(pre) 써주는(scribe) 것이니까
⇨ 처방하다

0294 1 2 3 4 5

ascribe

[əskráib]

ascribable 형 -에 돌릴 수 있는, -에 기인하는
ascription 명 탓으로 함

동 -의 탓으로 돌리다

= attribute, accredit, impute

She **ascribed** her success to the book.
그녀는 그녀의 성공을 그 책 덕분이라고 했다.

a + scribe
to write

→ -에게(a) 책임이 있다고 쓰다(scribe)
⇨ -의 탓으로 돌리다

0295 1 2 3 4 5

inscribe

[inskráib]

동 ① 쓰다, 새기다 ② 명심하다

= ① carve, incise, engrave, emboss

inscribe his name on the stone
그의 이름을 돌에 새기다

inscription 명 적힌 것, 비문

in + scribe
in write

→ 돌이나 마음 안에(in) 글씨를 쓰다(scribe)
⇨ 새기다

0296 1 2 3 4 5

subscribe

[səbskráib]

subscription 명 ① 구독(료), 가입 ② 기부(금), 사용
subscriber 명 ① 구독자 ② 기부자, 후원자

동 ① 가입하다, 정기구독하다 ② 기부하다 ③ 서명하다, 동의하다

Which journals do you **subscribe** to?
당신은 어떤 저널들을 구독하나요?

sub + **scribe**
under write
→ 문서 아래(sub) 서명란에 사인하다(scribe)
⇨ 가입하다

0297 1 2 3 4 5 17, 지방직 7급

proscribe

[prouskráib]

proscription 명 ① (관습 등의) 금지 ② 법률 보호[인권]의 박탈
proscriptive 형 ① 금지하는 ② 인권을 박탈하는

동 금지하다

= preclude, occlude, inhibit, interdict, deter, forestall, outlaw

proscribe the sale of alcoholic beverages
주류 판매를 금지하다

pro + **scribe**
before write
→ 앞에(pro) 글로 써놓다(scribe)
⇨ 금지하다

0298 1 2 3 4 5 심화 14, 국회직 8급

transcribe

[trænskráib]

transcription 명 ① 필사 ② 표기
transcript 명 ① 필기록, 사본 ② 성적 증명서

동 ① 베끼다, 복사하다 ② 기록하다

= ① duplicate

transcribe everything that is said in trial
재판에서 진술되는 모든 내용을 기록하다

tran + **scribe**
across write
→ 똑같이 옮겨(tran) 적으니까(scribe)
⇨ 베끼다

0299 1 2 3 4 5

conscript

[kənskrípt]

conscription 명 징병제

동 징집하다, 징병하다 명 징집병

= 동 draft, recruit, conscribe

He was **conscripted** into the army in 1938.
그는 1938년에 육군에 징집되었다.

con + **script**
together write
→ 병적부에 여러 명이 함께(con) 이름을 쓴(script) 것에서 유래
⇨ 징집하다

0300 1 2 3 4 5 심화 20, 국회직 9급

scribble

[skríbl]

동 ① 갈겨쓰다 ② 낙서하다
명 ① 휘갈겨 쓴 글씨 ② 낙서

scribble on the wall
벽에 낙서하다

scrib + **ble**
write 동·명접
→ 손이 움직이는 대로 쓰다(scrib)
⇨ 갈겨쓰다

[스크리블] = 스크램블 ➡ 계란 스크램블 만들듯 갈겨쓰다(scribble) ⇨ 갈겨쓰다, 낙서하다

R 59 sol : 혼자의(alone) / solid : 단단한(hard)

0301 1 2 3 4 5

consolidate
[kənsάlədèit]

동 ① 강화하다 ② 합병하다, 통합하다

= ② incorporate, integrate, merge, annex, coalesce

consolidated 형 강화된, 통합된
consolidation 명 합병, 통합

the two companies consolidated
합병된 두 회사

con + solid + ate
together hard 동접
→ 함께(con) 단단하게(solid) 되니까
⇨ 합병하다

0302 1 2 3 4 5

desolate
[désələt]

형 적막한, 고독한, 황량한

= barren, bleak, forlorn

desolation 명 황량함, 고적함
desolated 형 쓸쓸한, 외로운

a house in a desolate desert
황량한 사막에 있는 집 한 채

de + sol + ate
completely alone 형접
→ 완전히(de) 혼자니까(sol)
⇨ 적막한

0303 1 2 3 4 5

solidify
[səˈlɪdɪfaɪ]

동 굳어지다, 확고히 하다

solidification 명 단결, 응결

Solidify ideas in your mind.
당신의 마음속에 있는 생각을 확고히 하라.

solid + ify
hard 동접
→ 단단하게(solid) 하다
⇨ 굳어지다, 확고히 하다

R 60 dom(in) : ① 집(house) ② 지배하다(rule)

0304 1 2 3 4 5 17. 지방직 7급

domesticate
[dəméstikèit]

동 길들이다, 재배하다

= tame

domestication 명 길들이기, 교화
domestic 형 ① 가정의 ② 국내의

need to domesticate grains
곡물을 재배할 필요가 있다

dom(estic) + ate
house 동접
→ 짐승을 집안에(dom) 맞도록 만들다
⇨ 길들이다

0305 1 2 3 4 5 심화

domicile
[dɑːmɪsaɪl]

명 주소, 거주지 동 주소를 정하다

change their domicile
그들의 주소지를 옮기다

dom(i) + cile
house dwell
→ 거주하는(cile) 집을(dom) 말하는 거니까
⇨ 주소

0306 1 2 3 4 5

predominant

[pridɑ́:minənt]

형 ① 우세한 ② 뚜렷한

= ① dominant

predominate 동 뛰어나다, 우세하다
predominance 명 우세, 지배

a predominant feature
뚜렷한 특징

pre + domin + ant
before rule 형접

→ 남들보다 앞서(pre) 지배하니까 (domin)
⇨ 우세한

0307 1 2 3 4 5 심화

indomitable

[indɑ́:mitəbl]

형 굴하지 않는, 불굴의

= tenacious, strenuous, pertinacious, perseverant, unflinching, adamant

An indomitable spirit made the boxer a winner.
불굴의 정신이 그 권투선수를 승리자로 만들었다.

in + dom(it) + able
not rule 형접

→ 지배할(dom) 수(able) 없는(in)
⇨ 굴하지 않는, 불굴의

R61 serve : 지키다(keep)

0308 1 2 3 4 5 19. 국회직 9급 / 19. 해경직 1차

preserve

[prizə́:rv]

동 지키다, 보호하다, 보존하다

= shield, shelter

preservation 명 보존
preservative 형 보존의 명 방부제

preserve the environment
환경을 보호하다

pre + serve
before keep

→ 동물이 멸종되기 전에 미리(pre) 지키다(serve)
⇨ 보호하다, 보존하다

0309 1 2 3 4 5 21. 국회직 9급

conserve

[kənsə́:rv]

동 보호하다, 보존하다

= shield, shelter

conservative 형 ① 보수적인 ② 신중한
conservatism 명 ① 보수주의 ② 보수당

pause to conserve battery power
배터리 전원 절약을 위해 일시 중지하다

con + serve
completely keep

→ 완전히(con) 지켜주다(serve)
⇨ 보호하다, 보존하다

0310 1 2 3 4 5 18. 국회직 8급

reserve

[rizə́:rv]

동 ① 예약하다 ② 비축하다, 따로 남겨두다 ③ (권리를) 갖다 ④ 유보하다, 보류하다
명 ① 예비, 비축 ② 보호 구역

reserved 형 ① 남겨 둔, 예비의 ② 내성적인
reservation 명 예약
reservoir 명 ① 저장 ② 저수지, 저장소

reserve a table for three
세 사람 자리를 예약하다

re + serve
back keep

→ 뒤에(re) 보관해(serve) 두다
⇨ 비축하다

R 62 leg, loy : ① 법률(law) ② 위임하다(entrust)

0311 1 2 3 4 5

privilege
[privəlidʒ]

명 특권, 특전 동 -에게 특권을 주다

= 명 prerogative

grant him the privilege
그에게 특권을 부여하다

privi + leg + e
individual law 동·명접
→ 특정 개인만(privi) 할 수 있는 법(leg)
⇨ 특권

0312 1 2 3 4 5

loyal
[lɔ́iəl]

loyalty 명 충성(심), 충실

형 충성스러운

He is loyal to his political principles.
그는 자신의 정치적 원칙에 충실하다.

loy + al
law 형접
→ 하나의 법(loy)를 잘 지키니까
⇨ 충성스러운

0313 1 2 3 4 5

delegate
동 [déligèit]
명 [déligit]

delegation 명 ① 대표단 ② 위임

동 위임하다 명 대표, 대리인

= 명 surrogate, deputy, proxy

delegate their duties
그들의 임무를 위임하다

de + leg + ate
away entrust 동·형접
→ 권한을 위임하여(leg) 멀리(de) 보내다
⇨ 위임하다
그 사람이 대리(dele)로 갔대(gate) ⇨ 대리인

R 63 jud, jus, jur : ① 법(law) ② 올바른(right) ③ 맹세하다(swear)

0314 1 2 3 4 5 15. 서울시 9급

justify
[ˈdʒʌstifai]

justification 명 정당화

동 정당화하다

= testify, attest, verify, validate, vindicate, substantiate, corroborate

justify his faith
그의 신념을 정당화하다

jus + (t)ify
right 동접
→ 정당하게(jus) 만들다
⇨ 정당화하다

0315 1 2 3 4 5

judicial
[dʒuːdíʃəl]

jurisdiction 명 ① 사법(권) ② 권한

형 사법의

cf. statutory (법으로 정한)

the judicial system
사법 제도

jud(ic) + ial
law 형접
→ 법과(jud) 관련된 것이니까
⇨ 사법의

0316 1 2 3 4 5

judicious

[dʒuːdíʃəs]

judiciousness 명 분별력 있음, 사려 깊음
judiciously 부 분별력 있게, 사려 깊게

형 현명한, 분별력이 있는

= sensible, sapient, sagacious

make a **judicious** decision
현명한 결정을 내리다

jud(ic) + **ious**
law 형접

→ 법과(jud) 관련하여 판단하는 것이니까
⇨ 현명한, 분별이 있는

0317 1 2 3 4 5 심화 20. 해경직 3차

abjure

[æbdʒúər]

abjuration 명 맹세하고 그만둠, 포기

동 포기하다

= abandon, discard, relinquish, waive, forgo, forsake, renounce

abjure their faith
그들의 신앙을 포기하다

ab + **jur** + **e**
away law/swear 동접

→ 멀어지겠다고(ab) 법적으로(jur) 맹세하다(jur)
⇨ 포기하다

[앱쥬어] = 엎져 ➡ 권투선수가 경기를 포기하고(abjure) 엎어져 버리다 ⇨ 포기하다

0318 1 2 3 4 5 심화

adjure

[ədʒúər]

adjuratory 형 ① 엄명의 ② 간청의
adjuration 명 ① 엄명, 권고 ② 간청

동 ① 명하다 ② 간청하다

= ② beg, beseech, plead, implore, solicit, entreat

adjure us to tell the truth
우리에게 진실을 말할 것을 명하다

ad + **jur** + **e**
to law/swear 동접

→ 상대방에게(ad) 약속을 지키라고 법적으로(jur) 맹세를(jur) 요구하다
⇨ 명하다

[어주어] = 얻죠 ➡ 원하는 걸 명령하거나 간청해서(adjure) 얻죠 ⇨ 명하다, 간청하다

0319 1 2 3 4 5 심화

adjudge

[ədʒʌ́dʒ]

adjudgement 명 판결, 선고

동 판단을 내리다, 판결하다

be **adjudged** to have succeeded
성공했다는 판단이 내려지다

ad + **jud** + **ge**
to law 동접

→ ~에게(ad) 법적인(jud) 판단을 내리다
⇨ 판단을 내리다

0320 1 2 3 4 5 심화

perjure

[pə́ːrdʒər]

perjury 명 위증, 위증죄

동 위증시키다

warn the witness not to **perjure** herself
그녀에게 위증하지 말라고 경고하다

per + **jur** + **e**
through swear 동접

→ 법을 뚫고(per) 거짓을 맹세시키니까(jur)
⇨ 위증시키다

[퍼져] = 퍼줘 ➡ 돈을 퍼줘서 위증시키다(perjure) ⇨ 위증시키다

R 64 cert : 확실한(sure)

0321 1 2 3 4 5 13. 국회직 8급

ascertain

[æsərtéin]

certain 형 ① 확실한 ② 특정한

동 확인하다

ascertain what actually happened
실제로 어떤 일이 있었는지 확인하다

as + cert(ain)
to sure
→ ~에 대해(as) 확실하게(cert) 해주니까
⇨ 확인하다

0322 1 2 3 4 5 17. 기상직 9급 / 14. 서울시 7급

certify

[sɜːrtɪfaɪ]

certificate 명 증서, 증명서
certification 명 증명

동 증명하다

= testify, attest, verify, validate, vindicate, substantiate, corroborate

certified correct by the finance department
재무과에서 증명된 정정

cert + ify
sure 동접
→ 확실하게(cert) 하다
⇨ 증명하다

R 65 vert, vers, verg : 돌리다, 바꾸다(turn)

0323 1 2 3 4 5 21. 경찰직 1차 / 17. 국회직 8급

diverse

[dɪˈvɜːrs, dáivəːrs]

diversify 동 다각화하다, 다양해지다
diversity 명 다양성, 포괄성
diversification 명 다양화

형 다양한, 다른

diverse cultures
다양한 문화들

di + vers(e)
apart turn
→ 이리저리(di) 여러 방향으로 바꾼(vers) 것이니까
⇨ 다양한

0324 1 2 3 4 5 18. 경찰직 2차

diverge

[dɪˈvəːrdʒ, daivə́ːrdʒ]

divergent 형 분기하는, 갈라지는, 다른
divergence 명 분기, 일탈, 차이

동 나뉘다, 갈라지다

diverge on this issue
이 쟁점을 두고 나뉘다

di + verg(e)
apart turn
→ 따로따로(di) 방향을 바꾸다(verg)
⇨ 갈라지다

0325 1 2 3 4 5 17. 교행직 9급

converge

[kənvə́ːrdʒ]

convergence 명 수렴, 집합점
convergent 형 수렴하는, 모여드는

동 ① 수렴되다 ② 모여들다

= ② congregate

converge on the beach
해변에 모이다

con + verg(e)
together turn
→ 함께(con) 한쪽으로 모여드니까(verg)
⇨ 수렴되다

0326 1 2 3 4 5 14. 서울시 9급

converse

[kənvə́:rs]

conversely 부 정반대로, 역으로
conversation 명 대화

형 정반대의 동 대화하다

converse in Spanish
스페인어로 대화하다

con + vers(e)
completely turn

→ 방향을 완전히(con) 바꿔버린(vers) 것이니까
⇨ 정반대의

0327 1 2 3 4 5 20. 국회직 8급 / 19. 지방직 7급 / 16. 지방직 9급 / 16. 법원직 9급

adverse

[ædvə́:rs]

adversity 명 역경, 불행
adversary 명 ① 상대방 ② 적수
adversarial 형 서로 대립 관계에 있는, 적대적인

형 ① 반대의 ② 불리한

adverse weather conditions
불리한 기상 조건

ad + vers(e)
to turn

→ 바람을 거스르는 쪽으로(ad) 배의 방향을 돌리니까(vers)
⇨ 반대의, 불리한

0328 1 2 3 4 5

reverse

[rivə́:rs]

reversal 명 전환, 반전

동 ① 뒤집다, 거꾸로 하다 ② 후진하다
형 반대의, 역의 명 반대

announce the results in **reverse** order
반대의 순서로 결과를 발표하다

re + vers(e)
back turn

→ 방향이 뒤로(re) 돌려진(vers) 거니까
⇨ 뒤집다

버스(verse)가 뒤로(re) 가다 ⇨ 후진하다

0329 1 2 3 4 5

convert

[kənvə́:rt]

convertible 형 전환 가능한, 개조할 수 있는 명 컨버터블(승용차)
converter 명 변환기
conversion 명 전환, 변화

동 개조하다, 바꾸다

= transform, transfigure

convert wons into euros
원화를 유로화로 바꾸다

con + vert
completely turn

→ 방향을 완전히(con) 싹 돌린(vert) 거니까
⇨ 개조하다, 바꾸다

0330 1 2 3 4 5

revert

[rivə́:rt]

reversion 명 ① 회귀, 복귀 ② 반환

동 되돌아가다, 복귀하다

revert to bad old habits
예전의 나쁜 습관으로 되돌아가다

re + vert
back turn

→ 방향을 원래대로 다시(re) 돌리다(vert)
⇨ 되돌아가다

0331 1 2 3 4 5 17. 서울시 9급

avert

[əvə́:rt]

동 피하다

= evade, circumvent, shun, eschew, elude, dodge

Several actions were required to **avert** risk.
위험을 피하기 위해 몇 가지 조치가 요구되었다.

aversion 명 혐오감

a + **vert**
away turn

→ 눈길을 멀리(a) 돌리다(vert)
⇨ 피하다

0332 1 2 3 4 5 심화

advert

[ædvə́:rt]

동 ① 주의를 돌리다 ② 언급하다

advert to her opinion
그녀의 의견에 주의를 돌리다

advertent 형 주의 깊은, 신중한

ad + **vert**
to turn

→ ~쪽으로(ad) 관심을 돌리다(vert)
⇨ 주의를 돌리다

최근에 본 재미있는 광고(advertisement)에 대해 언급하다(advert) ⇨ 언급하다

0333 1 2 3 4 5

divert

[divə́:rt]

동 ① 딴 곳으로 돌리다 ② 기분 전환하다

divert the course of a stream
개울의 진로를 바꾸다

diversion 명 바꾸기, 전환

di + **vert**
away turn

→ 원래 방향에서 멀리 벗어나게(di) 바꾸는(vert) 거니까
⇨ 딴 곳으로 돌리다

다이빙하면서(dive) 기분 전환하다(divert) ⇨ 기분 전환하다

0334 1 2 3 4 5 10. 국가직 9급

invert

[invə́:rt]

동 앞뒤를 바꾸다, 뒤집다

= overturn, reverse, capsize

invert an hourglass
모래시계를 엎어 놓다

inverse 형 역의, 반대의 명 정반대
inversion 명 도치, 전도

in + **vert**
in turn

→ 안에(in) 있던 것을 밖으로 빼내 위치를 바꾸다(vert)
⇨ 앞뒤를 바꾸다, 뒤집다

0335 1 2 3 4 5 심화

pervert

[pərvə́:rt]

동 왜곡하다 명 변태 성욕자

pervert the truth
사실을 왜곡하다

perverse 형 비틀어진, 왜곡된
perversity 명 성미가 비뚤어짐, 외고집

per + **vert**
thoroughly turn

→ 완전히(per) 틀어진(vert) 것이니까
⇨ 왜곡하다

0336 1 2 3 4 5 09. 국가직 9급

introvert

[íntrəvə̀:rt]

형 내성적인 명 내성적인 사람

= 형 reserved, introspective, reflective

He was an **introvert**.
그는 내향적인 사람이었다.

intro + **vert**
inward turn

→ 성격이 안으로(intro) 향해있는 (vert) 사람이니까
⇨ **내성적인 사람**

0337 1 2 3 4 5 19. 서울시 9급 / 15. 교행직 9급 / 09. 국가직 9급

extrovert

[ékstrəvə̀:rt]

형 외향적인 명 외향적인 사람

= 형 outgoing

an **extrovert** personality
외향적인 성격

extro + **vert**
outside turn

→ 성격이 밖으로(extro) 향해있는 (vert) 사람이니까
⇨ **외향적인 사람**

0338 1 2 3 4 5

controversy

[kάntrəvə̀:rsi]

controversial 형 논란의 여지가 있는, 논쟁의
controvert 동 반박하다

명 논쟁

create a big **controversy**
커다란 논쟁을 일으키다

contro + **vers(y)**
opposite turn

→ 서로 반대되는(contro) 말을 주고 받는(vers) 것이니까
⇨ **논쟁**

0339 1 2 3 4 5 심화

traverse

[trǽvə:rs]

동 통과하다, 횡단하다

cf. trespass (불법으로 침입하다)

traverse both Africa and Europe
아프리카 대륙과 유럽 대륙을 횡단하다

tra + **vers(e)**
across turn

→ 이쪽에서 저쪽으로 가로질러(tra) 돌다(vers)
⇨ **통과하다**

여행자들(travelers)이 대륙을 횡단하다 (traverse) ⇨ **횡단하다**

0340 1 2 3 4 5 19. 경찰직 1차 / 17. 국회직 8급 / 14. 법원직 9급 / 13. 기상직 9급 / 09. 국가직 7급

versatile

[və́:rsətl]

versatility 명 다양성

형 ① 다재다능한 ② 다용도의

Charcoal is a highly **versatile** material.
숯은 꽤 다목적인 물질이다.

vers(at) + **ile**
turn 형접

→ 이리저리 자유자재로 바꾸기(vers) 쉬운 거니까
⇨ **다재다능한**

R 66 alter, ali, altru : ① 다른(other) ② 바꾸다(change)

0341 1 2 3 4 5 17. 경찰직 1차

alter

[ɔ́:ltər]

동 변하다, 바꾸다

= modify, transform, transfigure, convert

urge him to **alter** his ways
그에게 그의 방식을 바꾸도록 권고하다

alteration 명 변경, 변화

> **alter**
> change
> → 원래 모습과 다르게(alter) 만드니까
> ⇨ **변하다, 바꾸다**

0342 1 2 3 4 5

alien

[éiljən, -liən]

형 ① 이질적인 ② 외국의 ③ 외계의
명 ① 외국인 ② 외계인

The idea is **alien** to our religion.
그 사상은 우리 종교와는 이질적이다.

> **ali** + **en**
> other 형·명접
> → 주변에 있는 것과는 생김새 등이 다른(ali) 것이니까
> ⇨ **이질적인**

0343 1 2 3 4 5 심화

alienate

[éiljənèit]

동 소원하게 만들다

= estrange

alienate a lot of young voters
많은 젊은 유권자들을 소원하게 만들다

alienation 명 멀리함

> **ali(en)** + **ate**
> other 동접
> → 뭔가 다르다고(ali) 느끼게 만드니까
> ⇨ **소원하게 만들다**

0344 1 2 3 4 5 16. 서울시 9급

alternative

[ɔ:ltə́:rnətiv, æltə́:rnətiv]

명 대안, 대체
형 대안적인, 대체 가능한

an **alternative** energy technology
대체 에너지 기술

alternate 동 교체하다, 번갈아 일어나다
alternation 명 교대, 교체

> **alter** + **native**
> other 형·명접
> → 원래 것과 다른(alter) 것으로 바꿀 수 있는 것이니까
> ⇨ **대안**

0345 1 2 3 4 5 심화 17. 국회직 9급

altercation

[ɔ̀:ltərkéiʃən]

명 언쟁

during an **altercation**
언쟁을 벌이는 동안

altercate 동 언쟁하다, 격론하다

> **alter(ca)** + **tion**
> other 명접
> → 의견이 달라서(alter) 싸우는 것
> ⇨ **언쟁**

0346 1 2 3 4 5

altruism

[æltruːizm]

altruistic 형 이타적인

명 이타주의, 이타심

Altruism is whether you think about others.
이타심은 타인을 생각하느냐는 것이다.

altru + ism
other 명접

→ 다른 사람(altru)을 생각하는 주의(ism)니까
⇨ 이타심

0347 1 2 3 4 5 심화

alias

[éiliəs]

명 별명, 가명

go by the alias of Johnson
존슨이란 가명으로 통하다

ali + as
other 명접

→ 이름 이외의 다른(ali) 호칭
⇨ 별명

R 67 mut : 바꾸다(change)

0348 1 2 3 4 5

mutual

[mjúːʧuəl]

mutuality 명 상호 관계

형 ① 서로의, 상호 간의 ② 공동의, 공통의

= ① reciprocal, bilateral

atmosphere of **mutual** trust
서로를 신뢰하는 분위기

mut + ual
change 형접

→ 서로 교환하며 바꾸는(mut) 거니까
⇨ 서로의

0349 1 2 3 4 5

commute

[kəmjúːt]

telecommute 동 재택 근무하다
commuter 명 통근자

동 통근하다 명 통근 (거리)

commute to school by bus
버스로 통학하다

com + mut(e)
completely change

→ 집에서 직장으로, 직장에서 집으로 완전히(com) 방향을 바꾸다(mut)
⇨ 통근하다

0350 1 2 3 4 5

mutate

[mjúːteit]

mutable 형 변하기 쉬운, 변덕스러운
mutant 형 돌연변이의, 돌연변이체
mutation 명 ① 돌연변이 ② 변화

동 변형되다, 돌연변이가 되다

mutate into drug-resistant forms
약에 내성을 가진 형태로 변형되다

mut + ate
change 동접

→ 모습이 바뀌니까(mut)
⇨ 변형되다

R 68 mit, mitt, miss : 보내다(send)

0351 1 2 3 4 5 20. 지방직 7급 / 18. 지역인재 9급 / 15. 서울시 7급 / 08. 지방직 9급

dismiss
[dismis]

동 ① 해고하다 ② 해산시키다 ③ 묵살하다

= ② dissolve, disperse, disband

dismissal 명 ① 해산 ② 해고, 퇴학 ③ 기각

The class was dismissed.
수업이 끝났다.

dis + miss
away send
→ 회사/무리에서 흩어지도록(dis) 멀리 보내다(miss)
⇨ 해고하다, 해산시키다

0352 1 2 3 4 5 18. 국회직 8급 / 18. 해경직 2차 / 16. 서울시 9급

commit
[kəmit]

동 ① 범하다, 저지르다 ② 전념하다 ③ 맡기다, 위임하다 ④ 약속하다

commitment 명 ① 실행 ② 전념 ③ 약속
committed 형 전념하는, 헌신적인

commit the offence
범행을 저지르다

com + mit
together send
→ 내 정신 모두(com)를 보낼(mit) 정도로 몰두하니까
⇨ 전념하다
→ 임무와 함께(com) 보내니까(mit)
⇨ 맡기다

0353 1 2 3 4 5 21. 소방직 9급

submit
[səbmit]

동 ① 제출하다 ② 복종하다, 굴복하다

= ② succumb, surrender, capitulate

submission 명 ① 제출 ② 복종, 굴복
submissive 형 순응하는

submit a loan application
대출 신청서를 제출하다

sub + mit
under send
→ 책상 아래로(sub) 보내니까(mit)
⇨ 제출하다
→ 상대편 아래에(sub) 나를 보내니까(mit)
⇨ 굴복하다

0354 1 2 3 4 5 20. 경찰직 1차 / 16. 국회직 8급

transmit
[trænsmit]

동 ① 전송하다 ② 전염시키다 ③ (열 등을) 전도하다

transmission 명 ① 보냄, 전송 ② 전염

transmit the files
파일을 전송하다

trans + mit
across send
→ 이쪽에서 저쪽으로(trans) 보내다(mit)
⇨ 전송하다

0355 1 2 3 4 5 21. 소방직 9급

emit
[imit]

동 내뿜다, 방출하다

= discharge

emission 명 배출(물), 배기가스

emit a clattering sound
딸그락거리는 소리를 내다

e + mit
out send
→ 빛 등을 밖으로(e) 내보내다(mit)
⇨ 방출하다

0356 1 2 3 4 5

intermittent

[ˌɪntəˈmɪtənt]

형 간헐적인, 간간이 일어나는

= sporadic

cause **intermittent** crashes
간헐적인 충동을 야기하다

intermit 동 일시 멈추다

inter + **mitt** + **ent**
between send 형접

→ 사이사이에(inter) 보내는(mitt)
⇨ 간헐적인

0357 1 2 3 4 5

remit

[rimít]

동 ① 송금하다 ② 면제해 주다

be **remitted** to you
당신에게로 송금되다

remittance 명 송금액, 송금
remission 명 ① 감면, 면제 ② (병의) 차도

re + **mit**
back send

→ 돈을 다시(re) 상대방에게 보내니까 (mit)
⇨ 송금하다

[리밋] = 니+어미 = 니+이미 ➡ 니 어미가 이미 송금했다. 니 이미 면제야! ⇨ 송금하다, 면제해 주다

0358 1 2 3 4 5 심화

remiss

[rimís]

형 ① 태만한 ② 부주의한

= ① negligent, delinquent, derelict

be **remiss** in his duty
업무에 태만하다

re + **miss**
back send

→ 일을 하지 않고 뒤로(re) 미루어 보내는(miss)
⇨ 태만한

자꾸(re) 뭔가를 놓치는(miss) 사람은 부주의하죠(remiss) ⇨ 부주의한

R 69 crea, crete : 자라다(grow)

0359 1 2 3 4 5

22. 법원직 9급 / 19. 국회직 9급 / 19. 해경직 1차 / 19. 법원직 9급 / 17. 법원직 9급 / 10. 국가직 9급

increase

[inkríːs]

동 증가하다, 증가시키다 명 증가

= 동 multiply, enlarge, augment, proliferate

the **increased** number of births
태어나는 아이들의 수의 증가

increasingly 부 점점 더, 더욱더
increment 명 증가

in + **crea(se)**
in grow

→ 안에(in) 더해져서 자라나다(crea)
⇨ 증가하다

0360 1 2 3 4 5

19. 해경직 1차

concrete

[kάnkriːt]

형 ① 구체적인 ② 콘크리트로 된
명 콘크리트

= 형 ① specific

concrete objects like pencils
연필과 같은 구체적인 물건

concretely 부 구체적으로

con + **crete**
together grow

→ 여러 명확한 요소들이 함께(con) 더해져 커진(crete) 거니까
⇨ 구체적인

R 70 fac, fact, fect, fic, facil : 만들다(make)

0361 1 2 3 4 5 13. 지방직 9급

factual
[fǽktʃuəl]

형 사실적인

cf. faction (당파, 파벌), factious (당파적인), factitious (인위적인, 인공적인)

factual evidence
사실적인 증거

factuality 명 사실

fact + ual
make 형접

→ 실제 만들어진(fact) 것에 기반을 둔 것이니까
⇨ 사실적인

0362 1 2 3 4 5 12. 지방직 9급

proficient
[prəfíʃənt]

형 능숙한, 숙련된

= competent, adept, adroit, deft, dexterous

be **proficient** in foreign languages
외국어에 능숙하다

proficiency 명 숙달, 능숙, 능란

pro + fic + ient
forward make 형접

→ 무엇이든 앞으로(pro) 척척 만들어(fic) 내는 거니까
⇨ 능숙한

0363 1 2 3 4 5 20. 해경직 3차

infect
[infékt]

동 ① 감염[전염]시키다 ② 오염시키다

= ② pollute, contaminate

be **infected** by computer viruses
컴퓨터 바이러스에 감염되다

infection 명 감염, 전염병
infectious 형 전염되는, 전염성의

in + fect
in make

→ 안으로(in) 들어와서 병을 만드니까(fect)
⇨ 감염시키다

0364 1 2 3 4 5 13. 국가직 9급

facilitate
[fəsílətèit]

동 ① 쉽게 하다 ② 촉진시키다

= ② hasten, accelerate, expedite, precipitate

initiate processes and **facilitate** business integration
프로세스를 시작하고 비즈니스 통합을 촉진시키다

facility 명 ① 편의 시설 ② 재능

facil(it) + ate
make 동접

→ 쉽게 만들다(facil)
⇨ 쉽게 하다

0365 1 2 3 4 5

faculty
[fǽkəlti]

명 ① 능력 ② 학부 ③ 교수단

the humanity **faculty**
인문학부

fac + ulty
make 명접

→ 뭔가를 만들어낼(fac) 수 있는 것이니까
⇨ 능력
→ 학생을 지식인으로 만드는(fac) 능력을 가진 집단
⇨ 학부, 교수단

R71 cur : ① 달리다(run) ② 주의, 관심, 돌봄(care)

0366 1 2 3 4 5

current
[kə́ːrənt]

currently 부 현재
currency 명 ① 화폐, 통화 ② 유통

형 현재의 명 ① 흐름 ② 경향

current prices
현재 물가

cur(r) + ent
run 형접
→ 지금 달리고(cur) 있는 것이니까
⇨ 현재의

0367 1 2 3 4 5 20. 국회직 8급

concur
[kənkə́ːr]

concurrence 명 ① 동시 발생 ② 동의, 의견 일치
concurrent 형 공존하는, 동시에 발생하는

동 ① 동시에 일어나다 ② 동의하다

= ① coincide, synchronize

concur with his opinion
그와 의견이 일치하다

con + cur
together run
→ 함께(con) 동시에 달리다(cur)
⇨ 동시에 일어나다

0368 1 2 3 4 5 18. 국회직 8급

incur
[inkə́ːr]

incurrence 명 손해를 입음, 초래함

동 초래하다

= evoke, engender, beget, induce, elicit

incur heavy financial penalty
무거운 위약금을 초래하다

in + cur
into run
→ 안으로(in) 달려(cur) 들어오게 하니까
⇨ 초래하다

0369 1 2 3 4 5

recur
[rikə́ːr]

recurrent 형 반복되는, 재발되는
recurrence 명 반복, 재발

동 ① 반복되다 ② 되돌아가다

recur several times
여러 차례 반복되다

re + cur
again run
→ 왔던 길을 다시(re) 달려가다(cur)
⇨ 되돌아가다

0370 1 2 3 4 5 20. 소방직 9급

accurate
[ǽkjurət]

accuracy 명 정확(성), 정밀(도)
accurately 부 정확히, 정밀하게

형 정확한

= precise, exact

an accurate marker of quality
품질의 정확한 표지

ac + cur + ate
to care 형접
→ –에(ac) 특별한 주의를(cur) 기울인 것이니까
⇨ 정확한

0371 1 2 3 4 5 심화

precursor

[prikə́ːrsər]

명 ① 선구자 ② 전조

= ① forerunner, pioneer, antecedent, predecessor

a **precursor** to medical breakthroughs
의학 발전의 선구자

precursory 형 선봉의, 전조의

pre + cur + sor
before run 명접
→ 우리보다 먼저(pre) 달려간(cur) 사람이니까
⇨ 선구자

0372 1 2 3 4 5 심화

cursory

[kə́ːrsəri]

형 ① 서두르는 ② 피상적인 ③ 엉성한

= ② superficial, perfunctory, ostensible

a **cursory** inspection
엉성한 수사

cur + sory
run 형접
→ 급한 일이 있어 뛰니까(cur)
⇨ 서두르는

R72 mot : 움직이다(move)

0373 1 2 3 4 5 19. 경찰직 1차

promote

[prəmóut]

동 ① 촉진하다, 장려하다 ② 승진시키다 ③ 홍보하다

promote a clash with other cultures
다른 문화와의 충돌을 촉진하다

promotion 명 ① 승진 ② 장려 ③ 판매촉진

pro + mot(e)
forward move
→ 회사에서 앞으로(pro) 나아가게 (mot) 하다
⇨ 승진시키다

0374 1 2 3 4 5 심화

demotion

[dimóuʃən]

명 좌천, 강등

= relegation

before the **demotion** can proceed
강등을 진행하기 전에

demote 동 강등시키다

de + mot + ion
down move 명접
→ 회사에서 아래로(de) 움직임(mot)
⇨ 좌천

0375 1 2 3 4 5 09. 지방직 9급

remote

[rimóut]

형 ① 먼, 멀리 떨어진, 외딴 ② (가능성이) 희박한 ③ 원격 조정의

be **remote** from town
도시로부터 멀다

remotion 명 이동, 제거

re + mot(e)
away move
→ 멀리(re) 옮겨(mot) 간 것이니까
⇨ 먼

0376 1 2 3 4 5 심화 21. 국회직 9급 / 19. 서울시 9급

commotion
[kəmóuʃən]

명 소동

= uproar, turmoil, mayhem

create a commotion
소동을 불러일으키다

commotional 형 격동의

com + mot + ion
together move 명접
→ 사람들이 함께(com) 움직임(mot)
⇨ 소동

R73 later : side(면)

0377 1 2 3 4 5 심화

unilateral
[jùːnəlǽtərəl]

형 일방적인, 단독의

= dogmatic, arbitrary, peremptory

They were forced to take **unilateral** action.
그들은 어쩔 수 없이 단독 행동을 취해야 했다.

unilaterally 부 일방적으로

uni + later + al
one side 형접
→ 한쪽(uni) 면이니까(later)
⇨ 일방적인

0378 1 2 3 4 5

collateral
[kəlǽtərəl]

형 ① 부수적인, 부차적인 ② 담보로 내놓은
명 담보물

= 형 ① secondary, incidental, subsidiary, ancillary

The business required many **collateral** expenses.
그 사업은 부수적으로 들어가는 경비가 많았다.

col + later + al
together side 형·명접
→ 옆에(later) 같이(col) 딸려 있는 거니까
⇨ 부수적인

0379 1 2 3 4 5 심화

bilateral
[bailǽtərəl]

형 쌍방의, 쌍무적인

= mutual, reciprocal

The UK and Turkey signed a **bilateral** MOU.
영국과 터키는 쌍방 양해각서를 체결하였다.

bi + later + al
two side 형접
→ 양쪽(bi) 면이(later) 있는 거니까
⇨ 쌍방의

0380 1 2 3 4 5

multilateral
[mʌltilǽtərəl]

형 ① 다각적인 ② 다자간의

a **multilateral** agreement on free trade
자유무역에 관한 다자간 협정

multi + later + al
many side 형접
→ 많은(multi) 면들을(later) 갖고 있는 거니까
⇨ 다각적인

R 74 ject, jac : 던지다(throw)

0381 1 2 3 4 5

project

명 [prάdʒekt]
동 [prədʒékt]

명 계획 동 ① 계획하다 ② 투영하다

a building project
건설 계획

projector 명 ① 설계자 ② 영사기

pro + **ject**
forward throw

→ 시간상 앞으로(pro) 해야 하게끔 던져진(ject) 것이니까
⇨ 계획, 계획하다

0382 1 2 3 4 5

objective

[əbdʒéktiv]

명 목표 형 객관적인

achieve my objectives
나의 목표를 달성하다

ob + **ject** + **ive**
against throw 형·명접

→ 어딘가를 마주하여(ob) 자신을 던지는(ject) 것이니까
⇨ 목표

0383 1 2 3 4 5 14, 국회직 9급

subject

[sʌ́bdʒikt]

형 ① 지배를 받는 ② −에 영향을 받기 쉬운
동 복종시키다
명 ① 과목 ② 주제 ③ 백성 ④ 피실험자

= 형 ② vulnerable, susceptible

Fares are subject to change.
요금은 쉽게 변경될 수 있다.

subjective 형 주관적인
subjection 명 ① 정복 ② 복종

sub + **ject**
under throw

→ 왕 아래에(sub) 던져진(ject) 거니까
⇨ 지배를 받는, 백성
→ 실험 아래에(sub) 던져진(ject) 사람들
⇨ 피실험자

TIP be subject to + N ① −하기 쉽다, 영향 받기 쉽다 ② −을 필요로 하다, −을 조건으로 하다 ③ −을 겪다, −을 당하다

0384 1 2 3 4 5

adjacent

[ədʒéisnt]

형 인접한, 가까운

= contiguous

The mall is adjacent to our house.
쇼핑몰은 우리 집과 인접해 있다.

adjacency 명 인접, 이웃

ad + **jac** + **ent**
to throw 형접

→ 주변에(ad) 던져진(jac) 것이니까
⇨ 인접한

0385 1 2 3 4 5 심화

eject

[idʒékt]

동 ① 쫓아내다 ② 탈출하다

= ① expel, evict, exile, oust, expatriate, exorcise

eject from the square
광장에서 탈출하다

ejection 명 방출(물), 분출(물), 배출

e + **ject**
out throw

→ 밖으로(e) 내던지다(ject)
⇨ 쫓아내다

0386 1 2 3 4 5 18. 경찰직 1차

dejected

[didʒéktid]

형 낙담한

= somber, dismal, sullen, morose, despondent, doleful

look so **dejected**
몹시 낙담한 모습이다

deject 동 ~의 기를 꺾다, 낙담시키다
dejection 명 실의, 낙담, 우울

de + **ject** + **ed**
down throw 형접
→ 마음이 아래로(de) 던져진(ject)
⇨ 낙담한

0387 1 2 3 4 5 심화

abject

[ǽbdʒekt]

형 절망적인, 비참한

= desperate

abject poverty
극빈

abjection 명 비참한 상태, 비열

ab + **ject**
away throw
→ 인적 없는 곳에 멀리(ab) 내던져진(ject)
⇨ 절망적인, 비참한

0388 1 2 3 4 5

conjecture

[kəndʒéktʃər]

동 추측하다 명 추측, 짐작, 억측

= 동 surmise, speculate

my **conjecture** on his intentions
그의 의도에 대한 나의 어림짐작

conjectural 형 ① 추측의 ② 억측하기 좋아하는

con + **ject** + **ure**
together throw 동·명접
→ 여러 생각을 함께(con) 내던져(ject) 하나로 모으니까
⇨ 추측하다

R 75 cast : 던지다(throw)

0389 1 2 3 4 5

forecast

[fɔ́ːrkæ̀st]

동 예상[예측]하다, 예보하다
명 예상[예측], 예보

= 동 anticipate, foresee, foretell

a weather **forecast**
날씨 예보

fore + **cast**
early throw
→ 일찍이(fore) 주사위를 던져(cast) 점을 보다
⇨ 예상[예측]하다

0390 1 2 3 4 5

overcast

[óuvərkæ̀st]

형 흐린, 음침한 동 흐리게 하다

an **overcast** sky
흐린 하늘

over + **cast**
above throw
→ 위로(over) 던져져(cast) 빛이 가려진 것이니까
⇨ 흐린, 음침한

R76 fer : ① 옮기다(carry) ② 낳다(bear)

0391 1 2 3 4 5 22. 간호직 8급 / 21. 소방직 9급

prefer

[prifə́:r]

preference 명 선호
preferable 형 더 나은, 바람직한

동 선호하다, 더 좋아하다

prefer tea to coffee
커피보다 차를 더 좋아하다

pre + **fer**
before carry

→ 더 좋아하는 것을 먼저(pre) 옮기니까(fer)
⇨ 선호하다

0392 1 2 3 4 5 16. 기상직 9급

confer

[kənfə́:r]

conference 명 회의, 학회, 회담, 협의회
conferment 명 수여

동 ① 상의하다, 협의하다 ② 수여하다

= ② bestow, endow

confer with her colleagues
그녀의 동료들과 의논하다

con + **fer**
together carry

→ 의견을 함께(con) 옮기다(fer)
⇨ 상의하다
→ 상을 함께(con) 옮겨가게(fer) 하니까
⇨ 수여하다

[컨퍼] = 큰 포 ➡ 큰 포(대포)를 쏴주기 전에 상의부터 해야지 ⇨ 상의하다, 수여하다

0393 1 2 3 4 5

infer

[infə́:r]

inference 명 추론, 추정, 추측

동 ① 추론[추측]하다 ② 암시하다

= ② imply, allude, insinuate, implicate, connote

infer that he was drunk
그가 취해 있었다고 추측하다

in + **fer**
in carry

→ 마음속으로(in) 이렇게 저렇게 옮겨(fer)
⇨ 추론하다

0394 1 2 3 4 5

defer

[difə́:r]

deference 명 존중
deferred 형 연기된

동 ① 미루다, 연기하다 ② 경의를 표하다

= ① adjourn, shelve

defer the upgrade
업그레이드를 지연시키다

de + **fer**
down carry

→ 일정표의 아래로(de) 옮기다(fer)
⇨ 연기하다
→ 왕 앞에서 자기 자신을 아래로(de) 낮추는(fer) 것이니까
⇨ 경의를 표하다

0395 1 2 3 4 5 16. 국가직 9급

fertile

[fə́:rtl]

fertilize 동 비료를 주다
fertilizer 명 화학비료
fertility 명 비옥함

형 ① 비옥한, 기름진 ② 많이 낳는, 생식력 있는 ③ 풍부한

fertile women under the age of 38
38세 미만의 가임 여성들

fer(t) + **ile**
bear 형접

→ 작물이나 아이를 낳을(fer) 수 있는(ile) 것이니까
⇨ 생식력 있는

R 77 gest, gist : 나르다, 전달하다(carry)

0396 1 2 3 4 5

digest

[daiʒést]

동 ① 소화하다 ② 이해하다
명 요약(문)

digestive 형 소화의
digestible 형 ① 소화하기 쉬운 ② 이해하기 쉬운
digestion 명 소화력

digest plants
식물을 소화하다

di + **gest**
apart carry
→ 작게 나누어(di) 나르다(gest)
⇨ 소화하다

0397 1 2 3 4 5 19. 지역인재 9급

register

[rédʒistər]

동 등록하다, 기록하다
명 등록부, 기록부

= 동 enroll, enlist

register a domain name
도메인명을 등록하다

registration 명 등록, 신고

re + **gist** + **er**
back carry 동·명접
→ 기억 속에서 다시(re) 가져오기(gist) 위해서니까
⇨ 등록하다

0398 1 2 3 4 5 14. 사회복지직 9급

suggest

[səgdʒést]

동 ① 제안하다 ② 암시하다

= ② imply, infer, allude, insinuate, implicate, connote

suggestion 명 ① 암시, 연상 ② 제안
suggestive 형 연상시키는, 시사하는

suggest doing something meaningful
무엇인가 의미 있는 일을 하기를 제안하다

sug + **gest**
under carry
→ 본심을 드러내지 않고 몰래 아래로(sug) 전달하다(gest)
⇨ 암시하다

0399 1 2 3 4 5

congestion

[kəndʒéstʃən]

명 ① 혼잡 ② 인구과잉, 밀집

congest 동 ① 혼잡하게 하다 ② 충혈시키다

traffic congestion and pollution
교통 혼잡과 공해

con + **gest** + **ion**
together carry 명접
→ 좁은 장소에서 여러 가지가 함께(con) 날라지니까(gest)
⇨ 혼잡

0400 1 2 3 4 5 14. 사회복지직 9급

ingest

[indʒést]

동 삼키다, 섭취하다

= gulp, swallow

ingestion 명 섭취
ingestive 형 음식 섭취의

ingest vitamin C from fruits
과일로부터 비타민C를 섭취하다

in + **gest**
into carry
→ 음식을 안으로(in) 나르다(gest)
⇨ 삼키다, 섭취하다

R78 port : 나르다, 운반하다(carry)

0401 1 2 3 4 5

import

동 [impɔ́ːrt]
명 [ímpɔːrt]

동 수입하다 명 수입

import raw materials
원자재를 수입하다

im + port
in carry
→ 나라 안(im)으로 실어 나르다(port)
⇨ 수입하다

0402 1 2 3 4 5

export

동 [ikspɔ́ːrt]
명 [ékspɔːrt]

동 수출하다 명 수출

export meat and fruit
육류와 과일을 수출하다

ex + port
out carry
→ 나라 밖(ex)으로 실어 나르다(port)
⇨ 수출하다

0403 1 2 3 4 5

transport

[trænspɔ́ːrt]

동 운송하다, 수송하다
명 운송(업), 수송

transport goods by air
물건을 항공편으로 운송하다

transportation 명 수송, 운송

trans + port
across carry
→ 이쪽에서 저쪽으로(trans) 운반하니까(port)
⇨ 운송하다

0404 1 2 3 4 5

portable

[pɔ́ːrtəbl]

형 휴대용의, 가지고 다닐 수 있는

cf. potable (마실 수 있는)

a portable drawing board
휴대용 제도판

port + able
carry 형접
→ 운반(port) 할 수 있는(able) 거니까
⇨ 휴대용의

0405 1 2 3 4 5 심화

deport

[dipɔ́ːrt]

동 추방하다, 이송하다

= expel, evict, eject, exile, oust, expatriate, exorcise

deport illegal immigrants
불법 이민자들을 추방하다

deportation 명 국외 추방, 수송, 이송

de + port
off carry
→ 범죄자를 멀리 떨어진(de) 곳으로 나르다(port)
⇨ 추방하다

R 79 rot, rol : 두루마리(roll)

0406 1 2 3 4 5

rotate
[róuteit]

동 ① 회전하다 ② 교대하다, 순환 근무하다

= ① revolve, circulate, swivel

rotate a propeller
프로펠러를 회전시키다

rotation 명 ① 회전, 순환 ② 교대

rot + ate
roll 동접
→ 두루마리처럼(rot) 돌게 하니까
⇨ 회전하다

0407 1 2 3 4 5

enroll
[inróul]

동 명부에 올리다, 등록하다

= register, enlist

enroll in a course
강좌에 등록하다

enrollment 명 등록, 가입

en + rol(l)
in roll
→ 두루마리(rol) 모양의 문서에(en) 기입하다
⇨ 명부에 올리다

R 80 flu : 흐르다(flow)

0408 1 2 3 4 5

fluent
[flúːənt]

형 유창한, 능변의

= eloquent

be **fluent** in Spanish
스페인어에 능숙하다

fluently 부 유창하게
fluency 명 유창함

flu + ent
flow 형접
→ 말이 물 흐르듯이(flu) 유창한 거니까
⇨ 능변의

0409 1 2 3 4 5 16. 국회직 9급 / 14. 기상직 9급

affluent
[ǽfluənt]

형 ① 풍부한 ② 부유한

= ① ample, abundant, copious, luxuriant, replete, profuse

an **affluent** suburb
부유한 교외

affluence 명 ① 풍부 ② 부유

af + flu + ent
to flow 형접
→ -에(af) 흘러넘칠(flu) 만큼 있는 거니까
⇨ 풍부한

0410 1 2 3 4 5 19. 지방직 7급 / 18. 기상직 9급

fluctuate
[flʌ́ktʃuèit]

동 ① 오르내리다 ② 변화하다

Stock prices continue to **fluctuate**.
주가가 계속 오르내리고 있다.

fluctuation 명 변동, 오르내림

flu + (ctu)ate
flow 동접
→ 물이 파도처럼 흐르는(flu) 모습에서 유래
⇨ 오르내리다

0411 1 2 3 4 5 심화

influx

[inflʌ́ks]

명 유입, 밀어닥침

= inflow

the **influx** of refugees
난민 유입

in + **flu(x)**
into flow
→ 안으로(in) 흘러들어(flu) 오는 것이니까
⇨ 유입

R81 volve, volt : 말다, 돌다(roll)

0412 1 2 3 4 5 19. 국회직 9급

evolve

[ivɑ́lv]

evolution 명 ① 진화 ② 발전

동 진화하다[시키다], 발전하다[시키다]

evolve into man
진화하여 사람이 되다

e + **volve**
out roll
→ 밖으로(e) 점점 굴러가서(volve) 커지니까
⇨ 진화하다, 발전하다

0413 1 2 3 4 5 19. 해경직 3차 / 19. 국회직 9급 / 08. 지방직 9급

involve

[invɑ́lv]

involvement 명 ① 관련, 개입 ② 몰두, 열중

동 ① 포함하다, 수반하다 ② 관련시키다

Don't **involve** me in that matter.
그 일에 날 끌어들이지 마.

in + **volve**
in roll
→ 안으로(in) 말아(volve) 넣다
⇨ 포함하다

0414 1 2 3 4 5

revolve

[rivɑ́lv]

revolution 명 ① 혁명, 대변혁 ② 회전, 공전
revolutionary 형 혁명의, 혁명적인, 획기적인

동 회전하다, 돌다

= circulate, swivel

The earth **revolves** around the sun.
지구는 태양 주위를 돈다.

re + **volve**
again roll
→ 계속(re) 돌다(volve)
⇨ 회전하다

0415 1 2 3 4 5 심화

revolt

[rivóult]

동 반란을 일으키다, 반항하다
명 반역, 반항

= 명 rebellion, uprising, insurrection

They **revolted** against the dictator.
그들은 그 독재자에 대항하여 반역을 일으켰다.

re + **volt**
back roll
→ 정부에 대해 뒤로(re) 도는(volt) 것이니까
⇨ 반란을 일으키다

R 82 pri, prim, prin : 제1의, 최초의(first)

0416 1 2 3 4 5

prime

[praim]

형 ① 주요한, 주된 ② 최고의
명 ① 전성기 ② 초기

my **prime** concern
나의 주된 관심사

prim(e)
first
→ 제1의(prim) 것이니까
⇨ 주된, 최고의

0417 1 2 3 4 5

primary

[práimeri]

primarily 부 ① 첫째로, 우선 ② 본래 ③ 주로

형 ① 주요한 ② 최초의, 초기의

= ② initial, incipient, nascent, embryonic

a **primary** stage
초기 단계

prim + ary
first 형접
→ 제1의(prim) 것이니까
⇨ 주요한

0418 1 2 3 4 5

primitive

[prímətiv]

형 ① 원시의, 원시 시대의 ② 원시적인, 야만의

= ① primordial

cf. primate (영장류)

a **primitive** society
원시 사회

prim + itive
first 형접
→ 가장 처음에(prim) 존재한 것이니까
⇨ 원시의

0419 1 2 3 4 5 17. 사회복지직 9급 / 11. 지방직 7급

principal

[prínsəpəl]

형 주요한, 주된, 제일의
명 우두머리, 교장

= 형 leading, central, major, prime, primary, staple, paramount

the **principal**'s address
교장 선생님의 훈사

prin + cip + al
first take 형·명접
→ 첫(prin) 자리를 차지하는(cip) 거니까
⇨ 주요한

0420 1 2 3 4 5 17. 기상직 9급

priority

[praiɔ́:rəti]

prior 형 이전의, 앞의, (~보다) 우선하는

명 우선 사항, 우선(권)

Our first **priority** is to improve quality.
우리의 첫 번째 우선 사항은 품질을 개선시키는 것이다.

pri(or) + ity
first 명접
→ 다른 무엇보다도 먼저인(pri) 것이니까
⇨ 우선 사항

R83 pos, pound : 놓다(put)

0421 1 2 3 4 5

possess

[pəzés]

possessive 형 소유욕이 강한
possession 명 소지, 소유(물)

동 ① 소유하다, 가지다 ② -의 마음을 사로잡다

possess a shotgun without a licence
무면허로 엽총을 소지하다

pos + **sess**
put sit

→ 집에 놓여져(pos) 있으니까(sess)
⇨ 소유하다

0422 1 2 3 4 5

dispose

[dispóuz]

disposed (- to) 형 -할 생각이 있는, -하는 경향이 있는
disposable 형 일회용의 명 (종종 *pl.*) 일회용 물품
disposal 명 처리, 처분
disposition 명 ① 기질, 성향 ② 배치, 배열

동 ① 배치하다 ② 처리[처분]하다 (of) ③ 경향을 갖게 하다

dispose of stolen property
훔친 물건을 처리하다

dis + **pos(e)**
apart put

→ 군대를 각각 떨어뜨려(dis) 놓다(pos)
⇨ 배치하다
→ 쓰레기를 멀리 떨어뜨려(dis) 놓다(pos)
⇨ 처리[처분]하다

0423 1 2 3 4 5 20. 국가직 9급

compose

[kəmpóuz]

composition 명 ① 구성, 조립 ② 작문 ③ 작곡
composer 명 작곡가
component 명 구성요소, 성분 형 구성하는

동 ① 구성하다 ② 작곡하다, 작문하다

This train is **composed** of ten cars.
이 열차는 10량으로 구성되어 있다.

com + **pos(e)**
together put

→ 함께(com) 놓여(pos) 있으니까
⇨ 구성하다
→ 음표/글자가 함께(com) 놓여(pos) 있으니까
⇨ 작곡하다, 작문하다

0424 1 2 3 4 5 22. 간호직 8급 / 19. 해경직 3차 / 16. 서울시 9급 / 15. 기상직 9급 / 08. 지방직 9급

expose

[ikspóuz]

exposition 명 ① 설명 ② 전시회
exposure 명 ① 노출 ② 폭로

동 ① 노출시키다, 드러내다 ② 폭로하다

= ① reveal, disclose, unveil, divulge, debunk

Do not **expose** infants to strong sunlight.
유아들이 강한 햇볕에 노출되지 않게 하라.

ex + **pos(e)**
out put

→ 밖으로(ex) 내놓다(pos)
⇨ 노출시키다

0425 1 2 3 4 5 13. 서울시 7급

impose

[impóuz]

imposition 명 부과, 짐

동 ① 부과하다 ② 강요하다

= ① lay, levy

impose a duty
의무를 부과하다

im + **pos(e)**
in put

→ 월말에 국가가 세금을 집 안에(im) 놓는(pos) 것에서 유래
⇨ 부과하다
→ 상대방 안에(im) 의견을 억지로 놓으니까(pos)
⇨ 강요하다

0426 1 2 3 4 5 19. 해경직 3차

compound
[kάmpaund]

동 ① 혼합하다, 합성하다 ② 악화시키다
명 ① 혼합물 ② 합성어 형 혼합의, 합성의

= 동 ② aggravate, exacerbate, worsen, inflame

compound the situation
사태를 악화시키다

com + pound
together put
→ 다른 요소를 한 자리에 함께(com) 놓다(pound)
⇨ 혼합하다

R 84 circum : 주위에(around)

0427 1 2 3 4 5

circumscribe
[sə́:rkəmskràib]

동 ① 경계를 정하다, -의 둘레에 선을 긋다 ② 제한하다

= ② restrict, confine, constrain

A prisoner's activities are **circumscribed**.
죄수의 활동은 제한되어 있다.

circumscription 명 둘러쌈, 제한, 윤곽

circum + scribe
around write
→ 둘레에(circum) 선을 긋다(scribe)
⇨ 경계를 정하다

0428 1 2 3 4 5

circumspect
[sə́:rkəmspèkt]

형 조심성 있는, 신중한

= deliberate, prudent, discreet, vigilant, cautious

be **circumspect** in behavior
행동을 삼가다

circumspection 명 세심한 관찰, 신중한 행동

circum + spect
around see
→ 주위를(circum) 모두 둘러보는(spect) 거니까
⇨ 조심성 있는

0429 1 2 3 4 5 15. 서울시 9급

circumvent
[sə̀:rkəmvént]

동 둘러 가다, 피하다

= evade, shun, avert, eschew, elude, dodge

He found a way of **circumventing** the law.
그는 그 법을 회피할 방법을 찾아냈다.

circumvention 명 계략으로 속임, 모함, 우회

circum + vent
around come
→ 주변으로(circum) 돌아와(vent) 피하다
⇨ 둘러 가다

0430 1 2 3 4 5 심화

circumlocution
[sə̀:rkəmloukjú:ʃən]

명 완곡어법

Without **circumlocution**, your offer is stupid.
단도직입적으로, 너의 제안은 어리석다.

circumlocutory 형 빙 둘러 말하는, 완곡한

circum + locu + tion
around speak 명접
→ 둘러서(circum) 말하는(locu) 거니까
⇨ 완곡어법

R 85 ordin : 순서, 질서(order)

0431 1 2 3 4 5

coordinate

[kouɔ́ːrdənət]

동 ① 조정하다 ② 조화시키다 ③ 조직화하다
형 동등한

coordinate a policy
정책을 조정하다

coordinative 형 동등한, 동격의, 조정된
coordination 명 조정, 일치

co + **ordin** + **ate**
together order 동·형접
→ 다같이(co) 순서에(ordin) 맞도록 만들다(ate)
⇨ 조정하다

0432 1 2 3 4 5 14. 국회직 9급

subordinate

[səbɔ́ːrdənət]

형 종속된, 부수적인 명 부하 동 경시하다

= 형 secondary, incidental, subsidiary, ancillary, collateral

I have five direct **subordinates**.
나에게는 다섯 명의 직속 부하가 있다.

subordination 명 예속, 종속

sub + **ordin** + **ate**
under order 동·형·명접
→ 순서상(ordin) 아래에(sub) 있는 것이니까
⇨ 종속된

R 86 gener, gen, gene, genu : ① 출생(birth) ② 생성하다(produce) ③ 종족(race)

0433 1 2 3 4 5 16. 기상직 9급

general

[dʒénərəl]

형 일반적인, 보편적인 명 장군, 대장

general opinions
일반적인 견해들

generally 부 일반적으로, 대개
generalize 동 일반화하다

gener + **al**
race 형접
→ 종족(gener) 전체에 관계되는
⇨ 일반적인, 보편적인

0434 1 2 3 4 5

generate

[dʒénərèit]

동 ① 발생시키다 ② 낳다, 생산하다

= ① evoke, engender, beget, incur, induce, elicit

They need someone to **generate** new ideas.
그들은 새로운 아이디어를 만들어 낼 누군가가 필요하다.

generation 명 ① 세대 ② 발생
generator 명 발전기

gener + **ate**
birth 동접
→ 무언가를 낳다(gener)
⇨ 발생시키다

0435 1 2 3 4 5

genetic

[dʒənétik]

형 유전의, 유전학의

= hereditary

A DNA profile is a person's **genetic** fingerprint.
DNA 프로필은 한 사람의 유전자 지문이다.

genetics 명 유전학
geneticist 명 유전학자

gene + **tic**
birth 형접
→ 출생과(gene) 관련된 것이니까
⇨ 유전의

0436 1 2 3 4 5 09. 지방직 9급

generous

[dʒénərəs]

형 ① 관대한, 너그러운 ② 풍부한

= ① humane, benevolent, beneficent, philanthropic, magnanimous, lenient

a **generous** smile
관대한 미소

generosity 명 관대함

gener + **ous**
produce 형접
→ 베풂은 마음에서 우러나오는(gener) 것이니까
⇨ 관대한

0437 1 2 3 4 5

genesis

[dʒénəsis]

명 발생, 기원

= origin, nascency

the **genesis** of life
생명의 기원

gene + **sis**
produce 명접
→ 없다가 생겨나는(gene) 것
⇨ 발생

0438 1 2 3 4 5

engender

[indʒéndər]

동 ① 야기하다, 불러일으키다 ② 낳다

= ① evoke, beget, incur, induce, elicit

engender a lot of controversy
많은 논란을 일으키다

en + **gen** + **der**
make produce 동접
→ 어떤 상황을 만들어(en) 내다(gen)
⇨ 야기하다

0439 1 2 3 4 5 18. 서울시 9급 / 18. 서울시 9급 추가채용 / 16. 지방직 7급 / 14. 법원직 9급 / 09. 국가직 7급

genuine

[dʒénjuin]

형 ① 진짜의, 진품의 ② 진실한, 성실한

= ① factual, authentic

a **genuine** Michelangelo's drawing
진짜 미켈란젤로가 그린 그림

genuinely 부 진정으로, 성실하게

genu + **ine**
birth 형접
→ 진짜 유전자를(genu) 타고난 것이니까
⇨ 진짜의
[제뉴인] = 쟤 누인 ➡ 쟤 누인(누이는) 진짜 성실하다(genuine) ⇨ 진짜의, 성실한

0440 1 2 3 4 5 20. 경찰직 2차 / 19. 소방직 9급

ingenious

[indʒíːnjəs]

형 기발한, 독창적인

= inventive

suggest an **ingenious** method
독창적인 방안을 제시하다

ingenuity 명 기발한 재주, 재간, 독창성

in + **gen** + **ious**
in birth 형접
→ 천재성을 안에(in) 지니고 태어난(gen) 거니까
⇨ 기발한

0441 1 2 3 4 5 20. 경찰직 2차 / 17. 경찰직 1차 / 08. 지방직 7급

ingenuous

[indʒénjuəs]

형 순진한, 솔직한

= credulous, gullible

I liked her **ingenuous** way of talking.
나는 그녀의 순진한 말투가 마음에 들었다.

in + **gen** + **uous**
in birth 형접

→ 태어날(gen) 때 안에(in) 지닌 모습 그대로니까
⇨ 순진한

[인제뉴어스] = 인제 누웠으 ➡ "인제 누웠어요!"라고 말하는 순진한(ingenuous) 아이들 ⇨ 순진한

0442 1 2 3 4 5 18. 국가직 9급

indigenous

[indídʒənəs]

형 ① 토착의 ② 타고난

= ① aboriginal, endemic, vernacular

The koala is **indigenous** to Australia.
코알라는 오스트레일리아의 토착 동물이다.

indi + **gen** + **ous**
in birth 형접

→ 어느 지역 안에서(indi) 태어난(gen) 거니까
⇨ 토착의

원주민(Indian)들의 문화는 토착적이죠(indigenous) ⇨ 토착의

0443 1 2 3 4 5

genial

[dʒíːnjəl]

형 상냥한, 다정한

= amicable, amiable, affable, affectionate, benign, cordial

Our professor has a **genial** personality.
우리 교수님은 다정한 인품을 지니셨다.

geniality 명 친절, 온정, 상냥함

gen + **ial**
birth 형접

→ 따뜻한 성품을 타고난(gen) 거니까
⇨ 상냥한

[지니얼] = 쟤 + 니 + 알 ➡ 쟤 니 알지? 너를 아니까 상냥하게 대하는 ⇨ 상냥한

0444 1 2 3 4 5 심화 18. 경찰직 3차

congenial

[kəndʒíːnjəl]

형 ① 마음이 맞는, 마음에 드는 ② (~에) 알맞은

= ① compatible

They are **congenial** friends to me.
그들은 나와 마음이 맞는 친구들이다.

congeniality 명 친화성, 일치

con + **gen** + **ial**
together birth 형접

→ 같은(con) 취향을 타고난(gen) 거니까
⇨ 마음이 맞는

서로(con) 상냥하면(genial) 마음이 맞는(congenial) 거죠 ⇨ 마음이 맞는, 마음에 드는

0445 1 2 3 4 5 심화

congenital

[kəndʒénətl]

형 선천적인, 타고난

= inborn, innate, inherent, intrinsic

He has a **congenital** inability to tell the truth.
그는 성격상 진실을 말할 줄 모른다.

con + **gen(it)** + **tal**
together birth 형접

→ 사람이 함께(con) 가지고 태어난(gen) 거니까
⇨ 선천적인

[컨제너틀] = 큰 죄니 + 딸 ➡ (아들과 차별하는 부모를 원망하며) 딸로 타고난(congenital) 게 큰 죄니? ⇨ 타고난

0446 1 2 3 4 5 심화

progeny

[prɑ́dʒəni]

progenitor 명 조상
progenitive 형 생식력이 있는, 번식하는

명 자손, 아이들

= offspring, descendant, posterity

her numerous **progeny**
그녀의 수많은 자손들

pro + **gen(y)**
forward / birth

→ 앞으로(pro) 태어날(gen) 생명들이니까
⇨ 자손

R 87 or, ori : ① 떠오르다(rise) ② 태어나다(be born)

0447 1 2 3 4 5 16. 교행직 9급

originate

[ərídʒənèit]

original 형 원래의, 독창적인, 원본의
명 원작, 원본
originality 명 독창성, 신선함

동 시작되다, 비롯하다

= stem, derive

Humankind **originated** in Africa.
인류는 아프리카에서 시작되었다.

ori(gin) + **ate**
be born / 동접

→ 스스로 태어나는(ori) 거니까
⇨ 시작되다

0448 1 2 3 4 5

aboriginal

[æbərídʒənl]

aborigine 명 ① 원주민 ② [A-] 호주 원주민

형 토착의, 원주민의

= indigenous, endemic, vernacular

one of the **aboriginal** plants of this area
이 지역의 토착 식물들 중 하나

ab + **ori(gin)** + **al**
away / be born / 형접

→ 아주 먼(ab) 옛날에 태어나(ori) 계속 살아온 거니까
⇨ 토착의

0449 1 2 3 4 5

orient

[ɔ́:riənt]

oriental 형 동양의, 동양적인
orientation 명 ① (목표하는) 방향, 지향 ② 예비 교육

명 (the Orient) 동양
동 ① 지향하게 하다 ② 적응시키다, 지도하다

orient themselves in their new school
그들이 새 학교에 적응하다

ori + **ent**
rise / 동·명접

→ 태양이 떠오르는(ori) 곳에서 유래
⇨ 동양

0450 1 2 3 4 5

abortion

[əbɔ́:rʃən]

abort 동 낙태시키다
abortive 형 유산의, 무산된

명 ① 유산, 낙태 ② 실패

= ① miscarriage

Abortion ought to be legitimate.
낙태는 합법화되어야 한다.

ab + **or** + **tion**
away / be born / 명접

→ 태어나는(or) 것을 없애는(ab) 것이니까
⇨ 유산

R 88 nov, new : 새로운(new)

0451 1 2 3 4 5 14. 국가직 7급

novel

[nάvəl]

형 참신한, 새로운 명 소설

He comes up with a **novel** idea all the time.
그는 매번 참신한 생각을 떠올려낸다.

novelist 명 소설가
novelty 명 새로움, 참신함, 신기함

nov + el
new 형·명접
→ 새로운(nov) 것이니까
⇨ 참신한

0452 1 2 3 4 5

innovate

[ínəvèit]

동 혁신하다

A passion to **innovate**!
혁신을 위한 열정!

innovative 형 획기적인
innovation 명 혁신, 개혁

in + nov + ate
in new 동접
→ 안을(in) 완전히 새롭게(nov) 하다
⇨ 혁신하다

0453 1 2 3 4 5 21. 소방직 9급 / 10. 지방직 7급

renovate

[rénəvèit]

동 개조하다, 보수하다

Work continues on **renovating** the library.
그 도서관 수리 작업이 계속되고 있다.

renovation 명 ① 수선, 수리 ② 혁신, 쇄신

re + nov + ate
again new 동접
→ 다시(re) 새롭게(nov) 하다
⇨ 개조하다

0454 1 2 3 4 5 15. 경찰직 1차

renew

[rinjú:]

동 ① 재개하다 ② 갱신하다

Can I **renew** these library books?
이 도서관 책들의 대출을 연장할 수 있나요?

renewal 명 ① 재개, 부활 ② 갱신, 연장
renewable 형 재생 가능한

re + new
again new
→ 다시(re) 새롭게(new) 하다
⇨ 갱신하다

R 89 fin, fine, finite : ① 끝(end) ② 경계(border)

0455 1 2 3 4 5

final

[fáinl]

형 ① 마지막의, 최종적인 ② 결정적인
명 결승전

the **final** stage
마지막 단계

finally 부 마침내, 최종적으로
finale 명 마지막 부분, 대단원

fin + al
end 형·명접
→ 끝(fin)의
⇨ 마지막의, 최종적인

0456 1 2 3 4 5 17. 지방직 9급

confine

[kənfáin]

동 ① 제한하다, 한정하다
② 가두다, 감금하다

= ① restrict, constrain, circumscribe

I will **confine** myself to facts.
나는 사실을 말하는 선에서 그치겠다.

confined 형 좁고 사방이 막힌
confinement 명 속박, 감금

con + **fine**
together border
→ 함께(con) 경계를(fine) 정하니까
⇨ 한정하다

0457 1 2 3 4 5

infinite

[ínfənət]

형 무한한, 한계가 없는

= unlimited, boundless, endless

The Internet has opened up **infinite** potentials.
인터넷이 무한한 가능성을 활짝 열었다.

infinity 명 무한성
finite 형 제한적인

in + **finite**
not end
→ 끝이(finite) 없는(in) 거니까
⇨ 무한한

0458 1 2 3 4 5

definite

[défənit]

형 ① 확실한, 확고한 ② 분명한, 뚜렷한

= ② explicit, distinct, palpable, tangible

a **definite** offer of a job
확실한 일자리 제의

define 동 정의하다, 한정하다
definitely 부 분명히

de + **finite**
completely border
→ 확고하게(de) 경계를(finite) 정하니까
⇨ 확고한, 뚜렷한

0459 1 2 3 4 5

refine

[rifáin]

동 ① 정제하다, 불순물을 제거하다
② 세련되게 하다, 다듬다

Diesel is **refined** from crude oil.
경유는 원유에서 정제된다.

refined 형 ① 개선된 ② 정제된 ③ 세련된
refinement 명 ① 개선 ② 정제 ③ 세련

re + **fine**
again end
→ 반복해서(re) 마무리하는(fine) 거니까
⇨ 정제하다, 다듬다
다시(re) 고쳐 좋게(fine) 만들다 ⇨ 다듬다

0460 1 2 3 4 5 심화 21. 경찰직 1차

affinity

[əfínəti]

명 ① 친밀감 ② 관련성

She really feels an **affinity** for dogs.
그녀는 정말로 개를 좋아한다.

affinitive 형 밀접한 관계가 있는

af + **fin** + **ity**
to border 명접
→ 이웃에(af) 경계가(fin) 서로 맞닿아 있는 거니까
⇨ 친밀감
[어피니티] = 업히니 ➡ 친구에게 업히니 친밀감(affinity)이 쌓인다 ⇨ 친밀감

R 90 term, termin : ① 끝(end) ② 경계(border)

0461 1 2 3 4 5

term

[tə:rm]

terms 명 조건

명 ① 용어 ② 관점, 측면 ③ 학기 ④ 기간

technical **terms**

전문 용어들

term
border

→ 의미의 경계(term)
⇨ 용어

→ 시간적 경계(term)
⇨ 학기, 기간

0462 1 2 3 4 5 13. 국회직 8급

determine

[ditə́:rmin]

determined 형 결심한, 단호한
determination 명 결심, 결의
predetermine 동 미리 결정하다

동 결정하다, 결심하다

= resolve

They **determined** their future course.

그들은 장래의 방침을 결정했다.

de + **termin(e)**
off end

→ 분리시켜(de) 끝을(termin) 짓다
⇨ 결정하다

0463 1 2 3 4 5

terminal

[tə́:rmənl]

형 말기의, 불치의 명 종착역, 종점

= 형 deadly, fatal, lethal

The industry is in **terminal** wane.

그 산업은 사양길에 들어섰다.

termin + **al**
end 형·명접

→ 끝의(termin)
⇨ 말기의

0464 1 2 3 4 5 17. 지방직 9급 추가채용

terminate

[tə́:rmənèit]

termination 명 종료

동 끝내다, 종료하다

= quit, suspend, halt, expire

The agreement between us was **terminated**.

우리 사이의 합의는 종료되었다.

termin + **ate**
end 동접

→ 끝나도록(termin) 만들다(ate)
⇨ 끝내다

0465 1 2 3 4 5 16. 국회직 8급

exterminate

[ikstə́:rmənèit]

exterminatory 형 근절적인
extermination 명 몰살, 전멸

동 몰살시키다, 전멸시키다

= extinguish, eradicate, annihilate

He used pesticide to **exterminate** insects.

그는 곤충을 박멸하는 데 살충제를 썼다.

ex + **termin** + **ate**
out border 동접

→ 생의 경계(termin) 밖으로(ex) 전부 내몰다
⇨ 몰살시키다

R91 limin : 경계(border)

0466 1 2 3 4 5 — 22. 간호직 8급 / 18. 지방직 7급 / 18. 소방직 9급

eliminate

[ilímənèit]

동 없애다, 제거하다

= abolish, efface, liquidate, obliterate, obviate, expunge

eliminate the problem
문제를 제거하다

elimination 명 제거, 삭제

e + limin + ate
out / border / 동접

→ 경계선(limin) 밖으로(e) 쫓아내다
⇨ 없애다, 제거하다

0467 1 2 3 4 5 — 17. 경찰직 1차 / 14. 국회직 8급

preliminary

[prilímənèri]

형 예비[준비]의
명 ① 준비 행동 ② 예선전, 예비 시험

results of the preliminary survey
예비 조사의 결과

pre + limin + ary
before / border / 형·명접

→ 출발하기 전 선(limin) 앞에(pre) 선 상태니까
⇨ 준비의

0468 1 2 3 4 5 심화 — 14. 기상직 9급

subliminal

[sʌblímənl]

형 잠재의식의

= subconscious

subliminal racism
잠재의식 속에 있는 인종차별

sub + limin + al
under / border / 형접

→ 의식의 경계(limin) 아래를(sub) 말하는 거니까
⇨ 잠재의식의

R92 dur : 지속하다(last)

0469 1 2 3 4 5 — 18. 국회직 8급 / 14. 사회복지직 9급

durable

[djúərəbl]

형 내구성이 있는, 오래가는, 튼튼한

a durable friendship
오래가는 우정

durability 명 내구성

dur + able
last / 형접

→ 지속(dur) 할 수 있는(able) 거니까
⇨ 내구성이 있는

0470 1 2 3 4 5 — 18. 서울시 7급

obdurate

[ábdjurit]

형 고집 센, 완고한

= stubborn, obstinate

an obdurate conservative
완고한 보수주의자

obduracy 명 고집, 완고

ob + dur + ate
against / last / 형접

→ 남에 반대해서(ob) 자기주장을 굽히지 않고 지속하는(dur) 의미에서
⇨ 고집 센

R93 carn : 육체, 살(flesh)

0471 1 2 3 4 5

carnal
[kάːrnl]

형 ① 육체의 ② 세속적인 ③ 육욕적인, 성욕의

Carnal desires eventually ruined her life.
세속적인 야망은 결국 그녀의 삶을 망쳤다.

carnality 명 육욕, 음탕, 세속성

carn + al
flesh 형접
→ 살의(carn)
⇨ 육체의

0472 1 2 3 4 5 심화

incarnate
[inkάːrnət]

형 (보통 명사 뒤에 쓰여) 인간의 모습을 한
동 구현하다

= 동 materialize, embody

He seemed like a devil incarnate.
그는 인간의 탈을 쓴 악마 같았다.

incarnation 명 실현, 화신, 생애

in + carn + ate
in flesh 형접
→ -안에(in) 살을(carn) 붙인 것이니까
⇨ 인간의 모습을 한

R94 corp, corpor : 몸, 단체, 조직체(body)

0473 1 2 3 4 5

corporate
[kɔ́ːrpərət]

형 ① 기업의, 법인의 ② 공동의

categorize a user by corporate hierarchy
회사 계층별로 사용자를 분류하다

corporation 명 법인, 조합, 주식회사

corpor + ate
body 형접
→ 한 조직의 몸체에(corpor) 해당하는 거니까
⇨ 법인의

0474 1 2 3 4 5

incorporate
[inkɔ́ːrpərèit]

동 ① 합병하다 ② 법인으로 만들다

= ① integrate, consolidate, merge, annex, coalesce

incorporate the island of Cyprus into Greece
Cyprus 섬을 그리스에 합병하다

incorporation 명 합병, 법인 단체

in + corpor + ate
into body 동접
→ 한 몸체(corp) 안으로(in) 집어넣다
⇨ 합병하다

0475 1 2 3 4 5 15. 서울시 9급

corporal
[kɔ́ːrpərəl]

형 육체의, 몸의 명 상병

= 형 physical

corporal punishment
신체적 체벌

corpor + al
body 형접
→ 몸의(corpor)
⇨ 육체의

0476 1 2 3 4 5 심화

corpulent
[kɔ́:rpjulənt]

형 살찐, 뚱뚱한

= obese, stout, chubby, plump

Overeating made her **corpulent**.
과식 때문에 그녀는 뚱뚱해졌다.

corpulence 명 비만, 비대

corp + ul + ent
body full 형접
→ 몸이(corp) 살로 가득한(ul) 거니까
⇨ 살찐
살이 쪄서(corpulent) 코(cor)트 단추를 전부 풀렀다(pulent) ⇨ 살찐, 뚱뚱한

R 95 viv, vit : ① 살다(live) ② 생명(life)

0477 1 2 3 4 5

vital
[váitl]

형 ① 생명의 ② 필수적인, 중요한 ③ 활기찬

= ② mandatory, imperative, obligatory, compulsory, indispensable

Music is a **vital** part of our life.
음악은 우리 삶의 필수적인 부분이다.

vitality 명 활력, 원기, 생기
vitalize 동 생기를 불어넣다

vit + al
life 형접
→ 생명의(vit)
⇨ 필수적인

0478 1 2 3 4 5

revive
[riváiv]

동 ① 회복하다[시키다], 소생하다[시키다] ② 부활시키다

We tried to **revive** the old customs.
우리는 옛 풍습을 부흥시키려고 힘썼다.

revival 명 회복, 부활, 재유행

re + viv(e)
again live
→ 다시(re) 살아나게(viv) 하다
⇨ 부활시키다

0479 1 2 3 4 5

revitalize
[ri:váitəlàiz]

동 새로운 활력을 주다, 재활성화시키다

= activate, invigorate, elate, enliven, exhilarate, galvanize

revitalize liquor industry
주류 산업을 재활성화시키다

revitalization 명 경기 부양화, 경제력 활성화

re + vit + alize
again life 동접
→ 다시(re) 생기를(vit) 불어넣다(alize)
⇨ 새로운 활력을 주다

0480 1 2 3 4 5

devitalize
[di:váitəlàiz]

동 -에서 활력[생명]을 빼앗다

The long winter **devitalizes** energetic spirits.
긴 겨울은 활동적인 기운을 앗아간다.

de + vit + alize
down life 동접
→ 활력을(vit) 낮추니까(de)
⇨ -에서 활력(생명)을 빼앗다

R 96 ann, enn : 1년(year)

0481 1 2 3 4 5 18. 국회직 8급

annual

[ǽnjuəl]

annually 부 일 년에 한 번

형 해마다의, 연간의

an annual report
연례 보고서

ann + ual
year 형접
→ 1년(ann)의
⇨ 해마다의, 연간의

0482 1 2 3 4 5

biennial

[baiéniəl]

형 격년의, 2년마다의

cf. biannual (연 2회의)

The film festival is biennial.
그 영화제는 2년에 한 번 열린다.

bi + enn + ial
two year 형접
→ 두(bi) 해(enn)마다의
⇨ 격년의

0483 1 2 3 4 5 19. 경찰직 2차

perennial

[pəréniəl]

perenniality 명 다년간 계속됨, 영속성

형 연중 끊이지 않는, 영원한 명 다년생 식물

= 형 persistent, permanent, perpetual, immortal, incessant

Lack of resources is a perennial matter.
자원 부족 문제는 영원한 숙제다.

per + enn + ial
through year 형접
→ 연중(enn) 내내(per) 계속되는 거니까
⇨ 연중 끊이지 않는

R 97 mon, min : ① 생각나게 하다(remind) ② 경고하다(warn)

0484 1 2 3 4 5 심화 21. 경찰직 2차

reminiscent

[rèmənísnt]

reminisce 동 ~을 추억하다, 회상에 잠기다

형 ① 연상시키는, 생각나게 하는
② 추억의, 옛날을 회상하는

= ① evocative

in a reminiscent frame of mind
추억에 잠긴 기분으로

re + min(is) + cent
again remind 형접
→ 다시(re) 생각나게(min) 하는 거니까
⇨ 연상시키는

0485 1 2 3 4 5

admonish

[ædmɑ́niʃ]

admonition 명 책망, 경고
admonished 형 권고된

동 꾸짖다, 충고하다

= scold, reprimand, reproach, reprove, berate

admonish their children
자식들을 꾸짖다

ad + mon + ish
to warn 동접
→ ~에게(ad) 잘못한 것을 경고하니까(mon)
⇨ 꾸짖다, 충고하다

[애드마니쉬] = 애들 + 많이 + 쉬 ➡ 애들이 이불에 많이 쉬해서 꾸짖다(admonish) ⇨ 꾸짖다

R98 host, hospit : 낯선 사람(stranger)

0486 1 2 3 4 5 — 19. 지방직 7급 / 19. 국회직 9급 / 13. 국회직 8급

hostile [hɑ́stl]

형 적대적인, 싫어하는

= inimical, antagonistic

hostile attitudes towards their teachers
그들의 선생에 대한 적대적인 태도

hostility 명 적의, 반감

host + ile
stranger 형접
→ 낯선 사람으로(host) 여기는 거니까
⇨ 적대적인

0487 1 2 3 4 5 — 11. 지방직 9급

hospitality [hɑ̀spitǽləti]

명 환대, 후한 대접

cf. hospitalize (입원시키다)

be grateful for your **hospitality**
당신의 환대에 감사하다

hospitable 형 환대하는, 친절한

hospit + ality
stranger 명접
→ 낯선 사람을(hospit) 받아들이는 거니까
⇨ 환대

R99 vol : 의지(will)

0488 1 2 3 4 5 — 20. 지역인재 9급

voluntary [vɑ́ləntèri]

형 자발적인, 자원봉사의

a **voluntary** service club
자원봉사 동아리

voluntarily 부 자발적으로, 무료로
involuntary 형 타의에 의한, 고의가 아닌

vol(unt) + ary
will 형접
→ 자유 의지에(vol) 의한 것이니까
⇨ 자발적인

0489 1 2 3 4 5 — 14. 국회직 8급

malevolent [məlévələnt]

형 악의 있는, 사악한

= malicious, spiteful, vicious, sinister, nefarious

a **malevolent** purpose
악의적인 목적

malevolence 명 악의, 적의

male + vol + ent
bad will 형접
→ 나쁜(male) 의지를(vol) 가진 거니까
⇨ 악의 있는

0490 1 2 3 4 5 — 16. 국회직 8급

benevolent [bənévələnt]

형 인정 많은, 자비로운

= humane, beneficent, philanthropic, magnanimous, lenient

She acted as if she was so **benevolent**.
그녀는 마치 자신이 상당히 자비로운 듯 행동했다.

benevolence 명 자비심, 자선, 선행

bene + vol + ent
good will 형접
→ 좋은(bene) 의지를(vol) 지닌 거니까
⇨ 인정 많은

R 100 tric, trig : 속임수(trick)

0491 1 2 3 4 5 08. 국가직 7급

intricate
[intrikət]

형 복잡한, 뒤얽힌

= complicated, sophisticated, convoluted

My sweater has an **intricate** design.
내 스웨터는 디자인이 복잡하다.

intricacy 명 복잡함

in + tric + ate
in / trick / 형접
→ 안에(in) 속임수가(tric) 많으니까
⇨ 복잡한

0492 1 2 3 4 5 21. 경찰직 1차 / 19. 해경직 3차

intrigue
[intríːg]

동 ① 음모를 꾸미다 ② 흥미를 불러일으키다
명 음모

= 동 ① plot, conspire, collude

She **intrigued** herself into a high position.
그녀는 음모를 꾸며 높은 자리에 올랐다.

intriguing 형 흥미를 자아내는, 음모를 꾸미는

in + trig + ue
in / trick / 동·명접
→ 계획 안에(in) 속임수들을(trig) 넣으니까
⇨ 음모를 꾸미다

0493 1 2 3 4 5 심화 13. 기상직 9급

extricate
[ékstrəkèit]

동 ① 탈출시키다, 해방시키다 ② 구별하다

= ① liberate, emancipate, disentangle, detach

extricate oneself out of a thicket
덤불 속에서 빠져나오다

extricable 형 구출할 수 있는

ex + tric + ate
out / trick / 동접
→ 속임수·덫(tric) 밖으로(ex) 나가게 하니까(ate)
⇨ 탈출시키다

0494 1 2 3 4 5 심화

inextricable
[inékstrikəbəl]

형 ① 탈출[해결]할 수 없는 ② 불가분한

I seemed to be in an **inextricable** maze.
나는 빠져나갈 수 없는 미로에 빠져버린 기분이었다.

inextricably 부 불가분하게

in + ex + tric + able
not / out / trick / 형접
→ 속임수·장애물(tric) 밖으로(ex) 나갈 수(able) 없으니까(in)
⇨ 탈출[해결]할 수 없는

R 101 preci, prais : 값(price)

0495 1 2 3 4 5 21. 소방직 9급

precious
[préʃəs]

형 귀중한, 소중한

a **precious** possession
귀중한 재산

preci + ous
price / 형접
→ 값이(preci) 있는 거니까
⇨ 귀중한

0496 1 2 3 4 5 17. 경찰직 2차 / 16. 지역인재 9급 / 15. 서울시 7급 / 14. 서울시 9급 / 13. 국가직 9급

appreciate

[əpríːʃièit]

appreciative 형 ① 고마워하는 ② 감상을 즐기는

appreciation 명 ① 감사 ② 감상 ③ 평가

동 ① 감사하다 ② 감상하다 ③ 이해하다

= ③ comprehend

appreciate small differences in sounds
미묘한 음의 차이를 식별하다

ap + **preci** + **ate**
to price 동접

→ 상대방의 행동에(ap) 대해 값을(preci) 아니까
⇨ 감사하다

→ 예술 작품에(ap) 대해 값을(preci) 아니까
⇨ 감상하다

0497 1 2 3 4 5 19. 서울시 7급 / 19. 지방직 7급

depreciate

[dipríːʃièit]

depreciation 명 가치 하락, 가격 저하

동 가치가 떨어지다, 가치를 떨어뜨리다

= lessen, dwindle, diminish

If you neglect this property, it will depreciate.
이 부동산을 그냥 방치해 두면, 가치가 떨어질 것이다.

de + **preci** + **ate**
down price 동접

→ 값이(preci) 내려가니까(de)
⇨ 가치가 떨어지다

0498 1 2 3 4 5

appraise

[əpréiz]

appraisal 명 평가, 판단

동 평가하다, 감정하다

= assess, evaluate, gauge

appraise property
재산을 평가하다

ap + **prais(e)**
to price

→ -에(ap) 값을(prais) 매기니까
⇨ 평가하다

R 102 tempt : 시도하다(try)

0499 1 2 3 4 5

tempt

[tempt]

temptation 명 유혹

동 ① 유혹하다 ② 유도하다, 설득하다

= ① allure, entice, seduce, lure, decoy

tempt him into wrong ways
그를 나쁜 길로 유혹하다

tempt
try

→ 남을 넘어오도록 시도하는(tempt) 것이니까
⇨ 유혹하다

0500 1 2 3 4 5 15. 경찰직 3차

contempt

[kəntémpt]

contemn 동 경멸하다

contemptuous 형 모욕적인, 경멸적인

명 ① 경멸, 멸시 ② 무시

= ① scorn, disdain

a look of contempt at him
그를 경멸하는 표정

con + **tempt**
completely try

→ 완전히(con) 깔보고 시험 삼아(tempt) 건드려보기만 하는 거니까
⇨ 경멸

나를 유혹하는(tempt) 사람을 경멸(contempt)하다 ⇨ 경멸

DAY 11

R 103 peril, pir : ① 시험 삼아 해보다(try) ② 위태롭게 하다(risk)

0501 1 2 3 4 5 — 20. 소방직 9급

imperil
[impérəl]

동 위험에 빠뜨리다, 위태롭게 하다

= endanger, jeopardize

imperil his life
그의 생명을 위태롭게 하다

peril 명 위험
perilous 형 위험한
imperilment 명 위태롭게 함

im + **peril**
in risk

→ 안으로(im) 위험을(peril) 들이다
⇨ 위험에 빠뜨리다

0502 1 2 3 4 5

empirical
[impírikəl]

형 경험적인, 경험의

= experimental

an empirical method
경험적 방법

empiricism 명 경험주의, 실증주의
empiricist 명 경험주의자

em + **pir** + **ical**
in try 형접

→ 직접 안에(em) 뛰어들어 해보는(pir) 거니까
⇨ 경험적인

R 104 val, vail : ① 가치 있는(worth) ② 강한(strong)

0503 1 2 3 4 5

available
[əvéiləbl]

형 이용할 수 있는, 구할 수 있는

= accessible

available resources
이용 가능한 자원

avail 동 도움이 되다, 소용에 닿다
availability 명 유효성, 유용성

a + **vail** + **able**
to worth 형접

→ 가치(vail) 있는 쪽(a)으로 할 수 있는(able) 것이니까
⇨ 이용할 수 있는

0504 1 2 3 4 5

valid
[vǽlid]

형 ① 유효한, 효과가 있는 ② 정당한, 타당한

= ① effective

a valid contract
유효한 계약

validity 명 유효함
validate 동 ① 입증하다 ② 승인하다
validation 명 확인
invalid 형 무효한, 효력이 없는

val + **id**
worth 형접

→ 여전히 가치(val) 있는 거니까
⇨ 유효한

0505 1 2 3 4 5 — 13. 서울시 9급

prevail
[privéil]

동 ① 만연하다 ② 우세하다, 이기다

I am sure that it will prevail.
나는 그것이 널리 퍼질 것이라고 확신한다.

prevailing 형 우세한, 지배적인
prevalent 형 일반적인, 널리 퍼져 있는
prevalence 명 널리 퍼짐, 유행

pre + **vail**
before strong

→ 강함에(vail) 있어 남들보다 앞서는(pre) 거니까
⇨ 우세하다

[프리베일] = pre + 베어 ➡ 먼저(pre) 상대방을 베어(veil) 버리니까 ⇨ 우세하다

0506 1 2 3 4 5 심화

valor

[vǽlər]

명 용기, 용맹

= bravery, fortitude, pluck

He received the Medal of Honor for his **valor**.
그는 용맹함에 대한 공로로 명예 훈장을 받았다.

val + **or**
strong/worth 명접
→ 사람을 강하고 가치 있게(val) 만드는 것
⇨ 용기
[밸러] = 바로 ➡ 주저하지 않고 바로 행동하는 용기(valor)가 필요하다 ⇨ 용기, 용맹

R 105 vict, vinc : 적을 이기다(conquer)

0507 1 2 3 4 5 18. 경찰직 1차 / 15. 국회직 8급

convict

[kənvíkt]

동 유죄를 선고하다 명 죄인, 죄수

= 명 prisoner, inmate

He was **convicted** of breaking into the house.
그는 가택 침입죄로 유죄를 선고받았다.

ex-convict 명 전과자

con + **vict**
completely conquer
→ 확실한 심문으로 완전히(con) 이기다(vict)
⇨ 유죄를 선고하다

0508 1 2 3 4 5 15. 경찰직 3차

convince

[kənvíns]

동 납득시키다, 확신시키다

She failed to **convince** them.
그녀는 그들을 납득시키는 데 실패했다.

conviction 명 ① 유죄 선고 ② 신념, 확신
convincing 형 설득력 있는

con + **vinc(e)**
completely conquer
→ 완전히(con) 상대방의 마음을 정복하다(vinc)
⇨ 납득시키다

0509 1 2 3 4 5 18. 서울시 7급

invincible

[invínsəbəl]

형 천하무적의

= impregnable, invulnerable, insuperable, insurmountable, indomitable, unconquerable, unassailable

For a time the team was **invincible**.
한동안 이 팀은 무적이었다.

vincible 형 이길 수 있는, 정복할 수 있는

in + **vinc** + **ible**
not conquer 형접
→ 누구도 무찌를(vinc) 수(ible) 없는(in) 거니까
⇨ 천하무적의

0510 1 2 3 4 5 심화

evict

[ivíkt]

동 쫓아내다, 퇴거시키다

= expel, eject, exile, oust, expatriate, exorcise

evict a tenant
세입자를 쫓아내다

eviction 명 축출, 쫓아냄

e + **vict**
out conquer
→ 정복한(vict) 후 모두 밖으로(e) 내쫓으니까
⇨ 쫓아내다

R 106 don, dos, dot : 주다(give)

0511 1 2 3 4 5 — 18. 서울시 7급 추가채용

pardon
[pά:rdn]

동 용서하다 명 용서, 사면

ask him pardon
그에게 용서를 구하다

par + don
thoroughly give
→ 완전히(par) 주다(don)
⇨ 용서하다

0512 1 2 3 4 5 — 18. 서울시 7급 추가채용

condone
[kəndóun]

condonation 명 용납, 용서

동 용납하다, 용서하다

condone her lateness to school
그녀가 학교에 지각한 것을 용서하다

con + don(e)
completely give
→ 완전히(con) 용서해 주다(don)
⇨ 용납하다, 용서하다
[컨던] = 큰돈 ➡ 큰돈을 주니깐 ⇨ 용납하다, 용서하다

0513 1 2 3 4 5

dose
[dous]

overdose 명 과다복용 동 과다복용하다

명 복용량, 투여량

double the lethal dose
치사량의 두 배이다

dos(e)
give
→ 1회 복용으로 주어진(dos) 약의 양
⇨ 복용량

0514 1 2 3 4 5 심화

anecdote
[ǽnikdòut]

anecdotic 형 일화의, 일화가 많은

명 일화, 비화

= episode

an interesting anecdote
흥미로운 일화

an + ec + dot(e)
not out give
→ 밖으로(ec) 알려지지(dot) 않은(an) 이야기니까
⇨ 비화

R 107 tribute : 할당하다, 나누어주다(allot)

0515 1 2 3 4 5 — 20. 법원직 9급 / 19. 소방직 9급 / 17. 지방직 7급

attribute
[ətríbju:t]

attribution 명 귀착시킴, 귀속

동 –의 탓으로 돌리다 명 특성, 자질

= 동 ascribe, accredit, impute

an intrinsic attribute
본질적 속성

at + tribute
to allot
→ 몫이나 결과 등을 –탓이라고(at) 돌리니까(tribute)
⇨ –의 탓으로 돌리다

0516 1 2 3 4 5 17. 지역인재 9급 / 17. 지방직 9급

contribute

[kəntríbjuːt]

동 ① 기부하다 ② 공헌[기여]하다 (to)

= ① donate

contribute to world peace
세계평화에 공헌하다

contribution 명 기부(금), 기증(품), 공헌
contributor 명 ① 기부자 ② 기고자

con + tribute
together allot

→ 다른 이들과 함께(con) 나누어주니까(tribute)
⇨ 기부하다

0517 1 2 3 4 5 15. 경찰직 3차 / 15. 사회복지직 9급 / 14. 국가직 9급

distribute

[distríbjuːt]

동 분배하다, 나누어 주다

= assign, allocate, allot, apportion, impart

distribute supplies to earthquake victims
물품들을 지진 피해자들에게 분배하다

distributor 명 배급사, 유통사
distribution 명 분배, 배급

dis + tribute
apart allot

→ 여기저기(dis) 나누어주다(tribute)
⇨ 분배하다

0518 1 2 3 4 5 심화

retribution

[rètrəbjúːʃən]

명 ① 보복, 응징 ② 천벌

= ① vengeance, retaliation, reprisal

The **retribution** at last overtook him.
드디어 그에게 천벌이 가해졌다.

re + tribut + ion
back allot 명접

→ 받은 것을 다시(re) 돌려주는(tribut) 거니까
⇨ 보복

R 108 sanit, sane : 건강한(healthy)

0519 1 2 3 4 5 20. 지방직 9급

sanitary

[sǽnətèri]

형 위생의, 위생적인

= hygienic

The house had no **sanitary** cooking facilities.
그 집에는 위생적인 조리 시설이 없었다.

sanitation 명 공중위생, 위생 설비

sanit + ary
healthy 형접

→ 건강을(sanit) 위해서 깨끗이 하는 거니까
⇨ 위생의

0520 1 2 3 4 5

insane

[inséin]

형 미친, 제정신이 아닌

= demented, deranged, lunatic

All prisoners were slowly going **insane**.
모든 죄수들은 서서히 미쳐 가고 있었다.

sane 형 ① 제정신의 ② 건전한

in + sane
not healthy

→ 정신이 건강하지(sane) 않은(in) 것이니까
⇨ 미친

R 109 pend, pens, pond : ① 매달다(hang) ② 무게를 달다(weigh)

0521 1 2 3 4 5

compensate

[kάmpənsèit]

동 ① 보상하다, 배상하다 ② 보충하다

= ① reimburse, remunerate, indemnify

compensate for the loss
손해에 대해 보상하다

compensatory 형 ① 보상의, 배상의 ② 보충의
compensation 명 ① 보상, 배상 ② 보충, 보완

com + pens + ate
together weigh 동접

→ 서로(com) 무게를 달아(pens) 처지는 쪽을 보충하는 것에서 유래
⇨ 보충하다

[캄펀세이트] = 큰 펜 세트 ➡ 친구의 펜을 부러뜨려서 큰 펜 세트로 보상하다(compensate) ⇨ 보상하다, 배상하다

0522 1 2 3 4 5 15. 경찰직 1차

suspend

[səspénd]

동 ① 매달다 ② 연기하다 ③ 일시 중지하다

suspend its business
영업을 일시 중지하다

suspension 명 ① 보류 ② 정학, 정직

sus + pend
under hang

→ 무거운 것이 아래에(sus) 매달려(pend) 있어 나아가지 못하니까
⇨ 일시 중지하다

0523 1 2 3 4 5 15. 국회직 8급

ponder

[pάndər]

동 숙고하다, 곰곰이 생각하다

= deliberate, meditate, contemplate, cogitate

Ponder the error of your thought.
당신 생각의 오류를 곰곰이 생각하라.

pond + er
weigh 동접

→ 이것저것 저울질해(pond) 보니까
⇨ 숙고하다

연못가(pond)에 가서 곰곰이 생각하다(ponder) ⇨ 숙고하다

0524 1 2 3 4 5

dispense

[dispéns]

동 ① 나누어 주다 ② 조제하다

= ① assign, allocate, allot, apportion, impart

dispense charity to people
사람에게 자선을 행하다

dispense with 동 ~없이 지내다
indispensable 형 필수적인

dis + pens(e)
apart weigh

→ 무게를 재서(pens) 따로따로(dis) 주니까
⇨ 나누어 주다

0525 1 2 3 4 5 18. 경찰직 3차 / 15. 경찰직 1차

impending

[impéndiŋ]

형 임박한, 곧 일어날

= imminent

the impending disaster
임박한 재앙

impend 동 임박하다, 절박하다

im + pend + ing
in hang 형접

→ ~안에(im) 매달려(pend) 있어 곧 일어날 거니까
⇨ 임박한

0526 1 2 3 4 5 심화

perpendicular [pə̀:rpəndíkjulər]

형 수직의, 직립한

= upright, erect, vertical

Are the lines **perpendicular** to each other?
그 두 선이 서로 수직을 이루는가?

perpendicularity 명 수직

per + pend(i) + cular
thoroughly hang 형접
→ 완전히(per) 하늘에 걸려있는 (pend) 것처럼 서 있으니까
⇨ 수직의

0527 1 2 3 4 5 심화

compendium [kəmpéndiəm]

명 개요서, 요약

This book is a modest **compendium**.
이 책은 일반적인 개요서다.

compendious 형 모든 필요한 내용[사실들]을 담은

com + pend + ium
together weigh 명접
→ 중요한 부분만 추려서 함께(com) 가늠해보는(pend) 것이니까
⇨ 개요서

0528 1 2 3 4 5

propensity [prəpénsəti]

명 경향, 성향

= inclination, disposition, proclivity

a **propensity** to exaggerate
과장해서 말하려는 경향

pro + pens + ity
forward hang 명접
→ 마음이 특정 행동 앞으로(pro) 매달려진(pens) 상태
⇨ 경향

R110 mun : 의무(duty)

0529 1 2 3 4 5 09, 지방직 9급

immune [imjúːn]

형 ① 면역의, 면역성이 있는 ② -이 면제된

= ② exempt

Stress has weakened his **immune** system.
스트레스로 그의 면역 체계가 약화되었다.

immunize 동 면역력을 갖게 하다
immunity 명 면역력

im + mun(e)
not duty
→ 병에 걸릴 의무가(mun) 없는(im) 거니까
⇨ 면역성이 있는
→ 의무가(mun) 없는(im) 거니까
⇨ -이 면제된

0530 1 2 3 4 5

municipal [mjuːnísəpəl]

형 시의, 자치의

They took her to the **municipal** hospital.
그들은 그녀를 시립병원으로 데려갔다.

municipality 명 지방 자치제, 시 당국

mun(i) + cip + al
duty take 형접
→ 시민에게 서비스를 제공할 의무를(mun) 가지는(cip) 거니까
⇨ 시의

R111 fort, force : ① 강한(strong) ② 힘(power)

0531 1 2 3 4 5 16. 국회직 9급

fortify
[fɔ́ːrtɪfaɪ]

동 ① 강화하다 ② 요새화하다

= ① reinforce, consolidate

fortify their determination
그들의 결의를 강화하다

fort + ify
strong 동접
→ 강하도록(fort) 만드니까
⇨ 강화하다

0532 1 2 3 4 5 심화

forte
[fɔːrt]

명 강점, 장점, 특기

Languages were never my **forte**.
언어는 내 강점인 적이 없었다.

fort + e
strong 명접
➡ 어떤 사람의 강한(strong) 점이니까
⇨ 강점

0533 1 2 3 4 5 19. 지방직 7급 / 18. 지역인재 9급 / 18. 서울시 7급 추가채용 / 14. 방재안전직 9급 / 14. 국가직 9급

reinforce
[riːinfɔ́ːrs]

reinforcement 명 강화, 보강
reinforced 형 보강된

동 강화하다, 보강하다

= fortify, consolidate

reinforce racial stereotypes
인종에 대한 고정관념을 강화하다

re + in + force
again make power
→ 다시(re) 힘을(force) 만들어내니까(in)
⇨ 강화하다

0534 1 2 3 4 5 20. 지역인재 9급 / 18. 해경직 2차 / 16. 서울시 9급

enforce
[infɔ́ːrs]

enforcement 명 시행, 집행

동 ① 시행[집행]하다, 실시하다 ② 강요하다

enforce the law
법을 집행하다

en + force
make power
→ 법에 힘을(force) 만들어(en) 강제하니까
⇨ 집행하다
→ 힘을(force) 써서(en) 상대방을 강제하니까
⇨ 강요하다

0535 1 2 3 4 5

fortitude
[fɔ́ːrtɪtjùːd]

명 불굴의 용기, 꿋꿋함, 강인함

= bravery, pluck, valor

the **fortitude** of the soldiers
군인들의 용맹함

fort + itude
strong 명접
→ 역경에 강하게(fort) 맞서는 거니까
⇨ 불굴의 용기

R112 grav, griev : 무거운(heavy)

0536 1 2 3 4 5

grave
[greiv]

형 ① 무거운 ② 심각한 명 무덤

grave responsibilities
무거운 책임

gravity 명 ① 중력, 무게 ② 중대함

grav(e)
heavy
→ 무거운(grav) 것이니까
⇨ 무거운

0537 1 2 3 4 5

grieve
[gri:v]

동 슬퍼하다, 애도하다

= mourn, lament, bemoan, bewail, deplore

grieve over loved ones we have lost
우리가 잃어버린 사랑하는 사람들에 대해 슬퍼하다

grief 명 깊은 슬픔, 비탄
grieved 형 슬픈
grievance 명 불만

griev(e)
heavy
→ 무거워하다(griev)
⇨ 슬퍼하다

0538 1 2 3 4 5

20. 국회직 8급 / 19. 서울시 9급 / 18. 법원직 9급 / 17. 경찰직 2차 / 14. 서울시 7급 / 13. 국가직 9급

aggravate
[ǽgrəvèit]

동 악화시키다

= exacerbate, worsen, inflame, compound

aggravate the situation even further
상황을 훨씬 더 악화시키다

aggravation 명 ① 악화(시킴), 심각화 ② 화남

ag + **grav** + **ate**
to heavy 동접
→ 상황이 점점 무거워지는(grav) 쪽으로(ag) 가니까
⇨ 악화시키다

0539 1 2 3 4 5

engrave
[ingréiv]

동 새기다, 조각하다

= carve, inscribe, incise, emboss

Her name was **engraved** on the silver cup.
그녀의 이름이 그 은잔에 새겨져 있었다.

engraving 명 판화

en + **grav(e)**
make heavy
→ 무거운(grave) 돌에 글씨나 모양을 만드는(en) 거니까
⇨ 새기다

0540 1 2 3 4 5

aggrieve
[əgri:v]

동 –에게 고통을 주다, 괴롭히다

= harass, torment, inflict, distress, anguish, excruciate, afflict

aggrieve the law-abiding people
준법 시민들을 괴롭히다

aggrieved 형 ① 고통받는 ② 기분이 상한
aggrievement 명 괴롭힘

ag + **griev(e)**
to heavy
→ –에게(ag) 무거움을(heavy) 주다
⇨ –에게 고통을 주다

R 113 magn, maj, max : 거대한, 위대한(great)

0541 1 2 3 4 5

major
[méidʒər]

형 ① 주요한, 중대한 ② 전공의
명 전공 동 전공하다 (in)

= 형 ① leading, central, prime, primary, principal, staple, paramount

major companies
주요 기업들

majority 명 대부분, 과반수

maj(or)
great
→ 더 큰(maj) 것이니까
⇨ 주요한, 중대한

0542 1 2 3 4 5

majestic
[mədʒéstik]

형 위엄 있는, 장엄한

= magnificent

the majestic scenery
장엄한 풍경

majesty 명 위엄, 장대함

maj(es) + **tic**
great 형접
→ 위대한(maj) 거니까
⇨ 위엄 있는

0543 1 2 3 4 5 19. 경찰직 1차

maximum
[mǽksəməm]

명 최고, 최대 형 최대의, 최고의

cf. minimum (최소, 최저)

the maximum speed
최고속도

max(imum)
great
→ 가장 위대한(max) 것이니까
⇨ 최고

0544 1 2 3 4 5

magnitude
[mǽgnətjùːd]

명 ① (엄청난) 규모, 중요도 ② (별의) 광도
③ (지진의) 진도

an earthquake of magnitude 5
진도 5의 지진

magn(i) + **tude**
great 명접
→ 거대한(magn) 성질이니까
⇨ (엄청난) 규모, 중요도

0545 1 2 3 4 5 16. 경찰직 1차

magnify
[mǽgnifài]

동 ① 확대하다 ② 과장하다

= ② exaggerate, overdo, hyperbolize

magnify small sounds
작은 소리를 확대하다

magnificent 형 웅장한, 장엄한
magnification 명 확대

magn + **ify**
great 동접
→ 더 거대하게(magn) 하다
⇨ 확대하다

0546 1 2 3 4 5 심화

magnanimous
[mæɡnǽnɪməs]

형 관대한, 너그러운

= humane, benevolent, beneficent, philanthropic, lenient

a magnanimous gesture
관대한 태도

magn + anim + ous
great mind 형접
→ 거대한(magn) 마음을(anim) 가진 거니까
⇨ 관대한

R 114 tend, tens : 뻗다(stretch)

0547 1 2 3 4 5 15. 기상직 9급

extend
[iksténd]

extensive 형 아주 넓은, 광범위한
extension 명 ① 연장, 확대 ② 내선
extent 명 ① 넓이 ② 정도

동 확장[연장]하다, 늘리다

= prolong, elongate, protract

extend a road
도로를 넓히다

ex + tend
out stretch
→ 밖(ex)으로 뻗다(tend)
⇨ 확장[연장]하다

0548 1 2 3 4 5

intend
[inténd]

intent 형 열중하는, 전념하는 명 의도
intention 명 의도, 목적
intentional 형 고의적인, 의도적인
intentionally 부 고의적으로, 의도적으로

동 ① –할 작정이다, 의도하다
② 의미하다

We intended no harm.
우리는 해칠 의도가 없었다.

in + tend
into stretch
→ 속으로(in) 생각이 뻗다(tend)
⇨ 의도하다

0549 1 2 3 4 5

pretend
[priténd]

pretension 명 허세, 가식
pretense 명 겉치레, 가식
pretentious 형 허세 부리는, 가식적인

동 –인 체하다, 가장하다

= simulate, feign

pretend to be dead
죽은 척하다

pre + tend
before stretch
→ 미리 앞에(pre) 핑계 등의 구실이 뻗어 있다(tend)
⇨ –인 체하다

0550 1 2 3 4 5

intense
[inténs]

intensive 형 강한, 집중적인
intensity 명 강렬함, 강도[세기]
intensify 동 심해지다, 강화하다

형 ① 강렬한, 극심한 ② 열정적인, 진지한

intense heat
폭염

in + tens(e)
into stretch
→ 감정이 안으로(in) 쭉 뻗어(tense) 있는 상태이니까
⇨ 강렬한

R 115 strict, strain, stress : ① 팽팽히 당기다(draw tight) ② 묶어두다(bind)

0551 1 2 3 4 5

strict
[strikt]

형 ① 엄격한, 엄한 ② 정확한, 엄밀한

= ① rigorous, stern, rigid, stringent

strict rules
엄격한 규칙

strict
draw tight
→ 팽팽하게 당겨진(strict) 것이니까
⇨ 엄격한

0552 1 2 3 4 5 13. 서울시 7급

distress
[distrés]

명 고통, 괴로움 동 괴롭히다

= 동 aggrieve, harass, torment, inflict, anguish, excruciate, afflict

be in distress
고통스러워하다

distressful 형 괴로운, 비참한

di + **stress**
apart draw tight
→ 떨어져(di) 나갈 만큼 팽팽히 잡아당기니까(stress)
⇨ 고통

[디스트레스] = 더 스트레스 ➡ 더 스트레스를 받으니 고통스럽기만(distress) 하다 ⇨ 고통, 괴로움

0553 1 2 3 4 5

strain
[strein]

동 ① 잡아당기다 ② 긴장시키다 ③ (근육을) 혹사시키다, 상하게 하다
명 긴장, 과로

feel the strain
긴장을 느끼다

strain
draw tight
→ 팽팽하게 잡아당기니까(strain)
⇨ 긴장시키다

0554 1 2 3 4 5 10. 지방직 7급

restrain
[ristréin]

동 ① 제지하다, 못하게 하다 ② 억누르다, 억제하다

= ① refrain, abstain, forbear

Daniel managed to **restrain** his anger.
Daniel은 간신히 화를 억눌렀다.

restraint 명 규제, 제한

re + **strain**
back draw tight
→ 뒤로(re) 세게 잡아당기니까(strain)
⇨ 제한하다

0555 1 2 3 4 5

constrain
[kənstréin]

동 ① 제한하다, 억누르다 ② 강요하다

= ① restrict, confine, circumscribe

constrain obedience
복종을 강요하다

constraint 명 ① 제한 ② 강요

con + **strain**
together draw tight
→ 함께(con) 어떤 일로부터 세게 끌어당기다(strain)
⇨ 제한하다
→ 어떤 일을 함께(con) 하도록 세게 끌어당기다(strain)
⇨ 강요하다

0556 1 2 3 4 5 19. 국회직 9급

restrict

[ristríkt]

동 제한하다, 금지하다

= confine, constrain, circumscribe

restrict traffic
통행을 제한하다

restriction 명 제한, 제약

re + strict
back draw tight
→ 뒤로(re) 세게 잡아당기니까(strict)
⇨ 제한하다

0557 1 2 3 4 5

constrict

[kənstríkt]

동 ① 압축하다, 수축하다[시키다]
② 제약[제한]하다, 위축시키다

His throat **constricted** and he swallowed hard.
그는 목이 조이는 듯하고 침을 삼키기가 힘들었다.

constriction 명 압축, 수축

con + strict
together bind
→ 여러 개를 함께(con) 단단하게 묶다(strict)
⇨ 압축하다

R 116 temper : ① 섞다(mix) ② 조절하다(regulate)

0558 1 2 3 4 5

temper

[témpər]

명 ① 성질, 기질 ② 기분
동 완화시키다, 누그러뜨리다

= 명 ① disposition

She must learn to control her **temper**.
그녀는 화를 참는 법을 배워야 한다.

tempered 형 -한 기질의
hot-tempered 형 성질이 급한

temper
mix
→ 여러 가지가 섞여서(temper) 나타나는 것이니까
⇨ 성질

0559 1 2 3 4 5

temperament

[témpərəmənt]

명 ① 성질, 기질 ② 신경질적임

He has a very even **temperament**.
그는 매우 차분한 기질이 있다.

temperamental 형 ① 기질적인 ② 신경질적인, 괴팍한

temper(a) + ment
mix 명접
→ 적당히 섞여져서(temper) 나타나는 것이니까
⇨ 기질

0560 1 2 3 4 5 19. 해경직 3차

temperate

[témpərət]

형 ① 절제된, 차분한 ② 온화한

a man of **temperate** habits
차분한 습성을 지닌 사람

temper + ate
regulate 형접
→ 모자라지도 지나치지도 않게 조절된(temper) 거니까
⇨ 절제된

R 117 solve, solu : 풀다, 느슨하게 하다(loosen)

0561 1 2 3 4 5 10. 국가직 9급

insolvent
[insɔ́lvənt]

형 지불 불능한, 파산(자)의 명 파산자

= 형 bankrupt

My friend lost her job and became **insolvent**.
내 친구는 실직해서 파산했다.

insolvency 명 지불 불능, 파산

in + solve + nt
not loosen 형접
→ 돈 문제를 풀어낼(solve) 수 없으니까(in)
⇨ 지불 불능한

0562 1 2 3 4 5 15. 사회복지직 9급 / 12. 사회복지직 9급

resolve
[rizɑ́lv]

동 ① 해결하다 ② 결심하다
명 결심, 의지

resolve a conflict
갈등을 해결하다

resolute 형 굳게 결심한, 단호한
resolution 명 ① 해결 ② 결정, 결심
resoluble 형 ① 해결할 수 있는 ② 용해할 수 있는

re + solve
completely loosen
→ 완전히(re) 풀어버리니까(solve)
⇨ 해결하다
친구와의 갈등을 다시(re) 풀기로(solve) 결심하다(resolve) ⇨ 결심하다

0563 1 2 3 4 5

dissolve
[dizɑ́lv]

동 ① 녹다 ② 끝내다, 해산시키다

= ② dismiss, disperse, disband

Heat gently until the butter **dissolves**.
버터가 녹을 때까지 약하게 열을 가하라.

dissolvable 형 분해할 수 있는

dis + solve
apart loosen
→ 느슨하게 해서(solve) 따로따로(dis) 떨어뜨리다
⇨ 녹다

0564 1 2 3 4 5

soluble
[sɑ́ljubl]

형 녹는, 가용성의

Ammonia is **soluble** in water.
암모니아는 물에 녹는다.

insoluble 형 녹지 않는

solu + ble
loosen 형접
→ 느슨하게 하기(solu) 쉬운(ble)
⇨ 녹는

R 118 norm : 기준, 규범(standard)

0565 1 2 3 4 5

abnormal
[æbnɔ́ːrməl]

형 비정상적인, 이상한

= bizarre, uncanny, eerie, peculiar, idiosyncratic, weird, outlandish, eccentric

an **abnormal** behavior
이상 행동

abnormality 명 비정상, 변칙

ab + norm + al
away standard 형접
→ 규범(norm)에서 먼(ab) 것이니까
⇨ 비정상적인

0566 1 2 3 4 5 21. 지역인재 9급

enormous
[inɔ́ːrməs]

형 거대한, 막대한, 엄청난

= massive, gigantic, immense, colossal

enormous interest
막대한 관심

enormity 명 ① 엄청남, 심각함 ② 범죄행위, 극악무도함

e + norm + ous
out standard 형접
→ 정상 기준을(norm) 벗어난(e) 거니까
⇨ 거대한

R 119 line, lign : 선(line)

0567 1 2 3 4 5 15. 경찰직 1차

align
[əláin]

동 ① 일직선으로 하다, 정렬시키다 ② 조정하다 ③ -와 연합하다

align the sights of a gun
총의 조준을 일직선으로 맞추다

alignment 명 ① 일렬, 정렬 ② 연합, 조정

a + lign
to line
→ -에(a) 평행이 되도록 선을(lign) 맞추다
⇨ 일직선으로 하다

0568 1 2 3 4 5 심화

delineate
[dilínièit]

동 ① 기술하다, 묘사하다 ② 그리다

= ② depict, portray

delineate a character
인물을 묘사하다

delineation 명 묘사

de + line + ate
completely line 동접
→ 선을(line) 완전히(de) 긋다
⇨ 기술하다

R 120 merge : 잠기다(dip)

0569 1 2 3 4 5

emerge
[imə́ːrdʒ]

동 나타나다, 나오다

A touchy question **emerged**.
골치 아픈 문제가 나타났다.

emergent 형 ① 나타나는 ② 긴급한
emergence 명 출현
emergency 명 비상사태, 위급

e + merge
out dip
→ 물속에 담그고(merge) 있는 것이 밖으로(e) 나오다
⇨ 나타나다

0570 1 2 3 4 5

merge
[məːrdʒ]

동 ① 합병하다, 합치다 ② 어우러지다, 융합되다

= ① incorporate, integrate, consolidate, annex, coalesce

merge two companies
두 회사를 합병하다

merger 명 합병

merge
dip
→ 다른 것에 함께 담가서(merge) 합하다
⇨ 합병하다

R 121 ple, pli, plo, ply, plic, ploy : ① 채우다(fill) ② 접다(fold)

0571 1 2 3 4 5

complicate

[kάmpləkèit]

동 복잡하게 만들다

complicated 형 복잡한
complication 명 복잡(화), 복잡한 상태

complicate matters
사태를 복잡하게 만들다

com + plic + ate
together fold 동접

→ 여러 개가 함께(com) 포개지게(plic) 만드니까
⇨ 복잡하게 만들다

0572 1 2 3 4 5 20. 지방직 9급 / 19. 경찰직 2차 / 14. 방재안전직 9급 / 11. 국가직 9급 / 08. 지방직 7급

complement

[kάmpləmənt]

동 보완하다, 보충하다 명 보충(물)

= 동 supplement, replenish

complementary 형 보충하는, 보완하는

complement each other
서로 보충하다

com + ple + ment
completely fill 동·명접

→ 부족한 것을 완전히(com) 채우는(ple) 거니까
⇨ 보충하다

0573 1 2 3 4 5 20. 경찰직 1차

compliment

[kάmpləmənt]

동 칭찬하다 명 칭찬

= 동 acclaim, praise, commend, exalt, extol, laud, applaud

complimentary 형 ① 칭찬의 ② 무료의

It's a great **compliment** to be asked to do it.
그것을 해달라는 요청을 받는 것은 대단한 찬사이다.

com + pli + ment
completely fill 동·명접

→ 인정욕구를 완전히(com) 채워주는(pli) 것
⇨ 칭찬

TIP complement vs compliment
둘 다 어원이 비슷해서 헷갈리므로 아이는 칭찬을 좋아하니까 '아이(i)'가 있는 것이 '칭찬하다'로 외울 것!!

0574 1 2 3 4 5 11. 국가직 9급 / 09. 국가직 7급

implement

[impləmənt]

동 이행하다, 시행하다
명 ① 도구, 기구 ② 수단

implementation 명 이행, 실행
implemental 형 ① 도구의, 도구가 되는 ② 도움이 되는

implement policies
정책을 시행하다

im + ple + ment
in fill 동·명접

→ 어떤 임무 안을(im) 잘 채워(ple) 넣는 거니까
⇨ 이행하다

[임플리먼트] = 임 풀려면 ➡ 묶여 있는 임을 풀려면 도구가(implement) 필요하다
⇨ 도구

0575 1 2 3 4 5

imply

[implái]

동 내포하다, 암시하다

= infer, allude, insinuate, implicate, connote

Silence often **implies** consent.
침묵은 종종 동의를 암시한다.

im + ply
in fold

→ 뜻이 드러나지 않고 안에(im) 포개져(ply) 있으니까
⇨ 내포하다

0576 1 2 3 4 5 17. 경찰직 1차 / 08. 국가직 7급

implicate

[ímplikèit]

동 ① 관련시키다 ② 내포[의미]하다

= ① entangle, embroil

Some officials were **implicated** in the scandal.
몇몇 공직자들이 그 스캔들에 연루되어 있었다.

implication 명 ① 영향, 결과 ② 함축, 암시 ③ 연관, 연루

im + plic + ate
in fold 동접

→ 사람을 안으로(im) 끌어들여 어떤 일에 포개지게(plic) 만드니까
⇨ 관련시키다

0577 1 2 3 4 5 14. 서울시 9급

explicate

[ékspləkèit]

동 설명하다, 명백하게 하다

= elucidate, expound

The professor **explicated** the theory of relativity.
그 교수는 상대성이론을 설명했다.

explicative 형 설명이 되는, 해설적인

ex + plic + ate
out fold 동접

→ 접은(plic) 것을 밖으로(ex) 활짝 펼쳐 보이는 거니까
⇨ 설명하다, 명백하게 하다

0578 1 2 3 4 5 20. 소방직 9급 / 20. 국가직 9급

implicit

[implísit]

형 ① 함축적인, 암시적인 ② 절대적인

= ① connotative

an **implicit** agreement
암묵적인 동의

im + plic(it)
in fold

→ 의미가 밖으로 드러나지 않고 안에(im) 접혀있는(plic) 거니까
⇨ 함축적인

0579 1 2 3 4 5

explicit

[iksplísit]

형 ① 솔직한 ② 분명한, 명백한 ③ 노골적인

= ② definite, distinct, palpable, tangible

an **explicit** statement
명확한 진술

explicitly 부 명백하게

ex + plic(it)
out fold

→ 접은(plic) 것을 밖으로(ex) 활짝 펼쳐 보이는 거니까
⇨ 솔직한

0580 1 2 3 4 5 18. 국회직 9급

exploit

[iksplɔ́it]

동 ① 개발하다 ② 이용[활용]하다 ③ 착취하다
명 위업, 공적

= 동 ② harness

exploit hundreds of children
수백 명의 아이들을 착취하다

exploitation 명 ① 개발 ② 착취

ex + plo(it)
out fold

→ 접혀(plo) 있는 것을 밖으로(ex) 펼치다
⇨ 개발하다
→ 어느 지역을 개발할 때 그 지역을 이용하고 착취하니까
⇨ 이용하다, 착취하다

0581 1 2 3 4 5 19. 지방직 7급 / 17. 국회직 9급 / 15. 교행직 9급

duplicate

동 [djúːplikeit]
형 명 [djúːplikət]

동 복사하다, 복제하다 형 복사의, 복제의
명 복사본, 복제품

= 동 reproduce, replicate

The materials are **duplicated** at no cost.
그 자료는 무료로 복제된다.

duplication 명 ① 복사, 복제 ② 중복

du + **plic** + **ate**
two fold 동·형·명접

→ 두 개를(du) 접어(plic) 모양이 똑같은 것을 만들다
⇨ 복사하다, 복제하다

0582 1 2 3 4 5

deplete

[diplíːt]

동 ① 고갈시키다 ② 대폭 감소시키다

= ① exhaust

Food supplies were severely **depleted**.
식량 공급량이 심하게 대폭 감소되었다.

depletive 형 ① 고갈시키는 ② 혈액을 감소시키는
depletion 명 고갈, 소모

de + **ple(te)**
off fill

→ 채워진(ple) 것을 다 써(de) 버렸으니까
⇨ 고갈시키다

[디플릿] = 뒤풀이 ➡ 뒤풀이에 참여했더니 체력이 고갈되다(deplete) ⇨ 고갈시키다

0583 1 2 3 4 5

replete

[riplíːt]

형 ① 가득한, 풍부한 ② 포식을 한

= ① ample, abundant, copious, affluent, luxuriant, profuse

be **replete** with useful information
유익한 정보로 가득하다

repletion 명 충만, 과다

re + **ple(te)**
again fill

→ 계속해서 다시(re) 채우는(ple) 거니까
⇨ 가득한

0584 1 2 3 4 5 13. 지방직 7급

replenish

[riplénif]

동 다시 채우다, 새로 보충하다

= supplement, complement

Imagine being able to **replenish** the dying cells.
죽어가는 세포를 다시 채울 수 있다고 상상해 보아라.

replenishment 명 보충, 보급

re + **ple(n)** + **ish**
again fill 동접

→ 다시(re) 채우는(ple) 거니까
⇨ 다시 채우다

0585 1 2 3 4 5 15. 교행직 9급

replica

[réplikə]

명 사본, 복제

= duplicate

The weapon used in the movie was a **replica**.
그 영화에서 사용된 무기는 복제품이었다.

replicate 동 사본을 뜨다, 복제하다

re + **plic(a)**
again fold

→ 다시(re) 접어도(plic) 모양이 똑같은 것이니까
⇨ 사본

0586 1 2 3 4 5 — 20. 소방직 9급

deploy

[diplɔ́i]

동 배치하다

deploy forces
병력을 배치하다

deployment 명 배치

de + **ploy**
opposite fold

→ 접는(ploy) 것의 반대로(de) 널리 펼치니까
⇨ 배치하다

[디플로이] = 뒤 + 풀어 ➡ 적진 뒤에 군대를 풀어 놓으니까 ⇨ 배치하다

R 122 fus, fut : 붓다(pour)

0587 1 2 3 4 5 — 16. 법원직 9급

diffuse

[difjúːz]

형 ① 널리 퍼진 ② 산만한, 장황한
동 ① 퍼뜨리다, 분산[확산]시키다 ② 퍼지다

= 형 ① pervasive, prevalent, rampant

a diffuse community
널리 퍼져 있는 공동체

diffusion 명 발산, 보급, 전파

dif + **fus(e)**
apart pour

→ 사방으로 널리(dif) 붓는(fus) 거니까
⇨ 널리 퍼진

0588 1 2 3 4 5 심화 — 18. 서울시 7급

suffuse

[səfjúːz]

동 (액체·빛·색) 뒤덮다, 가득 차게 하다

Her face was suffused with colour.
그녀의 얼굴에 홍조가 번졌다.

suffusion 명 가득함, 충만
suffusive 형 뒤덮는

suf + **fus(e)**
under pour

→ 아래에서(suf) 부어서(fus) 퍼지는 거니까
⇨ 뒤덮다, 가득 차게 하다

0589 1 2 3 4 5 — 22. 서울시 9급 추가채용 / 19. 경찰직 1차 / 16. 국가직 9급

futile

[fjúːtl]

형 헛된, 소용없는

= vain

Their efforts to revive her were futile.
그녀를 소생시키려는 그들의 노력은 소용이 없었다.

futility 명 헛됨, 무가치, 무익

fut + **ile**
pour 형접

→ 막 퍼부어서(fut) 아무것도 안 남으니까
⇨ 헛된

0590 1 2 3 4 5 심화

transfusion

[trænsfjúːʒən]

명 ① 수혈 ② 투입

give a transfusion
수혈하다

transfuse 동 수혈하다

trans + **fus** + **ion**
across pour 명접

→ 이 사람에게서 저 사람으로(trans) 피를 쏟아부어주는(fus) 것이니까
⇨ 수혈

0591 1 2 3 4 5

infuse

[infjúːz]

통 주입하다, 불어넣다

= inject, instill, imbue, indoctrinate, inculcate

He **infused** fresh courage into his army.
그는 그의 군대에 새로운 용기를 불어넣었다.

infusion 명 불어넣음, 고취

in + fus(e)
in pour
→ 안으로(in) 쏟아붓다(fus)
⇨ 주입하다

0592 1 2 3 4 5 심화

effuse

[ifjúːz]

통 유출하다, 발산하다

= emit, radiate

Blood **effused** from the wound.
상처에서 피가 흘러나왔다.

effusive 형 ① 심정을 토로하는 ② 과장된
effusion 명 ① 유출(물) ② (감정) 토로

ef + fus(e)
out pour
→ 밖으로(ef) 쏟아내다(fus)
⇨ 유출하다

0593 1 2 3 4 5 심화

profuse

[prəfjúːs]

형 ① 낭비하는, 사치스러운 ② 풍부한, 많은

= ② ample, abundant, copious, affluent, luxuriant, replete

The injury caused **profuse** bleeding.
부상으로 인해 많은 출혈이 있었다.

profusion 명 다량, 풍성함

pro + fus(e)
forward pour
→ 앞으로(pro) 쏟아붓는다는(fus) 의미에서
⇨ 낭비하는

R 123 med, medi, me : 중간(middle)

0594 1 2 3 4 5

mean

[miːn]

형 ① 중간의, 보통의 ② 심술궂은, 비열한 ③ 열등한
통 의미하다, 의도하다

the **mean** temperature
평균 기온

me(an)
middle
→ 어느 쪽 편도 들지 않고 중간에(me) 있으니까
⇨ 중간의, 보통의

0595 1 2 3 4 5

immediate

[imíːdiət]

형 즉각적인, 당면한

= prompt, instantaneous

an **immediate** response
즉각적인 반응

immediately 부 즉시, 곧
immediacy 명 ① 직접성 ② 신속성, 속도

im + medi + ate
not middle 형접
→ 중간에(medi)에 끼어드는 것이 없으니까(im)
⇨ 즉각적인

0596 1 2 3 4 5 — 20. 국회직 8급

mediate
[mi:dièit]

동 중재하다, 조정하다

= intermediate, arbitrate

mediate in the dispute
분쟁을 조정하다

mediator 명 중재인, 중재 기관
mediation 명 중재

medi + **ate**
middle 동접

→ 중간에(medi) 서서 하는 것이니까
⇨ **중재하다**

0597 1 2 3 4 5 — 13. 국가직 9급

meditate
[médətèit]

동 ① 명상하다, 숙고하다 ② 계획하다

= ① deliberate, ponder, contemplate, cogitate

learn how to **meditate**
명상하는 법을 배우다

meditative 형 사색하는, 명상적인
meditation 명 명상

med + **it** + **ate**
middle go 동접

→ 의식과 무의식 중간에(med) 가게(it) 하다
⇨ **명상하다**

0598 1 2 3 4 5 — 20. 국회직 8급

meddle
[médl]

동 간섭하다, 참견하다

= interfere, intervene, tamper

She had no right to **meddle** in his affairs.
그녀가 그의 일에 간섭할 권리는 없었다.

meddling 명 간섭, 참견
meddlesome 형 간섭[참견]하길 좋아하는

med(dle)
middle

→ 중간에(med) 끼어들다
⇨ **간섭하다**

[매들] = 매 들고 ➡ 부모가 매 들고 잘못된 행동에 간섭하다(meddle) ⇨ 간섭하다

0599 1 2 3 4 5 — 19. 서울시 9급 추가채용 / 17. 서울시 7급 / 16. 국가직 9급

mediocre
[mì:dióukər]

형 보통의, 평범한, 그저 그런

I felt the play was only **mediocre**.
나는 그 연극이 그저 그렇다고 느꼈다.

mediocrity 명 보통, 평범함, 평범한 보통 사람

medi + **ocre**
middle climb

→ 중간(medi) 위치 정도는 오르는(ocre) 거니까
⇨ **보통의**

0600 1 2 3 4 5

remedy
[rémədi]

명 ① 치료(약) ② 해결책
동 ① 치료하다 ② 바로잡다, 개선하다

a good **remedy**
좋은 치료법

re + **med(y)**
again middle

→ 아픈 것을 다시(re) 중간에(med) 오게 하는 것이니까
⇨ **치료(약)**

R 124 pen, pun : 벌하다(punish) / pass : ① 통과하다(pass) ② 고통(pain)

0601 1 2 3 4 5 20. 지방직 9급

punish

[pʌ́niʃ]

통 벌주다, 처벌하다

= penalize

be **punished** with death
사형에 처하다

punishment 명 형벌, 처벌
punitive 형 형벌의
impunity 명 처벌 받지 않음

pun(ish) punish
→ 벌하는(pun) 행위니까
⇨ 처벌하다

0602 1 2 3 4 5 심화

repent

[ripént]

동 후회하다

= regret

He came to **repent** his decision.
그는 자신의 결정을 후회하게 되었다.

repentant 형 후회하는

re + **pen(t)**
completely punish
→ 혹독한(re) 마음의 벌을(pen) 받아 지은 죄를 후회하는 거니까
⇨ 후회하다
니(re) 팬(pent) 것을 후회해(repent) ⇨ 후회하다

0603 1 2 3 4 5 심화

penitent

[pénətənt]

형 ① 후회하는 ② 뉘우치는, 참회하는
명 참회

= 형 ② remorseful, repentant

be deeply **penitent**
크게 뉘우치다

impenitent 형 (잘못을) 부끄러워하지 않는, 뉘우치지 않는

pen + **itent**
punish 형접
→ 마음의 벌을(pen) 받아 지은 죄를 후회하는 거니까
⇨ 뉘우치는

0604 1 2 3 4 5 18. 소방직 9급

surpass

[sərpǽs]

동 능가하다, 뛰어넘다

= exceed, excel, outdo, outperform, outstrip, overrun

The result **surpassed** our expectations.
그 결과는 우리의 예상을 뛰어넘었다.

unsurpassed 형 그 누구에게도 뒤지지 않는, 타의 추종을 불허하는

sur + **pass**
over pass
→ 예상이나 기준을 넘어(sur) 가다(pass)
⇨ 능가하다

0605 1 2 3 4 5

compassion

[kəmpǽʃən]

명 연민, 동정

= sympathy, commiseration

compassion for the tsunami victims
쓰나미 피해자들에 대한 연민

compassionate 형 연민 어린, 동정하는

com + **pass** + **ion**
together pain 명접
→ 다른 사람의 고통을(pass) 함께(com) 겪는 것이니까
⇨ 연민

R 125 pat, path : 마음, 느끼다(feel)

0606 1 2 3 4 5

pathetic

[pəθétik]

형 ① 불쌍한, 애처로운 ② 한심한

a **pathetic** little dog with a curly tail
꼬리가 말린 불쌍한 작은 개

path + etic
feel 형접
→ -에게 마음을(path) 쓰는 것이니까
⇨ 불쌍한

0607 1 2 3 4 5

compatible

[kəmpǽtəbl]

형 양립하는, 화합할 수 있는

= congenial

be **compatible** with existing equipment
기존 장비와 호환이 되다

incompatible 형 양립할 수 없는, 모순된

com + pat + ible
together feel 형접
→ 같은(com) 감정을 느낄(pat) 수 있는
⇨ 양립하는, 화합할 수 있는

0608 1 2 3 4 5 21. 국회직 9급

apathy

[ǽpəθi]

명 무관심

= indifference

widespread **apathy** among the voters
유권자들 사이의 팽배한 무관심

apathetic 형 무관심한, 심드렁한

a + path(y)
without feel
→ 느끼는(path) 것이 없는(a) 상태
⇨ 무관심

R 126 fall, fals : ① 속이다(deceive) ② 잘못된(wrong)

0609 1 2 3 4 5 21. 해경직 2차 / 14. 지방직 9급

infallible

[infǽləbl]

형 틀림이 없는, 확실한

= foolproof

She is **infallible** in her judgment.
그녀의 판단에는 잘못된 게 없다.

fallible 형 틀리기 쉬운

in + fall + ible
not wrong 형접
→ 절대 잘못될(fall) 수 없는(in)
⇨ 틀림이 없는

0610 1 2 3 4 5 17. 국회직 9급 / 14. 서울시 7급

falsify

[fɔ́:lsɪfài]

동 ① 속이다, 위조하다 ② 잘못임을 입증하다

= ① counterfeit, forge, fabricate

falsify the evidence
증거를 위조하다

false 형 틀린, 거짓의, 가짜의
falsification 명 위조, 위증

fals + ify
deceive 동접
→ 속게(fals) 만들다
⇨ 속이다, 위조하다

R 127 tor, tort : 비틀다(twist)

0611 1 2 3 4 5 16. 사회복지직 9급

torment
[tɔːrmént]

명 ① 고문 ② 고통, 고뇌
동 ① 고문하다 ② 괴롭히다

= 동 ② aggrieve, harass, inflict, distress, anguish, excruciate, afflict

suffer mental **torment**
정신적 고통을 겪다

tor + ment
twist 동·명접
→ 상대방의 몸을 비트는(tor) 행위니까
⇨ 고문

0612 1 2 3 4 5 20. 경찰직 1차 / 19. 법원직 9급 / 17. 국회직 9급 / 15. 경찰직 3차 / 15. 경찰직 1차 / 14. 사회복지직 9급

distort
[distɔ́ːrt]

distorted 형 비뚤어진, 왜곡된
distortion 명 왜곡

동 왜곡하다, 비틀다

= contort, skew

distort her voice
그녀의 목소리를 왜곡하다

dis + tort
away twist
→ 비틀어서(tort) 진실로부터 멀어지게(dis) 만들다
⇨ 왜곡하다

0613 1 2 3 4 5 심화

contort
[kəntɔ́ːrt]

contorted 형 왜곡된, 일그러진
contortion 명 뒤틀림, 일그러짐

동 왜곡하다, 비틀다

= distort, skew

contort the meaning of words
단어의 의미를 왜곡하다

con + tort
completely twist
→ 완전히(con) 비틀어놓다(tort)
⇨ 비틀다

R 128 pugn : 싸우다(fight)

0614 1 2 3 4 5 심화

pugnacious
[pʌgnéiʃəs]

형 호전적인, 공격적인

= aggressive, belligerent, bellicose

become **pugnacious**
공격적이 되다

pugn(ac) + ious
fight 형접
→ 싸우고(pugn) 싶어 하는 성격이니까
⇨ 호전적인

[퍽내셔스] = 펑크내셨어 ➡ 자기 집 앞에 주차했다고 바퀴에 펑크내셨어 ⇨ 호전적인, 공격적인

0615 1 2 3 4 5 심화

repugnant
[ripʌ́gnənt]

repugnance 명 반감[혐오감]

형 불쾌한, 혐오스러운

= atrocious, abominable, loathsome, odious, hideous, repulsive

I found his suggestion absolutely **repugnant**.
나는 그의 제안이 정말로 불쾌했다.

re + pugn + ant
against fight 형접
→ 반대하여(re) 싸우게(pugn) 만드는 거니까
⇨ 불쾌한

[리퍼그넌트] = 니 펑크낸 ➡ 니가 펑크낸 거 불쾌하니까(repugnant) ⇨ 불쾌한

0616 1 2 3 4 5 심화

impugn

[impjúːn]

동 ① 비난하다 ② 반박하다, 의문을 제기하다

= ① denounce, reproach, reprehend, reprimand, rebuke, censure, oppugn, excoriate

The lawyer **impugned** the witness's story.
변호사는 증인의 이야기에 이의를 제기했다.

impugnment 명 비난, 공격

im + pugn
in fight

→ 상대방 안에(im) 싸움을(pugn) 집어넣으니까
⇨ 비난하다

0617 1 2 3 4 5 심화

oppugn

[əpjúːn]

동 ① 비난하다 ② 반박하다 ③ −에 항쟁하다

= ② contradict, controvert, refute, retort, rebut

oppugn everything she says
그녀가 하는 모든 말에 반박하다

oppugnant 형 반대하는, 저항하는
oppugner 명 비난자, 공격자

op + pugn
aganist fight

→ 누군가에게 맞서(op) 싸우다(pugn)
⇨ 반박하다, −에 항쟁하다

R 129 ang, anx : 질식시키다(choke)

0618 1 2 3 4 5

anxious

[ǽŋkʃəs]

형 ① 걱정하는 ② 열망하는, 갈망하는

We were **anxious** for his safety.
우리는 그가 안전한지 걱정했다.

anxiety 명 ① 걱정, 불안 ② 갈망, 열망

anx + ious
choke 형접

→ 질식할(anx) 정도로 마음을 짓누르니까
⇨ 걱정하는

0619 1 2 3 4 5 17. 지방직 9급 / 12. 지방직 9급

anguish

[ǽŋgwiʃ]

명 극심한 고통, 고뇌
동 괴롭히다, 괴로워하다

= 명 distress, agony

Tears of **anguish** filled his eyes.
그의 두 눈에 비통한 눈물이 가득 차올랐다.

ang(u) + ish
choke 동·명접

→ 질식할(ang) 정도로 괴로운 것이니까
⇨ 극심한 고통

[앵귀쉬] = 앵겨서 ➡ 극심한 고통(anguish) 때문에 가족 품에 안겨서 우는 환자 ⇨ 극심한 고통

0620 1 2 3 4 5 심화

strangle

[strǽŋgl]

동 ① 교살하다 ② 억제하다, 억누르다

strangle free speech
자유로운 발언을 억누르다

str + ang + le
string choke 동접

→ 끈(str)을 가지고 질식시키는(ang) 것이니까
⇨ 교살하다

R 130 neg, ne : ① 부정(not) ② 부인하다(deny)

0621 1 2 3 4 5 19. 소방직 9급 / 15. 지방직 9급

negative
[négətiv]

형 ① 부정적인 ② 반대의 ③ (의학) 음성의
명 부정

= 형 ① pessimistic

Smoking has a **negative** effect on health.
흡연은 건강에 부정적인 영향을 끼친다.

negatively 부 부정적으로
negativity 명 부정적 성향

neg(a) (deny) + tive (형접)
→ 부정하는(neg) 태도
⇨ 부정적인

0622 1 2 3 4 5 심화 19. 국회직 9급

negate
[nigéit]

동 ① 무효화하다 ② 부인하다, 부정하다

= ① neutralize, invalidate, annul, nullify

Alcohol **negates** the effects of the drug.
술은 그 약의 효과를 무효화한다.

negation 명 ① 부정 ② 부인

neg (deny) + ate (동접)
→ 부인하게(neg) 만들다
⇨ 부인하다, 무효화하다

0623 1 2 3 4 5

negotiate
[nigóuʃièit]

동 협상하다, 교섭하다

He's in a strong position to **negotiate** a deal.
그는 거래 협상에서 유력한 위치에 있다.

negotiation 명 협상

neg (not) + oti (leisure) + ate (동접)
→ 놀지(oti) 않고(neg) 계속 사업상대와 일하다
⇨ 협상하다

[니고쉬에이트] = 니 + 꼬시어 ➡ 니 가서(go) 상대방 꼬시어 교섭해(negotiate) 봐라 ⇨ 협상하다

0624 1 2 3 4 5 18. 경찰직 2차

neutralize
[njúːtrəlàiz]

동 ① 무효화시키다 ② 중립국으로 만들다

neutralize the efforts
노력을 무효화시키다

neutral 형 ① 중립적인 ② 이도 저도 아닌 명 중립
neutrality 명 중립 상태
neutralization 명 중립화

ne (not) + utr(al) (either) + ize (동접)
→ 이것도 저것도(utr) 아니어서(ne) 쓸모없게 만들어버리다
⇨ 무효화시키다
→ 이쪽 편도 저쪽 편도(utr) 아니도록(ne) 만들다
⇨ 중립국으로 만들다

R 131 turb : 어지럽게 하다(disorder)

0625 1 2 3 4 5 15. 사회복지직 9급

disturb
[distə́ːrb]

동 방해하다, 어지럽히다

= interrupt, bother, disrupt, distract

Don't **disturb** Katie.
Katie를 방해하지 마.

disturbance 명 혼란, 방해

dis (away) + turb (disorder)
→ 집중으로부터 멀어지게(dis) 해 어지럽히다(turb)
⇨ 방해하다

0626 1 2 3 4 5

perturb

[pərtə́:rb]

imperturbable 형 침착한
imperturbability 명 침착

동 혼란시키다, 당황하게 하다

= embarrass, baffle, bewilder, confound, perplex, obfuscate, fluster

The bad news **perturbed** her for days.
그 나쁜 소식이 그녀를 며칠 동안 혼란스럽게 했다.

per + **turb**
thoroughly disorder
→ 완전히(per) 어지럽게(turb) 하니까
⇨ 혼란시키다

0627 1 2 3 4 5 심화 12. 지방직 9급

turbulent

[tə́:rbjulənt]

turbulence 명 격변, 격동

형 ① 휘몰아치는, 격동의 ② 사나운

= ① tumultuous

a **turbulent** part of the world
세계의 격변 지역

turb(ul) + **ent**
disorder 형접
→ 휘몰아쳐 어지럽게(turb) 만드는 거니까
⇨ 휘몰아치는

0628 1 2 3 4 5 심화

turbid

[tə́:rbid]

turbidity 명 탁함, 흐림

형 탁한, 흐린

turbid water
탁한 물

turb + **id**
disorder 형접
→ 물속을 저어 어지럽히는(turb) 거니까
⇨ 탁한

R 132 mort, mors : 죽음(death)

0629 1 2 3 4 5 심화

mortify

[mɔ́:rtəfài]

mortification 명 ① 치욕, 굴욕 ② 금욕

동 ① 굴욕감을 주다, 몹시 당황하게 만들다 ② (정욕 등을) 억제하다

It was really **mortifying**, but I learned my lesson.
그건 정말 수치스러웠지만, 나는 교훈을 얻었다.

mort + **ify**
death 동접
→ 죽고(mort) 싶게 만들 정도로 창피를 주다
⇨ 굴욕감을 주다

0630 1 2 3 4 5

remorse

[rimɔ́:rs]

remorseful 형 후회하고 있는
remorseless 형 무자비한

명 양심의 가책, 후회

= repentance

She seemed to feel no **remorse** at all.
그녀는 조금도 후회하지 않는 듯했다.

re + **mors(e)**
again death
→ 마음을 다시(re) 죽이는(mors) 느낌이니까
⇨ 양심의 가책

다시(re) 몰수(morse)하고 싶은 마음 ⇨ 후회

R 133 nic, noc, nox : 해로운(harmful)

0631 1 2 3 4 5

nocuous

[nάkjuəs]

형 유해한, 유독한

= deleterious, detrimental, lethal, pernicious, noxious, baneful, virulent

nocuous fumes
유독 가스

nocuousness 명 유해함

noc(u) + ous
harmful 형접
→ 해로운(noc) 거니까
⇨ 유해한

0632 1 2 3 4 5 17. 경찰직 1차

innocuous

[inάkjuːəs]

형 해가 없는, 독이 없는, 악의가 없는

= atoxic, innoxious

The mushrooms under the tree looked **innocuous**.
나무 아래에 있는 버섯은 무해한 것처럼 보였다.

in + noc(u) + ous
not harmful 형접
→ 해롭지(noc) 않은(in) 것이니까
⇨ 해가 없는

0633 1 2 3 4 5

noxious

[nάkʃəs]

형 유독한, 유해한

= deleterious, detrimental, lethal, pernicious, nocuous, baneful, virulent

Noxious fumes were rising from the fire.
불이 난 곳에서 유독가스가 뿜어져 나오고 있었다.

nox + ious
harmful 형접
→ 몸에 해로운(nox) 것이니까
⇨ 유독한, 유해한

0634 1 2 3 4 5

innoxious

[inάkʃəs]

형 독이 없는, 해가 없는

= atoxic, innocuous

innoxious insects
독이 없는 벌레들

in + nox + ious
not harmful 형접
→ 해가 되는(nox) 것이 없는(in) 거니까
⇨ 독이 없는

0635 1 2 3 4 5 심화

obnoxious

[əbnάkʃəs]

형 아주 불쾌한, 몹시 기분 나쁜

an **obnoxious** behaviour
아주 불쾌한 행동

obnoxiousness 명 불쾌함, 역겨움

ob + nox + ious
toward harmful 형접
→ ~을 향해(ob) 해롭게(nox) 느끼니까
⇨ 아주 불쾌한

[업낙셔스] = 어 낚였으 ➡ 어? 낚였어! 하며 거짓말에 속아 아주 기분 나빠하는 (obnoxious) 사람 ⇨ 아주 불쾌한

0636 1 2 3 4 5 심화 16. 서울시 9급

pernicious

[pərníʃəs]

형 치명적인, 유해한

= deleterious, detrimental, lethal, nocuous, noxious, baneful, virulent

a climate **pernicious** to health
건강에 해로운 기후

per + nic + ious
completely harmful 형접
→ 죽음에 이를 만큼 완전히(per) 해로운(nic) 거니까
⇨ 치명적인

0637 1 2 3 4 5 18. 경찰직 2차 / 17. 경찰직 1차

innocent

[ínəsnt]

innocence 명 결백, 무죄
innocently 부 천진난만하게

형 무죄인, 악의 없는, 순진한

= ingenuous, credulous, gullible

his **innocent** friend
그의 순진한 친구

in + noc + ent
not harmful 형접
→ 해롭지(noc) 않은(in) 거니까
⇨ 무죄인, 악의 없는

R 134 nul, null, nihil : 아무것도 없는(nothing)

0638 1 2 3 4 5 16. 경찰직 2차 / 16. 경찰직 1차

nullify

[nʌ́ləfài]

nullification 명 무효, 파기

동 무효화하다, 취소하다

= revoke, annul, retract, repeal, rescind, recant, countermand, abrogate, negate, neutralize, invalidate

nullify all one's efforts
온갖 노력을 수포로 돌아가게 하다

null + ify
nothing 동접
→ 아무것도 없게(null) 만드니까
⇨ 무효화하다

0639 1 2 3 4 5 20. 국회직 8급

annul

[ənʌ́l]

null 형 무효인, 무익한

동 무효로 하다, 취소하다

= revoke, nullify, retract, repeal, rescind, recant, countermand, abrogate

Their marriage was **annulled** after only a year.
그들의 결혼은 겨우 1년 뒤에 무효가 되었다.

an + nul
to nothing
→ 원래 있던 것을 없음(nul)으로(an) 만드니까
⇨ 무효로 하다, 취소하다

0640 1 2 3 4 5 19. 경찰직 1차

annihilate

[ənáiəlèit]

annihilation 명 전멸

동 ① 전멸시키다 ② 완파하다

= ① extinguish, eradicate, exterminate

annihilate the enemy soldiers
적군 병사들을 전멸시키다

an + nihil + ate
to nothing 동접
→ -에(an) 아무것도 남아 있지 않도록(nihil) 하다
⇨ 전멸시키다

R 135 ac, acu, acr : 날카로운(sharp)

0641 1 2 3 4 5

acid
[ǽsid]

형 신맛의, 산(성)의 명 산, 신 것

Acid rain also destroys land.
산성비는 땅도 파괴한다.

ac + id
sharp 형접
→ 날카롭게(ac) 쏘는 맛이니까
⇨ 신맛의

0642 1 2 3 4 5 18. 경찰직 3차 / 18. 서울시 7급

acute
[əkjúːt]

형 ① 뾰족한, 날카로운 ② 격렬한

She is an acute observer of the social scene.
그녀는 사회 현상에 대한 날카로운 관찰자이다.

acu(te)
sharp
→ 날카로운(acu) 거니까
⇨ 날카로운

0643 1 2 3 4 5 심화

acuminate
[əkjúːmənèit]

형 뾰족한, 날카로운
동 ① 뾰족하게 하다 ② 예민하게 하다

acuminate leaves
뾰족한 잎

acu(min) + ate
sharp 동·형접
→ 날카롭게(acu) 하는 거니까
⇨ 뾰족하게 하다

0644 1 2 3 4 5 심화

acumen
[əkjúːmən, ǽkjuːmən]

명 예리함, 감각

show considerable business acumen
상당한 사업 감각을 보여주다

acu(men)
sharp
→ 날카로운(acu) 끝이니까
⇨ 예리함

0645 1 2 3 4 5

acrid
[ǽkrid]

형 ① 톡 쏘는, 매운 ② 신랄한, 격렬한

= ② poignant, trenchant

acrid remarks
신랄한 언급

acr + id
sharp 형접
→ 날카롭게(acr) 쏘는 거니까
⇨ 톡 쏘는

0646 1 2 3 4 5 심화 19. 국회직 9급

acrimony
[ǽkrəmòuni]

명 ① 악감정, 악다구니
② (언어·표현) 신랄함, 독살스러움

The conflict was settled without **acrimony**.
그 분쟁은 악감정 없이 해결이 되었다.

acrimonious 형 폭언이 오가는, 험악한

acr(i) + mony
sharp state
→ 감정이 날카로운(acr) 상태니까 (mony)
⇨ 악감정
[아끄리모니] = 악 끌어모으니 ➡ 악을 끌어모은 상태니까 ⇨ 악감정, 악다구니

R 136 mod : 척도(measure)

0647 1 2 3 4 5 21. 지역인재 9급 / 17. 국가직 9급

modify
[mάdəfài]

동 바꾸다, 수정하다

= alter, transform, transfigure, convert

modify their opinions
그들의 의견을 수정하다

modification 명 변경, 수정

mod(i) + fy
measure 동접
→ 어떤 척도에(mod) 맞도록 바꾸다 (fy)
⇨ 수정하다

0648 1 2 3 4 5 13. 서울시 7급

moderate
[mάdərət]

형 ① 적당한 ② 중간의, 평균의 ③ 절제하는
동 완화시키다

a **moderate** drinker
술을 적당히 마시는 사람

mod(er) + ate
measure 동·형접
→ 어떤 척도에(mod) 딱 맞아서 과하지 않은 거니까
⇨ 적당한

0649 1 2 3 4 5

modest
[mάdist]

형 ① 겸손한 ② 보통의, 적당한 ③ 수수한

= ① humble

Really great men are **modest**.
정말 위대한 사람들은 겸손하다.

modesty 명 겸손

mod + est
measure 형접
→ 과하지 않게 딱 자기 수준에(mod) 맞는 거니까
⇨ 겸손한

0650 1 2 3 4 5 19. 경찰직 1차

accommodate
[əkάmədèit]

동 ① 숙박시키다, 수용하다
② -에게 편의를 제공하다
③ 적응시키다, -에 맞추다

Our ship **accommodates** up to 200.
우리 배는 200명까지 수용할 수 있다.

accommodation 명 ① 숙박(시설) ② 합의, 조정

ac + com + mod + ate
to together measure 동접
→ 방이라는 규격에(mod) 사람들을 다 같이(com) 맞게 하는 거니까
⇨ 숙박시키다

R 137 front : 앞, 이마(forehead)

0651 1 2 3 4 5

confront
[kənfrʌnt]

confrontation 명 대립, 대결

동 ① 직면하다, 마주치다 ② 맞서다, 대항하다

confront his fears
그의 공포심에 맞서다

con + front
together forehead
→ 서로(con) 이마를(front) 맞대니까
⇨ 직면하다, 맞서다

0652 1 2 3 4 5 18. 기상직 9급

affront
[əfrʌnt]

동 모욕하다, 상처를 주다 명 모욕, 상처

= 명 insult, indignity

His speech **affronted** me.
그의 연설이 나를 모욕했다.

af + front
to forehead
→ 얼굴 앞(front)에(af) 대놓고 면박을 주다
⇨ 모욕하다

선생님이 학생을 앞(af)으로(front) 나오게 해서 공개적으로 모욕하다(affront) ⇨ 상처를 주다

0653 1 2 3 4 5 심화

effrontery
[ifrʌntəri]

명 뻔뻔스러움

have the **effrontery** to do such a thing
뻔뻔스럽게도 그런 일을 하다

ef + front + ery
out forehead 명접
→ 얼굴(front)을 밖으로(ef) 완전히 드러내놓는 것이니까
⇨ 뻔뻔스러움

R 138 mens : 재다, 측정하다(measure)

0654 1 2 3 4 5

immense
[iméns]

형 거대한, 엄청난

= massive, gigantic, colossal

The benefits are **immense**.
그 혜택은 어마어마하다.

im + mens(e)
not measure
→ 잴(mens) 수 없을(im) 만큼 큰 것이니까
⇨ 거대한

[이맨스] = 이만해 ➡ 심슨 머리 엄청 커! 이~만해! ⇨ 거대한

0655 1 2 3 4 5 19. 서울시 7급

commensurate
[kəménsərət]

형 상응하는, 어울리는

= equivalent, symmetrical

commensurate duties
상응하는 의무

com + mens(ur) + ate
together measure 형접
→ 잰(mens) 치수가 함께(com) 같은 거니까
⇨ 상응하는

R 139 simil, simul, semble : 비슷한(like)

0656 1 2 3 4 5 · 14. 국가직 7급

similar
[símələr]

형 유사한, 비슷한

= analogous

The two houses are similar in size.
그 두 집은 크기가 비슷하다.

similarity 명 유사점, 비슷함
similarly 부 비슷하게

simil + ar
like 형접
→ 비슷한(simil) 것이니까
⇨ 유사한, 비슷한

0657 1 2 3 4 5 · 17. 지역인재 9급 / 12. 사회복지직 9급

assemble
[əsémbl]

동 ① 모으다, 모이다 ② 조립하다

= ① convene, gather, mobilize, muster, congregate

assemble data
데이터를 모으다

assembly 명 ① 의회, 집회 ② (차량 등의) 조립

as + semble
to like
→ 비슷한(semble) 방향에(as) 두다
⇨ 모으다, 모이다

0658 1 2 3 4 5 · 12. 국가직 9급

simulate
[símjulèit]

동 가장하다, 흉내 내다

= pretend, feign

simulate death
죽은 체하다

simulation 명 ① 흉내, 가장 ② 가상실험

simul + ate
like 동접
→ 비슷하게(simul) 만들다
⇨ 가장하다, 흉내 내다

0659 1 2 3 4 5 · 13. 서울시 9급 / 13. 국회직 9급

assimilate
[əsíməlèit]

동 ① 동화시키다 ② 소화하다, 이해하다 ③ 흡수하다

= ① adapt, accommodate

Newcomers find it hard to assimilate.
새로 오는 사람들은 동화되기 힘들어한다.

assimilation 명 동화, 흡수

as + simil + ate
to like 동접
→ 서로와(as) 비슷하게(simil) 만들다
⇨ 동화시키다

0660 1 2 3 4 5 · 19. 소방직 9급 / 13. 서울시 9급

simultaneous
[sàiməltéiniəs]

형 동시의, 동시에 일어나는

= coincident, concurrent

a simultaneous interpreter
동시 통역자

simultaneously 부 동시에, 일제히

simul + tane + ous
like time 형접
→ 비슷한(simul) 때에(tane) 일어나는 거니까
⇨ 동시의

R 140 nomin, onym : 이름(name)

0661 1 2 3 4 5 11. 지방직 9급

nominate

[nάmənèit]

통 지명하다, 임명하다

= appoint, designate

He was **nominated** as best actor.
그는 최우수 남자 배우(상)에 지명되었다.

nomination 명 지명, 임명

nomin + ate
name 동접

→ 후보자의 이름을(nomin) 부르다
⇨ 지명하다

0662 1 2 3 4 5

anonymous

[ənάnəməs]

형 ① 익명의, 작자 불명의 ② 특색 없는

= ① incognito, pseudonymous

an **anonymous** donor
익명의 기증자

anonymity 명 익명(성), 특색 없음
anonym 명 무명

an + onym + ous
without name 형접

→ 이름이(onym) 없는(an) 것이니까
⇨ 익명의

0663 1 2 3 4 5 심화

ignominious

[ìgnəmíniəs]

형 수치스러운, 치욕적인

an **ignominious** defeat
수치스러운 패배

ignominy 명 불명예, 수치

ig + nomin + ious
not name 형접

→ 아무도 이름을(nomin) 아는 이가 없으니까(ig)
⇨ 수치스러운

0664 1 2 3 4 5 11. 지방직 9급

nominal

[nάmənl]

형 ① 명목상의, 이름뿐인 ② 근소한

He is the **nominal** leader of the party.
그는 그 정당의 명목상 대표이다.

nomin + al
name 형접

→ 이름(nomin)뿐인
⇨ 명목상의

0665 1 2 3 4 5 심화

pseudonym

[sú:dənim]

명 필명, 가명

He also writes under the **pseudonym** of T.C.
그는 T.C라는 필명으로도 글을 쓴다.

pseudonymous 형 익명의

pseud + onym
false name

→ 가짜(pseud) 이름(onym)이니까
⇨ 필명, 가명

0666 1 2 3 4 5 심화

acronym
[ǽkrənim]

명 두문자어, 약어

= abbreviation

UN is an **acronym** of 'United Nations'.
UN은 'United Nations'의 약어이다.

acr + **onym**
highest name
→ 가장 꼭대기에(acr) 있는 알파벳으로 만든 단어·이름(onym)니까
⇨ 약어

R 141 ver : 진실한(true)

0667 1 2 3 4 5 18. 경찰직 2차

verify
[vérəfài]

동 ① 입증하다, 증명하다 ② 확인하다

= ① testify, attest, validate, vindicate, substantiate, corroborate

verify whether their claims are true
그들의 주장이 사실인지 아닌지를 확인하다

verification 명 확인, 증명

ver + **ify**
true 동접
→ 진실이(ver) 되도록 만들다
⇨ 입증하다

0668 1 2 3 4 5

verdict
[və́:rdikt]

명 평결, 판결

= judgement

Has the jury reached a guilty **verdict**?
배심원단이 유죄 판결을 내렸습니까?

ver + **dict**
true say
→ 죄가 있는지 없는지 진실을(ver) 말해주다(dict)
⇨ 판결

0669 1 2 3 4 5 심화

veracious
[vəréiʃəs]

형 ① 정직한 ② 진실한, 정확한

cf. voracious (게걸스럽게 먹는)

a **veracious** person
정직한 사람

ver + **ious**
true 형접
→ 진실로(ver) 가득한 것이니까
⇨ 정직한

0670 1 2 3 4 5 심화

aver
[əvə́:r]

동 단언하다, 확언하다

cf. avert (피하다, 외면하다)

She **averred** that he had done it.
그녀는 그가 그것을 했다고 단언했다.

a + **ver**
to true
→ ~에게(a) 진실이라고(ver) 말하다
⇨ 단언하다

선수의 경기력을 보고 "어!(a) 베리(ver) 굿이야!"라고 단언하는(aver) 감독을 연상 ⇨ 단언하다

R 142 estim, esteem : 평가하다(evaluate)

0671 1 2 3 4 5 15. 서울시 7급

esteem
[istiːm]

동 존경하다, 존중하다 명 존경, 존중

= 동 adore, revere, defer, venerate

He was **esteemed** the perfect novelist.
그는 완벽한 소설가로 존경받았다.

self-esteem 명 자부심, 자존심

esteem
evaluate

→ -에 대해 높이 평가하니까(esteem)
⇨ 존경하다

0672 1 2 3 4 5

overestimate
[òuvəréstəmeit]

동 과대평가하다

cf. underestimate (과소평가하다)

overestimate the importance
중요성을 과대평가하다

estimate 동 ① 평가하다 ② 추정하다
명 ① 평가 ② 견적(서)

over + **estim** + **ate**
too much / evaluate / 동접

→ 지나치게(over) 가치를 높이 평가하다(estim)
⇨ 과대평가하다

R 143 na, nat : 태어난(born)

0673 1 2 3 4 5 18. 국가직 9급

native
[néitiv]

형 ① 출생지의 ② 타고난 명 원주민, 현지인

cf. natal (출생의)

Her **native** language is Korean.
그녀의 모국어는 한국어이다.

natively 부 천연적으로, 선천적으로

nat + **ive**
born / 형·명접

→ 태어난(nat) 대로니까
⇨ 타고난

0674 1 2 3 4 5 14. 서울시 7급

innate
[inéit]

형 ① 타고난, 선천적인 ② 고유의

= ① inborn, inherent, congenital, intrinsic

A great writer has an **innate** gift.
위대한 작가는 타고난 재능이 있다.

in + **nat(e)**
in / born

→ 태어날(nat) 때부터 안에(in) 지니고 있는 거니까
⇨ 타고난

0675 1 2 3 4 5 22. 서울시 9급 추가채용 / 17. 경찰직 1차 / 08. 국가직 9급

naive
[naːiːv]

형 순진한, 소박한

= ingenuous, credulous, gullible

His approach to life is refreshingly **naive**.
삶에 대한 그의 접근법은 신선할 정도로 순진무구하다.

na + **ive**
born / 형접

→ 막 태어난(na) 아이 같은 거니까
⇨ 순진한

R 144 scend, scal : 오르다(climb)

0676 1 2 3 4 5 16. 사회복지직 9급

escalate

[éskəlèit]

동 상승하다, 확대하다

= mount

We do not want to **escalate** the war.
우리는 그 전쟁이 확대되는 것을 원치 않는다.

e + scal + ate
completely climb 동접
→ 완전히(e) 오르다(scal)
⇨ 상승하다

0677 1 2 3 4 5 11. 지방직 9급

ascend

[əsénd]

ascent 명 오르기, 상승

동 올라가다, 오르다

The air became colder as I **ascended**.
위로 올라갈수록 공기가 차가워졌다.

a + scend
to climb
→ -에(a) 오르다(scend)
⇨ 올라가다

0678 1 2 3 4 5 11. 지방직 9급

descend

[disénd]

descent 명 ① 하강 ② 혈통, 가문
descendant 명 자손, 후손

동 ① 내려가다 ② (-의) 자손이다 ③ 전해지다

= ① plunge, plummet

The plane began to **descend**.
비행기가 하강하기 시작했다.

de + scend
down climb
→ 아래로(de) 오르는(scend) 거니까
⇨ 내려가다

0679 1 2 3 4 5

transcend

[trænsénd]

transcendent 형 초월적인

동 초월하다

Her appeal **transcends** class barriers.
그녀의 호소는 계층 장벽을 초월한다.

tran + scend
across climb
→ 어떤 것을 가로질러(tran) 오르다(scend)
⇨ 초월하다

0680 1 2 3 4 5 심화 08. 지방직 7급

condescend

[kὰndəsénd]

condescending 형 잘난 체하는

동 거들먹거리다, 잘난 체하다

He always **condescends** to his inferiors.
그는 언제나 아랫사람에게 잘난 체를 한다.

con + de + scend
together down climb
→ 남을 자신과 함께(con) 올리지(scend) 않고 밑으로(de) 낮추니까
⇨ 거들먹거리다

R 145 sault, sult, ult, sail : 뛰어오르다(leap)

0681 1 2 3 4 5

assault

[əsɔ́ːlt]

명 ① 공격, 폭행 ② 맹비난
동 ① 공격하다, 폭행하다 ② 괴롭히다

Both men were charged with **assault**.
그 남자들은 둘 다 폭행죄로 기소되었다.

as (to) + **sault** (leap)
→ −에게(as) 뛰어드는(sault) 것이니까
⇨ 공격

0682 1 2 3 4 5

assail

[əséil]

unassailable 형 난공불락의

동 ① 맹렬히 공격하다 ② 맞서다

assail a castle
성을 공격하다

as (to) + **sail** (leap)
→ −쪽으로(as) 뛰어올라(sail) 덤비다
⇨ 맹렬히 공격하다

0683 1 2 3 4 5 심화

exult

[igzʌ́lt]

exultant 형 크게 기뻐하는, 의기양양한
exultation 명 의기양양함

동 크게 기뻐하다, 의기양양하다

exult at their victory
그들의 승리에 기뻐 날뛰다

ex (out) + **ult** (leap)
→ 월드컵 우승에 거리로 나가(ex) 팔짝팔짝 뛰어오르다(ult)
⇨ 크게 기뻐하다

0684 1 2 3 4 5 심화 17, 서울시 7급

desultory

[désəltɔ̀ːri]

형 종잡을 수 없는, 두서없는

She wandered about in a **desultory** fashion.
그녀는 그저 되는 대로 이리저리 돌아다녔다.

de (down) + **sult** (leap) + **ory** (형접)
→ 내려갔다(de) 올라갔다(sult)
⇨ 종잡을 수 없는

0685 1 2 3 4 5 심화

sultry

[sʌ́ltri]

형 무더운, 후덥지근한

= torrid

The climax came one **sultry** August afternoon.
절정은 8월의 후덥지근한 어느 오후에 찾아왔다.

sult (leap) + **ry** (형접)
→ 펄펄 뛸(sult) 듯한 날씨
⇨ 무더운, 후덥지근한

[썰트리] = 쏠트 ➡ 온 몸이 소금기(salt)로 가득 찬 것 같은 무덥고 후덥지근한(sultry) 날씨를 연상 ⇨ 무더운

R 146 fid, feal, fy : 믿다(trust)

0686 1 2 3 4 5 21. 경찰직 2차

confide

[kənfáid]

confident 형 확신하는
confidence 명 ① 신뢰 ② 확신, 자신감
confidential 형 ① 비밀의, 기밀의 ② 신뢰하는

동 ① 신임하다, 신뢰하다 ② (비밀을) 털어놓다

You can **confide** in his good faith.
그의 성실성은 믿을 만하다.

con + fid(e)
completely trust
→ 매우(con) 신뢰하는(fid) 것이니까
⇨ 신임하다

0687 1 2 3 4 5 16. 국회직 8급

defy

[difái]

defiant 형 반항하는, 저항하는
defiance 명 도전, 반항

동 ① 반항[도전]하다 ② 무시하다

= ① disobey

defy her teacher
그녀의 선생님에게 반항하다

de + fy
down trust
→ 부모의 믿음을(fy) 깎아내리는(de) 행동이니까
⇨ 반항하다

0688 1 2 3 4 5

fidelity

[fidéləti]

명 충실, 충성

= loyalty, devotion

fidelity to his principles
그의 원칙에 충실함

fid(el) + ity
trust 명접
→ 충성스러운 사람은 믿게(fid) 되니까
⇨ 충실

0689 1 2 3 4 5 심화

fealty

[fíːəlti]

명 충성 서약

= vow, oath

The nobles swore **fealty** to the queen.
귀족들은 왕비에게 충성을 맹세했다.

feal + ty
trust 명접
→ 믿는(feal) 것이니까
⇨ 충성 서약

0690 1 2 3 4 5 심화 13. 서울시 9급

diffident

[dífidənt]

형 소심한, 자신이 없는

= timid, trepid

The girl seemed **diffident**.
그 소녀는 소심해 보였다.

dif + fid + ent
away trust 형접
→ 자신감이(fid) 없으니까(dif)
⇨ 소심한

R 147 cred : 믿다(believe)

0691 1 2 3 4 5

credible

[krédəbl]

형 믿을 수 있는, 믿을 만한

= reliable

a credible witness
믿을 만한 증인

credibility 명 신뢰성

cred + ible
believe 형접
→ 믿을(cred) 수 있는 것이니까
⇨ 믿을 수 있는

0692 1 2 3 4 5

discredit

[diskrédit]

동 의심하다 명 ① 불신 ② 불명예

discredit a claim
주장을 의심하다

dis + cred(it)
not believe
→ 믿지(credit) 않으니까(dis)
⇨ 의심하다

0693 1 2 3 4 5 심화

accredit

[əkrédit]

동 ① ~가 한 것으로 믿다
② 파견하다, 승인하다

= ① attribute, ascribe, impute

accredit the invention to Bell
그 발명을 Bell이 한 것으로 믿다

ac + cred(it)
to believe
→ ~쪽(ac)에 신임(cred)을 주니까
⇨ ~가 한 것으로 믿다

R 148 pot : 할 수 있는(able)

0694 1 2 3 4 5

potent

[póutnt]

형 강력한, 효능 있는

a potent drug
효능이 강한 약

impotent 형 ① 무력한 ② 성 불능의

pot + ent
able 형접
→ 뭐든지 할 수 있는(pot) 거니까
⇨ 강력한

0695 1 2 3 4 5 17. 사회복지직 9급

potential

[pətén∫əl]

형 잠재적인, 가능성 있는
명 잠재력, 가능성

= 형 dormant, latent

He was eager to talk with **potential** customers.
그는 잠재 고객들과 이야기 해보고 싶었다.

potentiality 명 잠재력, 가능성

pot(ent) + ial
able 형·명접
→ 앞으로 강력할(potent) 성질이 있는 거니까
⇨ 잠재적인

0696 1 2 3 4 5

omnipotent

[amnípətənt]

형 전능한, 무엇이든지 할 수 있는

= almighty

Some people believe God is **omnipotent**.
몇몇 사람들은 신은 전지전능하다고 믿는다.

omni + **pot** + **ent**
all able 형접

→ 무엇이든(omni) 할 수 있는(pot) 거니까
⇨ 전능한

0697 1 2 3 4 5 심화

despot

[déspət]

despotic 형 전제적인, 독재적인, 횡포한
despotism 명 폭정

명 독재자, 폭군

= tyrant, autocrat

an absolute **despot**
전제 군주

des + **pot**
house able

→ 집에서(des) 자기 마음대로 하는(pot) 사람이니까
⇨ 독재자

나라 전체를 죽음(death) 장소(spot)로 만드는 사람 ⇨ 독재자, 폭군

R 149 nutri, nour, nurt : 먹이다(feed)

0698 1 2 3 4 5

malnutrition

[mælnjuːtríʃən]

nutrient 형 영양이 되는 명 영양분
nutrition 명 영양분(섭취), 영양물
nutritional 형 영양상의

명 영양실조, 영양 부족

= famine, starvation

Disease often follows **malnutrition**.
질병은 흔히 영양실조 뒤에 생긴다.

mal + **nutri** + **tion**
bad feed 명접

→ 제대로 못(mal) 먹은(nutri) 거니까
⇨ 영양실조

0699 1 2 3 4 5 19. 지역인재 9급

nourish

[nə́ːriʃ]

nourishment 명 음식물, 영양(분), 자양분

동 영양분을 공급하다

Milk **nourishes** a baby.
우유는 아기의 영양이 된다.

nour + **ish**
feed 동접

→ 음식을 먹이다(nour)
⇨ 영양분을 공급하다

0700 1 2 3 4 5 21. 경찰직 1차

nurture

[nə́ːrʧər]

명 양육 동 기르다

children **nurtured** by loving parents
애정 어린 부모의 양육을 받은 아이들

nurt + **ure**
feed 동·명접

→ 자양분을 먹이는(nurt) 것이니까
⇨ 양육

R 150 lev, liev : 가벼운(light)

0701 1 2 3 4 5

elevate

[éləvèit]

동 높이다, 들어 올리다

The song **elevated** my spirits.
그 노래로 내 기분은 좋아졌다.

elevation 명 승진, 승격, 증가

e + lev + ate
up light 동접

→ 가볍게(lev) 해서 위로(e) 올라가게 하다
⇨ 높이다

0702 1 2 3 4 5

20. 지방직 9급 / 16. 서울시 7급 / 15. 지방직 9급

relieve

[rilíːv]

동 ① 경감하다, 덜다 ② 구원하다, 구조하다

relieve the pain
통증을 줄이다

relief 명 ① 안도 ② 구호품

re + liev(e)
completely light

→ 고통 등을 완전히(re) 가볍게(liev) 해주다
⇨ 경감하다

0703 1 2 3 4 5

20. 지방직 9급 / 17. 경찰직 2차 / 15. 지방직 9급 / 14. 서울시 7급 / 12. 지방직 7급

alleviate

[əlíːvièit]

동 완화하다, 덜다

= ease, relieve, appease, assuage, allay, mollify, mitigate, pacify, placate, conciliate, soothe

alleviate pain
고통을 완화시키다

alleviative 형 ① 경감시키는 ② 위안이 되는
alleviation 명 경감, 완화

al + lev(i) + ate
to light 동접

→ 고통 등을(al) 가볍게(lev) 만들다
⇨ 완화하다

0704 1 2 3 4 5

18. 법원직 9급

relevant

[réləvənt]

형 적절한, 관련된

= pertinent

Does he have the **relevant** experience?
그는 관련 경험이 있습니까?

relevance 명 관련성, 적절
irrelevant 형 부적절한, 관계없는
irrelevance 명 부적절, 무관함

re + lev + ant
again light 형접

→ 무겁지 않게 다시(re) 가볍게(lev) 해서 적절한 거니까
⇨ 적절한

0705 1 2 3 4 5 심화

levity

[lévəti]

명 ① 경솔 ② 변덕

= ① frivolity, flippancy

This is not a good time for **levity**.
지금은 경솔할 때가 아니다.

lev + ity
light 명접

→ 가벼운(lev) 행동이니까
⇨ 경솔

R 151 mpt, empt : 잡다, 취하다(take)

0706 1 2 3 4 5

prompt
[prampt]

형 ① 즉각적인, 신속한 ② 시간을 엄수하는
동 ① 자극하다 ② 격려하다

Prompt action was required as the fire spread.
불길이 번져 가자 즉각적인 조치가 필요했다.

promptly 부 지체 없이, 즉시

pro + mpt
forward take
→ 앞으로(pro) 끄집어내서(mpt) 빨리 처리하는
⇨ 즉각적인
→ 앞으로(pro) 나서서 취하게(mpt) 만드니까
⇨ 자극하다, 격려하다

0707 1 2 3 4 5 20. 지방직 7급

impromptu
[imprámptjuː]

형 즉석의, 즉흥의

= extempore, improvised

an impromptu speech
즉흥 연설

im + pro + mpt(u)
not before take
→ 미리(pro) 잡아보지(mpt) 않고(im) 하는 거니까
⇨ 즉석의

0708 1 2 3 4 5 심화

preempt
[priémpt]

동 선취하다, 선매하다

efforts to preempt the market
시장을 선점하기 위한 노력

preemptive 형 선매의, 선제의

pre + empt
before take
→ 만일을 위해 미리(pre) 취하니까(empt)
⇨ 선취하다, 선매하다

0709 1 2 3 4 5

exempt
[igzémpt]

동 (의무·책임을) 면제하다 형 면제되는

= 동 absolve, acquit, exculpate, exonerate

goods exempt from taxes
면세품

exemption 명 면제

ex + empt
out take
→ 밖으로(ex) 빼낸다는(empt) 의미에서
⇨ 면제하다

0710 1 2 3 4 5 심화

peremptory
[pərémptəri]

형 ① 절대적인, 독단적인 ② 단호한

= ① dogmatic, arbitrary, unilateral

His peremptory tone made us nervous.
그의 단호한 말투가 우리를 불안하게 했다.

per + empt + ory
thoroughly take 형접
→ 모든 선택권을 완전히(per) 가져가(empt) 버리니까
⇨ 절대적인, 독단적인

R 152 und, ound : 물결(wave)

0711 1 2 3 4 5

abound

[əbáund]

abundant 형 풍부한, 많은

동 (물건·생물이) 풍부하다, 충분하다, 많이 있다

The streams and rivers **abound** in fish.
시내와 강에는 물고기가 풍부하다.

ab (away) + ound (wave)
→ 멀리까지(ab) 물결이(ound) 도달할 정도니까
⇨ 풍부하다

0712 1 2 3 4 5 21. 경찰직 1차

inundate

[ínəndèit]

동 ① 범람시키다 ② 넘치게 하다

= ② swamp, overwhelm

The whole area was **inundated** with water.
그 지역 전체가 침수되었다.

in (in) + und (wave) + ate (동접)
→ 안에(in) 넘칠 정도로 물이(und) 많이 흘러들다
⇨ 범람시키다

0713 1 2 3 4 5 심화

undulate

[ʌ́ndʒulèit]

undulation 명 ① 파도 ② 기복

동 ① 기복을 이루다 ② 물결치다, 굽이치다

The flags **undulate** in the wind.
깃발들이 바람에 흔들린다.

und(ul) (wave) + ate (동접)
→ 물결치는(und) 거니까
⇨ 물결치다

0714 1 2 3 4 5 19. 서울시 9급

redundant

[ridʌ́ndənt]

redundancy 명 과잉

형 ① 과잉의, 불필요한 ② 장황한

= ① surplus, superfluous

the **redundant** population
과잉 인구

re (again) + (d)und (wave) + ant (형접)
→ 물결이(und) 계속(re) 출렁일 만큼 많으니까
⇨ 과잉의

다시(re) 덤(dun)으로 주고 덤(dan)으로 주니 여분이 넘쳐난다 ⇨ 과잉의, 불필요한

R 153 patr : father(아버지)

0715 1 2 3 4 5 15. 서울시 7급

patronize

[péitrənàiz]

patron 명 ① 후원자 ② 단골손님
patronizing 형 잘난 체하는
patronizer 명 후원자

동 ① 가르치려 들다 ② 애용하다 ③ 후원하다

cf. paternity (아버지임, 부성)

The students **patronize** this restaurant.
학생들이 이 식당을 애용한다.

patr (father) + on (명접) + ize (동접)
→ 아버지(patr)처럼 보살펴주는 사람(on)이 되는거니까
⇨ 후원하다

0716 1 2 3 4 5 심화

patriarchal

[pèitriɑ́:rkəl]

형 가부장적인, 가부장제의

cf. matriarchal (모계 중심의)

Patriarchal cultures forbid women to appear in public.
가부장적인 문화권은 여성이 공공장소에 모습을 드러내는 것을 금지한다.

patriarch 명 가장, 족장
patriarchy 명 가부장제

patr(i) + arch + al
father rule 형접

→ 아버지가(patr) 다스리는(arch) 거니까
⇨ 가부장적인, 가부장제의

0717 1 2 3 4 5 심화

expatriate

[ekspéitrièit]

동 고국을 떠나다, 추방하다
형 국외 거주자의 명 국외 거주자

= 동 expel, evict, eject, exile, oust, exorcise

Plato remained an **expatriate** for much of his life.
플라톤은 그의 생애 대부분을 국외 거주자로 지냈다.

patriate 동 본국으로 보내다

ex + patr(i) + ate
out father 동접

→ 아버지가(patr) 있는 나라에서 나가는(ex) 거니까
⇨ 고국을 떠나다

0718 1 2 3 4 5

compatriot

[kəmpéitriət]

명 동포

He was a **compatriot** from the same region.
그는 같은 지역 출신의 동포였다.

patriot 명 애국자
patriotic 형 애국적인

com + patr(i) + ot
together father 명접

→ 아버지의(patr) 나라에서 같이(com) 온 사람이니까
⇨ 동포

R 154 min : ① 작은(small) ② 밀다(push)

0719 1 2 3 4 5 22. 서울시 9급 추가채용

diminish

[dimíniʃ]

동 감소하다, 줄이다

= lessen, dwindle, curtail, abate

His influence has **diminished** over time.
시간이 흐르면서 그의 영향력이 줄었다.

diminutive 형 아주 작은 명 약칭
diminution 명 축소, 감소

di + min + ish
apart small 동접

→ 원래의 것에서 떨어져(di) 더 작게(min) 하다
⇨ 줄이다

0720 1 2 3 4 5 19. 해경직 1차

prominent

[prɑ́mənənt]

형 ① 눈에 띄는, 두드러진 ② 유명한

= ② distinguished, eminent, outstanding, renowned, preeminent

a **prominent** politician
유명한 정치인

pro + min + ent
forth push 형접

→ 남들보다 앞으로(pro) 밀어져(min) 있어 눈에 띄는 거니까
⇨ 두드러진

0721 1 2 3 4 5 19. 해경직 1차 / 13. 국회직 8급

eminent

[émənənt]

형 저명한, 탁월한

= distinguished, prominent, outstanding, renowned, preeminent

an eminent architect
저명한 건축가

eminence 명 명성, 예하

e + min + ent
out push 형접
→ 남들보다 세상 밖으로(e) 밀어져(min) 있는 거니까
⇨ 저명한

0722 1 2 3 4 5 19. 해경직 1차

imminent

[ímənənt]

형 긴박한, 임박한

= impending

A crisis is imminent.
위기가 임박했다.

im + min + ent
in push 형접
→ 이미 안(im)에 밀어 넣어져(min) 빨리 처리해야 하니까
⇨ 긴박한

R 155 pel, pul : 밀다(push)

0723 1 2 3 4 5 20. 지역인재 9급

compel

[kəmpél]

동 강요[강제]하다, 억지로 -하게 하다

= impose, intrude, impel, coerce

The rain compelled us to stay indoors.
비는 우리가 억지로 실내에 머물도록 만들었다.

compelling 형 ① 강제적인 ② 설득력 있는
compulsive 형 ① 강박적인 ② 상습적인
compulsory 형 강제적인, 의무적인

com + pel
together push
→ 함께(com) 억지로 한 곳으로 몰아가니까(pel)
⇨ 강요하다

0724 1 2 3 4 5 20. 경찰직 1차

expel

[ikspél]

동 추방하다, 쫓아내다

= evict, eject, exile, oust, expatriate, exorcise

He was expelled from school for misconduct.
그는 비행을 저질러 학교에서 쫓겨났다.

expulsive 형 추방하는
expulsion 명 추방, 방출

ex + pel
out push
→ 밖으로(ex) 밀어내니까(pel)
⇨ 추방하다

0725 1 2 3 4 5

dispel

[dispél]

동 쫓아내다, 없애다

= expel, evict, eject, exile, oust, expatriate, exorcise

Work dispels boredom.
일을 하면 지루한 줄 모른다.

dis + pel
away push
→ 멀리(dis) 밖으로 밀어내니까(pel)
⇨ 쫓아내다

0726 1 2 3 4 5

repel

[ripél]

동 물리치다, 쫓아내다

= expel, evict, eject, banish, oust, expatriate

They were ready to **repel** the invaders.
그들은 침략군을 물리칠 준비가 되어 있었다.

re + pel
back push
→ 뒤로(re) 다시 밀어내니까(pel)
⇨ 쫓아내다

0727 1 2 3 4 5

impel

[impél]

동 ① 강요하다, 억지로 -시키다
② 밀고 나아가다, 추진시키다

= ① impose, intrude, compel, coerce

I felt **impelled** to investigate further.
나는 더 깊이 조사해 보아야 한다는 기분이 들었다.

im + pel
in push
→ 안으로(im) 강하게 밀어붙이니까(pel)
⇨ 강요하다, 추진시키다

0728 1 2 3 4 5

impulse

[impʌls]

명 ① 충동, 자극 ② 추진(력)

= ① stimulus, motivation, stimulation, impetus

cf. pulse (맥박, 진동)

I resisted the **impulse** to laugh.
나는 웃고 싶은 충동을 억눌렀다.

impulsive 형 충동적인

im + pul + se
in push 명접
→ 마음속으로(im) 갑자기 몰려 들어오는(pul) 것에서 유래
⇨ 충동

0729 1 2 3 4 5 심화

repulse

[ripʌ́ls]

동 ① 쫓아내다 ② 혐오감을 주다 ③ 거절하다

I was **repulsed** by the awful smell.
나는 그 지독한 냄새에 구역질이 났다.

repulsive 형 ① 쫓아내는 ② 역겨운

re + pul + se
back push 동접
→ 뒤로(re) 다시 몰아내니까(pul)
⇨ 쫓아내다

0730 1 2 3 4 5 심화 18. 경찰직 1차

repellent

[ripélənt]

형 ① 역겨운, 혐오감을 주는
② (특히 물이) 스며들지 않게 하는
명 방충제, 방수제

Cheating and lying are **repellent** to most people.
사기와 거짓말은 대부분의 사람들에게 혐오감을 준다.

re + pel(l) + ent
back push 형접
→ 뒤로(re) 물러나게(pel) 하는 거니까
⇨ 혐오감을 주는

R 156 trud, trus : 밀다(push)

0731 1 2 3 4 5 — 21. 지방직 9급 / 19. 지역인재 9급

intrude

[intrúːd]

동 ① 침입하다 ② 간섭[개입]하다 ③ 강요하다

= ① invade, trespass, encroach

intrude upon somebody's privacy
프라이버시를 침해하다

intrusion 명 ① 침입, 침해 ② 강요

in + **trud(e)**
in　push
→ 집 안으로(in) 밀치고 들어오다(trud)
⇨ 침입하다

0732 1 2 3 4 5

obtrude

[əbtrúːd]

동 ① 참견하다, 끼어들다 ② 강요하다, 억지 쓰다

= ② impose, intrude, compel, impel, coerce

obtrude his opinions upon others
그의 의견을 남에게 강요하다

obtrusive 형 ① 강요하는 ② 참견하고 나서는 ③ 눈에 띄는

ob + **trud(e)**
against　push
→ 상대방이 하기 싫은 것을(ob) 밀고 나가다(trud)
⇨ 강요하다

0733 1 2 3 4 5 심화

extrude

[ikstrúːd]

동 밀어내다, 추방하다, 분출하다

= expel, banish, exile, deport, oust

The volcano is **extruding** lava.
화산이 용암을 분출하고 있다.

extrusive 형 분출된
extrusion 명 밀어냄, 분출

ex + **trud(e)**
out　push
→ 밖으로(ex) 밀치다(trud)
⇨ 밀어내다

0734 1 2 3 4 5 심화

protrude

[proutrúːd]

동 튀어나오다, 내밀다

protrude her tongue
그녀의 혀를 내밀다

protrusive 형 ① 튀어나온 ② 뻔뻔한, 주제넘게 나서는

pro + **trud(e)**
forth　push
→ 앞으로(pro) 내밀다(trud)
⇨ 튀어나오다

0735 1 2 3 4 5

abstruse

[æbstrúːs]

형 난해한, 심오한

= abstract, profound, esoteric, recondite

He found her theory very **abstruse**.
그는 그녀의 이론이 매우 난해하다고 생각했다.

abs + **trus(e)**
away　push
→ 이해하기 쉽게 분명히 밀고(trus) 나온 것이 없으니까(abs)
⇨ 난해한

R 157 press : 누르다(press)

0736 1 2 3 4 5 — 18. 서울시 9급

suppress [səprés]

동 ① 참다, 억누르다 ② 진압하다

= ① repress, muffle

He was unable to **suppress** his anger.
그는 화를 참을 수가 없었다.

suppressive 형 억압하는, 진압하는
suppression 명 진압, 억제

sup + press
down press
→ 감정을 아래로(sup) 강하게 누르다(press)
⇨ 참다

0737 1 2 3 4 5

repress [riprés]

동 ① 참다, 억누르다 ② 탄압하다

= ① suppress, subdue, muffle

become conscious of **repressed** desires
억압된 욕망을 자각하다

repressive 형 억누르는, 탄압하는
repression 명 억압, 저지

re + press
again press
→ 누르고 다시(re) 또 누르니까(press)
⇨ 참다

R 158 brev, bridge : 짧은(short)

0738 1 2 3 4 5

abbreviate [əbríːvièit]

동 ① 요약[축약]하다 ② 생략하다

= ① condense, abridge, encapsulate, recapitulate

'United Nations' is generally **abbreviated** to 'UN.'
'United Nations'는 보통 'UN'으로 약기된다.

abbreviation 명 요약

ab + brev + (i)ate
to short 동접
→ ~을(ab) 짧게(brev) 만들다
⇨ 요약[축약]하다

0739 1 2 3 4 5 — 20. 해경직 3차

abridge [əbrídʒ]

동 ① 요약[축약]하다 ② 단축하다

= ① condense, abbreviate, encapsulate, recapitulate

She **abridged** her book.
그녀는 책의 줄거리를 요약했다.

abridgement 명 생략, 요약

a + bridge
to short
→ ~을(a) 짧게 하다(bridge)
⇨ 요약[축약]하다
강에(a) 다리(bridge)를 놓으니 길이 짧아지다 ⇨ 단축하다

0740 1 2 3 4 5

brevity [brévəti]

명 간결함, 순간

Brevity is the soul of writing.
글은 간결함이 생명이다.

brief 형 짧은

brev + ity
short 명접
→ 짧은(brev) 인생의 순간이니까
⇨ 간결함, 순간

R 159 flect, flex : 구부리다, 기울다(bend)

0741 1 2 3 4 5

reflect

[riflékt]

동 ① 반사하다, 비치다 ② 심사숙고하다 ③ 반영하다

= ② deliberate, meditate, ponder, contemplate, cogitate

reflection 명 ① 반사, 반영 ② 심사숙고

His face was **reflected** in the mirror.
그의 얼굴이 거울에 비춰졌다.

re + **flect**
again bend

→ 빛이 다시(re) 구부려지다(flect)
⇨ 반사하다

→ 과거 일을 다시(re) 구부려서(flect) 생각하니까
⇨ 심사숙고하다

0742 1 2 3 4 5 22. 지방직 9급 / 14. 국회직 9급

flexible

[fléksəbl]

형 ① 탄력적인, 융통성 있는 ② 유연한, 구부리기 쉬운

= ② supple, pliable, malleable, elastic, resilient

flexibility 명 융통성, 탄력성, 유연성

He isn't **flexible** in his thinking.
그는 사고가 유연하지 않다.

flex + **ible**
bend 형접

→ 구부리기(flex) 쉬운 거니까
⇨ 탄력적인

0743 1 2 3 4 5 심화

deflect

[diflékt]

동 ① 빗나가다, 방향을 바꾸다 ② 피하다

deflection 명 굴절
deflective 형 ① 편향적인 ② 빗나가는

He raised his arm to try to **deflect** the attack.
그가 그 공격을 막으려고 팔을 들었다.

de + **flect**
off bend

→ 원래에서 벗어나(de) 다른 방향으로 틀다(flect)
⇨ 빗나가다

R 160 man, manu : 손(hand)

0744 1 2 3 4 5

manual

[mǽnjuəl]

형 ① 손의 ② 수동의 명 소책자, 설명서

manually 부 손으로

manual skills
손 기술

manu + **al**
hand 형·명접

→ 손의(manu)
⇨ 손의, 수동의

→ 손으로(manu) 쓴 작은 사용설명서
⇨ 소책자

0745 1 2 3 4 5 20. 지역인재 9급 / 19. 서울시 9급 / 19. 국가직 9급 / 15. 국회직 8급

mandatory

[mǽndətɔ̀:ri]

형 ① 명령의 ② 강제적인, 의무적인

= ② imperative, obligatory, compulsory, indispensable

mandate 동 ① 권한을 주다 ② 명령하다
명 ① 통치기간 ② 지시 ③ 위임 통치권

mandatory import quota
의무적인 수입 할당량

man + **dat** + **ory**
hand give 형접

→ 손으로(man) 명령을 주는(dat) 거니까
⇨ 명령의

사람(man)이 강제적인(mandatory) 일을 하다보면 다툴 일(datory)이 많아지니까
⇨ 강제적인

0746 1 2 3 4 5 — 18. 해경직 2차 / 16. 서울시 9급

manipulate
[mənípjulèit]

동 ① 잘 다루다 ② 조작[조종]하다, 속이다

= ② swindle, cozen, delude, beguile

manipulate the press
언론을 조작하다

manipulation 명 ① 잘 다룸 ② 교묘한 조작

mani + pul + ate
hand fill 동접

→ 발이 아닌 손으로(mani) 완전하도록(pul) 만드니까
⇨ 잘 다루다

0747 1 2 3 4 5 — 16. 서울시 7급

manifest
[mǽnəfèst]

동 ① 명백히 하다, 나타내다 ② 증명하다
형 분명한, 명확한

= 형 apparent, conspicuous, obvious, distinct, evident, noticeable, palpable

It is **manifest** to all of us.
그것은 우리 모두가 분명하게 아는 일이다.

manifestation 명 징후, 표명, 나타남

mani + fest
hand fist

→ 손으로(mani) 주먹을(fest) 쥐어 감정을 드러내는 거니까
⇨ 명백히 하다, 나타내다

R 161 flict : 치다, 때리다(strike)

0748 1 2 3 4 5 — 21. 경찰직 1차 / 19. 경찰직 1차 / 17. 경찰직 2차 / 09. 국가직 7급

conflict
명 [kɑ́nflikt]
동 [kənflíkt]

명 갈등, 충돌
동 ① 싸우다, 충돌하다 ② 상충하다

There was a constant **conflict** within the party.
그 당은 내분이 끊이지 않았다.

con + flict
together strike

→ 서로 함께(con) 치니까(flict)
⇨ 갈등, 충돌

0749 1 2 3 4 5

inflict
[inflíkt]

동 ① (상처를) 입히다, 가하다
② (형벌·고통을) 주다

The cat **inflicted** injury on her owner.
그 고양이는 주인에게 상처를 입혔다.

infliction 명 (고통을) 가함

in + flict
in strike

→ 안으로(in) 때리니까(flict)
⇨ (상처를) 입히다, 가하다

0750 1 2 3 4 5

afflict
[əflíkt]

동 괴롭히다, 피해를 입히다

= aggrieve, harass, torment, inflict, distress, anguish, excruciate

cure diseases that **afflict** humanity
인류를 괴롭히는 질병을 고치다

affliction 명 고통

af + flict
to strike

→ -에게(af) 치면서(flict) 싸움을 거니까
⇨ 괴롭히다

R 162 chron : 시간(time)

0751 1 2 3 4 5

chronic
[kránik]

형 만성적인, 장기간 지속되는

cf. acute (급성의)

chronic asthma
만성 천식

chron + ic
time 형접
→ 시간(chron)에 관한 것이니까
⇨ 만성적인, 장기간 지속되는

0752 1 2 3 4 5

chronicle
[kránikl]

chronological 형 시간 순서대로 된
chronology 명 연대순, 연대표

명 연대기, 기록 동 연대순으로 기록하다

the Anglo-Saxon Chronicle
앵글로 색슨족 연대기

chron(ic) + le
time 동·명접
→ 시간의(chron) 흐름 순으로 적어둔 것이니까
⇨ 연대기

0753 1 2 3 4 5 심화

anachronism
[ənǽkrənizm]

명 ① 시대착오 ② 시대에 뒤진 생각[사람]

an absurd anachronism
터무니 없는 시대착오

ana + chron + ism
back time 명접
→ 시간(chron)의 개념이 뒤로(ana) 가는 것
⇨ 시대착오

R 163 tempor : 시간(time)

0754 1 2 3 4 5 18. 지방직 7급

temporary
[témpərèri]

temporal 형 시간의, 현세의
temporarily 부 일시적으로, 임시로

형 일시적인, 임시의

= provisional, momentary, transient, transitory, tentative, evanescent, ephemeral, deciduous

Jet lag is only temporary.
시차로 인한 피로는 단지 일시적이다.

tempor + ary
time 형접
→ 한때의(tempor)
⇨ 일시적인

0755 1 2 3 4 5 13. 기상직 9급

contemporary
[kəntémpərèri]

형 ① 동시대의 ② 현대의
명 동년배, 동시대인

contemporary writers
동시대의 작가들

con + tempor + ary
together time 형·명접
→ 서로(con) 같은 시간대에(tempor) 있는 거니까
⇨ 동시대의

0756 1 2 3 4 5

extemporize

[ikstémpəràiz]

동 즉석으로 하다

= ad-lib, improvise

extemporize a poem
즉석에서 시를 짓다

extemporaneous 형 즉석의, 준비없는
extempore 형 즉흥적인 부 즉흥적으로

ex + tempor + ize
out time 동접
→ 시간(tempor) 없이(ex)하는 거니까
⇨ 즉석으로 하다

R 164 cumb, cumber : 눕다(lie down)

0757 1 2 3 4 5

cumbersome

[kʌ́mbərsəm]

형 ① 방해가 되는, 폐를 끼치는
② 크고 무거운

cumbersome machinery
크고 무거운 기계류

cumber + some
lie down 형접
→ 크고 무거운 돌이 길 안에 드러누워(cumber) 있으니까
⇨ 방해가 되는

[컴버썸] = 검버섯 ➡ 검버섯은 미용에 방해가 되는(cumbersome) 존재이니까 ⇨ 방해가 되는

0758 1 2 3 4 5 심화

encumber

[inkʌ́mbər]

동 방해하다, 폐 끼치다

= impede, hamper, hinder, thwart

His overcoat **encumbered** his movement.
그의 외투가 그의 움직임을 방해했다.

en + cumber
in lie down
→ 사람들이 지나가는 길 안에(en) 드러눕다(cumber)
⇨ 방해하다

0759 1 2 3 4 5 심화 20. 국회직 8급

incumbent

[inkʌ́mbənt]

형 ① 현직의, 재직의 ② 의무적인 명 재임자

= 형 ① occupant

the **incumbent** president
현직 대통령

in + cumb + ent
in lie down 형·명접
→ 어떤 자리 안에(in) 누워 있는(cumb) 거니까
⇨ 현직의

소득(income)을 벌면서 아직 현직에 있는(incumbent) ⇨ 현직의

0760 1 2 3 4 5

succumb

[səkʌ́m]

동 굴복하다

= surrender, capitulate

succumb to temptation
유혹에 넘어가다

suc + cumb
under lie down
→ 상대방 아래로(suc) 납작 엎드리니까(cumb)
⇨ 굴복하다

돌(石)(suc)이 검(cumb)에 굴복하여(succumb) 부서지다 ⇨ 굴복하다

R 165 memor : 기억(memory)

0761 1 2 3 4 5

immemorial [imәmɔ́ːriәl]

형 먼 옛날의, 태곳적부터의

= antique, primeval, primitive

an **immemorial** tradition
태곳적부터 내려오는 전통

im + **memor(i)** + **al**
not / memory / 형접

→ 기억에(memor) 남지 않을(im) 정도로 오래되었다는 의미니까
⇨ 먼 옛날의

0762 1 2 3 4 5

commemorate [kәmémәrèit]

동 기념하다

= celebrate

commemorate an anniversary
기념일을 축하하다

commemoration 명 기념(행사)

com + **memor** + **ate**
together / memory / 동접

→ 함께(com) 기억나도록(memor) 만들기 위한 거니까
⇨ 기념하다

[커메머레이트] = 컴 메모해 ➡ 컴퓨터에 메모해 두니까 ⇨ 기념하다

R 166 nerv : 기력, 신경(nerve)

0763 1 2 3 4 5

nerve [nəːrv]

명 ① 긴장 ② 신경 ③ 용기
동 용기를 내어 -하다

Everyone's **nerves** were on edge.
모두가 신경이 날카로워 있었다.

nervous 형 ① 불안해 하는 ② 신경이 과민한

nerv(e)
nerve

→ 신경(nerv)에 관한 것이니까
⇨ 신경

0764 1 2 3 4 5

enervate [énərvèit]

동 기력을 떨어뜨리다

= exhaust, fatigue

A hot climate **enervates** people.
더위는 사람을 무기력하게 한다.

enervated 형 활력을 잃은, 무기력한
enervation 명 원기 상실, 쇠약

e + **nerv** + **ate**
out / nerve / 동접

→ 기력을(nerv) 몸 밖으로(e) 빼내다
⇨ 기력을 떨어뜨리다

[에너베이트] = 에너(지) 뻗어 ➡ 에너지를 뻗어 내면 기력이 떨어지니까 ⇨ 기력을 떨어뜨리다

0765 1 2 3 4 5 심화

unnerve [ʌnnə́ːrv]

동 ① 기력을 잃게 하다 ② 불안하게 만들다

His silence **unnerved** us.
그의 침묵이 우리를 불안하게 했다.

un + **nerv(e)**
not / nerve

→ 기력이(nerv) 없게(un) 하니까
⇨ 기력을 잃게 하다

R 167 luc, lux, lust, lumin : 빛(light)

0766 1 2 3 4 5

illuminate

[ilúːmənèit]

동 ① (불을) 비추다, 밝게 하다
② 설명하다, 분명히 하다

The sun **illuminates** the earth.
태양이 지구에 빛을 비춘다.

illumination 명 ① 빛 ② 이해, 깨달음

il + lumin + ate
in light 동접
→ 안으로(in) 빛이(lumin) 들어오게 하다
⇨ 비추다, 밝게 하다

0767 1 2 3 4 5

illustrate

[íləstrèit]

동 ① 설명하다, 예시를 보여주다
② 삽화를 넣다

= ① exemplify

illustrate the subject with examples
주제를 예를 들어 설명하다

illustrative 형 ① 설명의 ② 예증이 되는
illustrious 형 뛰어난, 저명한
illustration 명 ① 삽화 ② 설명 ③ 실례

il + lust(r) + ate
in light 동접
→ 마음 안에서(il) 빛처럼(lust) 명확하게 떠오르게 하다
⇨ 설명하다

0768 1 2 3 4 5 심화

lust

[lʌst]

명 욕망, 갈망

He has a real **lust** for life.
그는 생에 대한 진정한 욕망을 가지고 있다.

lust
light
→ 마음속에서 빛나는(lust) 것
⇨ 갈망

0769 1 2 3 4 5 심화

lusty

[lʌ́sti]

형 ① 건장한, 튼튼한 ② 활발한, 활기찬

= ① hardy, sturdy, robust, stalwart

He is a **lusty** young man.
그는 건장한 청년이다.

lustily 부 ① 튼튼하게 ② 활기차게

lust + y
light 형접
→ 사람이 빛나는(lust) 거니까
⇨ 활발한, 활기찬

0770 1 2 3 4 5 09. 지방직 9급

luxuriant

[lʌgʒúəriənt]

형 ① 화려한, 번창한
② 기름진, 풍부한, 다산의

= ② prolific, fertile, fruitful, productive

Luxuriant vegetation appears on all sides.
둘레에는 무성한 초목이 보인다.

luxuriance 명 무성, 풍부
luxurious 형 호화로운

lux(uri) + ant
light 형접
→ 도시가 빛나는(lux) 거니까
⇨ 화려한
→ 땅이 빛나는(lux) 거니까
⇨ 기름진

0771 1 2 3 4 5 08. 국가직 7급

lucrative

[lú:krətiv]

형 ① 수익성이 좋은 ② 유리한

= ① profitable

a **lucrative** e-commerce business
수익성이 좋은 전자상거래 사업

luc(ra) + **tive**
light 형접

→ 반짝거리는(luc) 돈을 많이 만들어 내니까
⇨ 수익성이 좋은

[루크러티브] = 누그려 + 팁 ➡ 손님의 불만을 누그려 팁을 받아서 가게 수익성이 좋아졌다(lucrative) ⇨ 수익성이 좋은

0772 1 2 3 4 5 22. 서울시 9급 추가채용

lucid

[lú:sid]

형 ① 맑은, 투명한 ② 명백한, 알기 쉬운 ③ 명석한, 이해력이 뛰어난

= ① pellucid, transparent, translucent, diaphanous

a **lucid** explanation
알기 쉬운 설명

lucidity 명 명료, 명석

luc + **id**
light 형접

→ 냇가가 빛나는(luc) 거니까
⇨ 맑은

→ 사람이 빛나는(luc) 거니까
⇨ 명석한, 이해력이 뛰어난

0773 1 2 3 4 5 17. 서울시 7급

pellucid

[pəlú:sid]

형 ① 맑은, 투명한 ② 명백한, 알기 쉬운

= ① lucid, transparent, translucent, diaphanous

That glass looks as **pellucid** as nothing is there.
유리가 너무 투명해서 아무것도 없는 것 같다.

pellucidity 명 투명도

pel + **luc** + **id**
through light 형접

➡ 속이 들여다 보일(pel) 정도로 투명해서 빛나는(luc) 거니까
⇨ 맑은, 투명한

0774 1 2 3 4 5

luminous

[lú:mənəs]

형 ① 빛나는, 밝은 ② 명백한, 알기 쉬운 ③ 명석한

= ① bright, brilliant, radiant, shining, lustrous

They painted the door a **luminous** red.
그들은 그 문을 선명한 빨간색으로 칠했다.

lumin + **ous**
light 형접

→ 빛나는(lumin) 것이니까
⇨ 빛나는, 밝은

0775 1 2 3 4 5 심화

luminary

[lú:mənèri]

명 ① 발광체 ② 전문가, 권위자

a well-known **luminary** in the field of cancer research
암 연구 분야에서 잘 알려진 전문가

lumin + **ary**
light 명접

→ 빛을(lumin) 내는 것이니까
⇨ 발광체

0776 1 2 3 4 5 — 20. 지방직 7급

elucidate
[ilúːsədèit]

동 명료하게 하다, 설명하다

I will **elucidate** what I think the problems are.
제가 생각하기에 문제가 되는 것들을 설명해 보겠습니다.

elucidative 형 설명적인, 해명적인
elucidation 명 설명, 해명

e + luc(id) + ate
out light 동접
→ 빛을(lucid) 밖으로(e) 발하다
⇨ 명료하게 하다

R 168 flagr, flam : 불타다(burn)

0777 1 2 3 4 5

inflame
[infléim]

동 ① 격분시키다, 흥분시키다 ② 악화시키다

= ② aggravate, exacerbate, worsen, compound

inflame public anger
대중의 분노를 악화시키다

in + flam(e)
in burn
→ 다른 사람의 마음속을(in) 불태우는(flam) 것이니까
⇨ 격분시키다

0778 1 2 3 4 5

inflammatory
[inflǽmətɔ̀ri]

형 ① 선동적인, 분노를 유발하는 ② 염증을 일으키는

= ① incendiary, provocative

nationalist policies that are too **inflammatory**
지나치게 선동적인 민족주의적 정책들

inflammation 명 염증

in + flam(ma) + tory
in burn 형접
→ 사람들 마음속에(in) 불이(flam) 나도록 하는 거니까
⇨ 선동적인

0779 1 2 3 4 5 심화

flamboyant
[flæmbɔ́iənt]

형 ① 화려한 ② 이색적인

= ① ostentatious

The **flamboyant** dress is for parties.
그 화려한 드레스는 파티 때에 입는 것이다.

flam + boy + ant
burn showy 형접
→ 불길이 타오른(flam) 모습이 현란하니까(boy)
⇨ 화려한

불꽃(flame) 같은 소년(boy)들의 화려한(flamboyant) 옷차림을 연상 ⇨ 화려한

0780 1 2 3 4 5 심화

conflagration
[kɑ̀nfləgréiʃən]

명 큰불, 대화재

The **conflagration** destroyed the town.
그 대화재는 그 도시를 파괴했다.

con + flagr(a) + tion
completely burn 명접
→ 모조리(con) 불태워버리는(flagr) 것이니까
⇨ 큰불

큰불(conflagration)이 난 모습을 큰(con) 붉은 깃발(flag)이 휘날린다고 비유할 수 있으므로 ⇨ 큰불

R 169 sacr, secr : 신성한(holy)

0781 1 2 3 4 5 18. 교행직 9급

sacred

[séikrid]

형 ① 성스러운, 신성한 ② 종교적인

= ① divine, hallowed

He said human life must always be **sacred**.
그가 인명은 항상 신성시되어야 한다고 말했다.

sacr + ed
holy 형접
→ 신성하게(sacr) 여겨지는 거니까
⇨ 성스러운

0782 1 2 3 4 5 심화

consecrate

[kάnsəkrèit]

consecration 명 ① 신성화, 정화 ② 헌신 ③ (교회의) 헌당(식), 성직[주교] 서품(식)

동 ① 신성하게 하다 ② 봉헌하다, 바치다

= ① hallow

He **consecrated** his life to church.
그는 교회를 위해 일생을 바쳤다.

con + secr + ate
completely holy 동접
→ 완전히(con) 신성하게(secr) 만들다
⇨ 신성하게 하다, 봉헌하다, 바치다

0783 1 2 3 4 5 심화

desecrate

[désikrèit]

desecration 명 신성 모독

동 (신성 등을) 모독하다, (명예를) 훼손하다

= defile, profane

It's a crime to **desecrate** the country's flag.
국기를 욕되게 하는 것은 범죄이다.

de + secr + ate
off holy 동접
→ 신성시하는(secr) 마음이 사라져버렸으니까(de)
⇨ 모독하다

R 170 sequ, secu, su : 따라가다, 뒤를 잇다(follow)

0784 1 2 3 4 5

sequel

[síːkwəl]

sequelize 동 속편을 만들다

명 속편

cf. prequel (전편)

A **sequel** to the novel comes out next month.
그 소설의 속편이 다음 달에 나온다.

sequ + el
follow 명접
→ 앞에 출시된 것에 따라(sequ) 나오는 것이니까
⇨ 속편

0785 1 2 3 4 5

sequence

[síːkwəns]

sequential 형 순차적인

명 ① 연속적인 사건들 ② 순서, 차례

The **sequence** of events led up to the war.
일련의 사건들이 전쟁을 야기했다.

sequ + ence
follow 명접
→ 뒤따르는(sequ) 것이니까
⇨ 순서, 차례

0786 1 2 3 4 5

suit

[suːt]

동 적합하다, 어울리다

명 ① 정장, 한 벌의 옷 ② (법률) 소송

= 명 ② case, lawsuit, litigation

cf. sue (소송하다)

This food doesn't **suit** my taste.

이 음식은 제 입맛에 안 맞아요.

suitable 형 적합한, 적당한

su + **it**
follow 동·명접

→ ~을 잘 따라서(su) 잘 맞으니까
⇨ 적합하다

→ 어떤 절차에 따라(su) 진행되는 것이니까
⇨ 소송

0787 1 2 3 4 5 19. 국회직 9급

pursue

[pərsúː]

동 ① 추구하다 ② 뒤쫓다, 추적하다 ③ 계속하다

pursue happiness in our daily life

우리의 일상에서 행복을 추구하다

pursuit 명 추구, 추적

per + **su(e)**
front follow

→ 앞(per)으로 따라서(su) 나아가니까
⇨ 뒤쫓다, 추적하다

0788 1 2 3 4 5 15. 교행직 9급

consequence

[kánsəkwèns]

명 ① 결과 ② 영향 ③ 중요성

= ① ramification

the necessary **consequence** of an action

행위의 필연적인 결과

consequent 형 ~의 결과로 일어나는

consequently 부 그 결과, 따라서

con + **sequ** + **ence**
together follow 명접

→ 뒤에 함께(con) 따라오는(sequ) 것이니까
⇨ 결과

0789 1 2 3 4 5 18. 경찰직 1차

subsequent

[sʌ́bsikwənt]

형 그 다음의, 차후의

= consequent, ensuing

Subsequent events proved her to be right.

그 이후의 사건들이 그녀가 옳다는 것을 입증해 주었다.

subsequently 부 그 뒤에 (계속해서)

subsequence 명 이어서 일어남, 다음

sub + **sequ** + **ent**
down follow 형접

→ 아래에(sub) 이어서 일어나는(sequ) 거니까
⇨ 그 다음의

0790 1 2 3 4 5 심화 17. 국회직 9급 / 17. 서울시 9급

obsequious

[əbsíːkwiəs]

형 아부하는, 비굴한

= servile

He is **obsequious** to men in power.

그는 권력자에게 아첨한다.

ob + **sequ** + **ious**
toward follow 형접

→ 꽁무니를(ob) 쫓아다니니까(sequ)
⇨ 아부하는

[업시퀴어스] = 없이 키워서 ➡ 없이 키워서 남에게 아부하니까(obsequious) ⇨ 아부하는

0791 1 2 3 4 5 16. 경찰직 1차

execute

[éksikjùːt]

executive 명 ① 경영간부, 경영진 ② (the-) 행정부 형 경영의, 행정의
execution 명 ① 처형, 사형(집행) ② 실행, 수행

동 ① 실행하다, 수행하다 ② 처형하다

The royal family was **executed** the following year.
그 다음해 왕족들은 처형되었다.

ex + ecu(te)
out follow

→ 계획을 철저히(ex) 따르다(secu)
⇨ 실행하다
→ 절차에 따라(secu) 사형을 집행해서 사람을 죽이니까(ex)
⇨ 처형하다

0792 1 2 3 4 5 심화 16. 기상직 9급

persecute

[pə́ːrsikjùːt]

persecution 명 박해, 학대
persecutive 형 괴롭히는, 박해하는

동 ① 박해하다 ② 귀찮게 굴다

= ① martyrize

persecute the followers of other religions
타종교의 신도들을 박해하다

per + secu(te)
through follow

→ 끝까지(per) 따라가서(secu) 못살게 굴다
⇨ 박해하다

0793 1 2 3 4 5

ensue

[insúː]

ensuing 형 다음의, 뒤이은

동 잇따라 일어나다

An argument **ensued**.
언쟁이 뒤따랐다.

en + su(e)
upon follow

→ -의 다음에(en) 이어서(su) 일어나다
⇨ 잇따라 일어나다

0794 1 2 3 4 5

prosecute

[prɑ́sikjùːt]

prosecutor 명 기소자, 검사
prosecution 명 기소, 고발

동 기소하다, 고소하다

= indict, charge, accuse, arraign, litigate, impeach

prosecute him for violation of the laws
법률위반으로 기소(起訴)하다

pro + secu(te)
forward follow

→ 어떤 절차에 따라 앞으로(pro) 나아가니까(secu)
⇨ 기소하다

R 171 rog : 부탁하다, 요구하다(ask)

0795 1 2 3 4 5 17. 해경직 2차 / 16. 기상직 9급

arrogant

[ǽrəgənt]

arrogance 명 오만, 거만

형 거만한, 오만한

= supercilious, presumptuous, haughty, pompous, overbearing, lofty

I didn't like her **arrogant** attitude.
나는 그녀의 거만한 태도가 맘에 들지 않았다.

ar + rog + ant
to ask 형접

→ -에(ar) 이래라저래라 요구하는(rog) 거니까
⇨ 오만한

0796 1 2 3 4 5 심화 — 17. 지방직 7급 / 16. 경찰직 2차

interrogate

[intérəgèit]

통 심문하다, 추궁하다

interrogate a witness
증인을 심문하다

interrogation 명 질문, 심문

inter + **rog** + **ate**
between / ask / 동접

→ 서로(inter) 마주보며 대답을 요구하니까(rog)
⇨ 심문하다

0797 1 2 3 4 5 — 15. 경찰직 2차 / 13. 서울시 7급

abrogate

[ǽbrəgèit]

통 폐지하다, 철폐하다

= revoke, annul, nullify, retract, repeal, rescind, recant, countermand

abrogate the constitution
헌법을 폐지하다

abrogation 명 폐지

ab + **rog** + **ate**
away / ask / 동접

→ 요구해서(rog) 없애게(ab) 만들다
⇨ 폐지하다

0798 1 2 3 4 5 — 17. 국회직 9급

derogate

[dérəgèit]

통 ① 훼손하다, 떨어뜨리다 (from)
② 무시[폄훼]하다

Such a conduct **derogates** from his merit.
이 같은 행위는 그의 가치를 떨어뜨린다.

derogatory 형 경멸하는, 비판적인

de + **rog** + **ate**
down / ask / 동접

→ 품위를 떨어뜨리는(de) 요구를(rog) 하니까
⇨ 떨어뜨리다

명예가 뒤로(dero) 가(ga) 퇴(te)색되고 훼손되었으니까(derogate) ⇨ 훼손하다

0799 1 2 3 4 5 심화 — 17. 지방직 9급

surrogate

[sə́ːrəgèit]

형 대리의, 대용의 명 대리인, 대행자

= 명 delegate, deputy, proxy

She considered him a sort of **surrogate** father.
그녀는 그를 일종의 대리 아버지로 간주했다.

surrogation 명 임명, 지명

sur + **rog** + **ate**
under / ask / 형·명접

→ 아래에서(sur) 부탁을(rog) 대행하는 사람이니까
⇨ 대리인

0800 1 2 3 4 5 심화 — 13. 서울시 7급

prerogative

[prirάgətiv]

명 특권, 특전

exercise the **prerogative**
특권을 행사하다

pre + **rog** + **ative**
before / ask / 명접

→ 자기가 먼저(pre) 하겠다고 요구할(rog) 수 있는 거니까
⇨ 특권

공짜, 즉 프리로(prero) 가(ga)는 거니까 ⇨ 특권

R 172 pet : 구하다, 추구하다(seek)

0801 1 2 3 4 5

compete

[kəmpí:t]

competitive 형 경쟁하는, 경쟁력 있는
competition 명 경쟁, 시합, 경기
competence 명 능력, 역량
competent 형 유능한, 역량 있는

동 경쟁하다, 겨루다

= contend, vie

compete with the best teams in the world
세계 최고 팀들과 겨루다

com + pet(e)
together seek

→ 상대방과 함께(com) 목표를 추구하다(pet)
⇨ 경쟁하다

0802 1 2 3 4 5

petition

[pətíʃən]

petitionable 형 청원할 수 있는
petitionist 명 청원[탄원]자

명 탄원(서), 진정(서)
동 탄원하다, 청원하다

They turned in a **petition** with 70,000 signatures.
그들은 7만 명의 서명을 받은 탄원서를 제출했다.

pet(i) + tion
seek 명접

→ 도움을 구하는(pet) 것이니까
⇨ 탄원(서)

R 173 sid, sed, sess : 앉다(sit)

0803 1 2 3 4 5 19. 서울시 7급 추가채용

assess

[əsés]

assessment 명 평가

동 평가하다

= evaluate, gauge, appraise

assess the full extent of the damage
전체적인 손상 규모를 평가하다

as + sess
to sit

→ 판사 옆에(as) 앉아서(sess) 형량이나 벌금을 결정하는 법원 보조에서 유래
⇨ 평가하다

0804 1 2 3 4 5 21. 경찰직 1차

sedentary

[sédntèri]

형 주로 앉아서 하는

She became increasingly **sedentary** in later life.
그녀는 만년에 들어 점점 더 몸을 많이 움직이지 않게 되었다.

sed + entary
sit 형접

→ 앉아있는(sed) 거니까
⇨ 주로 앉아서 하는

0805 1 2 3 4 5

residue

[rézidjù:]

residual 형 잔여의, 나머지의

명 잔여, 나머지

= leftover, remnant

He found the cocaine **residue** in her car.
그가 그녀의 차에서 코카인 잔여물을 발견했다.

re + sid + ue
back sit 명접

→ 뒤에(re) 따로 앉아있는(sid) 거니까
⇨ 잔여, 나머지

0806 1 2 3 4 5

subsidiary

[səbsídièri]

형 ① 부수적인 ② 자(子)회사의
명 자(子)회사

= 형 ① secondary, incidental, ancillary, collateral

He is taking History as a **subsidiary** subject.
그는 역사학을 부전공으로 하고 있다.

sub + **sid** + **iary**
under / sit / 형·명접

→ 주요한 자리보다 아래에(sub) 앉아 있는(sid) 거니까
⇨ 부수적인

0807 1 2 3 4 5

subside

[səbsáid]

동 ① 가라앉다 ② 진정되다

= ① sink, submerge

The fury of the storm has **subsided**.
사나운 폭풍우가 가라앉았다.

subsidence 명 침하

sub + **sid(e)**
below / sit

→ 아래에(sub) 가라앉다(sid)
⇨ 가라앉다

0808 1 2 3 4 5 심화

dissident

[dísidnt]

형 반체제의, 의견을 달리하는
명 반체제 인사

a ban on **dissident** magazines
반체제 잡지에 대한 금지

dis + **sid** + **ent**
away / sit / 형·명접

→ 독재자와 멀리(dis) 떨어져 앉아있는(sid) 거니까
⇨ 반체제의

0809 1 2 3 4 5 심화

insidious

[insídiəs]

형 ① 음흉한 ② 서서히 퍼지는

the **insidious** rumor
음흉한 소문

in + **sid** + **ious**
in / sit / 형접

→ 밖으로 안보이게 안에(in) 앉아있는(sid) 거니까
⇨ 음흉한

[인시디어스] = 이 CD였어 ➡ 안에(in) 음흉한(insidious) 내용이 든 건 이 CD였어!
⇨ 음흉한

0810 1 2 3 4 5 심화

supersede

[sù:pərsí:d]

동 ① 대신 들어서다 ② 자리를 빼앗다

= ① substitute, supplant

supersede the old law
옛날 법을 대신하다

supersedence 명 대체

super + **sed(e)**
over / sit

→ 원래 있던 것을 밀어내고 그 위에(super) 들어앉다(sed)
⇨ 대신 들어서다

0811 1 2 3 4 5

assiduous

[əsidʒuəs]

형 근면 성실한

= industrious

She has always been **assiduous** and helpful.
그녀는 항상 근면 성실했고, 도움을 많이 줬다.

as + sid + uous
to / sit / 형접

→ 한 가지 일에(as) 꾸준히 앉아있는(sid) 거니까
⇨ 근면 성실한

R 174 sta, sist, ste, stitu, sti : 서다, 세우다(stand)

0812 1 2 3 4 5 16. 서울시 9급 / 14. 법원직 9급

resist

[rizist]

resistance 명 저항, 저항력

동 반대하다, 저항하다

resist the passage of an electric current
전류의 흐름에 저항하다

re + sist
against / stand

→ 반대(re) 입장에 서다(sist)
⇨ 반대하다

0813 1 2 3 4 5

state

[steit]

statement 명 성명(서), 진술, 서술
statesman 명 정치인

명 ① 상태 ② 국가 동 진술하다, 말하다

The country is in a **state** of political chaos.
그 나라는 정치적으로 혼란한 상태이다.

sta + te
stand / 동·명접

→ 서(sta) 있는 방식이니까
⇨ 상태

0814 1 2 3 4 5 15. 국가직 7급 / 15. 국회직 8급

stable

[steibl]

stability 명 안정, 안정성
unstable 형 불안정한, 흔들리는

형 안정된, 견고한 명 마구간

Her blood pressure is now **stable**.
그녀의 혈압이 이제는 안정이 되었다.

sta + ble
stand / 형·명접

→ 움직이지 않고 서(sta) 있는 거니까
⇨ 안정된

0815 1 2 3 4 5

static

[stætik]

형 정적인, 고정적인 명 잡음

cf. dynamic (동적인)

House prices will remain **static** for a long period.
주택가격이 오랜 시간 동안 고정적일 것이다.

sta + tic
stand / 형·명접

→ 움직이지 않고 서(sta) 있는 거니까
⇨ 정적인

0816 1 2 3 4 5

constitute

[kάnstətjù:t]

constitution 명 ① 헌법 ② 구성
constituent 형 구성하는
명 ① 선거 구민 ② 구성 요소
constituency 명 ① 선거구
② 선거구민

동 ① 구성하다, 형성하다
② 설립하다, 제정하다

People under the age of 40 **constitute** the majority of the labor force.
40세 미만은 노동력의 대부분을 차지한다.

con + **stitu(te)**
together stand

→ 함께(con) 서서(stitu) 단체를 구성하다
⇨ 설립하다

0817 1 2 3 4 5

16. 국회직 9급 / 18. 서울시 9급 추가채용

destitute

[déstətjù:t]

destitution 명 결핍, 궁핍

형 ① 빈곤한 ② –이 없는, 결핍한

= ① impecunious, indigent

The war left her completely **destitute**.
전쟁으로 그녀는 완전히 궁핍해졌다.

de + **stitu(te)**
down stand

→ 계층에서 아래에(de) 위치해(stitu) 있는 거니까
⇨ 빈곤한

0818 1 2 3 4 5

18. 경찰직 2차

obstinate

[άbstənət]

obstinacy 명 완고함, 고집
obstinately 부 완고하게

형 고집 센, 완고한

= stubborn, obdurate

She is the most **obstinate** person.
그녀는 가장 고집이 센 사람이다.

ob + **stin** + **ate**
against stand 형접

→ 남들과는 반대로(ob) 꼿꼿하게 서 있는(stin) 거니까
⇨ 고집 센

0819 1 2 3 4 5

22. 서울시 9급 추가채용 / 13. 법원직 9급

consistent

[kənsístənt]

consistency 명 일관성, 일치
inconsistent 형 일관성 없는
inconsistency 명 불일치, 모순

형 ① 일관된 ② 일치하는

= ② coincident, consonant, concurrent, congruent, congruous

You must be **consistent** in applying the rules.
규칙들을 적용할 때는 일관성이 있어야 한다.

con + **sist** + **ent**
together stand 형접

→ 흔들리지 않고 일관되게 함께(con) 서있는(sist) 거니까
⇨ 일관된

0820 1 2 3 4 5

stem

[stem]

동 ① 유래하다, 생기다 (from)
② 막다, 저지하다
명 줄기

= 동 ① come, arise, derive

The **stem** of the plant is tough.
그 식물은 줄기가 억세다.

ste(m)
stand

→ –에서 서있다(ste)
⇨ 유래하다

R 175 struct : 세우다, 쌓다(build)

0821 1 2 3 4 5 15. 지방직 9급

instruct

[instrʌ́kt]

동 ① 가르치다, 교육하다 ② 지시하다

instruct the patient to relax and breathe
환자에게 편안하게 숨을 쉬도록 지시하다

instructive 형 교육적인, 교훈적인
instructor 명 ① 교사 ② 지도자
instruction 명 ① 설명 ② 지시

in + struct
in build
→ 머리 안에(in) 지식을 쌓아주다(struct)
⇨ 가르치다

0822 1 2 3 4 5

obstruct

[əbstrʌ́kt]

동 방해하다, 막다

= impede, interrupt, hamper, hinder, thwart, disrupt

Trees may obstruct the passage of sunlight.
나무들이 햇빛의 통과를 방해할 수도 있다.

obstructive 형 방해하는, 장애가 되는
obstruction 명 방해(물), 장애(물)

ob + struct
against build
→ ~에 반대하여(ob) 세우다(struct)
⇨ 방해하다

0823 1 2 3 4 5 17. 법원직 9급

constructive

[kənstrʌ́ktiv]

형 건설적인

a constructive criticism
건설적인 비판

constructively 부 건설적으로

con + struct + ive
together build 형접
→ 함께(con) 쌓아올리는(struct) 거니까
⇨ 건설적인

0824 1 2 3 4 5 심화 14. 서울시 9급

construe

[kənstrúː]

동 ~을 (~으로) 이해[해석]하다

construe the approach as a hostile act
그 방법을 위협적인 행동으로 이해하다

con + strue
together build
→ 생각이 함께(con) 쌓이니까(strue)
⇨ 이해[해석]하다

R 176 fund, found : 바닥(bottom)

0825 1 2 3 4 5

fundamental

[fʌ̀ndəméntl]

형 ① 근본적인, 기본적인
② 핵심적인, 필수적인

a fundamental human right
기본적인 인권

fundamentally 부 근본적으로, 필수적으로

fund(a) + mental
bottom 형접
→ 기본 바탕(fund)이 되는 것이니까
⇨ 근본적인, 기본적인

0826 1 2 3 4 5 20. 소방직 9급 / 18. 경찰직 3차

foundation

[faundéiʃən]

명 설립, 기초

Love is a relationship built on a firm **foundation**.
사랑이란 단단한 토대 위에 세워진 관계이다.

found(a) + tion
bottom 명접

→ 바닥(found)을 다져 뭔가를 세운 것이니까
⇨ 설립, 기초

0827 1 2 3 4 5

profound

[prəfáund]

형 깊은, 심오한

= abstruse, abstract, esoteric, recondite

His death had a **profound** effect on us all.
그의 죽음은 우리 모두에게 깊은 영향을 주었다.

pro + found
forward bottom

→ 깊이 바닥으로(found) 향하여(pro) 나아간 거니까
⇨ 심오한

R 177 plant : 심다(plant)

0828 1 2 3 4 5 19. 경찰직 1차 / 17. 국회직 9급

implant

[implǽnt]

동 심다, 뿌리내리다

= sow

Prejudices can be **implanted** in the mind easily.
편견은 마음속에 쉽게 심어질 수 있다.

implantation 명 이식, 주입

im + plant
in plant

→ ~안에(im) 심다(plant)
⇨ 심다

0829 1 2 3 4 5

transplant

[trænsplǽnt]

동 이식하다, 옮겨 심다 명 이식

She underwent a heart **transplant** operation.
그녀는 심장이식 수술을 받았다.

transplantation 명 이식

trans + plant
across plant

→ 이쪽에서 저쪽으로(trans) 옮겨 심다(plant)
⇨ 이식하다

0830 1 2 3 4 5 심화 08. 지방직 9급

supplant

[səplǽnt]

동 대신하다, 대체하다

= supersede, substitute

The tyrant **supplanted** the president.
폭군이 대통령 자리에 대신 들어앉았다.

sup + plant
under plant

→ ~를 대신해서 아래에(sup) 심다(plant)
⇨ 대신하다

R 178 hum, hume : 흙(earth)

0831 1 2 3 4 5

humble

[hʌ́mbl]

형 ① 겸손한 ② 비천한

To learn from others, you need a **humble** manner.
다른 사람들로부터 배우기 위해선 겸손한 태도가 필요하다.

humbleness 명 ① 겸손함 ② 하찮음

hum + **ble**
earth 형접

→ 자기 자신을 아래(hum)로 낮추니까
⇨ 겸손한
→ 땅(hum)에 가까우니까
⇨ 비천한

0832 1 2 3 4 5 18. 가상직 9급

humiliate

[hjuːˈmɪlieɪt]

동 굴욕감을 주다, 창피를 주다

= mortify

keep him in custody to **humiliate** him
굴욕감을 주기 위해 그를 구금하다

humiliated 형 굴욕을 당한
humiliation 명 창피를 주기, 굴욕

hum(ili) + **ate**
earth 동접

→ 누군가의 자존심을 땅(hum)으로 떨어뜨리니까
⇨ 굴욕감을 주다

0833 1 2 3 4 5 19. 지방직 9급 / 15. 경찰직 2차

exhume

[igzjúːm]

동 발굴하다

= unearth, excavate

The remains have not yet been **exhumed**.
그 유물들은 아직 발굴되지 않았다.

ex + **hume**
out earth

→ 땅을(hume) 밖으로(ex) 파내다
⇨ 발굴하다

0834 1 2 3 4 5

inhume

[inhjúːm]

동 매장하다

= bury

Ancestors **inhumed** the dead bodies on the hillsides.
조상들은 산 중턱에 사체를 매장했다.

in + **hume**
in earth

→ 흙을(hume) 안에다(in) 넣다
⇨ 매장하다

0835 1 2 3 4 5 심화 18. 국회직 8급

homage

[hámidʒ]

명 경의, 존경의 표시

= reverence, deference

We stood in silent **homage** around the grave.
우리는 무덤가에 서서 묵념을 했다.

hom + **age**
earth 명접

→ 곡식이 생산되는 땅을(hom) 존경하고 섬기는데서 유래
⇨ 경의

R 179 insul, isol : 섬(island)

0836 1 2 3 4 5 22. 서울시 9급 추가채용 / 15. 지방직 9급

isolate
[áisəlèit]

동 고립시키다, 격리하다

= seclude, segregate, quarantine, sequester

She was **isolated** to prevent infection.
그녀는 전염 예방을 위해서 격리되었다.

isolation 명 고립, 격리

isol + ate
island 동접
→ 섬처럼(isol) 고립시키다
⇨ 격리하다

0837 1 2 3 4 5 20. 지방직 9급

insulate
[ínsəlèit]

동 ① 단열·방음 처리를 하다 ② 고립시키다

conserve energy by **insulating** your home.
집에 단열재를 써서 에너지를 아끼다

insulation 명 절연, 단열
insular 형 배타적인, 편협한
insulated 형 단열된

insul + ate
island 동접
→ 열이나 소리로부터 고립시켜 섬처럼 (insul) 만들다
⇨ 단열·방음 처리를 하다

R 180 loc : 장소(place)

0838 1 2 3 4 5

local
[lóukəl]

형 ① 지역의, 현지의 ② 일부에 대한

Many **local** markets are no longer opening.
대부분의 현지 시장들은 더 이상 문을 열지 못하고 있다.

loc + al
place 형접
→ 장소(loc)에 관한 것이니까
⇨ 지역의

0839 1 2 3 4 5

locate
[lóukeit]

동 –의 위치를 찾아내다

locate the source of a pain
아픈 원인을 찾아내다

location 명 장소, 위치

loc + ate
place 동접
→ 어떤 장소(loc)에 위치시키다
⇨ 위치를 찾아내다

0840 1 2 3 4 5 13. 지방직 7급

allocate
[ǽləkèit]

동 할당하다, 배분하다

= assign, allot, apportion, impart

The resources were **allocated** to the project.
자원이 그 프로젝트에 할당되었다.

allocation 명 할당, 배당

al + loc + ate
to place 동접
→ 자식에게(al) 유상으로 땅/몫을 (loc) 주다
⇨ 할당하다

R 181 va, vac, vain, void, vapor : 빈(empty), 증기(vapor)

0841 1 2 3 4 5

vacant

[véikənt]

형 비어 있는, 사람이 살지 않는

There are no **vacant** seats on this train.
이 열차에는 빈자리가 없다.

vacancy 명 ① 결원, 빈자리 ② 빈방

vac + **ant**
empty 형접

→ 텅 빈(vac) 상태니까
⇨ 비어 있는

0842 1 2 3 4 5 19. 국회직 9급 / 16. 지역인재 9급 / 13. 법원직 9급

vanish

[vǽniʃ]

동 사라지다

My wallet seems to have **vanished**.
내 지갑이 사라져 버린 것 같다.

vanishment 명 소멸

va(n) + **ish**
empty 동접

→ 없어지다(va)
⇨ 사라지다

0843 1 2 3 4 5 14. 국회직 9급

vague

[veig]

형 모호한, 희미한, 애매한

= ambiguous, equivocal, nebulous, opaque

I kept my statement deliberately **vague**.
나는 말을 일부러 모호하게 했다.

vagueness 명 모호함, 애매함

va + **gue**
empty 형접

→ 계획을 비워놨으니까(va)
⇨ 모호한

0844 1 2 3 4 5

vain

[vein]

형 ① 소용 없는, 헛된 ② 허영심이 많은

= ① futile

All my efforts were in **vain**.
내 모든 노력이 허사였다.

vanity 명 ① 허영심 ② 공허함

vain
empty

→ 결과물이 없는(vain) 거니까
⇨ 헛된

[베인] ➡ 칼질을 하다가 베이면 칼질이 헛된(vain) 일이 되어버리니까 ⇨ 헛된

0845 1 2 3 4 5 20. 경찰직 1차 / 16. 기상직 7급 / 13. 국회직 9급

evaporate

[ivǽpərèit]

동 증발하다, 증발시키다

The sun is **evaporating** the earth's moisture.
태양이 지구의 습기를 증발시키고 있다.

evaporation 명 증발(작용), 발산, 탈수

e + **vapor** + **ate**
out vapor 동접

→ 밖으로(e) 수증기가(vapor) 나가니까
⇨ 증발하다

0846 1 2 3 4 5 20. 국가직 9급

vaporous

[véipərəs]

vaporize 동 증발[기화]하다, 증발[기화]시키다
vaporously 부 ① 증기와 같이 ② 헛되게

형 ① 수증기가 가득한 ② 실체가 없는, 공상적인

clouds of **vaporous** air
수증기가 가득한 대기의 구름

vapor + **ous**
vapor 형접
→ 증기(vapor)가 가득한 거니까
⇨ 수증기가 가득한

0847 1 2 3 4 5 18. 국가직 7급 / 14. 사회복지직 9급

evacuate

[ivǽkjuèit]

evacuation 명 피난, 대피, 철수
evacuative 형 철수의, 후송의

동 ① 대피시키다 ② 비우다

= ② vacate

In case of fire, do not use the elevators to **evacuate**.
화재 시, 엘리베이터를 이용해 대피하지 말아야 한다.

e + **vac(u)** + **ate**
out empty 동접
→ 어떤 장소 밖으로(e) 사람들을 이동시켜 비우다(vac)
⇨ 대피시키다

0848 1 2 3 4 5 20. 소방직 9급

devastate

[dévəstèit]

devastating 형 대단히 파괴적인
devastated 형 엄청난 충격을 받은
devastation 명 대대적인 파괴

동 ① 완전히 파괴하다 ② 망연자실케 하다

= ① ravage, demolish

The bomb **devastated** the old part of the city.
그 폭탄은 그 도시의 구시가지를 완전히 파괴했다.

de + **va(st)** + **ate**
down empty 동접
→ 완전히 파괴해서(de) 텅 빈(va) 상태로 만들다
⇨ 완전히 파괴하다

0849 1 2 3 4 5 심화

devoid

[divɔ́id]

void 명 빈 공간, 공허

형 결여된, -이 전혀 없는

The letter was **devoid** of warmth.
그 편지에는 따스함이 전혀 들어있지 않았다.

de + **void**
completely empty
→ 완전히(de) 아무것도(void) 없는 거니까
⇨ 결여된

0850 1 2 3 4 5 심화 19. 서울시 7급 추가채용

evanescent

[èvənésnt]

evanescence 명 덧없음, 소실

형 사라져가는, 덧없는, 무상한

= provisional, momentary, transient, transitory, tentative, ephemeral, deciduous

Life is as **evanescent** as morning dew.
인생은 아침 이슬처럼 덧없다.

e + **va(n)** + **escent**
out empty 형접
→ 세상 밖으로(e) 사라지니까(va)
⇨ 사라져가는

R 182 form : 형식, 형태(form)

0851 1 2 3 4 5

uniform
[júːnifɔ̀ːrm]

명 제복, 군복, 교복
형 ① 획일적인 ② 균일한, 한결같은

The clothing appears to be **uniform**.
그 옷은 동일하게 보인다.

uni + form
one form
→ 하나(uni)의 형식(form)이니까
⇨ 획일적인, 제복

0852 1 2 3 4 5 18. 서울시 9급

conform
[kənfɔ́ːrm]

conformable 형 적합한, 상응하는
conformation 명 ① 적합, 일치 ② 구조, 형태

동 ① 따르다, 순응하다 (to) ② 일치하다 (to)

This building **conforms** to safety regulations.
이 건물은 안전 규정을 따르고 있다.

con + form
together form
→ 정해진 어떤 형식을(form) 함께하다(con)
⇨ 따르다

0853 1 2 3 4 5

deform
[difɔ́ːrm]

deformation 명 변형[기형]
deformed 형 기형의

동 ① 모양을 훼손시키다 ② 불구로 만들다

These plastics can be **deformed** easily on heating.
이 플라스틱들은 가열하면 쉽게 변형될 수 있다.

de + form
down form
→ 어떤 형태에서(form) 벗어나게 하다(de)
⇨ 모양을 훼손시키다

R 183 morph : 형태(form)

0854 1 2 3 4 5 심화

amorphous
[əmɔ́ːrfəs]

형 무정형의, 확실한 형태가 없는

an **amorphous** mass of cells
무정형의 세포들 덩어리

a + morph + ous
not form 형접
→ 형태가(morph) 없는(a) 거니까
⇨ 무정형의

0855 1 2 3 4 5

metamorphous
[mètəmɔ́ːrfəs]

metamorphose 동 탈바꿈하다, 변하다
metamorphosis 명 탈바꿈, 변태

형 변화하는, 변화의

metamorphous rocks mingled in irregularity
불규칙하게 뒤섞인 변성암

meta + morph + ous
change form 형접
→ 형태가(morph) 변하는(meta)
⇨ 변화하는

R 184 equ : 같은(equal)

0856 1 2 3 4 5 21. 지역인재 9급

adequate
[ǽdikwət]

형 충분한, 적당한

= sufficient

The room was a bit small but **adequate**.
방은 조금 작았지만 충분했다.

inadequate 형 부적당한, 불충분한

ad + equ + ate
to equal 형접
→ 필요에(ad) 필적하는(equ) 것이니까
⇨ 충분한

0857 1 2 3 4 5 22. 국가직 9급 / 19. 국회직 9급 / 16. 지방직 9급

equivalent
[ikwívələnt]

형 ① 동등한 ② 상당하는, 맞먹는
명 동등한 것

= 형 ② commensurate

His remark is **equivalent** to an insult.
그의 말은 모욕이나 다름없다.

equivalence 명 같음, 등가성

equ(i) + val + ent
equal value 형접
→ 같은(equ) 가치의(val)
⇨ 동등한

0858 1 2 3 4 5

equilibrium
[iːkwəlíbriəm]

명 ① 평형, 균형 ② (마음의) 평정

= ② composure, equanimity, tranquility

cf. equilateral (등변의)

Yoga restores one's inner **equilibrium**.
요가는 사람의 내적 균형을 회복시켜 준다.

equilibrate 동 균형을 유지하게 하다, 평형시키다

equ(i) + libri + um
equal balance 명접
→ 균형이(libri) 같은(equ) 상태니까
⇨ 평형

0859 1 2 3 4 5

equivocal
[ikwívəkəl]

형 모호한, 불분명한

= ambiguous, nebulous, opaque

an **equivocal** attitude
애매한 태도

equivocally 부 불분명하게, 수상하게
unequivocal 형 명백한

equ(i) + voc + al
equal voice 형접
→ 똑같은(equ) 목소리(vocal)여서 구분이 안되는
⇨ 모호한

0860 1 2 3 4 5 심화

equanimity
[iːkwəníməti]

명 평정심

= composure, tranquility, equilibrium

The girl never sits with **equanimity**.
그 소녀는 차분하게 앉아 있지 못한다.

equanimous 형 침착한, 차분한

equ + anim + ity
equal mind 명접
→ 마음을(anim) 계속 같게(equ) 유지하는 것
⇨ 평정심

R 185 centr : 중심(center)

0861 1 2 3 4 5 — 19. 서울시 9급 추가채용

concentrate
[kɑ́nsəntrèit]

동 집중하다, 전념하다 명 농축물

Try to **concentrate** when practicing.
연습할 때 집중하려고 노력해라.

concentration 명 집중(력)

con + centr + ate
together center 동접
→ 모든 힘을 중심부에(centr) 함께(con) 모으다
⇨ 집중하다

0862 1 2 3 4 5

eccentric
[ikséntrik]

형 괴짜의, 별난 명 괴짜, 기인

= 형 bizarre, uncanny, eerie, peculiar, idiosyncratic, weird, outlandish

I know it's an **eccentric** town.
난 그 곳이 별난 마을이라는 걸 알아.

eccentricity 명 이상함, 엉뚱함

ec + centr + ic
out center 형·명접
→ 중심에서(centr) 벗어난(ec) 거니까
⇨ 괴짜의

0863 1 2 3 4 5 — 15. 교행직 9급

egocentric
[i:gouséntrik]

형 자기중심의, 이기적인 명 이기주의자

He broke my trust with his **egocentric** behavior.
그는 자신의 이기적인 행동으로 나의 신뢰를 잃었다.

ego + centr + ic
self center 형·명접
→ 자기(ego) 중심(centr)적인 거니까
⇨ 자기중심의

R 186 lay, leas : ① 느슨하게 하다(loosen) ② 내버려 두다(leave)

0864 1 2 3 4 5 — 22. 간호직 8급 / 22. 국가직 9급

delay
[diléi]

동 미루다, 연기하다 명 연기, 지체

= 동 adjourn, defer, shelve

We must **delay** our decision for a day.
우리는 결정을 하루 연기시켜야 한다.

de + lay
away leave
→ 약속 등을 멀리(de) 떼어 두다(lay)
⇨ 미루다, 연기하다

0865 1 2 3 4 5

release
[rilí:s]

동 ① 풀어주다, 석방하다 ② 발표하다, 개봉하다 ③ 방출하다
명 ① 석방 ② 발표 ③ 방출

= 동 ① exempt, absolve, acquit, exculpate, exonerate

The secret agent **released** the man.
첩보원이 그 남자를 풀어주었다.

re + leas(e)
back loosen
→ 죄수/작품/열을 도로(re) 풀어주다(leas)
⇨ 석방하다, 발표하다, 방출하다

R 187 long : 긴(long)

0866 1 2 3 4 5

prolong
[prəlɔ́:ŋ]

prolongation 명 연장

동 연장하다

= elongate, protract

The operation could **prolong** his life.
그 수술은 그의 생명을 연장시킬 수 있을 것이다.

pro + **long**
forth long

→ 기간을 앞으로(pro) 길게(long) 늘리는 거니까
⇨ 연장하다

0867 1 2 3 4 5

elongate
[ilɔ́:ŋgeit]

elongation 명 연장, 늘어남
elongated 형 길쭉한

동 늘이다, 연장하다

= prolong, protract

elongate a line
선을 연장하다

e + **long** + **ate**
out long 동접

→ 물건을 밖으로(e) 길게(long) 하다
⇨ 늘이다

R 188 rap, rav, rep : 잡아채다(snatch)

0868 1 2 3 4 5 심화

rapacious
[rəpéiʃəs]

rape 명 강탈, 강간 동 강탈[강간]하다

형 ① 강탈하는 ② 욕심 많은, 탐욕스러운

= ② insatiable, voracious, ravenous, avaricious, covetous

She has a **rapacious** appetite for fame.
그녀는 명성에 대한 욕구가 지나치다.

rap + **acious**
snatch 형접

→ 힘으로 모조리 잡아채는(rap) 거니까
⇨ 강탈하는

0869 1 2 3 4 5

ravage
[rǽvidʒ]

동 파괴하다, 약탈하다 명 파괴, 황폐

= 동 demolish, devastate

The country was **ravaged** by civil war.
그 나라는 내전으로 황폐해졌다.

rav + **age**
snatch 동접

→ 마구잡이로 잡아채서(rav) 던지다
⇨ 파괴하다

0870 1 2 3 4 5 17. 사회복지직 9급

surreptitious
[ˌsəːrəpˈtiʃəs]

형 비밀의, 은밀한

= covert, confidential, furtive, clandestine

a **surreptitious** glance
훔쳐 보기

sur + **rep** + **titious**
under snatch 형접

→ 밑에서(sur) 몰래 물건을 빼가는(rep) 거니까
⇨ 비밀의

비밀(surreptitious) 편지를 받아 설레(surrep)고 가슴이 뛰셨어(titious) ⇨ 비밀의, 은밀한

R 189 tact, tag, tamin, teg, tain, ti, tang : 건드리다, 접촉하다(touch)

0871 1 2 3 4 5 22. 간호직 8급 / 17. 법원직 9급

attain

[ətéin]

attainment 명 성취, 달성

동 ① 이루다, 달성하다 ② 도달하다, 이르다

Once you start, you must **attain** your object.
일단 시작했으면, 목적을 달성해야 한다.

at + tain
to touch
→ 목표물에(at) 손이 닿다(tain)
⇨ 달성하다, 이르다

0872 1 2 3 4 5 20. 해경직 3차 / 16. 국회직 8급

contaminate

[kəntǽmənèit]

contaminative 형 오염시키는
contamination 명 ① 오염(물) ② 타락
contaminant 명 오염 물질

동 더럽히다, 오염시키다

= pollute, infect

The water is **contaminated** with lead.
그 물은 납에 오염되었다.

con + tamin + ate
together touch 동접
→ 오염된 손이 서로(con) 접촉하여 (tamin) 더럽혀진 거니까
⇨ 오염시키다

0873 1 2 3 4 5 16. 기상직 7급

contagious

[kəntéidʒəs]

contagion 명 접촉 전염(병)

형 전염되는, 전염성의

= infectious

A **contagious** disease is caused by a virus.
전염병은 바이러스에 의해 발생한다.

con + tag + ious
together touch 형접
→ 서로(con) 병균이 있는 손이 닿는 (tag) 거니까
⇨ 전염되는

0874 1 2 3 4 5 심화

contiguous

[kəntígjuəs]

contiguity 명 접근, 접촉, 인접

형 인접한, 근접한

= adjacent

contiguous territory
인접한 땅

con + ti + (g)uous
together touch 형접
→ 서로(con) 닿을(ti) 정도로 가까이에 있는 거니까
⇨ 인접한

서로 이어져(continue) 있으니 가까운 (contiguous) ⇨ 인접한

0875 1 2 3 4 5 19. 국회직 9급 / 16. 지방직 7급

contingent

[kəntíndʒənt]

contingence 명 접촉, 우발 사건
contingency 명 만일의 사태

형 ① –에 의존하는, –에 부수적으로 일어나는 (on) ② 우연한, 우발적인 ③ 임시의

= ② accidental, incidental, adventitious, fortuitous

payment **contingent** on success
성공 여부에 따른 지불

con + ti(ng) + ent
together touch 형접
→ 같이(con) 붙도록(ti) 매달린 거니까
⇨ –에 의존하는

0876 1 2 3 4 5 20. 소방직 9급 / 19. 서울시 7급 추가채용

integrate

[intəgrèit]

integration 명 ① 통합 ② 인종 통합
integrity 명 ① 정직, 성실 ② 완전한 상태
integral 형 ① 필수적인 ② 완전한

동 통합시키다

= incorporate, consolidate, merge, annex, coalesce

integrate technology in a successful way
기술을 성공적인 방식으로 통합시키다

in + **teg** + **(r)ate**
in touch 동접

→ 상대방을 접촉해서(teg) 하나의 덩어리 안에(in) 모이게 만들다
⇨ 통합시키다

0877 1 2 3 4 5

tact

[tækt]

tactful 형 요령 있는, 재치 있는
tactics 명 전술, 용병술

명 ① 요령, 재치 ② 눈치

= ① knack

She has the **tact** to iron out difficulties.
그녀는 문제를 해결하는 요령이 있다.

tact
touch

→ 사람이나 문제를 접촉하는(tact) 기술이니까
⇨ 요령

0878 1 2 3 4 5

intact

[intǽkt]

형 ① 원형 그대로의, 손상되지 않은 ② 완전한

This vase has been preserved **intact**.
이 화병은 원형 그대로 보존되어 왔다.

in + **tact**
not touch

→ 손대지(tact) 않은(in) 상태니까
⇨ 원형 그대로의

0879 1 2 3 4 5 21. 경찰직 2차 / 19. 서울시 7급 / 19. 법원직 9급 / 14. 법원직 9급

tangible

[tǽndʒəbl]

tangibility 명 명백, 확실
intangible 형 무형의, 알 수 없는

형 ① 만질 수 있는 ② 분명히 실재하는 ③ 확실한

= ① palpable

tangible assets
유형의 자산

tang + **ible**
touch 형접

→ 접촉할(tang) 수 있는 거니까
⇨ 만질 수 있는

0880 1 2 3 4 5

tactile

[tǽktil]

형 촉각의

Tactile communication is basic to human beings.
촉각적인 의사소통은 인간에게 기본적인 것이다.

tact + **ile**
touch 형접

→ 만지는(tact) 것에서 오는 감각이니까
⇨ 촉각의

R 190 vor, vour : 삼키다(swallow)

0881 1 2 3 4 5 16. 경찰직 1차

devour

[diváuər]

devouring 형 탐욕스러운

동 게걸스레 먹다, 탐닉하다

He **devoured** the entire plate of spaghetti.
그는 스파게티 한 접시 전부를 게걸스레 먹어치웠다.

de + **vour**
down swallow
→ 식도 아래로(de) 집어 삼키다(vour)
⇨ 게걸스레 먹다

0882 1 2 3 4 5

herbivorous

[həːrbívərəs]

herbivore 명 초식동물

형 초식성의

Most dinosaurs were **herbivorous**.
대부분의 공룡들은 초식성이었다.

herbi + **vor** + **ous**
grass swallow 형접
→ 풀을(herbi) 집어 삼키는(vor) 거니까
⇨ 초식성의

0883 1 2 3 4 5

carnivorous

[kaːrnívərəs]

carnivore 명 육식동물

형 육식성의

Lions are typical **carnivorous** animals.
사자는 대표적인 육식동물이다.

carni + **vor** + **ous**
flesh swallow 형접
→ 고기를(carni) 먹고(vor) 사는 거니까
⇨ 육식성의

0884 1 2 3 4 5 16. 지방직 7급

omnivorous

[amnívərəs]

omnivore 명 잡식동물

형 ① 잡식성의 ② 두루 관심을 갖는

Dogs are **omnivorous** animals.
개는 잡식성 동물이다.

omni + **vor** + **ous**
all swallow 형접
→ 모든(omni) 것을 집어 삼키는(vor) 거니까
⇨ 잡식성의

0885 1 2 3 4 5 심화 18. 경찰직 3차

voracious

[vɔːréiʃəs]

형 게걸스레 먹는, 탐욕스러운

= insatiable, ravenous, avaricious, covetous, rapacious, devouring

Wolves are **voracious** eaters.
늑대들은 게걸스레 먹는 동물이다.

vor + **(ac)ious**
swallow 형접
→ 막무가내로 집어 삼키는(vor)
⇨ 게걸스레 먹는

R 191 lud, lus : 속이다, 놀리다(play)

0886 1 2 3 4 5

illusion

[ilú:ʒən]

명 ① 환상, 환각 ② 착각, 오해

several tips to give the **illusion** of a larger room

더 큰 방이라는 착각을 일으키기 위한 몇 가지 팁

illusionary 형 환상의, 착각의

il + lus + ion
in play 명접
→ 마음속을(il) 속이는(lus) 것이니까
⇨ 착각

0887 1 2 3 4 5 13. 국가직 7급

delude

[dilú:d]

동 속이다

= swindle, cozen, manipulate, beguile

Do not let us **delude** ourselves.

우리가 우리 자신을 속이지 않게 하라.

delusive 형 기만적인, 현혹하는

delusion 명 현혹, 기만, 망상

de + lud(e)
down play
→ 상대방을 가지고 놀아서(lud) 속임수에 빠뜨리다(de)
⇨ 속이다

0888 1 2 3 4 5 17. 경찰직 2차 / 14. 서울시 7급

allude

[əlú:d]

동 ① 암시하다 ② 언급하다

= ① imply, infer, insinuate, implicate, connote

To call someone a sheep may **allude** that he is timid.

누군가를 양이라고 부르는 것은 그가 소심하다는 것을 암시할 수 있다.

allusive 형 암시적인

al + lud(e)
to play
→ ~에게(al) 직접적으로 말하지 않고 놀리듯이(lud) 장난조로 돌려서 말하니까
⇨ 암시하다

[얼루드] = 올 누드 ➡ "이 영화는 올 누드야!"라며 영화의 등급을 암시하다(allude)
⇨ 암시하다

0889 1 2 3 4 5

collude

[kəlú:d]

동 공모하다, 결탁하다

= plot, conspire, intrigue

cf. collide (충돌하다)

A number of people **colluded** in the murder.

많은 사람들이 그 살인에 공모했다.

collusion 명 공모, 결탁

col + lud(e)
together play
→ 함께(col) 속이니까(lud)
⇨ 공모하다

0890 1 2 3 4 5 심화

elude

[ilú:d]

동 교묘히 피하다, 빠져나오다

= evade, circumvent, shun, avert, eschew, dodge

elude the police for three months

세 달 동안 경찰을 교묘히 피하다

elusive 형 ① 찾기 힘든 ② 규정하기 힘든

elusion 명 도피, 회피

e + lud(e)
out play
→ 상대를 속여(lud) 몰래 빠져나가다(e)
⇨ 교묘히 피하다

0891 1 2 3 4 5 21. 국가직 9급

ludicrous
[lú:dəkrəs]

형 터무니없는

= preposterous, absurd, ridiculous

It is **ludicrous** to think the plan could succeed.
그 계획이 성공할 수 있을 것이라고 생각하는 것은 터무니없다.

lud(i) + cr + ous
play cry 형접
→ 상대를 놀려(lud) 울게 하면(cr) 곤란한 상황이니까
⇨ 터무니없는

R 192 punct : 찌르다(prick)

0892 1 2 3 4 5

punctual
[pʌ́ŋktʃuəl]

punctually 부 정각에
punctuate 동 구두점을 찍다

형 시간을 엄수하는, 시간을 지키는

He has been reliable and **punctual**.
그는 믿을 수 있고 시간도 엄수해 왔다.

punct + ual
prick 형접
→ 정해진 시간을 찔러서(punct) 딱 맞추는 거니까
⇨ 시간을 엄수하는

0893 1 2 3 4 5 심화

punctilious
[pʌŋktíliəs]

punctiliously 부 ① 꼼꼼하게 ② 격식에 치우쳐

형 꼼꼼한

= scrupulous, fastidious, meticulous

He is very **punctilious** about hygiene.
그는 위생에 대해 매우 꼼꼼하다.

punct + ili + ual
prick go 형접
→ 정해진 선을 따라가며(ili) 정확히 찌르는(punct) 거니까
⇨ 꼼꼼한

보통 꼼꼼한(punctilious) 사람이 시간을 잘 지키죠(punctual) ⇨ 꼼꼼한

0894 1 2 3 4 5

acupuncture
[ǽkjupʌ̀ŋktʃər]

acupuncturist 명 침술사

명 침술

Acupuncture is a famous treatment in China.
침술은 중국에서 유명한 치료법이다.

acu + punct + ure
sharp prick 명접
→ 날카로운(acu)것으로 찌르는(punct) 의술이니까
⇨ 침술

R 193 proach, prox : 가까운(near)

0895 1 2 3 4 5

approximate
동 [əprάksəmeit]
형 [əprάksəmət]

approximation 명 ① 접근 ② 근사치, (-에) 가까움
approximately 부 대략, 거의

동 근접하다, -에 가깝다
형 근사치의, 대략적인

What she said **approximated** to the truth.
그녀의 말은 사실에 가까웠다.

ap + prox(im) + ate
to near 동접
→ -에(ap) 가까운(prox) 거니까
⇨ 근접하다

0896 1 2 3 4 5 10, 지방직 7급

reproach
[ripróutʃ]

명 비난, 책망 동 비난하다, 꾸짖다

= 명 accusation, reprimand, rebuke, denunciation, censure

Her voice was full of **reproach**.
그녀의 목소리에는 비난이 가득했다.

reproachable 형 나무랄 만한

re + **proach**
against near

→ 상대방의 반대하는(re) 점에 가까이(proach) 가니까
⇨ 비난

[리프로치] = 니 + 풀었지 ➡ "니 뒤에(re) 답지 보고 풀었지"라며 꾸짖다(reproach)
⇨ 비난하다

0897 1 2 3 4 5

proximity
[praksíməti]

명 가까움, 근접

= vicinity, adjacency

Some species may nest in close **proximity** to each other.
어떤 종들은 서로 가까이에 보금자리를 지을 수도 있다.

proximate 형 근접한

prox(i) + **mity**
near 명접

→ 근처에(prox) 있는 것이니까
⇨ 가까움

R 194 labor : 일하다(work)

0898 1 2 3 4 5

laborious
[ləbɔ́:riəs]

형 ① 힘든, 고된 ② 공들인 ③ 근면한, 부지런한

= ① strenuous, arduous, onerous

the most **laborious** part of the undertaking
그 일의 제일 곤란한 부분

labor(i) + **ous**
work 형접

→ 일(labor)을 많이 하니까
⇨ 힘든, 고된

0899 1 2 3 4 5

collaborate
[kəlǽbərèit]

동 협력하다, 공동으로 일하다

One needs to **collaborate** with peers to get work done.
일을 끝내려면 동료들과 협력해야 한다.

collaborative 형 합작의, 협력하는
collaboration 명 공동 작업, 협력

col + **labor** + **ate**
together work 동접

→ 함께(col) 일하다(labor)
⇨ 협력하다

0900 1 2 3 4 5 19, 서울시 7급 추가채용

elaborate
[ilǽbərət]

형 공들인, 정교한
동 ① 정교하게 만들다
② 자세히 설명하다, 상술하다

= 형 delicate, exquisite, sophisticated

She prepared a very **elaborate** meal.
그녀는 대단히 공들인 식사를 준비했다.

elaboration 명 공들임, 퇴고, 상술

e + **labor** + **ate**
out work 동·형접

→ 공을(labor) 들인 것이 밖으로(e) 드러난 거니까
⇨ 정교한

R 195 popul, publ : 사람들(people)

0901 1 2 3 4 5

public
[pʌ́blik]

publication 명 출판, 발행
publicize 동 광고[홍보]하다

형 공공의, 일반 대중의 명 대중

public trial
공개재판

publ + ic
people 형·명접
→ 여러 사람과(publ) 관계된 거니까
⇨ 공공의, 일반 대중의

0902 1 2 3 4 5

populate
[pɑ́pjulèit]

population 명 인구

동 ① (-에) 살다 ② 거주시키다

populate the island in the 16th century
16세기에 그 섬에서 살다

popul + ate
people 동접
→ 사람들이(popul) 있게 하다
⇨ 살다, 거주시키다

0903 1 2 3 4 5 심화

populous
[pɑ́pjuləs]

형 인구가 조밀한, 인구가 많은

China is the world's most **populous** country.
중국은 세계에서 가장 인구가 많은 나라이다.

popul + ous
people 형접
→ 사람들로(popul) 북적대는 것이니까
⇨ 인구가 조밀한

R 196 dem, demo : 사람들(people)

0904 1 2 3 4 5

endemic
[endémik]

형 풍토성의, 한 지방에만 나타나는

= aboriginal, indigenous, vernacular

Malaria is **endemic** in many tropical countries.
말라리아는 많은 열대 국가들의 풍토병이다.

en + dem + ic
in people 형접
→ 어느 지역 안에(en) 있는 사람들(dem) 사이에서 유행하는 거니까
⇨ 풍토성의

0905 1 2 3 4 5

epidemic
[èpədémik]

명 전염병, 유행병
형 유행성의, 널리 퍼져 있는

= 명 pandemic

Doctors are trying to keep down the **epidemic**.
의사들이 전염병을 막아 보려고 애쓰고 있다.

epi + dem + ic
out people 형·명접
→ 밖으로(epi) 나가 사람들에게(dem) 옮기는 것이니까
⇨ 유행성의

0906 1 2 3 4 5

pandemic
[pændémik]

명 전국적인 유행병, 전 세계적인 유행병

= epidemic

In some parts of the world malaria is still **pandemic**.
세계의 몇몇 지역에서는 말라리아가 아직도 전국적으로 유행하는 병이다.

pan + **dem** + **ic**
all / people / 형접
→ 모든(pan) 사람들에게(dem) 옮기는 것이니까
⇨ 전국적인 유행병

0907 1 2 3 4 5 — 14. 서울시 7급 / 09. 지방직 9급

demonstrate
[démənstrèit]

동 ① 증명하다 ② 시범을 보이다, 설명하다 ③ 시위하다

= ① testify, attest, verify, validate, vindicate, substantiate, corroborate

demonstrate that the earth is round
지구가 둥글다는 것을 증명하다

demonstrative 형 감정을 드러내는
demonstration 명 ① 증명 ② 시위

demo(n) + **strate**
people / 동접
→ 사람들에게(demo) 제품의 훌륭함이나 주장의 타당함을 보여주니까
⇨ 증명하다

R 197 auto- : 자신의, 스스로의(self)

0908 1 2 3 4 5

autocratic
[ɔ̀:təkrǽtik]

형 독재의, 독재적인

= dictatorial, authoritarian, despotic

30 years of **autocratic** rule
30년간의 독재 통치

autocrat 명 전제 군주, 독재자
autocracy 명 전제[독재] 정치

auto + **cra** + **tic**
self / rule / 형접
→ 스스로(auto) 통치하는(cra) 거니까
⇨ 독재의

0909 1 2 3 4 5 — 18. 경찰직 2차 / 18. 법원직 9급

automatic
[ɔ̀:təmǽtik]

형 자동의

An optional **automatic** control is available.
자동 제어 옵션을 사용할 수 있습니다.

automate 동 (일을) 자동화하다
automatically 부 자동적으로

auto + **mat** + **ic**
self / animated / 형접
→ 스스로(auto) 활기를 찾는(mat) 거니까
⇨ 자동의

0910 1 2 3 4 5 — 21. 지방직 9급

autonomy
[ɔ:tánəmi]

명 ① 자치권, 자율성 ② 자치 국가

The six republics are demanding **autonomy**.
6개 공화국들이 자치를 요구하고 있다.

autonomous 형 자주적인, 자치의

auto + **nom** + **y**
self / rule / 명접
→ 스스로(auto) 다스리는(nom) 거니까
⇨ 자치권

R 198 mal-, male-, mali- : ① 나쁜(bad) ② 잘못된(wrong)

0911 1 2 3 4 5

malady

[mǽlədi]

명 병, (사회의) 병폐

= ailment

She suffers from a rare **malady**.
그녀는 희귀병으로 고생하고 있다.

mal + ad + y
bad hold 명접

→ 나쁜(mal) 것이 몸의 아픈 부위를 붙잡고(ad) 있는 상태
⇨ 병

0912 1 2 3 4 5 19. 국회직 9급

malice

[mǽlis]

명 악의, 적의

= malevolence

Do not bear **malice** to others.
남에게 악의를 품지 마라.

malicious 형 악의 있는, 심술궂은

mali + ce
bad 명접

→ 나쁜(mali) 것(ce)
⇨ 악의

0913 1 2 3 4 5 18. 국가직 9급

malefactor

[mǽləfæ̀ktər]

명 악인

= villain

Blame should attach to the actual **malefactors**.
책임은 실제의 악인에게 물어야 한다.

maleficence 명 유해, 악행
maleficent 형 유해한, 범죄적인

male + fac + tor
bad do 명접

→ 나쁜(male) 일을 하는(fac) 사람
⇨ 악인

0914 1 2 3 4 5 심화

maledict

[mǽlidikt]

동 저주하다 형 저주하는

cf. (저주) curse, imprecation, anathema

She **maledicted** quietly as he walked away.
그녀는 그가 떠나자 조용히 저주했다.

malediction 명 저주, 악담

male + dict
bad say

→ 누군가에게 나쁘게(male) 말하는(dict) 거니까
⇨ 저주하다, 저주하는

0915 1 2 3 4 5 심화

maladroit

[mæ̀lədrɔ́it]

형 솜씨 없는, 서투른

= inept, clumsy

He is **maladroit** at dancing.
그는 춤추는 데 서투르다.

adroit 형 솜씨 좋은, 교묘한

mal + adroit
bad experienced

→ 솜씨가 좋지(adroit) 않고 나쁘니까(mal)
⇨ 솜씨 없는

솜씨 나쁜(mal) 주방장만 식당으로 오드라잇(adroit) ⇨ 솜씨 없는

0916 1 2 3 4 5

malign

[məláin]

malignity 명 악의, 앙심

동 중상하다, 비방하다

형 유해한, 악의 있는

= 동 revile, smear, vilify, libel, calumniate

malign him for his speech
그의 연설을 비방하다

mali + **gn**
bad birth

→ 나쁜(mali) 말을 낳으니까(gn)
⇨ 중상하다

모델들을 비방할(malign) 때 "그 모델은 라인(lign)이 별로(mal)야" ⇨ 비방하다

0917 1 2 3 4 5 10. 지방직 7급

malignant

[məlígnənt]

malignancy 명 악성 (종양)

형 ① 악의에 찬 ② (종양·병이) 악성의

cf. benign (양성의)

a **malignant** tumor in her breast
그녀의 유방에 있는 악성 종양

mali + **gn** + **ant**
bad birth 형접

→ 나쁜(mali) 천성을 가지고 태어난(gn) 것이니까
⇨ 악의에 찬

0918 1 2 3 4 5 심화

malinger

[məlíŋgər]

동 꾀병을 부리다

Her doctor said that she was **malingering**.
그녀의 의사는 그녀가 꾀병을 부리는 중이라고 말했다.

mal + **inger**
bad sick

→ 나쁜(mal) 마음으로 일부러 아픈(inger) 척 하다
⇨ 꾀병을 부리다

말(mal)로만 링거(linger)를 맞으니까 ⇨ 꾀병을 부리다

0919 1 2 3 4 5 심화

malpractice

[mælprǽktis]

명 ① 위법행위 ② 의료과실

a **malpractice** suit
의료 사고 소송

mal + **practice**
bad custom

→ 나쁜(mal) 관행(practice)
⇨ 위법행위

0920 1 2 3 4 5

malfunction

[mælfʌ́ŋkʃən]

명 기능불량, 오작동

the engine **malfunction**
엔진 오작동

mal + **function**
wrong function

→ 기능을(function) 잘못되게(mal) 하는 거니까
⇨ 기능불량

R 199 mis- : ① 나쁜(bad) ② 잘못된(wrong)

0921 1 2 3 4 5 20. 경찰직 1차

mislead

[mislíːd]

통 ① 잘못 인도하다, 현혹하다
② 오해하게 하다, 속이다

= ② swindle, cozen, manipulate, delude, beguile

Trying to **mislead** voters is nothing new.
유권자들을 오도하려 하는 것은 새삼스러운 일이 아니다.

misleading 형 오도하는, 현혹하는

mis + **lead**
wrong lead
→ 잘못된(mis) 방향으로 이끌다(lead)
⇨ 잘못 인도하다

0922 1 2 3 4 5 20. 해경직 3차

misplace

[mispléis]

통 잘못 두다, 둔 곳을 잊다

I've **misplaced** my car key.
내 자동차 열쇠를 어디다 뒀는지 모르겠다.

misplaced 형 부적절한, 잘못된
misplacement 명 오해

mis + **place**
wrong put
→ 물건을 원래 있던 곳이 아닌 잘못된(mis) 곳에 두다(place)
⇨ 잘못 두다

0923 1 2 3 4 5

misbehave

[misbihéiv]

통 못된 짓을 하다, 비행을 저지르다

It is natural for kids to **misbehave** sometimes.
아이들이 가끔 잘못된 행동을 하는 것은 자연스러운 일이다.

misbehavior 명 부정 행위

mis + **behave**
bad act
→ 나쁜(mis) 행동을 하며(behave) 다니다
⇨ 못된 짓을 하다

0924 1 2 3 4 5

mischief

[mistʃif]

명 ① 나쁜 짓, 장난(기) ② 손해

Her eyes were full of **mischief**.
그녀의 두 눈에는 장난기가 가득했다.

mischievous 형 짓궂은, 말썽꾸러기의

mis + **chief**
bad head
→ 나쁜(mis) 것이 정점에(chief) 이르는 것
⇨ 나쁜 짓

0925 1 2 3 4 5 심화

misdeed

[misdíːd]

명 악행, 범죄

He blamed himself for his son's **misdeeds**.
그는 아들의 악행이 자기 탓이라고 자책했다.

mis + **deed**
wrong act
→ 그릇된(mis) 행동(deed)
⇨ 악행

0926 1 2 3 4 5 심화

miscarry

[miskǽri]

miscarriage 명 유산

동 ① 실패하다 ② 유산하다

You can even **miscarry** without knowing you're pregnant.
당신은 임신한 줄도 모르고 유산할 수도 있다.

mis + **carry**
wrong carry

→ 잘못(mis) 옮기다(carry)
⇨ 실패하다, 유산하다

0927 1 2 3 4 5 심화

misdemeanor

[misdimíːnər]

demeanor 명 태도, 행동

명 경범죄, 비행

cf. felony (중범죄)

She was fined for her **misdemeanor**.
그녀는 경범죄로 벌금을 물었다.

mis + **demeanor**
bad act

→ 나쁜(mis) 행동에서(demeanor) 유래
⇨ 경범죄

[미스디미너] = 미스 들이미는 ➡ 미스(miss)에게 들이미는 행위는 나쁘니까 ⇨ 경범죄, 비행

0928 1 2 3 4 5 심화

misgiving

[misgíviŋ]

misgive 동 걱정하게 하다, 걱정하다

명 걱정, 불안

I read the letter with a sense of **misgiving**.
나는 약간 불안해하며 그 편지를 읽었다.

mis + **giving**
bad give

→ 마음속에 나쁜(mis) 것을 가져다주는(giving) 거니까
⇨ 걱정

0929 1 2 3 4 5

mishap

[míshæp]

명 불행, 불운

I managed to get home without **mishap**.
나는 별 탈 없이 집에 도착했다.

mis + **hap**
bad happen

→ 나쁜(mis) 일이 일어나는(hap) 것이니까
⇨ 불행

0930 1 2 3 4 5 심화

misnomer

[misnóumər]

명 잘못된 명칭, 틀린 이름

Free trade can be a **misnomer**.
자유 무역은 잘못된 명칭일 수도 있다.

mis + **nom** + **er**
wrong nominate 명접

→ 이름이 잘못(mis) 불리는(nom) 거니까
⇨ 잘못된 명칭

R 200 bene-, beni- : 좋은(good)

0931 1 2 3 4 5

beneficent
[bənéfəsənt]

beneficial 형 유익한, 이로운
beneficiary 명 수혜자, (유산) 수령인

형 도움을 주는, 선행을 베푸는, 친절한

carry on a **beneficent** work
자선 사업을 하다

bene + fic + ent
good do 형접
→ 다른 사람들에게 좋은(bene) 일을 하는(fic) 거니까
⇨ 도움을 주는

0932 1 2 3 4 5

benediction
[bènədikʃən]

명 기도, 축복기도

the **benediction** for the sick
아픈 사람들을 위한 축복 기도

bene + dict + ion
good say 명접
→ 좋은(bene) 말을 해주는(dict) 것
⇨ 기도

0933 1 2 3 4 5 19. 국회직 9급

benign
[bináin]

형 ① 친절한, 상냥한 ② 길한, 상서로운

= ① amicable, amiable, affable, affectionate, cordial, genial

He has not always seemed so **benign**.
그는 항상 상냥해 보이지는 않는다.

beni + gn
good birth
→ 좋은(beni) 천성을 타고난(gn) 거니까
⇨ 친절한

R 201 ab- : 분리(off, away)

0934 1 2 3 4 5 17. 경찰직 2차 / 16. 국회직 8급

absorb
[æbsɔ́ːrb, æbzɔ́ːrb]

absorption 명 ① 흡수 ② 열정

동 ① 흡수하다 ② 열중케 하다

Vitamin D helps your body **absorb** calcium.
비타민 D는 인체가 칼슘을 흡수하도록 도와준다.

ab + sorb
off suck in
→ 분리해서(ab) 빨아들이니까(sorb)
⇨ 흡수하다
→ 내 정신을 분리해서(ab) 빨아들이니까(sorb)
⇨ 열중케 하다

0935 1 2 3 4 5

absurd
[əbzɔ́ːrd]

absurdity 명 어리석은 일, 부조리

형 어리석은, 터무니없는

= preposterous, ludicrous, ridiculous

It is **absurd** to call him a fanatic.
그를 광신도라고 부르는 것은 터무니없다.

ab + surd
off deaf
→ 귀 먹은(surd) 것처럼 남의 말을 잘 이해하지 못하는(ab)
⇨ 어리석은

0936 1 2 3 4 5 22. 서울시 9급 추가채용

abolish
[əbάliʃ]

동 폐지하다, 없애다

= eliminate, efface, liquidate, obliterate, obviate, expunge

Slavery was **abolished** after the Civil War.
노예제도는 남북전쟁 이후에 폐지되었다.

abolition 명 폐지

ab + **ol** + **ish**
off grow 동접

→ 제도 등이 더 이상 자라지(ol) 못하게(ab) 하니까
⇨ 폐지하다

[어발리쉬] = 어 빨리 씨 ➡ 나쁜 제도들은 어? 빨리 씨를 뽑아 없애야지(abolish) ⇨ 폐지하다, 없애다

0937 1 2 3 4 5 18. 서울시 9급 / 17. 국가직 9급 / 10. 지방직 7급

abhor
[æbhɔ́:r]

동 혐오하다, 몹시 싫어하다

= detest, loathe, abominate

They **abhor** all forms of racism.
그들은 모든 형태의 인종 차별주의를 혐오한다.

abhorrent 형 혐오스러운
abhorrence 명 혐오

ab + **hor**
away shudder

→ 멀어지고 싶어(ab) 몸서리 칠(hor) 정도니까
⇨ 혐오하다

[앱홀] = 애벌레 ➡ 애벌레를 징그러워서 혐오하다(abhor) ⇨ 혐오하다

0938 1 2 3 4 5 심화

abrasive
[əbréisiv]

형 ① 닳게 하는, 연마재의 ② 신경에 거슬리는

Do not use **abrasive** cleaners for cleaning.
세척용으로 연마용 세척제를 사용하지 마십시오.

abrasion 명 ① 찰과상 ② 마모

ab + **ras** + **ive**
away scrape 형접

→ 떨어지도록(ab) 문질러대는(ras)
⇨ 닳게 하는

0939 1 2 3 4 5

absolve
[æbzάlv, æbsάlv]

동 무죄를 선고하다, 용서하다

= acquit, exculpate, exonerate

The court **absolved** him of all responsibility.
법원이 그가 아무런 책임이 없음을 선언했다.

absolution 명 면죄, 용서

ab + **solve**
off loosen

→ 혐의·의심을 느슨하게 해서(solve) 없애는(ab) 거니까
⇨ 무죄를 선고하다

0940 1 2 3 4 5 심화

abscond
[æbskάnd]

동 도망가다, 종적을 감추다[숨다]

He **absconded** with the company funds.
그는 회사 자금을 가지고 도주했다.

abscondence 명 도망, 실종

ab(s) + **cond**
away store

→ 남의 돈을 들고 멀리(ab) 가서 두려는(cond) 거니까
⇨ 도망가다

0941 1 2 3 4 5 심화

aberrant

[əbérənt]

형 일탈적인, 도리를 벗어난

= anomalous, atypical

aberrant behavior
일탈적인 행동

aberration 명 일탈, 정신 이상

ab + err + ant
away stray 형접

→ 정상에서 멀리(ab) 벗어나 이탈한(err) 상태
⇨ 일탈적인

[어베런트] = 앞 베란다 ➡ 앞 베란다에서 담배 피우는 것은 도리를 벗어났으니까(aberrant) ⇨ 일탈적인

0942 1 2 3 4 5 17. 지방직 9급

abominable

[əbάmənəbl]

형 ① 혐오스러운, 아주 끔찍한
② 지독한, 열악한

= ① atrocious, loathsome, odious, hideous, repugnant, repulsive

They work in **abominable** conditions.
그들은 열악한 환경에서 일한다.

abominate 동 증오하다, 혐오하다
abomination 명 혐오

ab + omin + able
away omen 형접

→ 징조(omin)만 감지하고도 멀리할(ab) 정도니까
⇨ 혐오스러운

R 202 tail : 자르다(cut)

0943 1 2 3 4 5 19. 국회직 9급

entail

[intéil]

동 불러일으키다, 수반하다

The job **entails** lots of hard work.
그 직업은 많은 힘든 일을 수반한다.

en + tail
make cut

→ 어떤 현상에 다른 현상을 잘라(tail) 붙여 만드니까(en)
⇨ 수반하다

0944 1 2 3 4 5 19. 서울시 9급

curtail

[kəːrtéil]

동 삭감하다, 축소시키다

= lessen, dwindle, diminish, abate

Spending on snacks was severely **curtailed**.
간식 구입비가 대폭 삭감되었다.

curtailment 명 단축, 삭감

cur + tail
short cut

→ 예산을 짧게(cur) 자르니까(tail)
⇨ 삭감하다

R 203 demn : 해(damage)

0945 1 2 3 4 5

indemnify

[indémnəfài]

동 변상하다, 배상하다

= compensate, reimburse, remunerate

indemnify a person from loss or harm
손해나 손실을 배상하다

indemnity 명 ① 보장 ② 배상 ③ 면책

in + demn + ify
not damage 동접

→ 피해(demn)가 가지 않게(in) 하다
⇨ 변상하다

0946 1 2 3 4 5 20. 국회직 8급 / 18. 경찰직 1차

condemn

[kəndém]

동 ① 비난하다 ② (형을) 선고하다

= ① denounce, reproach, reprehend, rebuke, censure, impugn, oppugn, excoriate

Condemn the offense and not its perpetrator.
죄는 미워하되 사람은 미워하지 마라.

condemnation 명 비난

con + **demn**
completely damage

→ 내게 끼친 강력한(con) 피해에 (demn) 대해서
⇨ 비난하다

[컨댐] = 큰 댐 ➡ 큰 댐 건설을 비난하는 (condemn) 환경보호단체 ⇨ 비난하다

R 204 phobia : 두려움(fear)

0947 1 2 3 4 5

anthrophobia

[ænθrəfóubiə]

명 대인 공포증

overcome anthrophobia
대인 공포증을 이겨내다

anthro + **phobia**
human fear

→ 사람들에(anthro) 대한 두려움을 (phobia) 갖고 있는 거니까
⇨ 대인 공포증

0948 1 2 3 4 5

xenophobia

[zènəfóubiə]

명 외국인 공포증[혐오]

The refugees increased xenophobia.
그 난민들이 외국인 공포증을 증가시켰다.

xeno + **phobia**
foreign fear

→ 외국인에(xeno) 대한 두려움을 (phobia) 갖고 있는 거니까
⇨ 외국인 공포증[혐오]

R 205 odor : 냄새(smell)

0949 1 2 3 4 5

odorous

[óudərəs]

형 냄새가 나는

= redolent, fragrant

Nobody likes to work in loud and odorous places.
어느 누구도 시끄럽고 냄새 나는 장소에서 일하고 싶어 하지 않는다.

odor 명 ① 냄새 ② (특히) 악취
inodorous 형 향기가 없는, 냄새가 없는

odor + **ous**
smell 형접

→ 냄새가(odor) 나는
⇨ 냄새가 나는

0950 1 2 3 4 5 심화

malodor

[mælóudər]

명 악취, 고약한 냄새

His only source of trouble is oral malodor.
그의 유일한 고민거리는 고약한 입 냄새이다.

malodorous 형 악취가 나는

mal + **odor**
bad smell

→ 나쁜(mal) 냄새니까(odor)
⇨ 악취

DAY 20

R 206 ad- : 방향, 접근(to)
변화형 a-, ac-, af-, al-, an-, ap-, ar-, at-, as-

0951 1 2 3 4 5 — 14. 지방직 9급

appoint
[əpɔ́int]

동 임명[지명]하다, 정하다

= nominate, designate

appoint a date[place] for the meeting
회의 날짜[장소]를 정하다

appointment 명 ① 약속 ② 임명, 지명

ap + point
to point
→ 어떤 사람을(ap) 가리키며(point) 임명하다
⇨ 임명하다

0952 1 2 3 4 5

adjust
[ədʒʌ́st]

동 ① 맞추다, 조정[조절]하다 ② 적응하다

You will quickly **adjust** yourself to student life.
너는 학생으로서의 생활에 곧 적응하게 될 것이다.

adjustment 명 ① 조정, 조절 ② 적응

ad + just
to right
→ -에(ad) 맞도록(just) 변화시키니까
⇨ 조정하다

0953 1 2 3 4 5

adhere
[ədhíər]

동 ① 들러붙다, 부착하다 ② 고수하다

The glue does not **adhere** to the wall.
그 접착제는 벽에 잘 붙지 않는다.

adherent 형 점착성의 명 지지자
adherence 명 ① 고수 ② 충성
adhesive 형 들러붙는 명 접착제

ad + here
to stick
→ -에(ad) 붙이니까(here)
⇨ 들러붙다

0954 1 2 3 4 5

adore
[ədɔ́ːr]

동 (마음 속 깊이) 존경하다, 매우 좋아하다

= revere, defer, venerate

adore the attention from people
사람들에게서 관심을 받는 것을 매우 좋아하다

adoration 명 존경, 흠모

ad + ore
to speak
→ -에게(ad) 경외하듯이 말하니까(ore)
⇨ (마음 속 깊이) 존경하다

0955 1 2 3 4 5 — 19. 국가직 9급 / 19. 지역인재 9급 / 18. 서울시 9급 / 17. 국가직 9급 / 17. 경찰직 2차 / 16. 기상직 9급

abandon
[əbǽndən]

동 ① 버리다, 떠나다 ② 포기하다, 그만두다

= ② discard, relinquish, waive, forgo, forsake, renounce, abjure

abandon his plan
그의 계획을 포기하다

abandonment 명 ① 버림 ② 포기

a + bandon
to control
→ 자기 소유물에 대한 통제권을 (bandon) 타인에게(a) 주는 거니까
⇨ 버리다

아빠(aba) 돈(don)을 포기하고(abandon) 자기 길을 가는 자식 ⇨ 포기하다

0956 1 2 3 4 5 22. 서울시 9급 추가채용 / 20. 경찰직 1차 / 15. 지방직 9급

accumulate

[əkjú:mjulèit]

accumulation 명 축적(물), 누적
accumulative 형 누적적인

동 모으다, 축적하다, 쌓이다

= amass

By investing wisely she **accumulated** a fortune.
그녀는 현명한 투자로 많은 돈을 모았다.

ac + cumulate
to heap

→ 이미 쌓여 있는 곳에(ac) 추가로 쌓으니까(cumulate)
⇨ 축적하다

통장에(ac) 돈을 꾸물꾸물(cumul) 모으다(accumulate) ⇨ 축적하다

0957 1 2 3 4 5 22. 국가직 9급 / 20. 지방직 9급 / 15. 지방직 9급

accelerate

[əksélərèit]

acceleration 명 촉진, 가속
accelerative 형 촉진하는

동 가속하다, 빨라지다

= hasten, facilitate, expedite, precipitate

accelerate the ageing process
노화를 가속화하다

ac + celer + ate
to swift 동접

→ -에(ac) 더하여 빨라지게(celer) 하니까
⇨ 가속하다

차의 액셀러레이터(accelerator)를 밟으면 가속이 붙죠 ⇨ 가속하다

0958 1 2 3 4 5

accuse

[əkjú:z]

accusation 명 ① 혐의 (제기), 비난 ② 고발, 기소

동 ① 비난하다 ② 고발[고소, 기소]하다

= ① denounce, reproach, reprehend, rebuke, censure, impugn, oppugn, excoriate

She **accused** him of plagiarism.
그녀는 그가 표절했다고 비난했다.

ac + cuse
to cause

→ 실패의 원인을(cuse) -탓으로(ac) 돌리다
⇨ 비난하다

0959 1 2 3 4 5 심화 20. 국회직 8급

adjourn

[ədʒə́:rn]

adjournment 명 연기, 휴회

동 ① 연기하다 ② 중단하다

= ① defer, shelve, procrastinate

adjourn the meeting
회의를 연기하다

ad + journ
to a stated day

→ 날짜를 다시 정해진 날(journ)로(ad) 늦추니까
⇨ 연기하다

[어전] = 오전 ➡ 내일 오전으로 연기되었습니다(adjourn) ⇨ 연기하다

0960 1 2 3 4 5 심화

adroit

[ədrɔ́it]

maladroit 형 솜씨 없는, 서투른

형 솜씨 좋은, 능숙한, 교묘한

= competent, proficient, adept, deft, dexterous

adroit manipulation of stocks
교묘한 주가 조작

a + droit
to right

→ 올바른(droit) 방향으로(a) 행동하니까
⇨ 능숙한

[어드로이트] = 오드라 ➡ 솜씨 좋은(adroit) 주방장들이 식당으로 오드라 ⇨ 능숙한

0961 1 2 3 4 5 18. 국회직 9급

allure

[əlúər]

명 매력, 매혹 동 유혹하다, 꾀다

= 동 entice, seduce, lure, decoy

They **allured** him into gambling.
그들은 그를 꾀어서 노름하게 했다.

alluring 형 매혹적인
allurement 명 ① 유혹(물) ② 매력

al + lure
to lure

→ -에(al) 그럴듯한 미끼를(lure) 던져주니까
⇨ 유혹하다

0962 1 2 3 4 5

abide

[əbáid]

동 ① 머무르다, 살다 (in) ② 참다
③ 지키다, 따르다 (by)

= ③ follow, observe, obey

We **abide** in a small town.
우리는 소도시에서 살고 있다.

abidance 명 ① 거주 ② 지속 ③ 준수
abiding 형 지속적인

a + bide
to live

→ 한곳에(a) 계속 사니까(bide)
⇨ 머무르다

0963 1 2 3 4 5

akin

[əkín]

형 ① 친족의 ② -와 유사한 (to)

What he felt was more **akin** to pity than love.
그가 느낀 감정은 사랑보다는 연민에 더 가까웠다.

kin 명 친족, 혈족
kinship 명 혈족관계

a + kin
to family

→ -와(a) 혈족인(kin) 상태
⇨ 친족의

0964 1 2 3 4 5 심화

accomplice

[əkámplis]

명 공범, 연루자

= conspirator

The thief did not have an **accomplice**.
그 도둑은 공범자가 없었다.

ac + com + plic(e)
to together fold

→ 어떤 일에(ac) 함께(com) 낀(plic) 사람이니까
⇨ 공범

0965 1 2 3 4 5 심화 13. 국회직 8급

abet

[əbét]

동 부추기다, 선동하다

= incite, instigate, agitate, foment

Such action was largely **abetted** by state forces.
그러한 행위는 주로 국가 권력에 의해 부추겨졌다.

abetment 명 교사, 선동

a + bet
to bait: 미끼를 놓다

→ 누군가에게(a) 미끼를 놓아(bet) 부추기니까
⇨ 부추기다

쪽에(a) 베팅(bet)하라고 부추기니까 ⇨ 부추기다

0966 1 2 3 4 5

affiliate

[əfilièit]

동 ① 가입시키다 ② 합병시키다
명 계열 회사

The company was **affiliated** with another big one.
그 회사는 또 다른 큰 회사와 합병되었다.

affiliation 명 ① 가입, 가맹 ② 합병

af + fili + ate
to son 동접
→ –에(af) 회원/자(fili)회사로 삼으니까
⇨ 가입시키다, 합병시키다

0967 1 2 3 4 5 심화

alloy

[ǽlɔi]

명 합금
동 ① 섞다, 합금하다 ② 순도[질]를 떨어뜨리다

= 동 ① adulterate

Bronze is an **alloy** of tin and copper.
청동은 주석과 구리의 합금이다.

al + loy
to bind
→ 여러 물질을 하나로(al) 묶으니까(loy)
⇨ 합금하다

알(al)루미늄을 녹이(loy)어 합금하다(alloy) ⇨ 합금하다

0968 1 2 3 4 5 심화 21. 국회직 9급 / 14. 서울시 7급

amenable

[əmíːnəbl]

형 순종하는, –을 잘 받아들이는

= docile, submissive, compliant, pliant, complaisant

They had three very **amenable** children.
그들에게는 아주 말을 잘 듣는 아이들이 셋 있었다.

amenability 명 복종, 유순

a + men + able
to lead 형접
→ –로(a) 이끄는(men) 대로 가는
⇨ 순종하는

하느님께 쉽게 아멘(amen) 할 수 있는(able) ⇨ 순종하는

0969 1 2 3 4 5 21. 경찰직 1차 / 18. 국회직 9급 / 17. 국가직 9급 추가채용 / 15. 서울시 9급 / 14. 지방직 9급

appease

[əpíːz]

동 진정시키다, 달래다

= ease, relieve, alleviate, assuage, allay, mollify, mitigate, pacify, placate, conciliate, soothe

Nothing could **appease** the crying child.
어떤 것도 우는 아이를 달랠 수 없었다.

appeasement 명 달램, 진정, 완화

ap + pease
to peace
→ 마음에(ap) 평화를(pease) 가져다주니까
⇨ 진정시키다

0970 1 2 3 4 5

adept

[ədépt]

형 정통한, 능숙한 명 숙련자, 달인

= 형 competent, proficient, adroit, deft, dexterous

He is pretty **adept** at working with the computers.
그는 컴퓨터를 다루는 데 꽤 능숙하다.

ad + ept
to grasp
→ 어떤 분야에(ad) 대해 완전히 이해를(ept) 한 거니까
⇨ 정통한

0971 1 2 3 4 5 18. 국회직 9급 / 09. 지방직 7급

acquiesce

[ækwiés]

acquiescence 명 묵인
acquiescent 형 묵인하는

동 묵인하다, (마지못해) 따르다

They **acquiesced** in our proposal.
그들은 우리의 제안을 묵인했다.

ac + **qui** + **esce**
to quiet 동접

→ 상대방의 의견에(ac) 조용히(qui) 입을 다무니까
⇨ 묵인하다

0972 1 2 3 4 5

amass

[əmǽs]

amassment 명 축적

동 모으다, 축적하다

= accumulate

amass a fortune
큰 재산을 모으다

a + **mass**
to pile

→ 한 쪽으로(a) 쌓는(mass) 거니까
⇨ 모으다

0973 1 2 3 4 5

assort

[əsɔ́ːrt]

assorted 형 여러 가지의, 갖은
assortment 명 모음

동 ① 분류하다 ② 구색을 갖추다

assort goods
상품을 분류하다

as + **sort**
to arrange

→ 한 쪽으로(as) 정리하는(sort) 거니까
⇨ 분류하다

0974 1 2 3 4 5 심화

adulation

[ædʒuléiʃən]

adulatory 형 아첨하는

명 아첨, 칭찬

= flattery

the **adulation** of the audience
관객의 찬사

ad + **ul** + **ation**
to tail 명접

→ 말꼬리(ul)에(ad) 덧붙여 환심을 사니까
⇨ 아첨

어른들은(adult) 아이들보다 아첨을(adulation) 잘하니까 ⇨ 아첨

0975 1 2 3 4 5 심화

accretion

[əkríːʃən]

accretive 형 증가하는, 첨가하는

명 ① 증가 ② 첨가(물), 부착(물)

calcium **accretion**
칼슘 첨가물

ac + **cre** + **tion**
to grow 명접

→ 자라는(cre) 방향으로(ac) 가니까
⇨ 증가

증가(accretion)는 기존 것에(ac) 더해 만들어내는 것(creation) ⇨ 증가, 첨가(물)

0976 1 2 3 4 5

accrue

[əkrúː]

accrual 명 증가, 증식

동 ① 증가하다, 누적[축적]되다
② (이자가) 붙다

Interest will **accrue** from the beginning of the month.
이자는 그 달 초부터 붙을 것이다.

ac + **crue**
to grow

→ 커가는(crue) 방향으로(ac) 가니까
⇨ 증가하다, 누적되다

0977 1 2 3 4 5 심화

accost

[əkɔ́ːst]

동 –에게 말을 걸다

She was **accosted** in the street by a complete stranger.
길에서 전혀 모르는 사람이 그녀에게 다가와 말을 걸었다.

ac + **cost**
to side

→ 옆으로(cost) 와서(ac) 말하는 거니까
⇨ –에게 말을 걸다

점원에게(ac) 가격(cost)을 물어보니까 ⇨ –에게 말을 걸다

0978 1 2 3 4 5 심화 18. 서울시 9급 추가채용 / 17. 경찰직 2차

ameliorate

[əmíːljərèit]

amelioration 명 개선, 개량
ameliorative 형 개선적인, 개량의

동 개선시키다, 좋아지다

ameliorate the situation
상황을 개선하다

a + **melior** + **ate**
to better 동접

→ 좋아지는(melior) 방향으로(a) 가니까
⇨ 개선시키다

[어밀리어레이트] = 어 밀리어네어 ➡ 형편이 매우 좋아진(ameliorate) 사람에게 "어 백만장자(millionaire) 됐네!" ⇨ 좋아지다

0979 1 2 3 4 5 심화

appall

[əpɔ́ːl]

appalling 형 끔찍한

동 소름 끼치게 하다, 섬뜩하게 하다

The crime has **appalled** the public.
그 범행은 대중들을 섬뜩하게 했다.

ap + **pall**
to pale

→ –에게(ap) 창백해지도록(pall) 하는 거니까
⇨ 소름 끼치게 하다

앗(ap)! 팔(pall)에 거미 붙어서 소름 끼쳤어!(appall) ⇨ 소름 끼치게 하다

0980 1 2 3 4 5 심화

arraign

[əréin]

arraignment 명 비난, 규탄

동 기소하다, 고발하다

= indict, charge, accuse, litigate, prosecute, impeach

He was **arraigned** for murder.
그는 살인죄로 기소되었다.

ar + **raign**
to calculation

→ –에게(ar) 피해를 계산할 것을(raign) 요구하니까
⇨ 기소하다

에라이(arrai) 고발 당할(arraign) 놈! ⇨ 고발하다

0981 1 2 3 4 5 16. 사회복지직 9급

assuage

[əswéidʒ]

동 (고통·욕구 등을) 덜어주다, 가라앉히다

= ease, relieve, alleviate, appease, allay, mollify, mitigate, pacify, placate, conciliate, soothe

assuagement 명 완화, 진정
assuasive 형 진정시키는, 완화시키는

assuage her grief
그녀의 슬픔을 달래다

as + **suage**
to sweet

→ 달콤함(suage)에(as) 가까운 말로 고통을 덜어주니까
⇨ 덜어주다

0982 1 2 3 4 5 심화

acclimate

[ǽkləmèit, əkláimit]

동 적응시키다

= adapt

acclimatize 동 익숙해지다, 적응하다
acclimation 명 적응

acclimate them to new circumstances
그들을 새로운 상황에 적응시키다

ac + **clim** + **ate**
to region 동접

→ 외부의 것이 한 지역에(clim) 오면 (ac) 적응해야 하니까
⇨ 적응시키다

인간은 자신이 사는 기후에(climate) 적응하며(acclimate) 살아간다 ⇨ 적응시키다

0983 1 2 3 4 5 심화

annotate

[ǽnətèit]

동 주석을 달다, 주해하다

annotate the images
이미지에 주석을 달다

an + **not** + **ate**
to mark 동접

→ 써져 있는 글에(an) 덧붙여 표시하는(not) 거니까
⇨ 주석을 달다

0984 1 2 3 4 5 19. 경찰직 2차 / 18. 서울시 9급 / 15. 기상직 7급

attenuate

[əténjuèit]

동 ① 가늘어지다 ② 약화시키다

= ② weaken, erode, impair, undermine, dilute, debilitate

attenuation 명 가늘게 됨, 쇠약, 희석
attenuated 형 약화된, 희석된

attenuate the effects of the virus
바이러스의 영향을 약화시키다

at + **tenu** + **ate**
to thin 동접

→ 가늘어지는(tenu) 방향으로(at) 가니까
⇨ 가늘어지다

R 207 pro- : ① 앞으로(forward) ② 미리(before)

0985 1 2 3 4 5 18. 경찰직 1차

progress

명 [prάgrəs]
동 [prógres]

명 ① 전진, 진행 ② 진보, 발전
동 ① 전진하다, 진행되다 ② 진보[발전]하다

progressive 형 진보적인, 점진적인
progression 명 진전

report the progress of a conference
회의의 경과를 보고하다

pro + **gress**
forward go

→ 앞으로(pro) 나아가다(gress)
⇨ 전진하다, 진보하다

0986 1 2 3 4 5

promising

[prámisiŋ]

형 장래가 촉망되는, 조짐이 좋은

= auspicious

promising students
장래가 촉망되는 학생들

pro + mis + ing
forward send 형접

→ 앞으로의(pro) 능력을 지금 보내어 (mis) 보여주는 사람이니까
⇨ 장래가 촉망되는

0987 1 2 3 4 5 15. 기상직 7급

procrastinate

[proukrǽstənèit]

procrastination 명 미루는 버릇, 꾸물거림

동 질질 끌다, 미루다

= postpone, defer

I don't know why I **procrastinated** for so long.
나도 내가 왜 이렇게 오래 질질 끌었는지 모르겠어.

pro + crastin + ate
forward tomorrow 동접

→ 오늘 할 일을 앞으로(pro) 오는 내일로(crastin) 보내는 것이니까
⇨ 질질 끌다

오늘 할 일을 앞으로(pro) 질질 끌어(cra) 가니까 ⇨ 질질 끌다

0988 1 2 3 4 5 16. 서울시 9급

prodigal

[prádigəl]

prodigality 명 방탕, 낭비
prodigalize 동 낭비하다

형 낭비하는, 방탕한

= lavish, extravagant, profligate

prodigal expenditure
낭비적인 지출

pro + dig + al
forward drive 형접

→ 생각 없이 상품 앞으로(pro) 돌진하는(dig)
⇨ 낭비하는

돈을 앞쪽으로(pro) 다 파내니까(dig) ⇨ 낭비하는

0989 1 2 3 4 5 심화

prodigious

[prədídʒəs]

prodigy 명 영재, 신동

형 ① 비범한, 놀라운, 엄청난 ② 거대한

store **prodigious** amounts of information
놀라운 양의 정보를 저장하다

pro + dig + ious
forward say 형접

→ 앞으로(pro) 크게 될 거라고 말하는 (dig)
⇨ 비범한

실력이 비범하여 "프로(pro)들 다 뒤졌쓰(digious)"라고 말하는 아마추어를 연상 ⇨ 비범한

0990 1 2 3 4 5

prolific

[prəlífik]

prolificacy 명 다산, 다작

형 다산의, 다작의

= fertile, fruitful, productive, luxuriant

prolific writers
다작하는 작가들

pro + li + fic
forward nourish 형접

→ 영양분을(li) 얻어 앞으로(pro) 많이 만들어내니까
⇨ 다산의

앞으로(pro) 많은 생명(life)을 내놓는 거니까 ⇨ 다산의

0991 1 2 3 4 5 심화

propitious

[prəpíʃəs]

형 길조의, 징조가 좋은

= auspicious

a **propitious** time to start a new business
새로 사업을 시작하기에 좋은 시기

pro + pit + ious
forward go 형접

→ 앞으로(pro) 잘 나간다는(pit) 것이니까
⇨ 길조의

앞으로(pro) 인생 피셨으(pitious) ⇨ 길조의

R 208 for-, fore- : ① 일찍(early) ② 앞에(before) ③ 멀리(away)

0992 1 2 3 4 5

foremost

[fɔ́ːrmòust]

형 ① 선두의, 맨 앞에 위치한 ② 가장 중요한

She was one of the **foremost** scientists.
그녀는 가장 중요한 과학자들 중 하나였다.

fore + most
before best

→ 가장(most) 맨 앞에(fore) 있는
⇨ 선두의

0993 1 2 3 4 5

foresee

[fɔːrsíː]

동 예견[예상]하다, 예언하다

= forecast, foretell

It is impossible to **foresee** how life will work out.
삶의 결과가 어떻게 날 것인지 예견하는 것은 불가능하다.

foreseeable 형 예측할 수 있는

fore + see
early see

→ 일찍이(fore) 보다(see)
⇨ 예견하다

0994 1 2 3 4 5

foretell

[fɔːrtél]

동 예언하다

= foresee, forecast

None of us can **foretell** what lies ahead.
우리 중 누구도 앞에 어떤 일이 기다리고 있는지 예언할 수 없다.

fore + tell
early tell

→ 일찍이(fore) 말하다(tell)
⇨ 예언하다

0995 1 2 3 4 5

forerunner

[fɔ́ːrrʌ̀nər]

명 선구자, 전신

= pioneer, antecedent, predecessor, precursor

The falling leaves are the **forerunners** of winter.
낙엽들은 겨울의 전신이다.

fore + runner
early runner

→ 일찍이(fore) 달려가(runner) 개척한 사람이니까
⇨ 선구자

0996 1 2 3 4 5 16. 기상직 9급

forgo

[fɔːrgóu]

동 포기하다, 그만두다

= abandon, discard, relinquish, waive, forsake, renounce, abjure

He had to **forgo** all the farm activities.
그는 모든 농장 일을 그만두어야 했다.

for + go
away go

→ 뭔가를 하다가 멀리(for) 가버리니까(go)
⇨ 포기하다

포(for)기하고 가(go) ⇨ 포기하다

0997 1 2 3 4 5

forestall

[fɔːrstɔ́ːl]

stall 명 가판대 동 ① (시동이) 꺼지다 ② 지연시키다
stalled 형 정지된, 오도 가도 못하는

동 미리 막다, 선수를 치다

= preclude, occlude, inhibit, interdict, deter, proscribe, outlaw

Such action can **forestall** major strikes.
그러한 행동은 주요한 파업들을 미연에 방지할 수 있다.

fore + stall
before stand

→ 못 가게 앞에(fore) 막아 서(stall) 있으니까
⇨ 미리 막다

0998 1 2 3 4 5 심화

forearm

[fɔːrάːrm]

동 미리 무장하다, 대비하다 명 팔뚝

She was born without her left **forearm**.
그녀는 왼쪽 팔뚝이 없는 상태로 태어났다.

fore + arm
early arm

→ 일찍이(fore) 무장하니까(arm)
⇨ 미리 무장하다

R 209 an-, anti- : 앞에(before)

0999 1 2 3 4 5 22. 간호직 8급

anticipate

[æntísəpèit]

anticipation 명 예상, 기대

동 예상하다, 기대하다

anticipate that there will be trouble
문제가 생길 것을 예상하다

anti + cip + ate
before take 동접

→ 다가올 일의 앞에서(anti) 미리 생각을 잡아내니까(cip)
⇨ 예상하다

1000 1 2 3 4 5 17. 지방직 9급 추가채용 / 17. 서울시 7급

ancient

[éinʃənt]

형 고대의, 옛날의

= antique, archaic

the great captains of **ancient** times
고대의 위대한 지도자들

an(ci) + ent
before 형접

→ 지금보다 한참 앞인(anci)
⇨ 고대의

DAY 21

R210 in-, im-, ir- : ① -안에(in) ② -안으로(into)

1001 1 2 3 4 5 — 19. 경찰직 2차 / 18. 국회직 8급

intimate

[íntəmət]

형 친밀한

I am on **intimate** terms with him.
나는 그와 친밀한 사이다.

intimacy 명 친밀함
intimately 부 친밀히

in(ti) + mate
in / friend
→ 가장 속에(in) 들어 있는 것까지 알고 있는 친구(mate)니까
⇨ 친밀한

1002 1 2 3 4 5

intuition

[ìntjuːíʃən]

명 직관, 직감

= hunch

His **intuition** tells him that she is telling a lie.
그의 직감상 그녀는 거짓말을 하고 있다.

intuitive 형 직관적인

in + tui + tion
in / look / 명접
→ 안을(in) 들여다보는(tui) 능력
⇨ 직관

1003 1 2 3 4 5

immerse

[iməːrs]

동 ① 몰두시키다 ② 담그다

= ① engross, preoccupy

She **immersed** herself in her work.
그녀는 자신의 일에 몰두했다.

immersion 명 ① 몰두 ② 담금

im + merse
in / plunge
→ 하나의 관심 속으로(im) 뛰어들게(merse) 하니까
⇨ 몰두시키다

1004 1 2 3 4 5 — 16. 법원직 9급

irrigate

[írəgèit]

동 (땅에) 물을 대다, 관개하다

irrigate the desert
사막에 물을 대다

irrigation 명 관개, 물을 끌어들임

ir + rig + ate
in / water / 동접
→ -안에(ir) 물을(rig) 주니까
⇨ 물을 대다

댐은 물을 이리(irri)로 가져와 문(gate)을 열어 물을 댄다(irrigate) ⇨ 물을 대다

1005 1 2 3 4 5 — 19. 경찰직 2차

infuriate

[infjúərièit]

동 격분하게 하다

= enrage, incense, exasperate, vex

The hollow words of the minister **infuriate** me.
장관의 공허한 말들이 나를 격분시켰다.

fury 명 분노

in + furi + ate
in / fury / 동접
→ -의 마음속에(in) 분노를(furi) 일으키니까
⇨ 격분하게 하다

1006 1 2 3 4 5 18, 지역인재 9급 / 13, 국회직 8급

intimidate

[intímədèit]

통 위협하다, 협박하다

= menace

cf. timid (겁 많은, 소심한)

intimidating 형 겁을 주는, 겁나는
intimidation 명 협박, 위협

intimidate people into voting for them
자기들에게 투표를 하도록 사람들을 위협하다

in + **timid** + **ate**
in fearful 동접

→ 마음 안에(in) 겁이 많아지도록 (timid) 만드니까
⇨ 위협하다

1007 1 2 3 4 5 20, 지방직 7급 / 15, 국회직 9급

impair

[impɛ́ər]

통 손상시키다, 해치다

impairment 명 손상, 해침

Lack of sleep **impaired** his concentration.
수면 부족이 그의 집중력을 해쳤다.

im + **pair**
in worse

→ 안이(im) 더 나빠지게 한다는(pair) 의미에서
⇨ 손상시키다

1008 1 2 3 4 5 18, 서울시 9급 추가채용 / 18, 국가직 9급

impoverish

[impάvəriʃ]

통 ① 가난하게 하다 ② 질을 저하시키다

poverty 명 가난, 빈곤

impoverish the soil
토양의 질을 떨어뜨리다

im + **pover** + **ish**
in poor 동접

→ 가난한(pover) 상황 안에(im) 있게 하니까
⇨ 가난하게 하다

1009 1 2 3 4 5

inhale

[inhéil]

통 들이쉬다

cf. exhale (내쉬다)

She closed her eyes and **inhaled** deeply.
그녀는 눈을 감고 숨을 깊이 들이마셨다.

in + **hale**
in breathe

→ 공기를 안으로(in) 들이는(hale) 것이니까
⇨ 들이쉬다

1010 1 2 3 4 5

instill

[instíl]

통 (사상·감정 등을) 주입하다, 불어넣다

= infuse, imbue, indoctrinate, inculcate, ingrain

instillation 명 서서히 주입시킴[가르침]

instill his philosophy into his students
자신의 철학을 학생들에게 주입시키다

in + **still**
in drop

→ 어떤 내용을 마음속에(in) 떨어뜨리는 거니까(still)
⇨ 주입하다

1011 1 2 3 4 5 심화

impart

[impɑ́ːrt]

동 ① 전하다 ② 나누어 주다

= ② assign, allocate, allot, apportion

I have disappointing news to **impart** to you.
너에게 전해줄 실망스러운 소식이 있다.

im + **part**
in divide

→ -안으로(im) 정보의 일부를 나누어 주니까(part)
⇨ 전하다

1012 1 2 3 4 5 심화

impeach

[impíːtʃ]

동 탄핵하다, 고발하다

= indict, charge, accuse, arraign, litigate, prosecute

impeach a judge for taking a bribe
뇌물 혐의로 재판관을 탄핵하다

impeachment 명 탄핵, 고발

im + **peach**
into shackle

→ 족쇄를 채워(peach) 감옥 안으로(im) 보내니까
⇨ 탄핵하다

탄핵(impeach) 위기에 처하자 얼굴이 복숭아(peach)처럼 붉어지다 ⇨ 탄핵하다

1013 1 2 3 4 5 심화

inaugurate

[inɔ́ːgjurèit]

동 ① 취임시키다 ② 시작하다

= ② commence, initiate, embark

He was **inaugurated** as President.
그는 대통령에 취임했다.

inauguration 명 취임, 개시

in + **augur** + **ate**
in predict 동접

→ 고대 국가에서(in) 왕이 취임할 때나 큰 일을 하기 전에 제사장이 예언하는(augur) 것에서 유래
⇨ 취임시키다, 시작하다

[이노규레이트] = 이놈 great ➡ "이놈 훌륭하네(great)!"하며 요직에 취임시키다(inaugurate) ⇨ 취임시키다

1014 1 2 3 4 5

infringe

[infríndʒ]

동 위반하다, 침해하다

= violate, breach, contravene, transgress

cf. fringe (주변, 가장자리)

infringe a copyright
판권을 침해하다

infringement 명 위반, 위배

in + **fringe**
in break

→ 금기의 경계를 깨고(fringe) 안으로(in) 들어가는 거니까
⇨ 위반하다

인플루엔자(influenza)가 내 몸을 침해하다(infringe) ⇨ 침해하다

1015 1 2 3 4 5

ingrained

[ingréind]

형 (사상이) 깊이 배어든

The pain **ingrained** in his eyes told the story.
그의 눈에 스며있는 고통이 삶을 말해주었다.

ingrain 동 깊이 스며들게 하다

in + **grain** + **ed**
in seed 형접

→ 땅 속에(in) 씨앗이(grain) 깊이 박힌
⇨ 깊이 배어든

1016 1 2 3 4 5 심화

insinuate

[insínjuèit]

동 넌지시 비추다, 암시하다

= imply, infer, allude, implicate, connote

What are you trying to **insinuate**?
당신이 암시하려는 게 뭐예요?

insinuation 명 넌지시 비춤, 암시

in + sinu + ate
in / curve / 동접

→ 해야 할 말 속으로(in) 돌아서(sinu) 가니까
⇨ 넌지시 비추다

[인시뉴에이트] = 임신 중 + ate ➡ 신 것을 자꾸 찾아 먹는(ate) 모습이 임신 중임을 암시한다(insinuate) ⇨ 암시하다

1017 1 2 3 4 5 심화

inmate

[ínmèit]

명 ① 수감자 ② (정신병원) 입원자

= ① prisoner, convict

The two **inmates** busted out of their cell.
두 명의 수감자가 감옥에서 탈출했다.

in + mate
in / companion

→ 교도소 건물 안에서의(in) 동료니까(mate)
⇨ 수감자

1018 1 2 3 4 5 심화

impute

[impjú:t]

동 -탓으로 하다, -에게 돌리다

= attribute, ascribe, accredit

impute evil motives to a person
남에게 나쁜 동기가 있다고 뒤집어씌우다

imputation 명 전가

im + pute
into / reckon

→ 어떤 것 안쪽으로(im) 원인이 있다고 생각하니까(pute)
⇨ -탓으로 하다

상대방 안에(im) 원인을 두다(put) ⇨ -탓으로 하다

1019 1 2 3 4 5 심화

imbue

[imbjú:]

동 (사상·감정 등을) 불어넣다, 고취하다

= instill, infuse, indoctrinate, inculcate

imbue the person with ambition
야심을 그 사람에게 불어넣다

im + bue
into / drink

→ 마음 속으로(im) 마셔버리게(bue) 하니까
⇨ 불어넣다

안에(im) '부(bue)~'하고 불어넣다(imbue) ⇨ 불어넣다

1020 1 2 3 4 5 심화 19. 서울시 7급 추가채용

inoculate

[inάkjulèit]

동 접종하다, 접목하다

inoculate the dogs for rabies
개들에게 광견병 예방접종을 하다

inoculation 명 (예방) 접종

in + ocul + ate
in / bud / 동접

→ 병에 대비해 면역이 되도록 소량의 병원균을 몸 안에(in) 싹틔우는(ocul) 거니까
⇨ 접종하다

오크(ocu)나무를 다른 나무 안에(in) 접목하다(inoculate) ⇨ 접목하다

1021 1 2 3 4 5 21. 경찰직 2차

intoxicate

[intάksikèit]

동 ① 취하게 하다 ② 열광케 하다 ③ 중독시키다

He **intoxicated** them with wine.
그는 포도주로 그들을 취하게 했다.

intoxication 명 취함, 도취

in + toxic + ate
in / poison / 동접

→ 몸 안에(in) 독한(toxic) 알콜 성분을 넣는 거니까
⇨ 취하게 하다

1022 1 2 3 4 5 14. 국회직 9급

impetus

[impətəs]

명 ① 자극, 충동 ② 추진력

= ① stimulus, motivation, impulse, stimulation

Acids give metals **impetus** to corrode.
산은 금속의 부식을 촉진한다.

im + pet + us
in / rush / 명접

→ 안으로(im) 덤벼드니까(pet)
⇨ 자극

1023 1 2 3 4 5 15. 경찰직 1차

impetuous

[impétʃuəs]

형 충동적인, 격렬한, 성급한

He is so **impetuous** that he often regrets his decision.
그는 너무 충동적이어서 자신의 결정을 종종 후회한다.

impetuosity 명 성급함

im + pet + uous
in / rush / 형접

→ 몸 속(im)에서 갑자기 뛰어나오는(pet) 거니까
⇨ 충동적인

1024 1 2 3 4 5 심화

infiltrate

[infíltrèit]

동 침투하다, 스며들다

= pervade, permeate, penetrate, saturate

infiltrate the enemy lines
적의 전선에 침투하다

infiltration 명 침입, 침투
infiltrator 명 잠입자

in + filtr + ate
in / filter / 동접

→ 안으로(in) 스며들어오는(filtr) 거니까
⇨ 침투하다
→ 안으로(in) 몰래 채워 들어가니(fil)
⇨ 침투하다

1025 1 2 3 4 5 심화

inculcate

[inkʌ́lkeit]

동 되풀이하여 가르치다, 심어주다

= instill, infuse, imbue, indoctrinate

inculcate better ethical standards
더 좋은 윤리적 표준들을 되풀이하여 가르치다

inculcation 명 설득하기, 가르치기

in + culc + ate
in / press in / 동접

→ 잊지 않도록 머리 속에(in) 넣어주는(culc) 거니까
⇨ 되풀이하여 가르치다

1026 1 2 3 4 5

incise
[insáiz]

통 ① 자르다, 절개하다 ② 새기다

= ① anatomize, dissect

incise an inscription on a monument
기념비에 비문을 새기다

incision 명 절개
incisive 형 예리한, 날카로운

in + **cise**
into cut
→ 몇 조각으로(in) 자르는(cise) 거니까
⇨ 자르다

1027 1 2 3 4 5 심화

incarcerate
[inkɑ́ːrsərèit]

통 투옥하다, 감금하다

= imprison

They used to be **incarcerated** for 3 months.
그들은 3개월 동안 투옥된 적이 있었다.

incarceration 명 투옥, 감금
incarceratory 형 감금의, 투옥의

in + **carcer** + **ate**
in prison 동접
→ 감옥(carcer) 속에(in) 넣는 거니까
⇨ 투옥하다

1028 1 2 3 4 5

inquisitive
[inkwízətiv]

형 탐구적인, 호기심이 강한

children **inquisitive** about everything
모든 것에 호기심이 강한 아이들

inquisitiveness 명 호기심이 많음

in + **quisi** + **tive**
into ask 형접
→ 속으로(in) 계속 물어보는(quisi) 거니까
⇨ 탐구적인, 호기심이 강한
이것저것 물으니까(inquire) ⇨ 탐구적인, 호기심이 강한

R 211 super-, sur-, supr- : 위에, 넘어선(over)

1029 1 2 3 4 5

superb
[supə́ːrb]

형 최고의, 뛰어난

a **superb** performance
최고의 공연

superbly 부 최고로, 아주 훌륭하게

super(b)
over
→ 다른 것보다 위에(super) 있는
⇨ 최고의

1030 1 2 3 4 5

superior
[səpíəriər]

형 보다 우수한, 상급의 명 윗사람, 상급자

cf. inferior (-보다 못한, 하급의)

superior apartments
우수한 아파트

superiority 명 우월성, 우세

super + **ior**
over 형·명접
→ -보다 위의(super)
⇨ 보다 우수한

1031 1 2 3 4 5 14. 서울시 7급

supernatural

[sùːpərnǽtʃərəl]

형 초자연적인, 불가사의한
명 초자연적 현상

supernatural strength
초자연적인 능력

super + **natural**
over natural
→ 자연적인(natural) 것을 뛰어 넘은(super)
⇨ 초자연적인

1032 1 2 3 4 5 18. 해경직 2차 / 13. 국회직 9급

superficial

[sùːpərfíʃəl]

형 표면(상)의, 피상적인

= cursory, perfunctory, ostensible

superficial chatter
가벼운 한담

superficiality 명 천박, 피상

super + **fic** + **ial**
over face 형접
→ 표면(fic) 위에(super) 쪽만
⇨ 표면(상)의, 피상적인

1033 1 2 3 4 5 20. 소방직 9급

superstition

[sùːpərstíʃən]

명 미신

His mind is filled with superstition.
그의 생각은 미신으로 가득 차 있다.

superstitious 형 미신을 믿는

super + **sti** + **tion**
over stand 명접
→ 상식 등을 초월하여(super) 서 있는(sti) 것
⇨ 미신

1034 1 2 3 4 5

surmount

[sərmáunt]

동 ① 극복하다 ② (산·언덕 등을) 오르다, 넘다

= ① overcome

surmount all the opposition to their plans
자신들의 계획에 대한 모든 반대 세력을 극복하다

sur + **mount**
over climb
→ 산·역경 위를(sur) 오르니까(mount)
⇨ 극복하다

1035 1 2 3 4 5

superfluous

[supə́ːrfluəs]

형 여분의, 남아도는

= surplus, redundant

superfluous hair
군털

super + **flu** + **ous**
over flow 형접
→ -위에(super) 흘러넘친(flu)
⇨ 여분의, 남아도는

1036 1 2 3 4 5

superintend

[sùːpərinténd]

동 관리하다, 감독하다

= supervise, oversee, overlook

She appointed him to **superintend** the work.
그녀는 그 일을 감독하도록 그를 임명했다.

superintendent 명 ① 관리자, 감독관 ② 경찰서장

super + **intend**
over plan

→ 위에서(super) 자기 의도대로 하니까(intend)
⇨ 관리하다

1037 1 2 3 4 5

surveillance

[sərvéiləns]

명 감시, 망보기, 감독

= vigilance

The parking lot is kept under video **surveillance**.
그 주차장은 비디오 감시 하에 있다.

surveil 동 감독하다

sur + **veill** + **ance**
over watch 명접

→ 위에서(sur) 내려다 봄(veill)
⇨ 감시

1038 1 2 3 4 5

supremacy

[səpréməsi]

명 최고, 패권, 우위

total **supremacy** over its rivals
경쟁사들보다 완전한 우위

supreme 형 최고의

supr(em) + **acy**
over 명접

→ 가장 위의(supr) 것이니까
⇨ 최고

1039 1 2 3 4 5 심화

surfeit

[sə́ːrfit]

명 과식, 과다 동 과식하다

The country has a **surfeit** of cheap labor.
그 나라는 저임금 노동이 넘쳐난다.

sur + **feit**
over do

→ 정량을 넘어서(sur) 식사를 하다(feit)
⇨ 과식, 과다

1040 1 2 3 4 5

surmise

[sərmáiz]

명 추측, 짐작 동 추측하다

Her guilt was a matter of **surmise**.
그녀가 유죄라는 건 순전히 추측이었다.

sur + **mise**
over send

→ 사실 위로(sur) 보내진 것(mise)
⇨ 추측

[설마이즈] = 설마 ➡ 설마 그렇겠어? 하며 추측(surmise)하다 ⇨ 추측

1041 1 2 3 4 5 17. 해경직 2차

supercilious

[sùːpərsíliəs]

형 거만한, 오만한

= arrogant, presumptuous, haughty, pompous, overbearing, lofty

a supercilious manner
거만한 태도

superciliousness 명 거만함, 오만함

super + cili + ous
over eyelid 형접

→ 남을 멸시하듯 눈꺼풀을(cili) 올리고(super) 다니니까
⇨ 거만한

최고(super)로 어리석은(silly) 건 거만한(supercilious) 것이었어(ous) ⇨ 거만한

R 212 up- : 위로(up)

1042 1 2 3 4 5 20. 국회직 8급

uphold

[ʌphóuld]

동 지지하다, 떠받치다

= buttress, bolster, countenance

uphold the tradition
전통을 지지하다

up + hold
up preserve

→ 위로(up) 지탱하다(hold)
⇨ 지지하다

1043 1 2 3 4 5

uprising

[ʌpràiziŋ]

명 폭동, 반란

= rebellion, revolt, insurrection

the civil uprising
시민봉기

up + ris(e) + ing
up stand 명접

→ 분노에 차올라 위로(up) 들고 일어남(rise)
⇨ 폭동

1044 1 2 3 4 5

uproar

[ʌprɔ̀ːr]

명 소란, 소동

= turmoil, commotion, mayhem

an uproar from the audience
청중들로부터의 소란

uproarious 형 시끌벅적한

up + roar
up hue

→ 사람들이 소리 높여(up) 고함을 질러댐(roar)
⇨ 소란

1045 1 2 3 4 5

uproot

[ʌprúːt]

동 뿌리째 뽑다, 근절하다

= extinguish, eradicate, annihilate, exterminate

uproot the evils of the Administration
행정부의 악폐를 근절시키다

up + root
up root

→ 뿌리를(root) 위로(up) 뽑아버리다
⇨ 뿌리째 뽑다

1046 1 2 3 4 5 심화

upheaval

[ʌ̀phíːvəl]

명 대격변, 대혼란

= catastrophe, havoc, calamity, cataclysm

political **upheaval** in Korean history
한국 역사에서 정치적인 격변

up + **heav** + **al**
up / raise / 명접

→ 사회의 모든 것이 위로(up) 들어 올려졌으니까(heav)
⇨ 대격변

1047 1 2 3 4 5 심화

upbeat

[ʌpbiːt]

형 명랑한, 희망에 찬

= affirmative, sanguine

After the party, we were very **upbeat**.
파티가 끝나고 우리는 매우 들떠 있었다.

up + **beat**
up / strike

→ 분위기가 위로(up) 치고(beat) 올라가니까
⇨ 명랑한, 희망에 찬

노래의 비트(beat)가 업(up) 되어 있으니까 ⇨ 명랑한

R 213 with- : ① 뒤쪽으로(back) ② -에 대항하여(against)

1048 1 2 3 4 5 19. 지방직 7급 / 14. 법원직 9급

withdraw

[wiðdrɔ́ː]

동 ① 물러나다, 철수하다 ② (돈을) 인출하다 ③ 철회하다, 취소하다

= ③ revoke, annul, nullify, retract, repeal, rescind, recant, countermand, abrogate

They urged him into **withdrawing** his complaint.
그들은 그에게 항의를 철회하도록 설득했다.

withdrawal 명 ① 철회, 철수 ② 인출

with + **draw**
back / pull

→ 당겨서(draw) 뒤로(with) 오게 하다
⇨ 철회하다

1049 1 2 3 4 5

withhold

[wiðhóuld]

동 ① 주지 않다 ② 억누르다, 억제하다 ③ 보류하다

The writer's name was **withheld** by request.
그 작가의 이름은 요청에 따라 발표되지 않았다.

with + **hold**
back / hold

→ 앞으로 못 가게 뒤에(with) 둔 채로 가지고 있다(hold)
⇨ 보류하다

1050 1 2 3 4 5 10. 서울시 9급

withstand

[wiðstǽnd]

동 저항하다, 견디다

= defy

All buildings can **withstand** earthquakes.
모든 건물들은 지진을 견딜 수 있다.

with + **stand**
against / stand

→ 정부에 대항하여(with) 서다(stand)
⇨ 저항하다

R 214 over- : ① 넘어(over), 위에(above) ② 지나치게(too much)

1051 1 2 3 4 5

overall

[óuvərɔ̀:l]

형 종합적인, 전체의

the **overall** quality of the product
그 제품의 전반적인 품질

over + all
above whole
→ '위에서부터(over) 아래까지 전체의(all)'라는 의미에서
⇨ 종합적인

1052 1 2 3 4 5

overdue

[òuvərdjú:]

형 기한이 지난, 이미 늦은

This car is **overdue** for a service.
이 차는 정기 점검 기한이 지났다.

over + due
over expired
→ 만기를(due) 넘긴(over) 것이니까
⇨ 기한이 지난

1053 1 2 3 4 5 16. 지방직 9급

overlap

[òuvərlǽp]

동 ~위에 겹치다, 포개다
명 ① 중복 ② 일치

His free time didn't **overlap** with mine.
그의 자유 시간과 나의 자유 시간이 일치하지 않았다.

over + lap
above stack
→ ~위에(over) 겹치는(lap) 것이니까
⇨ ~위에 겹치다

1054 1 2 3 4 5 14. 기상직 9급

overlook

[òuvərlúk]

동 ① 간과하다, 눈감아주다
② 감독하다, 내려다보다

= ② supervise, superintend, oversee

I'll **overlook** your mistake this time.
이번에는 실수를 눈감아줄 거다.

over + look
over see
→ 어떤 것을 건너(over) 뛰어서 보니까(look)
⇨ 간과하다
→ ~너머로(over) 내려다보니까(look)
⇨ 감독하다

1055 1 2 3 4 5 심화

overbearing

[òuvərbέəriŋ]

형 건방진, 거만한

= arrogant, supercilious, presumptuous, haughty, pompous, lofty

your **overbearing** manner
당신의 건방진 태도

bearing 명 ① 태도, 자세 ② 관련

over + bear + ing
above have 형접
→ 남보다 위에(over) 있다는 생각을 가진(bear)
⇨ 건방진

1056 1 2 3 4 5 14. 기상직 9급

oversee
[òuvərsíː]

동 감시하다, 감독하다

= supervise, superintend, overlook

oversee the negotiations
협상을 감독하다

over + see
above look
→ 위에서(over) 일어난 일이 잘 되고 있는지 보는(see) 거니까
⇨ 감시하다

1057 1 2 3 4 5

overrun
[òuvərʌ́n]

동 ① 만연하다 ② 침략하다 ③ 초과하다
명 초과(량), 잉여(량)

= 동 ③ exceed, surpass, excel, outdo, outperform, outstrip

Enemy soldiers had **overrun** the island.
그 섬에는 적의 병사들이 들끓었다.

over + run
over run
→ 예상 금액을 넘어(over) 뛰어(run) 오르는 거니까
⇨ 초과하다

1058 1 2 3 4 5

overhaul
[òuvərhɔ́ːl]

동 -을 철저히 조사하다

= probe, scrutinize, investigate

overhaul the state of a business
사업 상태를 점검하다

over + haul
too much pull
→ 매우 많은(over) 자료를 당겨와(haul) 조사하니까
⇨ -을 철저히 조사하다

1059 1 2 3 4 5

override
[òuvəráid]

동 ① 짓밟다, 무시하다 ② 무효로 하다

= ② revoke, annul, nullify, retract, repeal, rescind, recant, countermand, abrogate

override a person's efforts
남의 노력을 무시하다

over + ride
over ride
→ 말을 타고 달려와(ride) 위에서(over) 덮치는 거니까
⇨ 짓밟다

R215 under- : 아래에(below)

1060 1 2 3 4 5

undercover
[ʌ̀ndərkʌ́vər]

형 비밀리에 하는, 첩보 활동의, 위장 근무의

an undercover agent
비밀 요원

under + cover
below cover
→ 덮개(cover) 아래에(under) 있는 거니까
⇨ 비밀리에 하는

1061 1 2 3 4 5

undergo

[ʌ̀ndərgóu]

동 ① 겪다, 경험하다 ② 참다, 견디다

undergo drug therapy
약물 치료를 받다

under + go
below go
→ 곤란한 일 아래로(under) 가다(go)
⇨ 겪다

1062 1 2 3 4 5 09. 지방직 9급

undertake

[ʌ̀ndərtéik]

undertaking 명 ① 일 ② 약속

동 ① 떠맡다 ② 착수하다, 시작하다

undertake the work
일을 떠맡다

under + take
below get
→ 아래에서(under) 자신의 윗사람의 일거리를 받다(take)
⇨ 떠맡다

1063 1 2 3 4 5

underlying

[ʌ̀ndərláiiŋ]

underlie 동 −의 아래에 있다, −의 기초가 되다

형 근본적인

an **underlying** cause of the rising crime rate
증가하는 범죄율의 근본적인 원인

under + lying
below lie
→ 본질 아래에(under) 누워 있는(lying) 거니까
⇨ 근본적인

1064 1 2 3 4 5 19. 국가직 9급 / 17. 법원직 9급

undermine

[ʌ̀ndərmáin]

동 ① 손상시키다, 약화시키다 ② 밑을 파다

= ① weaken, erode, impair, dilute, attenuate, debilitate

This crisis has **undermined** his position.
이런 위기가 그의 지위를 약화시켜 왔다.

under + mine
below dig
→ −의 아래를(under) 파니까(mine)
⇨ 손상시키다

1065 1 2 3 4 5 15. 법원직 9급

underscore

[ʌ̀ndərskɔ́ːr]

동 밑줄을 긋다, 강조하다

= highlight, stress, underline, accentuate

Underscore the key words.
중요한 단어에 밑줄을 그으세요.

under + score
below draw a line
→ 중요한 내용은 아래에(under) 선을 그어두니까(score)
⇨ 밑줄을 긋다

점수(score) 아래에(under) 두 줄로 밑줄을 그으니까(underscore) ⇨ 밑줄을 긋다

R 216 sub-, suf-, sur-, so- : -의 아래에(under, below)

1066 1 2 3 4 5 14. 국가직 7급

subconscious

[sʌbkɑ́nʃəs]

형 잠재의식의 명 잠재의식

= 형 subliminal

subconscious desires
잠재의식의 욕망

subconsciousness 명 잠재의식

sub + conscious
under aware of

→ 의식하는(conscious) 정신의 아래에(sub) 있는 거니까
⇨ 잠재의식의

1067 1 2 3 4 5 18. 소방직 9급

subtle

[sʌ́tl]

형 ① 미묘한 ② 섬세한

subtle fragrance
은은한 향기

sub + tle
under 형접

→ 밑바닥에(sub) 깔려있어 잘 드러나지 않는 거니까
⇨ 미묘한

1068 1 2 3 4 5 심화

sojourn

[sóudʒəːrn]

동 머무르다 명 체류

cf. adjourn (연기하다, 중단하다)

We **sojourned** in London for a month.
우리는 한 달 동안 런던에 머물렀다.

sojourner 명 일시 체류자, 기류인

so + journ
under day

→ -아래서(so) 여러 날을(journ) 보내다
⇨ 머무르다

1069 1 2 3 4 5 심화

suffocate

[sʌ́fəkèit]

동 질식하게 하다

= stifle, smother, muzzle

She was **suffocated** by the smoke.
그녀는 연기 때문에 질식했다.

suffocating 형 숨 막히는
suffocation 명 질식

suf + foc + ate
under throat 동접

→ 목(foc) 아래를(suf) 졸라 숨을 못 쉬게 하다
⇨ 질식하게 하다

1070 1 2 3 4 5

subjugate

[sʌ́bdʒugèit]

동 복종시키다, 정복하다

= dominate

subjugate the enemy forces
적군을 토벌하다

subjugation 명 정복, 진압

sub + jug + ate
under yoke 동접

→ 멍에를(jug) 씌워 아래에(sub) 두다
⇨ 복종시키다

귀족 아래(sub)로 보내 노예로 살다 죽게(jugate) 만드니까 ⇨ 복종시키다

1071 1 2 3 4 5 15. 국회직 8급 / 14. 국가직 7급

substantial

[səbstǽnʃəl]

substantiate 동 ① 실체화[구체화]하다 ② 입증하다
substantiation 명 ① 실체화 ② 실증

형 ① (양이) 상당한 ② 본질적인, 중요한 ③ 실제의

He found **substantial** happiness in work.
그는 일에서 상당한 기쁨을 얻었다.

sub + **sta(n)** + **tial**
under stand 형접
→ 아래에(sub) 버티고 서 있는(stan) 거니까
⇨ 본질적인, 중요한

1072 1 2 3 4 5 심화

subversive

[səbvə́:rsiv]

subvert 동 전복시키다
subversion 명 전복

형 전복시키는, 파괴적인

subversive agitation
파괴적인 선동

sub + **ver(s)** + **ive**
under turn 형접
→ 아래(sub)로 가서 뒤집는(ver) 거니까
⇨ 전복시키는, 파괴적인

R 217 de- : ① 아래로(down) ② 분리, 이탈(away, off, from) ③ 강조(completely)

1073 1 2 3 4 5

depart

[dipɑ́:rt]

departure 명 출발, 떠남

동 ① 떠나다, 출발하다 ② 벗어나다, 이탈하다

cf. impart (전하다, 나누어 주다)

depart from one's usual way of working
평상시의 작업 방식에서 벗어나다

de + **part**
away divide
→ -로부터 갈라져(part) 멀어지다(de)
⇨ 출발하다, 벗어나다

1074 1 2 3 4 5

deceased

[disí:st]

decease 명 사망 동 사망하다

형 사망한 명 고인

= 형 defunct

honor the memory of the **deceased**
고인을 추모하다

de + **ceased**
off end
→ 생명이 다해서(ceased) 이승과 단절되니까(de)
⇨ 사망한

1075 1 2 3 4 5 심화 18. 서울시 9급 추가채용

devout

[diváut]

devoutness 명 독실함, 열렬함

형 독실한, 경건한

= pious

She is a **devout** Christian.
그녀는 독실한 기독교인이다.

de + **vout**
completely vow
→ 신께 굳게(de) 맹세하는(vout)
⇨ 독실한

1076 1 2 3 4 5 14. 국가직 7급

deliberate
[dilíbərət]

동 숙고하다, 신중히 생각하다
형 ① 의도적인, 계획적인
② 신중한, 심사숙고한

= 동 meditate, ponder, contemplate, cogitate

She spoke in a slow and **deliberate** way.
그녀는 천천히 신중한 태도로 말을 했다.

deliberative 형 심의하는, 신중한
deliberately 부 ① 고의적으로 ② 신중하게

de + **liberate**
down balance
→ 저울 아래로(de) 무게를 재보고서 (liber) 결정하니까
⇨ 숙고하다, 신중한

1077 1 2 3 4 5 17. 법원직 9급

deteriorate
[ditíəriərèit]

동 ① 악화되다, 더 나빠지다
② 저하시키다, 악화시키다

= ② aggravate, exacerbate, worsen, inflame, compound

Planes **deteriorate** quickly in high humidity.
높은 습도에서 비행기는 빠르게 품질이 낮아진다.

deterioration 명 악화, 퇴보

de + **terior** + **ate**
down worse 동접
→ 아래로(de) 더 악화되게(terior) 하니까(ate)
⇨ 악화되다

자유 무역을 막으면(deter) 경제가 더 나빠지죠 ⇨ 악화되다

1078 1 2 3 4 5

debase
[dibéis]

동 저하시키다, 떨어뜨리다

cf. abase (비하하다, (지위·평판 등을) 떨어뜨리다)

Sports are **debased** by commercial sponsorship.
스포츠가 상업적 후원 때문에 가치가 떨어졌다.

debasement 명 저하, 타락
debased 형 품질이 저하된

de + **base**
down low
→ 품질을 아래로(de) 떨어뜨리니까 (base)
⇨ 저하시키다

1079 1 2 3 4 5 21. 소방직 9급 / 20. 국회직 8급

demolish
[dimάliʃ]

동 ① 부수다, 허물다 ② (사상·이론을) 뒤집다

= ① ravage, devastate

The building has long since been **demolished**.
건물은 허물어진 지가 오래 되었다.

demolition 명 파괴, 철거

de + **mol** + **ish**
down grind 동접
→ 건물 등을 갈아서(mol) 아래로(de) 뭉개니까
⇨ 부수다

깡패들이 떼(de)로 몰려서(molish) 부수고(demolish) 다니니까 ⇨ 부수다

1080 1 2 3 4 5

default
[difɔ́:lt]

명 태만, 채무 불이행
동 소홀히 하다, 채무를 이행하지 않다

= 명 neglect, delinquency

The company is in **default** on the loan.
그 회사가 그 대출금에 대한 채무를 이행하지 않고 있다.

de + **faul(t)**
down fail
→ 누워서(de) 할 일을 안하는(faul) 거니까
⇨ 태만

1081 1 2 3 4 5 16. 국회직 9급

detect

[ditékt]

detection 명 발견, 탐지

동 발견하다, 감지하다

The tests are designed to **detect** the disease early.
그 테스트들은 그 질병의 조기 발견을 위해 만들어진 것이다.

de + **tect**
off cover
→ 덮은(tect) 것을 제거하니까(de)
⇨ 발견하다

1082 1 2 3 4 5 20. 소방직 9급

derive

[diráiv]

derived 형 유래된, 파생된

동 ① 이끌어내다, 얻다 ② 유래하다, 파생되다

= ② originate, stem

We **derive** knowledge from reading books.
우리는 독서에서 지식을 얻는다.

de + **rive**
from river
→ 어떤 이유로부터(de) 흘러나오니까(rive)
⇨ 유래하다

1083 1 2 3 4 5 13. 서울시 9급

decipher

[disáifər]

cipher 명 암호 동 암호문으로 쓰다

동 해독하다, 풀다

= decode, decrypt

decipher the hidden suggestions in the lyrics
가사에 숨겨진 암시하는 바를 해독하다

de + **cipher**
off code
→ 암호(cipher)로부터 분리시키니까(de)
⇨ 해독하다

1084 1 2 3 4 5 13. 국회직 9급

decompose

[dìːkəmpóuz]

decomposition 명 ① 분해 ② 부패

동 ① 부패시키다 ② (성분·요소로) 분해시키다

Bacteria **decompose** dead things.
박테리아는 죽은 것들을 분해시킨다.

de + **compose**
away compose
→ 각 구성물들을(compose) 서로 떨어뜨려(de) 썩게 하니까
⇨ 부패시키다

1085 1 2 3 4 5 심화

delinquent

[dilíŋkwənt]

delinquency 명 ① 태만 ② 비행

형 ① 비행의 ② 체납된 명 비행 청소년

He is **delinquent** on his credit card balances.
그는 카드빚이 연체되었다.

de + **linq** + **ent**
completely leave 형접
→ 올바른 방향에서 완전히(de) 벗어난(linq)
⇨ 비행의

꾼(quent) 돈 갚는 것을 지연시키는(delay) 비행 청소년(delinquent)을 연상
⇨ 비행의, 체납된

1086 1 2 3 4 5 심화

deranged

[diréindʒd]

형 정상이 아닌, 미친

= insane, demented, lunatic

I must conclude that his mind is **deranged**.
나는 그가 미쳤다고 단정할 수밖에 없다.

derange 동 흐트러뜨리다, 미치게 하다

de + **range** + **ed**
away range 형접

→ 정상 범위(range)에서 떨어져(de) 있는
⇨ 정상이 아닌

1087 1 2 3 4 5

dehydrate

[diːháidreit]

동 (식품을) 건조시키다, 탈수 상태가 되다

= parch

Drink lots of water to avoid becoming **dehydrated**.
탈수 상태가 되는 것을 피할 수 있도록 물을 많이 마셔라.

dehydration 명 탈수, 건조

de + **hydrate**
off hydrate

→ 물을(hydrate) 다 없애니까(de)
⇨ (식품을) 건조시키다

1088 1 2 3 4 5 18. 기상직 9급

defunct

[difʌ́ŋkt]

형 ① 죽은 ② 사용되지 않는 ③ 효력을 잃은

= ① deceased

a **defunct** tribe of Native Americans
멸망한 아메리카 원주민 부족

de + **funct**
away perform

→ 기능(funct) 하지 않는(de)
⇨ 효력을 잃은

1089 1 2 3 4 5

detrimental

[dètrəméntl]

형 해로운

= deleterious, lethal, pernicious, nocuous, noxious, baneful, virulent

The policy will be **detrimental** to the peace process.
그 정책은 평화 정착 과정에 해가 될 것이다.

detrimentality 명 불이익, 해로움

de + **tri** + **mental**
down rub 형접

→ 계속해서 문질러서(tri) 원래 상태보다 떨어뜨리는(de)
⇨ 해로운

1090 1 2 3 4 5 심화

deprecate

[déprikèit]

동 ① 반대하다 ② 비난하다

She heard parents **deprecate** her husband.
그녀는 부모님이 남편을 비난하는 것을 들었다.

deprecation 명 반대, 탄원

de + **prec** + **ate**
away pray 동접

→ 나쁜 것에서 멀어지도록(de) 기도하니까(prec)
⇨ 반대하다

[데프리케이트] = 뒷풀이 + 개 ➡ 뒷풀이만 가면 술 먹고 개가 된다고 비난하다(deprecate) ⇨ 비난하다

1091 1 2 3 4 5 심화

desist

[dizíst, -síst]

desistance 명 중지, 단념

동 그만두다, 중지하다

They agreed to **desist** from bombing campaign.
그들은 폭격 작전을 그만두는 데에 동의했다.

de + **sist**
off stand

→ 서서(sist) 하던 일에서 내려오니까(de)
⇨ 그만두다

1092 1 2 3 4 5 심화

decrepit

[dikrépit]

decrepitude 명 노쇠, 노후

형 노쇠한, 노후한

= infirm

You are a **decrepit** old man now.
당신은 이제 노쇠한 노인입니다.

de + **crepit**
down crack

→ 오래 되어서 약해져(de) 깨지기(crepit) 쉬우니까
⇨ 노쇠한

힘이 점점 줄어서(decrease) 픽(pit)하고 쓰러지는 노인을 연상 ⇨ 노쇠한, 노후한

1093 1 2 3 4 5 심화

demure

[dimjúər]

형 ① 얌전한, 조용한 ② 정숙한

She was **demure** and reserved.
그녀는 얌전하고 내성적이었다.

de + **mure**
completely mature

→ 사람이 많이(de) 성숙하면(mure) 얌전해지니까
⇨ 얌전한

[디뮤어] = 디퓨저 ➡ 디퓨저 향을 맡고 얌전해지다(demure) ⇨ 얌전한

1094 1 2 3 4 5 심화

derelict

[dérəlikt]

dereliction 명 ① 유기 ② 태만

형 ① 유기된, 버려진 ② 직무에 태만한

= ② negligent, delinquent, remiss

The government reclaimed the **derelict** land.
정부는 버려진 땅을 개간했다.

de + **relict**
completely deserted

→ 잔인하게(de) 버려졌으니까(relict)
⇨ 유기된

1095 1 2 3 4 5

despondent

[dispándənt]

despondency 명 낙담, 의기소침

형 낙심한, 의기소침한

= somber, dismal, sullen, morose, dejected, doleful

He became **despondent** of success.
그는 성공에 대해 낙담했다.

de + **spond** + **ent**
away promise 형접

→ 안된다고(de) 말하니(약속하니 : spond)
⇨ 낙심한

광고 스폰(spon)이 하나씩 떨어져(de) 나가서 낙심한(despondent) 제작자를 연상 ⇨ 낙심한

1096 ① ② ③ ④ ⑤

deciduous

[disídʒuəs]

형 ① 낙엽성의 ② 일시적인

= ② provisional, momentary, transient, transitory, tentative, evanescent, ephemeral

The oak is a **deciduous** tree.
참나무는 낙엽성 수목이다.

de + **cidu** + **ous**
down fall 형접
→ 밑으로(de) 잎이 잘 떨어지는(cidu) 것이니까
⇨ 낙엽성의

1097 ① ② ③ ④ ⑤ 심화

demarcate

[dimɑ́ːrkeit]

demarcation 명 경계, 구분

동 경계를 정하다

Plots of land were **demarcated** by barbed wire.
각각의 부지는 가시철조망으로 경계가 표시되어 있다.

de + **marc** + **ate**
completely mark 동접
→ 확실하게(de) 영역을 표시하는(marc) 거니까
⇨ 경계를 정하다

1098 ① ② ③ ④ ⑤ 심화

depredate

[déprideìt]

depredation 명 약탈, 강탈
depredator 명 약탈자

동 강탈하다, 약탈하다

cf. deprecate (비난하다, 반대하다)

Wolves can **depredate** livestock and even pets.
늑대는 가축과 심지어 애완동물까지 약탈할 수 있다.

de + **pred** + **ate**
completely seize 동접
→ 인정사정없이(de) 빼앗아가니까(pred)
⇨ 강탈하다

1099 ① ② ③ ④ ⑤

detour

[díːtuər]

명 우회

We had to make a **detour**.
우리는 우회해 가야 했다.

de + **tour**
away turn
→ 옆으로(de) 돌아가니까(tour)
⇨ 우회

1100 ① ② ③ ④ ⑤

demise

[dimáiz]

명 ① 서거, 별세 ② 종말

express deep condolences on his **demise**
그의 죽음에 대한 깊은 애도의 뜻을 표하다

de + **mise**
down send
→ 땅 아래로(de) 보내지는(mise) 거니까
⇨ 서거

R 218 ex–, e–, ef– : ① 밖으로(out) ② 소멸(out) ③ 강조(completely) ④ 벗기다(off) ⑤ up(위로)

1101 1 2 3 4 5 — 19. 국회직 9급 / 17. 국회직 9급 / 13. 지방직 7급

eradicate

[irǽdikèit]

동 근절하다, 뿌리 뽑다

= extinguish, annihilate, exterminate

eradicate illegalities and corruption
부정부패를 근절하다

eradication 명 근절, 박멸

e + radic + ate
out / root / 동접
→ 뿌리(radic)를 흙 밖으로(e) 뽑아내니까
⇨ 근절하다

1102 1 2 3 4 5 — 17. 경찰직 2차 / 14. 서울시 9급

efface

[iféis]

동 삭제하다, 지우다

= eliminate, abolish, liquidate, obliterate, obviate, expunge

Kate **effaced** some lines in a book.
Kate는 책에서 몇 줄을 지웠다.

ef + face
out / surface
→ 표면(face) 위에 있는 것을 밖으로(ef) 빼내서 없애니까
⇨ 삭제하다

집에 가면 얼굴(face)에서 화장을 지우니까(efface) ⇨ 삭제하다, 지우다

1103 1 2 3 4 5

exhaust

[igzɔ́ːst]

동 ① 기진맥진하게 하다 ② 다 써 버리다
명 배기가스

= 동 ① debilitate, enervate

exhaust himself
그 자신을 기진맥진하게 하다

exhausted 형 기진맥진한, 탈진한
exhaustive 형 철저한

ex + haust
out / draw out
→ 가진 모든 것을 끌어내서(haust) 소멸시키니까(ex)
⇨ 기진맥진하게 하다

1104 1 2 3 4 5

elicit

[ilísit]

동 끌어내다, 유도해 내다

= evoke, engender, beget, incur, induce

I could **elicit** no response from him.
나는 그에게서 아무 반응도 끌어낼 수 없었다.

e + lic + it
out / entice / 동접
→ 밖으로(e) 유인해서(lic) 빼내니까
⇨ 끌어내다

[일리씨트] = 일리 ➡ 일리 있는 논리를 끌어내다(elicit) ⇨ 끌어내다

1105 1 2 3 4 5

exotic

[igzɑ́tik]

형 이국적인, 외국의

= extrinsic, external

exotic flowers
이국적인 꽃들

ex(o) + tic
out / 형접
→ 바깥쪽에(ex) 있다는 의미에서
⇨ 이국적인

1106 1 2 3 4 5 16. 경찰직 1차

exaggerate

[igzǽdʒərèit]

exaggeration 명 과장
exaggerative 형 과장적인

동 과장하다

= magnify, overdo, hyperbolize

exaggerate the story
이야기를 과장하다

ex + **agger** + **ate**
completely heap 동접

→ 실제보다 더 크게(ex) 쌓아올리니까 (agger)
⇨ 과장하다

1107 1 2 3 4 5 심화 19. 경찰직 2차 / 13. 국가직 7급 / 13. 서울시 7급

exasperate

[igzǽspərèit]

exasperating 형 정말 짜증스러운, 화가 치미는
exasperation 명 격분, 분노

동 ① 몹시 화나게 하다 ② 악화시키다

= ① infuriate, enrage, incense, vex

exasperate the problem
문제를 악화시키다

ex + **asper** + **ate**
out rough 동접

→ 상대방이 밖으로(ex) 거칠어지도록 (asper) 만드니까(ate)
⇨ 몹시 화나게 하다

1108 1 2 3 4 5

exile

[égzail]

exilic 형 추방된, 유랑의

동 추방하다 명 추방(자), 망명(자)

= 동 expel, evict, eject, oust, expatriate, exorcise

He returned after 40 years of **exile**.
그는 40년간의 망명 생활에서 돌아왔다.

ex + **ile**
out sit

→ 나라 밖으로(ex) 내보내져 살게(ile) 된 사람
⇨ 망명(자)

1109 1 2 3 4 5

erode

[iróud]

erosive 형 부식성의, 침식적인
erosion 명 부식, 침식

동 ① 침식시키다, 풍화시키다 ② 약화시키다

= ② weaken, impair, undermine, dilute, attenuate, debilitate

Inefficiencies can **erode** the bottom line.
비효율성은 순익을 훼손할 수 있다.

e + **rode**
out gnaw

→ 바람에 흙이 갉아먹어져(rode) 차츰차츰 소멸되니까(e)
⇨ 침식시키다

길(road)은 시간이 지나면서 침식되니까 (erode) ⇨ 침식시키다

1110 1 2 3 4 5 심화

enunciate

[inʌ́nsièit]

enunciation 명 발음
enunciative 형 선언적인

동 ① 발음하다 ② 선언하다, 발표하다

= ① pronounce, articulate

enunciate correctly
정확하게 발음하다

e + **nunci** + **ate**
out announce 동접

→ 밖으로(e) 발표하는(nunci) 거니까
⇨ 선언하다, 발표하다

1111 1 2 3 4 5 심화

exorcise

[éksɔːrsàiz]

동 내쫓다

= expel, evict, eject, exile, oust, expatriate

exorcise evil spirits
악한 귀신을 내쫓다

exorcism 명 악령 쫓기

ex + **orcise**
out oath

→ 주문으로(orcise) 귀신을 불러 몰아 내는(ex) 것이니까
⇨ 내쫓다

영화 엑소시스트(exorcist)의 퇴마사들은 악령을 내쫓으니까(exorcise) ⇨ 내쫓다

1112 1 2 3 4 5 13 국가직 7급

exhilarate

[igzílərèit]

동 기운을 북돋우다, 기쁘게 만들다

= stimulate, invigorate, enliven, galvanize, rejuvenate

Speed had always **exhilarated** him.
속도는 항상 그를 신나게 만들었다.

exhilarated 형 유쾌한
exhilaration 명 들뜸, 흥분

ex + **hilar** + **ate**
completely cheerful 동접

→ 많이(ex) 기운이 나게(hilar) 하는 거니까
⇨ 기운을 북돋우다

외출(ex)은 힐러리(hilarate)에게 기운을 주니까 ⇨ 기운을 북돋우다

1113 1 2 3 4 5 심화 13 국가직 7급

excoriate

[ikskɔ́ːrièit]

동 ① 맹비난하다 ② 껍질을 벗기다 ③ 찰과상을 입히다

= ① denounce, reproach, reprehend, rebuke, censure, impugn, oppugn

He is **excoriated** as a racist.
그는 인종주의자로 맹비난받고 있다.

excoriation 명 ① 찰과상 ② 심한 비난

ex + **cori** + **ate**
off skin 동접

→ 껍질을(cori) 벗기니까(ex)
⇨ 껍질을 벗기다

코로나 시국에 해외로(ex) 여행 간 코리안(coria)들을 맹비난하다(excoriate) ⇨ 맹비난하다

1114 1 2 3 4 5 심화

exonerate

[igzάnərèit]

동 혐의를 풀어주다, ~의 무죄를 증명하다

= exempt, absolve, acquit, exculpate

exonerate him from all charges of corruption
그를 모든 부패 혐의에서 풀어주다

exoneration 명 면죄, 면제
exonerative 형 면죄의, 면제의

ex + **oner** + **ate**
off burden 동접

→ 지고 있던 짐을(oner) 떼어주니까(ex)
⇨ 혐의를 풀어주다

감옥 밖으로(ex) 오너라(onerate) ⇨ 혐의를 풀어주다

1115 1 2 3 4 5 심화

extant

[ékstənt]

형 현존하는

extant remains of the ancient wall
그 고대 성벽의 잔존하는 유적

ex + **ta** + **nt**
out stand 형접

→ 밖에(ex) 서(ta) 있으니까
⇨ 현존하는

1116 1 2 3 4 5

erudite
[érjudàit]

형 학식이 있는, 박식한

= literate, savvy

He's **erudite** on the topic of politics.
그는 정치에 관해서 박식하다.

erudition 명 박식, 학식

e + **rudi** + **te**
out rough 형접

→ 배우지 않은(rudi) 사람을 꺼내와(e) 가르친 거니까
⇨ 학식이 있는

무식함이 드러나는 무례함(rude)에서 벗어난(e) ⇨ 학식이 있는, 박식한

1117 1 2 3 4 5 16. 기상직 7급 / 13. 서울시 7급

exorbitant
[igzɔ́ːrbətənt]

형 과도한, 지나친

an **exorbitant** amount of maintenance
과도한 유지비

exorbitantly 부 엄청나게, 터무니없이

ex + **orbit** + **ant**
out orbit 형접

→ 상식적인 궤도에서(orbit) 벗어났으니까(ex)
⇨ 지나친

1118 1 2 3 4 5 10. 지방직 7급

expound
[ikspáund]

동 상세히 설명하다

= explicate, elucidate

expound one's views
자기 의견을 상세히 설명하다

expounder 명 해설자

ex + **po** + **und**
out put 동접

→ 어려운 개념을 눈에 보이도록 밖에(ex) 내어놓으니까(po)
⇨ 상세히 설명하다

은행원이 영국의 파운드화(pound)에 대해 상세히 설명하다(expound) ⇨ 상세히 설명하다

1119 1 2 3 4 5

expunge
[ikspʌ́ndʒ]

동 지우다, 삭제하다

= eliminate, abolish, efface, liquidate, obliterate, obviate

Their individual criminal records were **expunged**.
그들의 개별 범죄 기록은 삭제되었다.

expunction 명 말소, 제거

ex + **punge**
out prick

→ 구멍 난 부분을(punge) 기워서 없애니까(ex)
⇨ 지우다

스펀지(spunge)로 지우다(expunge) ⇨ 지우다

1120 1 2 3 4 5 20. 국회직 8급

extol
[ikstóul]

동 칭찬하다, 칭송하다

= acclaim, praise, commend, compliment, exalt, laud, applaud

extol the virtues of former times
이전 시대의 미덕을 칭송하다

extollment 명 격찬

ex + **tol**
up raise

→ 어떤 사람을 위로(ex) 띄워주니까(tol)
⇨ 칭찬하다

1121 1 2 3 4 5 심화

ebullient

[ibʌ́ljənt]

ebullience 명 비등, 격발

형 원기 왕성한

The Prime Minister was in **ebullient** mood.
수상은 패기만만한 분위기였다.

e + **bulli** + **ent**
out bubble 형접

→ 거품이(bulli) 밖으로(e) 이는 것처럼 왕성하니까
⇨ 원기 왕성한

황소(bull)처럼 기운이 왕성한(ebullient)
⇨ 원기 왕성한

1122 1 2 3 4 5 심화

egregious

[igríːdʒiəs]

형 ① 지독한, 악명 높은 ② 터무니없는

egregious errors on the examination
시험에서 터무니없는 실수

e + **greg** + **ious**
out flock 형접

→ 정상인의 무리(greg)에서 벗어난(e)
⇨ 지독한, 터무니없는

[이그리져스] = 일그러졌어 ➡ 지독한(egregious) 사람을 보고 표정이 일그러졌어 ⇨ 지독한

1123 1 2 3 4 5

extenuate

[iksténjuèit]

extenuation 명 정상 참작, 경감

동 ① 경감하다 ② 참작하다

cf. attenuate (가늘어지다, 약화시키다)

Nobody can **extenuate** his relentless cruelty.
그 자의 무자비한 잔인함은 정상 참작의 여지가 없다.

ex + **tenu** + **ate**
out thin 동접

→ 심한 상태가 가늘게(tenu) 나타나도록(ex) 하니까
⇨ 경감하다

1124 1 2 3 4 5 심화

exude

[igzúːd]

동 분비하다, 발산하다

She **exuded** confidence.
그녀는 자신감을 발산했다.

ex + **ude**
out sweat

→ 땀을(ude) 몸 밖으로(ex) 흘리는 거니까
⇨ 분비하다

R 219 un-, uni- : 하나(one)

1125 1 2 3 4 5

unique

[juːníːk]

형 ① 유일무이한 ② 독특한

He draws a **unique** full sound from the instrument.
그는 그 악기에서 특유의 깊은 소리를 끌어낸다.

uni + **que**
one 형접

→ 하나만(uni) 있는 거니까
⇨ 유일무이한

1126 ①②③④⑤ 20. 국회직 9급 / 19. 서울시 7급 추가채용 / 17. 서울시 7급

universal

[jùːnəvə́ːrsəl]

universally 부 일반적으로

형 전 세계적인, 보편적인

a **universal** feature of our life
우리 삶의 보편적인 특징

uni + vers + al
one turn 형접
→ 한(uni) 덩어리로 변화된(vers) 것이니까
⇨ 전 세계적인, 보편적인

1127 ①②③④⑤ 21. 경찰직 2차

unanimous

[juːnǽnəməs]

unanimously 부 만장일치로

형 만장일치의

Her proposal met with **unanimous** rejection.
그녀의 제안은 만장일치로 부결되었다.

un + anim + ous
one mind 형접
→ 모든 사람이 한(un) 마음이니까(anim)
⇨ 만장일치의

R 220 co-, com-, con-, col-, cor- : ① 함께(together) ② 강조(completely)

1128 ①②③④⑤ 20. 국회직 8급

accompany

[əkʌ́mpəni]

동 -와 동반하다, 동행하다

accompany her to the station
역까지 그녀와 동행하다

ac + com + pany
to together bread
→ 가는 길에(ac) 함께(com) 일행이(company) 되다
⇨ -와 동반하다

1129 ①②③④⑤ 19. 경찰직 1차 / 18. 법원직 9급

compromise

[kɑ́mprəmàiz]

동 ① 타협하다 ② 손상시키다
명 타협, 절충(안)

= 동 ② impair, mar, vitiate

In the end, they arrived at a **compromise**.
결국, 그들은 절충안에 도달했다.

com + promise
together promise
→ 중재자의 결정에 따르기로 함께(com) 약속하는(promise) 거니까
⇨ 타협하다, 타협

1130 ①②③④⑤

correlate

[kɔ́ːrəlèit]

correlation 명 상호관계, 연관성
correlative 형 상호관계가 있는 명 상관관계가 있는 것

동 상호 관련시키다, 연관성이 있다

The figures do not seem to **correlate**.
그 수치들은 연관성이 없어 보인다.

cor + relate
together relate
→ 서로(cor) 관련시키다(relate)
⇨ 상호 관련시키다

1131 1 2 3 4 5 15. 국회직 8급 / 10. 국가직 7급

constant

[kάnstənt]

형 불변의, 끊임없는
명 ① 변하지 않는 것 ② (수학) 상수

= 형 persistent, permanent, perpetual, perennial, immortal, incessant

His **constant** joking was beginning to annoy her.
그의 끊임없는 농담이 그녀를 짜증나게 하기 시작했다.

constantly 부 끊임없이

con + **st** + **ant**
together stand 형·명접
→ 언제나 함께(con) 서 있는(st) 거니까
⇨ 불변의

1132 1 2 3 4 5

correspond

[kɔ̀:rəspάnd]

동 ① 일치하다, 상응하다
② 서신을 주고받다, 통신하다

= ① coincide, tally

The copy does not **correspond** with the original.
복사본이 원본과 일치하지 않는다.

correspondence 명 ① 서신 왕래 ② 일치
correspondent 명 통신원, 특파원

cor + **respond**
together reply
→ 편지나 전화로 서로 서로(cor) 응답하다(respond)
⇨ 통신하다

1133 1 2 3 4 5 17. 경찰직 1차

collide

[kəláid]

동 ① 부딪치다, 충돌하다
② (의견이) 일치하지 않다, 상충되다

They regularly **collide** over policy decisions.
그들은 정책 결정을 두고 정기적으로 의견 충돌을 일으킨다.

collision 명 충돌

col + **lide**
together strike
→ 서로(col) 맞부딪치다(lide)
⇨ 충돌하다

1134 1 2 3 4 5

coherent

[kouhíərənt]

형 일관성 있는, 논리 정연한

= consistent, logical

cf. adherent (점착성의, 지지자)

The flow of the story was **coherent**.
그 이야기의 전개는 일관성이 있었다.

cohere 동 일관성이 있다, 논리 정연하다
incoherent 형 앞뒤가 안 맞는 말을 하는
cohesive 형 응집성의, 접착력 있는
cohesion 명 결합, 응집력

co + **her** + **ent**
together stick 형접
→ 논리적으로 함께(co) 매달려 있는(her) 것이니까
⇨ 일관성 있는

1135 1 2 3 4 5

configuration

[kənfìgjuréiʃən]

명 배열, 배치

= arrangement

I am not obsessed with the precise **configuration**.
나는 정확한 배열에 집착하지 않는다.

configurate 동 ~의 모양[형태]를 만들다

con + **figura** + **tion**
together figure 명접
→ 여러 모습들을(figura) 함께(con) 두는 것이니까
⇨ 배열

1136 1 2 3 4 5 08, 지방직 7급

commence

[kəméns]

commencement 명 ① 시작, 개시 ② 학위 수여식

동 ① 시작되다 ② 학위를 받다

= ① embark, initiate, inaugurate

The meeting will **commence** at noon.
그 회의는 정오에 시작될 것이다.

com + **mence**
completely initiate

→ 새로운 마음으로 힘차게(com) 시작하다(mence)
⇨ 시작되다

[커맨스] = 크면 + 스 ➡ 크면 한 사람(man)의 몫을 하려 사회생활을 스타트하니까 ⇨ 시작되다

1137 1 2 3 4 5 심화

confederate

형 명 [kənfédərət]
동 [kənfédərèit]

confederation 명 동맹자

형 동맹한, 연합한 명 동맹자, 연합자
동 동맹하다

confederate with other colonies for mutual safety
상호의 안전을 위해 다른 식민지와 동맹하다

con + **feder** + **ate**
together league 형접

→ 함께하는(con) 연합체니까(feder)
⇨ 동맹한

1138 1 2 3 4 5 심화

confiscate

[kάnfiskèit]

confiscation 명 몰수, 압수

동 몰수하다, 압수하다

cf. forfeit (~를 몰수당하다)

Their land was **confiscated** after the war.
그들의 땅은 전쟁 후에 몰수되었다.

con + **fisc** + **ate**
together money 동접

→ 돈주머니(fisc)를 함께(con) 가져가는 거니까
⇨ 몰수하다

1139 1 2 3 4 5

confound

[kanfáund]

confounded 형 당황한, 어리둥절한

동 어리둥절[당혹]하게 만들다

= embarrass, baffle, bewilder, perplex, perturb, obfuscate, fluster

The sudden rise in share prices **confounded** economists.
갑작스러운 주가 상승이 경제 전문가들을 당황하게 만들었다.

con + **found**
together pour

→ 여러 가지를 함께(con) 쏟아 붓다(found)
⇨ 어리둥절[당혹]하게 만들다

면접에서 심오한(profound) 문제를 물어보니까 ⇨ 어리둥절[당혹]하게 만들다

1140 1 2 3 4 5

conciliate

[kənsílièit]

conciliatory 형 달래는, 회유하기 위한

동 달래다, 회유하다

= ease, relieve, alleviate, appease, assuage, allay, mollify, mitigate, pacify, placate, soothe

His duty was to **conciliate** people.
그의 임무는 사람들을 회유하는 것이었다.

con + **cili** + **ate**
together call 동접

→ 더불어(con) 좋은 감정을 불러일으키다(cili)
⇨ 달래다, 회유하다

[컨실리에잇] = 큰 실익 ➡ 큰 실제 이익을 보여주며 상대방을 회유하다(conciliate) ⇨ 달래다, 회유하다

1141 1 2 3 4 5

coerce

[kouə́:rs]

동 ① 강요하다, 강제하다 ② 진압하다

= ① impose, intrude, compel, impel

They were **coerced** into negotiating a settlement.
그들은 합의를 이끌어 내도록 강요받았다.

coercion 명 강제, 억압
coercive 형 강제적인, 억압적인

co + **erce**
together restrain

→ 함께(co) 저지하다(erce)
⇨ **강제하다, 진압하다**

[코우어스] = 코 어서 ➡ 함께(co) 어서(erce) 하라고 하니까 ⇨ 강요하다, 강제하다

1142 1 2 3 4 5 심화

coalition

[kòuəlíʃən]

명 연립 정부, 연합체

coalition with the Social Democrats
사회민주당과의 연합

coalitional 형 연합의

co + **ali** + **tion**
together grow 명접

→ 합쳐져 함께(co) 성장해나가는(ali) 것이니까
⇨ **연립 정부**

1143 1 2 3 4 5 심화

consign

[kənsáin]

동 ① 넘겨주다, 건네주다 ② 놓다, 두다 ③ 맡기다, 위임하다

consign money in a bank
은행에 돈을 맡기다

consignment 명 탁송, 위탁

con + **sign**
together mark

→ 변호사 계약 시 변호사랑 의뢰인이 함께(con) 사인해서(sign)
⇨ **맡기다, 위임하다**

[컨사인] = 공 사인 ➡ 야구 선수가 공에 사인해서 건네주니까(consign) ⇨ 넘겨주다, 건네주다

1144 1 2 3 4 5 15. 지방직 9급 / 14. 서울시 9급 / 14. 서울시 7급

corroborate

[kərάbərèit]

동 확증하다, 입증하다

= testify, attest, verify, validate, vindicate, substantiate

cf. collaborate (협력하다)

The show **corroborated** a rumor.
그 프로그램은 소문이 사실임을 입증했다.

corroboration 명 확증
corroborative 형 확증하는

cor + **robor** + **ate**
completely strength 동접

→ 주장이 철저히(cor) 설득력을(robor) 얻으려면 필요하니까
⇨ **확증하다**

1145 1 2 3 4 5 심화 21. 경찰직 2차

concoct

[kankάkt]

동 ① (음식 등을) 조합하여 만들다 ② (음모 등을) 꾸미다, (이야기·변명 등을) 지어내다

concoct a very good substitute for butter
버터의 아주 좋은 대용품을 만들다

concoction 명 혼합물
concoctive 형 조합한

con + **coct**
together cook

→ 여러 재료를 함께(con) 넣어 요리하니까(coct)
⇨ **조합하여 만들다**

1146 1 2 3 4 5 — 21. 해경직 2차

conglomerate

[kənglάmərit]

conglomeration 명 복합(체)

명 거대 기업, 집단

He is the head of a prominent **conglomerate**.
그는 유명 재벌 기업의 총수다.

con + **glomer** + **ate**
together gather 동접

→ 여러 기업이 모여(con) 합쳐진(glomer) 거니까
⇨ 거대 기업

[컨글라머리트] = 큰 글로벌 ➡ 큰(con) 글로벌(glomer) 기업 ⇨ 거대 기업

1147 1 2 3 4 5 심화

convivial

[kənvíviəl]

conviviality 명 유쾌함, 연회 기분

형 유쾌한, 쾌활한

During the holidays, people are in a **convivial** mood.
휴일이면 사람들은 쾌활해진다.

con + **viv** + **ial**
together live 형접

→ 서로 모여(con) 생생함(viv)을(살아있음을) 느끼는 거니까
⇨ 유쾌한, 쾌활한

서로(con) 얼굴을 비비(vivi)는 자리니까 ⇨ 유쾌한, 쾌활한

1148 1 2 3 4 5

congruous

[káŋgruəs]

incongruous 형 어울리지 않는

형 일치하는, 어울리는

= consistent, coincident, consonant, concurrent, congruent

This work is **congruous** to his character.
이 일은 그의 성격에 맞는다.

con + **gru** + **ous**
together fit 형접

→ 서로(con) 어울리는(gru) 거니까
⇨ 일치하는

함께(con) 구르면서(gruous) 잘 어울려(congruous) 노는 아이들 ⇨ 어울리는

1149 1 2 3 4 5

congruent

[káŋgruənt]

congruence 명 일치, 조화

형 ① 동일한, 일치하는 ② (수학) 합동의

= ① consistent, coincident, consonant, concurrent, congruous

congruent with witnesses' accounts
목격자들의 진술과 일치하는

con + **gru** + **ent**
together fit 형접

→ 함께(con) 어울리는(gru) 것이니까
⇨ 동일한

1150 1 2 3 4 5 심화 — 18. 서울시 7급 추가채용

connive

[kənáiv]

connivance 명 묵인

동 못 본 체하다, 묵인하다

The jailer **connived** at the escape from prison.
간수가 탈옥을 묵인했다.

con + **nive**
together wink

→ 서로(con) 윙크하면서(nive) 못 본 척하는 거니까
⇨ 못 본 체하다

DAY 24

R 221 un- : ① 부정(not) ② 반대(opposite)

1151 1 2 3 4 5

unfavorable

[ʌnféivərəbl]

형 ① 불리한 ② 비판적인

cf. favorable (유리한, 호의적인)

unfavorable circumstances
불리한 환경

un + favorable
not advantageous
→ 유리하지(favorable) 않은(un) 거니까
⇨ 불리한

1152 1 2 3 4 5

uneasy

[ʌníːzi]

형 불안한, 불안정한

She felt **uneasy** in the unfamiliar surroundings.
그녀는 익숙지 않은 환경에 있어서 마음이 불안했다.

un + easy
not comfortable
→ 편하지(easy) 않은(un) 것이니까
⇨ 불안한

1153 1 2 3 4 5 18. 소방직 9급

unconscious

[ʌnkάnʃəs]

형 ① 무의식적인 ② 의식을 잃은

unconscious desires
무의식적인 욕망

unconsciousness 명 의식 불명
conscious 형 의식적인

un + conscious
not aware of
→ 의식하지(conscious) 못하는(un) 것이니까
⇨ 무의식적인

1154 1 2 3 4 5

unconditional

[ʌnkəndíʃənl]

형 무조건적인, 절대적인

She gave her children **unconditional** love.
그녀는 자녀들에게 무조건적인 사랑을 베풀었다.

un + conditional
not qualified
→ 조건부가(conditional) 아닌(un) 거니까
⇨ 무조건적인

1155 1 2 3 4 5 10. 국가직 7급

unbearable

[ʌnbέərəbl]

형 참을 수 없는

= intolerable, unacceptable

The heat in the factory was **unbearable**.
공장 안의 더위는 참을 수 없을 정도였다.

bearable 형 견딜 만한

un + bearable
not tolerable
→ 참을 만하지(bearable) 않은(un) 거니까
⇨ 참을 수 없는

1156 1 2 3 4 5 20. 법원직 9급

unwillingly

[ʌnwíliŋli]

unwillingness 명 본의 아님
unwilling 형 꺼리는
willing 형 꺼리지 않는, 기꺼이 하는

부 마지못해, 본의 아니게

The police are very **unwilling** to interfere in family problems.
경찰은 집안 문제에 개입하는 것을 꺼린다.

un + **willingly**
not volunteer

→ 자진해서(willingly) 하는 것이 아니니까(un)
⇨ 마지못해

1157 1 2 3 4 5

uneven

[ʌ̀níːvən]

even 형 ① 평평한 ② 짝수의

형 ① 불규칙한, 평평하지 않은
② 공정하지 않은

The floor felt **uneven** under his feet.
그의 발밑으로 느껴지는 바닥은 울퉁불퉁했다.

un + **even**
not flat

→ 평평하지(even) 않은(un) 것이니까
⇨ 불규칙한, 공정하지 않은

1158 1 2 3 4 5

uninterested

[ʌ̀níntərəstid]

형 무관심한, 냉담한

= indifferent, aloof, apathetic, callous

cf. disinterested (사심 없는, 공평한, 무관심한)

He was totally **uninterested** in sports.
그는 스포츠에는 전혀 흥미가 없었다.

un + **interested**
not amused

→ 흥미로워(interested) 하지 않는(un) 거니까
⇨ 무관심한

1159 1 2 3 4 5 18. 서울시 9급 추가채용 / 15. 국가직 9급

unbiased

[ʌ̀nbáiəst]

biased 형 편향된, 선입견 있는

형 선입견 없는

= impartial

unbiased advice
편견 없는 조언

un + **biased**
not biased

→ 선입견이 있지(biased) 않은(un) 거니까
⇨ 선입견 없는

1160 1 2 3 4 5 19. 지방직 7급 / 15. 기상직 9급

unfold

[ʌnfóuld]

동 펼치다, 밝히다

= reveal, disclose, unveil, divulge, debunk

The girls listened in fascination as the story **unfolded**.
이야기가 펼쳐지자 그 소녀들은 매료되어 귀를 기울였다.

un + **fold**
opposite fold

→ 접는(fold) 것의 반대(un)니까
⇨ 펼치다

1161 1 2 3 4 5

unsettle

[ʌnsétl]

동 ① 어지럽히다, 동요시키다
② 불안하게 하다

unsettled 형 해결되지 않은, 불안정한, 정착하지 않은

Changing schools might **unsettle** the kids.
전학은 아이들을 불안하게 만들 수 있다.

un + **settle**
not settle

→ 마음이 아직 정착되지(settle) 않은(un) 것이니까
⇨ 어지럽히다

1162 1 2 3 4 5

unattended

[ʌnəténdid]

형 ① 방치된 ② 출석자가 없는, 단독의

cf. well-attended (많은 사람들이 참석한)

Small children should never be left **unattended**.
어린아이들을 방치해서는 안 된다.

un + **attend** + **ed**
not notice 형접

→ 남들의 주목을(attend) 받지 못하니까(un)
⇨ 방치된

1163 1 2 3 4 5 17. 국가직 9급

uncanny

[ʌnkǽni]

형 불가사의한, 신비한, 묘한, 이상한

= bizarre, eerie, peculiar, idiosyncratic, weird, outlandish, eccentric

cf. canny (영리한, 능숙한, 신중한)

an **uncanny** feeling
묘한 느낌

un + **canny**
not can know

→ 알 수 있는 것이(canny) 아니니까(un)
⇨ 불가사의한

[언캐니] = 안 캐니 ➡ 진실을 안(un) 캐니 실체를 알 수 없으니까 ⇨ 불가사의한

1164 1 2 3 4 5

unearth

[ʌnə́ːrθ]

동 파내다, 발굴하다

= exhume, excavate

unearth buried treasures
묻혀있는 보물을 파내다

un + **earth**
opposite ground

→ 땅에(earth) 묻힌 것을 반대로(un) 꺼내니까
⇨ 파내다

1165 1 2 3 4 5

unruly

[ʌnrúːli]

형 제멋대로 하는

= arbitrary, intractable, refractory, recalcitrant

unruliness 명 고분고분하지 않음, 날뜀

an **unruly** class
다루기 힘든 학급

un + **rul(y)**
not rule

→ 규칙대로(rul) 하지 않는(un) 거니까
⇨ 제멋대로 하는

1166 1 2 3 4 5 심화 16. 국회직 8급

unscrupulous

[ʌnskrúːpjuləs]

scruple 명 양심, 가책
scrupulous 형 양심적인, 세심한

형 부도덕한, 양심적이지 않은

unscrupulous methods
무원칙한 방법들

un + **scrupulous**
not conscientious

→ 양심적이지(scrupulous) 않은(un) 거니까
⇨ 부도덕한

스크루(scru)지가 꿈에서 풀려서(pulous) 양심적인 사람이 되지 않았다면(un) ⇨ 양심적이지 않은

1167 1 2 3 4 5 심화

unbridled

[ʌnbráidld]

bridle 동 굴레를 씌우다, 구속하다, 억제하다 명 굴레

형 구속[억제]되지 않은, 방종한

unbridled passion
억제되지 않은 격정

un + **bridle** + **d**
not rule 형접

→ 지배를(bridle) 받지 않으니까(un)
⇨ 구속[억제]되지 않은

신부(bride)가 되면 가정이라는 굴레를 쓰는데(bridled), 그러지 않았으니까(un) ⇨ 구속[억제]되지 않은

1168 1 2 3 4 5

undaunted

[ʌndɔ́ːntid]

daunted 형 겁먹은
daunt 동 겁먹게 하다, 주눅들게 하다

형 용감한

= audacious, intrepid, plucky, valiant

Most achievers remain **undaunted** by failure.
성공한 사람들은 대부분 실패해도 여전히 대담하다.

un + **daunt** + **ed**
not scare 형접

→ 겁먹지(daunt) 않으니까(un)
⇨ 용감한

그 어떤 "don't"에도 기죽지 않으니까(un) ⇨ 용감한

1169 1 2 3 4 5 심화

unobtrusive

[ʌnəbtrúːsiv]

unobtrusively 부 주제넘지 않게

형 삼가는, 조심하는

an **unobtrusive** manner
조심하는 태도

un + **obtru** + **sive**
not obtrude 형접

→ 주제넘게 참견하지(obtru) 않으니까(un)
⇨ 삼가는, 조심하는

1170 1 2 3 4 5 심화

unflagging

[ʌnflǽgiŋ]

flagging 형 축 늘어지는

형 지칠 줄 모르는

unflagging energy
쇠하지 않는 에너지

un + **flag** + **ging**
not flap 형접

→ 덮개가(flag) 가만있지 않고(un) 흔들리니까
⇨ 지칠 줄 모르는

축 늘어진 깃발(flag)과 반대니까(un) ⇨ 지칠 줄 모르는

1171 1 2 3 4 5 심화

unkempt

[ʌnkémpt]

kempt 형 빗질한, 깨끗한

형 단정치 못한, 흐트러진

= untidy, dirty, messy, slovenly, squalid

He came to the office unshaven and **unkempt**.
그는 면도도 하지 않고 부스스한 모습으로 사무실에 왔다.

> **un** + **kempt**
> not comb
>
> → 머리가 빗질이(kempt) 되지 않았으니까(un)
> ⇨ 단정치 못한

1172 1 2 3 4 5 22. 국가직 9급 / 20. 국회직 9급

unravel

[ʌnrǽvl]

ravel 동 묶다, 복잡하게 만들다

동 풀다, 해결하다

= resolve, settle

unravel the mystery of the Ice Age
빙하기의 미스테리를 풀다

> **un** + **ravel**
> not tie
>
> → 묶인 것을 묶이지(ravel) 않게(un) 하니까
> ⇨ 풀다
>
> 랩으로(ravel) 묶이지 않은(un) 상태로 되돌리다 ⇨ 풀다

R 222 re-, reci, retro : ① 다시(again) ② 뒤에(back) ③ 반대(against) ④ 강조(completely) ⑤ 존경(awe)

1173 1 2 3 4 5 14. 방재안전직 9급

reproduce

[ri:prədjú:s]

reproduction 명 ① 재생 ② 복제 ③ 번식
reproductive 형 생식의, 번식의

동 ① 다시 만들어내다, 재생[재현]하다 ② 복사하다 ③ 번식하다

= ② duplicate, replicate

Viruses **reproduce** via four basic steps.
바이러스들은 4개의 기본적인 단계를 통해서 번식한다.

> **re** + **produce**
> again produce
>
> → 이미 만든 것을 다시(re) 만드니까(produce)
> ⇨ 재생[재현]하다, 복사하다

1174 1 2 3 4 5

reassure

[ri:əʃúər]

동 안심시키다

= comfort, ease, relieve

The doctor **reassured** the patient.
의사는 환자를 안심시켰다.

> **re** + **assure**
> again assure
>
> → 한 번 더(re) 보장해주니까(assure)
> ⇨ 안심시키다

1175 1 2 3 4 5 17. 경찰직 1차 / 09. 지방직 9급

reconcile

[rékənsàil]

reconciliation 명 화해
reconcilable 형 화해시킬 수 있는

동 화해시키다, 조화시키다

reconcile his statement with his conduct
그의 언행을 일치시키다

> **re** + **con** + **cile**
> again together call
>
> → 다시(re) 함께(con) 불러서(cile) 갈등을 조정하니까
> ⇨ 화해시키다
>
> 다시(re) 함께(con) 사이를(cile) 좋아지게 하니까 ⇨ 화해시키다

1176 1 2 3 4 5 15. 서울시 7급 / 13. 서울시 9급

reluctant

[rilʌ́ktənt]

형 꺼리는, 싫어하는

= unwilling, hesitant, indisposed, loath

She was **reluctant** to admit she was wrong.
그녀는 자신이 틀렸다는 것을 인정하기를 꺼렸다.

reluctance 명 꺼림, 반항

re + luc(t) + ant
back struggle 형접

→ 뒤로(re) 떨쳐 버리려고 노력하는(luc)
⇨ 싫어하는

운(luck)에 반대되는(re) 것은 꺼리게(reluctant) 되죠 ⇨ 꺼리는

1177 1 2 3 4 5

repute

[ripjúːt]

명 평판, 명성 동 평판하다, 여기다

= 명 fame

My parents were artists of some **repute**.
우리 부모님은 어느 정도 명성이 있는 화가들이셨다.

reputation 명 평판, 명성

re + pute
again think

→ 어떤 사람이 다시(re) 생각해 볼(pute) 정도로 유명하니까
⇨ 평판

어떤 사람을 다시(re) 놓고(put) 평하는 것 ⇨ 평판

1178 1 2 3 4 5 15. 사회복지직 9급

retrieve

[ritríːv]

명 회복 동 ① 되찾다, 회복하다 ② 검색하다

= 동 ① recover, regain, redeem

The Internet is the best way to **retrieve** information.
인터넷은 정보를 검색하기에 가장 좋은 방법이다.

retrieval 명 되찾아옴, 회수

re + tri + eve
again find 동접

→ 잃어버린 건강을 다시(re) 찾으니까(tri)
⇨ 회복하다

다시(re) 노력해서(try) 되찾다(retrieve) ⇨ 되찾다

1179 1 2 3 4 5 16. 기상직 9급

relinquish

[rilíŋkwiʃ]

동 포기하다, 단념하다

= abandon, discard, waive, forgo, forsake, renounce, abjure

cf. delinquent (비행의, 체납된)

He was forced to **relinquish** control of the company.
그는 할 수 없이 그 회사에 대한 지배권을 포기해야 했다.

relinquishment 명 양도, 단념

re + linqu + ish
back leave 동접

→ 부상당한 군인을 뒤에(re) 남겨두고(linqu) 떠나니까
⇨ 포기하다

1180 1 2 3 4 5 18. 서울시 9급 추가채용

reciprocal

[risíprəkəl]

형 상호간의

= mutual, bilateral

We would like this to be a **reciprocal** arrangement.
우리는 이것이 상호적인 합의가 되기를 바란다.

reciprocate 동 ① 교환하다 ② 보답하다

reciprocation 명 ① 교환 ② 보답, 대응

reci + proc + al
back forth 형접

→ 교류가 앞과(proc) 뒤로(reci) 서로 오가는
⇨ 상호간의

1181 1 2 3 4 5 심화

reparation
[rèpəréiʃən]

명 보상, 배상

= damages, amends, compensation, recompense

a wrong which admits of no **reparation**
보상할 수 없는 잘못

reparative 형 보상하는, 수리의

re (again) + para (prepare) + tion (명접)
→ 피해에 대해 다시(re) 회복하는 것을 준비하도록(para) 주는 돈
⇨ 보상

배상(reparation)은 상대의 피해를 다시 수리(repair)해 주는 것 ⇨ 보상, 배상

1182 1 2 3 4 5 17. 국회직 8급

retaliate
[ritǽlièit]

동 복수하다, 보복하다

= revenge, avenge

My father was quick to **retaliate**.
우리 아버지는 앙갚음을 하는데 빠르셨다.

retaliation 명 보복, 앙갚음
retaliatory 형 보복의, 앙갚음의

re (against) + tali (punishment) + ate (동접)
→ 나에게 해를 끼친 사람을 상대로(re) 벌을(tali) 주니까
⇨ 복수하다

"니(re)도 탈(tal) 나게 해주겠어! 에잇(ate)!"하고 복수하려(retaliate) 하다 ⇨ 복수하다

1183 1 2 3 4 5

reverence
[révərəns]

명 숭배, 경외

= respect, admiration, esteem, deference

The poem conveys his deep **reverence** for nature.
그 시는 자연에 대한 그의 깊은 숭배를 전하고 있다.

revere 동 숭배하다

re (completely) + ver (fear) + ence (명접)
→ 두려움을(ver) 느낄 정도로 강하게(re) 우러러보는 마음
⇨ 숭배, 경외

내가 경외(reverence)하는 분을 다시(re) 뵈러(vere) 가다 ⇨ 경외

1184 1 2 3 4 5

reprimand
[réprəmæ̀nd]

명 비난, 질책 동 비난하다, 꾸짖다

= 동 scold, admonish, reproach, reprove, berate

An admonishment is a written **reprimand**.
훈계는 서면 징계이다.

re (against) + prima (press) + nd (동·명접)
→ 상대방을(re) 누르니까(prima)
⇨ 비난하다, 꾸짖다

[레프러맨드] = 레퍼리만 ➡ 패전 팀이 심판(referee)만 비난하다(reprimand) ⇨ 비난하다

1185 1 2 3 4 5 18. 서울시 7급 추가채용

reimburse
[rì:imbə́:rs]

동 –에게 변상하다, 갚다

= compensate, remunerate, indemnify

We can't **reimburse** you for the cost.
그 비용에 대해서는 변제해 드릴 수 없습니다.

reimbursement 명 갚음, 변제, 상환

re (back) + im (in) + burse (purse)
→ 다시(re) 상대방의 지갑(burse) 안에(im) 돈을 넣어주니까
⇨ 변상하다

1186 1 2 3 4 5

redeem

[ridíːm]

동 ① 되찾다 ② 변제하다, 상환하다 ③ 만회하다

= ① regain, retrieve, get back

He was able to **redeem** his gold watch.
그는 금시계를 되찾을 수 있었다.

redeemable 형 교환[상환]할 수 있는

re + deem
again buy
→ 잠시 잃었던 것을 다시(re) 사니까 (deem)
⇨ 되찾다

1187 1 2 3 4 5 21. 경찰직 2차 / 18. 경찰직 2차 / 13. 지방직 7급

refute

[rifjúːt]

동 논박하다, 반박하다

= contradict, controvert, retort, rebut

refute the arguments about leisure and safety
레저와 안전에 대한 주장들을 반박하다

refutation 명 논박, 논증
refutable 형 논박[논파]할 수 있는

re + fute
back beat
→ 어떤 주장에 대해 되받아(re) 치는 (fute) 거니까
⇨ 논박하다

1188 1 2 3 4 5 20. 국회직 8급 / 18. 서울시 7급

redress

[riːdres, ridrés]

동 바로잡다, 교정하다

= revise, correct, mend, amend, rectify

redress the dire economic condition
심각한 경제 상황을 바로잡다

redressible 형 교정할 수 있는

re + dress
again straighten
→ 다시(re) 똑바로(dress) 하는 것이니까
⇨ 교정하다

드레스(dress)를 다시(re) 고치다 ⇨ 교정하다

1189 1 2 3 4 5

relegate

[réləgèit]

동 ① 좌천시키다, 내쫓다 ② 위탁하다 ③ 귀속시키다

= ② consign, entrust, trust, commit

relegate him to a secondary role
그에게 부차적인 역할을 맡기다

relegation 명 좌천, 격하, 귀속

re + legate
back send
→ 아랫사람을 뒤로(re) 보내는 (legate) 거니까
⇨ 좌천시키다

문(gate) 밖으로 다시(re) 보내니까 ⇨ 내쫓다

1190 1 2 3 4 5 20. 국회직 8급 / 18. 경찰직 2차 / 17. 국회직 8급

repeal

[ripíːl]

동 취소하다, 폐지하다

= revoke, annul, nullify, retract, rescind, recant, countermand, abrogate

repeal the new labor laws
새 노동법을 폐지하다

repealable 형 취소할 수 있는, 철폐할 수 있는
repealability 명 취소 가능성

re + peal
back push
→ 예약한 후 반대로(re) 밀어내니까 (peal)
⇨ 취소하다

1191 1 2 3 4 5

resurrection

[rèzərékʃən]

명 부활, 소생

= reappearance, rebirth, restoration, resurgence, revival

celebrate the **resurrection** of Jesus Christ
예수 그리스도의 부활을 기념하다

resurrect 동 부활시키다

re + **sur** + **rect** + **ion**
again to rise 명접

→ 다시(re) 일어나는(surrect) 거니까
⇨ 부활

1192 1 2 3 4 5 14. 기상직 9급

recondite

[rékəndàit]

형 심오한, 난해한

= abstruse, abstract, profound, esoteric

a **recondite** treatise
난해한 논문

re + **cond** + **ite**
back store 형접

→ 진정한 의미는 주로 뒤에(re) 담겨(cond) 있으니까
⇨ 심오한

문제를 난해하게(recondite) 다시(re) 꼰 다잇(condite) ⇨ 난해한

1193 1 2 3 4 5 심화 13. 국회직 8급

recourse

[riːkɔːrs]

명 의지가 되는 것[사람]

Your only **recourse** is legal action.
당신이 유일하게 의지할 것은 법적 조치이다.

re + **course**
again run

→ 힘들 때마다 다시(re) 달려갈(course) 수 있게 하는 사람이니까
⇨ 의지가 되는 사람

내(re) 길(course)이 되어주는 사람 ⇨ 의지가 되는 사람

1194 1 2 3 4 5 심화

recalcitrant

[rikǽlsitrənt]

형 반항하는, 고집 센

= rebellious, disobedient, defiant

North Korea's **recalcitrant** leader
북한의 고집 센 지도자

recalcitrance 명 고집, 반항

re + **calcitr** + **ant**
back kick 형접

→ 어떤 요구도 되돌려(re) 차버릴(calcitr) 만큼 반항적이니까
⇨ 반항하는

"니(re) 칼(cal) 좀 씹드라(citrant)?"하며 어울리는 반항아들 ⇨ 반항하는

1195 1 2 3 4 5 심화

recoil

[rikɔ́il]

동 ① 주춤[움찔]하다 ② 되돌아오다

She **recoiled** from his touch.
그녀는 그의 손길에 움찔했다.

recoilless 형 반동이 없는

re + **coil**
back recede

→ 뒤로(re) 후퇴해서(coil) 되돌아오니까
⇨ 되돌아오다

다시(re) 감으면 되돌아오는 코일(coil) ⇨ 되돌아오다

1196 1 2 3 4 5

remunerate

[rimjú:nərèit]

동 보상하다, 보답하다

= compensate, reimburse, indemnify

I must **remunerate** him for his trouble.
그의 노력에 보답하지 않으면 안 된다.

remuneration 명 보수

re + muner + ate
back give 동접

→ 어떤 일에 대해 되돌려(re) 주는 것이니까(muner)
⇨ **보상하다**

[리무너레이트] = 니 물어내 ➡ 내 물건 고장냈으니 니 물어내! ⇨ 보상하다

1197 1 2 3 4 5 18. 서울시 7급 추가채용

rescind

[risínd]

동 폐지하다, 무효로 하다

= revoke, annul, nullify, retract, repeal, recant, countermand, abrogate

rescind a contract
계약을 해약하다

rescindment 명 폐지, 철회

re + scind
back cut

→ 하고 있던 것을 뒤로(re) 잘라버리니까(scind)
⇨ **폐지하다**

1198 1 2 3 4 5 19. 기상직 9급

resilient

[ríziljənt]

형 탄력성이 있는, 잘 회복하는

= supple, pliable, malleable, elastic

Rubber is more **resilient** than wood.
고무는 나무보다 더 탄력이 있다.

resilience 명 회복력, 탄성

re + sili + ent
back jump 형접

→ 탱탱해서 뒤로(re) 잘 뛰어오르니까(sili)
⇨ **탄력성이 있는**

당겨도 다시(re) 조용히(silent) 원래대로 돌아가는 탄력성 있는(resilient) 물건 ⇨ 탄력성이 있는

1199 1 2 3 4 5 심화

resuscitate

[risʌ́sətèit]

동 소생시키다

All attempts to **resuscitate** him failed.
그를 소생시키려는 모든 시도는 실패했다.

resuscitation 명 소생(법), 회복

re + suscit + ate
again raise 동접

→ 다시(re) 일으키는(suscit) 거니까
⇨ **소생시키다**

[리서시테이트] = 니 소싯적 ➡ 니 소싯적 추억을 다시(re) 살리니까 ⇨ 소생시키다

1200 1 2 3 4 5 심화

reverberate

[rivə́:rbərèit]

동 반향을 불러일으키다, 울려 퍼지다

Her voice **reverberated** around the hall.
그녀의 목소리가 홀 안에 울렸다.

reverberation 명 반향

re + verber + ate
back beat 동접

→ 친 것이(verber) 튕겨서 뒤로(re) 울리는 거니까
⇨ **반향을 불러일으키다**

다시(re) 진동(vibrate)이 울려퍼지다(verberate) ⇨ 반향을 불러일으키다

R 223 ob-, oc-, os- : ① -에 대항하여(against) ② 떨어져(away) ③ -을 향하여(toward) ④ 강조(completely) ⑤ 온통(over)

1201 1 2 3 4 5 심화

oblique [əblíːk]

형 ① 비스듬한, 사선의 ② 애매한, 완곡한

= ① askew

The suspect's answers to the police were **oblique**.
경찰의 질문에 대한 용의자의 대답은 애매모호했다.

obliquity 명 경사진 것, 비뚤어진 상태

ob (against) + lique (bent)
→ -에 맞서(ob) 기울어진(lique) 거니까
⇨ 비스듬한

1202 1 2 3 4 5 심화 17. 국회직 8급

obtuse [əbtjúːs]

형 무딘, 둔한

= blunt, stolid

I'm not being **obtuse**, I'm just confused.
내가 둔한 건 아니고 다소 혼동이 된다.

obtund 동 둔화시키다

ob (completely) + tuse (strike)
→ 매우(ob) 세게 계속적으로 쳐서(tuse) 무뎌진 거니까
⇨ 무딘
5부(ob) 리그 투수(tuse)는 공이 무디고 둔하다 ⇨ 무딘, 둔한

1203 1 2 3 4 5

obese [oubíːs]

형 비만인

= corpulent, stout, chubby, plump

Lose weight if you're overweight or **obese**.
만약 당신이 과체중이거나 비만이라면 살을 빼십시오.

obesity 명 비만

ob (completely) + ese (eat)
→ 지나치게(ob) 많이 먹는(ese) 거니까
⇨ 비만인

1204 1 2 3 4 5 심화

obfuscate [ɑ́bfəskèit]

동 혼란시키다, 당황하게 하다

= embarrass, baffle, bewilder, confound, perplex, perturb, fluster

obfuscate the sense of reality
현실 감각을 혼란케 하다

obfuscation 명 혼란, 혼미

ob (completely) + fusc (dark) + ate (동접)
→ 못 알아보도록 더(ob) 어둡게(fusc) 하니까
⇨ 혼란시키다
[아퍼스케잇] = 옷 벗을게 ➡ 갑자기 사람들 앞에서 옷 벗을게 하면 ⇨ 당황하게 하다

1205 1 2 3 4 5 심화

ostensible [asténsəbl]

형 ① 표면상의, 겉으로만의 ② 명백한

= ① superficial, cursory, perfunctory

The **ostensible** reason for his absence was illness.
그가 불참한 표면적인 이유는 병이었다.

ostentatious 형 호사스러운, 과시하는

os (toward) + tens (stretch) + ible (형접)
→ 밖을 향해(os) 내밀고(tens) 있는 것이니까
⇨ 표면상의

1206 1 2 3 4 5 19, 경찰직 2차 / 16, 국회직 9급 / 15, 경찰직 1차

obscure

[əbskjúər]

형 ① 불명확한, 모호한 ② 잘 알려지지 않은
동 모호하게 하다

= 형 ① ambiguous, equivocal, nebulous, opaque

the **obscure** beginnings of a movement
운동의 분명하지 않은 기원

obscurity 명 잊혀짐, 무명

ob + **scure**
against cover

→ 빛의 방향에 맞서(ob) 가려진 (scure) 것이니까
⇨ 잘 알려지지 않은

1207 1 2 3 4 5

occult

[əkʌ́lt]

형 불가사의한, 주술적인 명 주술

= 형 enigmatic, cryptic, arcane

the twilight world of the **occult**
불가사의한 초자연적 세계

cult 명 숭배, 신흥 종교
occultism 명 신비학, 신비주의

oc + **cult**
completely hide

→ 아무도 전혀(oc) 모르는 곳에 숨어 있는(cult) 거니까
⇨ 불가사의한

컬트(cult) 문화는 불가사의하고 주술적이니까 ⇨ 불가사의한, 주술적인

1208 1 2 3 4 5 16, 서울시 9급 / 15, 경찰직 3차 / 13, 지방직 9급

obsolete

[ɑ̀bsəlíːt]

형 ① 사라진 ② 구식의, 더는 쓸모없는

= ② outdated, outmoded, antiquated

cf. desolate (황량한, 쓸쓸한)

obsolete weapons
구식 무기

obsolescence 명 노후화

ob + **solete**
away accustomed

→ 익숙한(solete) 것에서 벗어난(ob) 거니까
⇨ 사라진, 구식의

[압설릿] = 없앨랫 ➡ 쓸모없는 구식 제도는 다 없앨랫 ⇨ 구식의, 더는 쓸모없는

1209 1 2 3 4 5

oblivion

[əblíviən]

명 망각

The only earthly certainty is **oblivion**.
지상에서 유일하게 확실한 것은 망각이다.

oblivious 형 의식하지 못하는

ob + **liv** + **ion**
over slime 명접

→ 어떤 식물의 점액이(liv) 몸 전체의(ob) 감각을 잃어버리게 하니까
⇨ 망각

1210 1 2 3 4 5 심화

obscene

[əbsíːn]

형 외설적인, 음란한

= suggestive, salacious, lewd

There is a flood of **obscene** magazines.
음란 잡지가 범람하고 있다

obscenity 명 외설

ob + **scene**
toward filth

→ 노상에서(ob) 불결하게(scene) 옷 입고 다니니까
⇨ 외설적인

전체관람가 받으려면 없(ob)애 외설적인 (obscene) 씬(scene) ⇨ 외설적인

1211 1 2 3 4 5 심화 · 19. 서울시 9급 추가채용

obituary
[oubíʧuèri]

명 부고

an obituary notice
사망 기사

ob + itu + ary
against · go · 명접
→ 이승과 반대로(ob) 하늘로 가신(itu) 분을 알리는 것
⇨ 부고
[오우비추에리] = 오! 비추어라 ➡ 오! 비추어라, 망자의 하늘길을 ⇨ 부고

R 224 in–, im–, il–, ir– : ① 부정(not) ② 강조(completely)

1212 1 2 3 4 5

incredible
[inkrédəbəl]

형 믿을 수 없는, 엄청난

= unbelievable

The movie I saw tonight was **incredible**.
오늘밤에 본 영화는 끝내줬다.

incredibly 부 대단히, 놀랍게도
incredibility 명 믿을 수 없음

in + credi + ble
not · credit · 형접
→ 믿을 수(credible) 없는(in)
⇨ 믿을 수 없는, 믿기 힘든

1213 1 2 3 4 5 · 18. 경찰직 2차 / 10. 국가직 7급

incessant
[insésnt]

형 끊임없는, 쉴 새 없는

= persistent, permanent, perpetual, perennial, immortal

the **incessant** winds
끊임없는 바람

incessantly 부 끊임없이

in + cess + ant
not · cease · 형접
→ 멈추지(cess) 않는(in) 거니까
⇨ 끊임없는

1214 1 2 3 4 5 심화 · 15. 지방직 7급

impudent
[ímpjudnt]

형 무례한, 뻔뻔스러운

= unabashed, blatant, impertinent, insolent

cf. imprudent (경솔한, 무분별한)

an **impudent** remark
무례한 말

impudence 명 무례함

im + pud + ent
not · shameful · 형접
→ 어긋난 행동에 창피해(pud) 하지 않은(im) 거니까
⇨ 무례한, 뻔뻔스러운
[임퓨던트] = 이미 피우던 ➡ 이미 피우던 담배를 길에 버리는 뻔뻔스러운(impudent) 사람 ⇨ 뻔뻔스러운

1215 1 2 3 4 5

intolerable
[intɑ́lərəbl]

형 견딜 수 없는

= unbearable

The heat was **intolerable**.
더위가 참기 어려웠다.

intolerant 형 너그럽지 못한

in + toler + able
not · tolerate · 형접
→ 참을 수(tolerable) 없는(in) 거니까
⇨ 견딜 수 없는

1216 1 2 3 4 5 21. 지역인재 9급 / 21. 국가직 9급

inevitable

[inévitəbl]

형 피할 수 없는, 필연적인

It was an **inevitable** consequence of the decision.
그것은 그 결정의 필연적인 결과였다.

inevitably 부 필연적으로, 반드시
evitable 형 피할 수 있는

in + e + vit + able
not out go 형·명접

→ 밖으로(e) 나갈(vit) 수(able) 없는 (in) 거니까
⇨ 피할 수 없는

1217 1 2 3 4 5

invaluable

[invǽljuəbl]

형 매우 귀중한

= precious, priceless

In his job, patience is an **invaluable** asset.
그가 하는 일에서는 인내가 귀중한 자산이다.

valuable 형 귀중한

in + valu + able
not value 형접

→ 가치(valu)를 따질 수(able) 없을 (in) 정도로 귀중한 것이니까
⇨ 매우 귀중한

1218 1 2 3 4 5 17. 경찰직 1차

infamous

[ínfəməs]

형 악명 높은

= notorious, ill-famed, egregious, atrocious

The general was **infamous** for his brutality.
그 장군은 무자비하기로 악명 높았다.

in + fam + ous
not fame 형접

→ 좋지 않은(in) 쪽으로 명성이(fam) 있는
⇨ 악명 높은

1219 1 2 3 4 5 15. 지방직 9급 / 13. 지방직 7급

immoral

[imɔ́ːrəl]

형 부도덕한

cf. amoral (도덕관념이 없는, 선악 판단이 안 되는)

Capital punishment was regarded as **immoral**.
사형은 부도덕한 것으로 여겨졌다.

immorality 명 부도덕

im + moral
not moral

→ 도덕적이지(moral) 않은(im) 거니까
⇨ 부도덕한

1220 1 2 3 4 5

invariable

[invέəriəbl]

형 변함없는, 불변의

Her routine was **invariable**.
그녀의 정해진 일상은 변함이 없었다.

invariably 부 변함없이, 언제나
variable 형 변하기 쉬운, 변덕스러운
variance 명 변화, 변동[량]
variation 명 ① 변화 ② 차이

in + vari + able
not vary 형접

→ 변하기 쉽지(variable) 않은(in) 거니까
⇨ 변함없는

1221 1 2 3 4 5 13. 서울시 7급 / 08. 국가직 9급

impartial

[impά:rʃəl]

형 공정한, 공평한

= disinterested, detached

Referees have to make **impartial** judgments.
심판들은 공정한 판단을 내려야만 한다.

impartiality 명 공평, 공명정대

im + **part** + **ial**
not part 형접

→ 일부분에(part) 치우치지 않는(im) 것이니까
⇨ 공정한

1222 1 2 3 4 5 심화 15. 국회직 8급

impenetrable

[impénətrəbl]

형 관통할 수 없는, 불가해한

= impervious, impassable, impermeable

The jungle looked **impenetrable**.
그 밀림은 헤치고 들어갈 수 없는 것 같았다.

penetrate 동 뚫다
penetrative 형 ① 침투하는 ② 통찰력 있는
penetration 명 침투, 관통

im + **penetr** + **able**
not penetrate 형접

→ 뚫고 들어가지(penetrable) 못하는(im) 거니까
⇨ 관통할 수 없는

1223 1 2 3 4 5 20. 국회직 8급

imprudent

[imprú:dnt]

형 경솔한

= heedless, reckless, frivolous, flippant

She was **imprudent** enough to trust him.
그녀는 경솔하게도 그를 믿었다.

imprudence 명 경솔
prudent 형 신중한

im + **pr** + **ud** + **ent**
not pre see 형접

→ 먼저(pr) 살펴보는(ud) 신중함을(prudent) 갖지 못한(im) 거니까
⇨ 경솔한

1224 1 2 3 4 5

irreparable

[irépərəbl]

형 ① 수리할 수 없는 ② 회복할 수 없는

Her death is an **irreparable** loss.
그녀의 죽음은 회복할 수 없는 상실이다.

reparable 형 ① 수리할 수 있는 ② 보상할 수 있는

ir + **repar** + **able**
not repair 형접

→ 고칠 수 있는(reparable) 상태가 아니니까(ir)
⇨ 회복할 수 없는

1225 1 2 3 4 5

indecisive

[indisáisiv]

형 결단성 없는, 우유부단한

He was criticized as an **indecisive** leader.
그는 우유부단한 지도자라고 비난받았다.

decisive 형 ① 결정적인 ② 결단력 있는

in + **decis** + **ive**
not decide 형접

→ 결정을(decis) 못하고(in) 있는 상태
⇨ 결단성 없는

1226 1 2 3 4 5

irrespective

[irispéktiv]

형 -와 상관없는 (of)

= irrelevant

buy the clothes **irrespective** of the price
가격에 상관없이 그 옷을 사다

irrespectively 부 관계없이

ir + respective
not each

→ 한 부분도(respective) 연관이 없는(ir) 거니까
⇨ -와 상관없는

1227 1 2 3 4 5 심화

impasse

[impæs]

명 교착 상태

= deadlock

Talks have reached an **impasse**.
회담은 교착 상태에 빠졌다.

im + passe
not pass

→ 통과하지(passe) 못하는(im) 것이니까
⇨ 교착 상태

1228 1 2 3 4 5 심화

impassive

[impǽsiv]

형 무표정한, 아무런 감정이 없는, 무감각한

His face was **impassive**.
그의 얼굴은 무표정했다.

im + pass + ive
not pain 형접

→ 고통(pass)을 느끼지 못하는(im) 거니까
⇨ 무표정한, 무감각한

1229 1 2 3 4 5 심화 16. 국회직 8급

insolent

[insələnt]

형 ① 무례한 ② 거만한

= ① impudent, unabashed, blatant, impertinent

He was **insolent** to his parents.
그는 부모님께 무례하게 굴었다.

insolence 명 무례함, 오만

in + sol + ent
not familiar 형접

→ 전통적인 예절에 익숙하지(sol) 않아서(in)
⇨ 무례한

남을 쉽게 모욕하는(insult) 무례한(insolent) 사람 ⇨ 무례한

1230 1 2 3 4 5 심화

inarticulate

[ina:rtíkjulət]

형 불분명한

= ambiguous, equivocal, nebulous, opaque

Their demands are often **inarticulate**.
그들의 요구는 종종 불분명하다.

articulate 형 분명한, 명료한
동 분명하게 발음[설명]하다

in + articulate
not clear

→ 명료하지(articulate) 않은(in) 거니까
⇨ 불분명한

1231 1 2 3 4 5 심화 18. 서울시 7급 추가채용 / 15. 서울시 7급

immaculate

[imǽkjulət]

immaculacy 명 깨끗함, 결백
immaculately 부 청결하게, 티 없이
maculate 동 더럽히다 형 더러워진

형 깨끗한, 순결한

= intact, pristine

He was wearing an **immaculate** white tuxedo.
그는 순백의 턱시도를 입고 있었다.

im + **maculate**
not flaw

→ 흠이 있지(maculate) 않은(im) 것이니까
⇨ 깨끗한

몸을 막 굴리지(maculate) 않은(im) ⇨ 깨끗한

1232 1 2 3 4 5

inclement

[inklémənt]

inclemency 명 혹독함, 험악

형 험(악)한, 매서운, 혹독한

Due to **inclement** weather, the match was cancelled.
악천후로 인해, 경기는 취소되었다.

in + **clement**
not generous

→ 관대한(clement) 것이 아니니까(in)
⇨ 혹독한

[인클레먼트] = 인(人) 크려면 ➡ 사람이 크려면 혹독한(inclement) 시련도 겪어야 한다 ⇨ 혹독한

1233 1 2 3 4 5

implausible

[implɔ́:zəbl]

plausible 형 그럴듯한, 그럴싸한

형 믿기 어려운, 거짓말 같은

This opinion seems to me very **implausible**.
이 의견은 내게는 매우 믿기 어려워 보인다.

im + **plaus** + **ible**
not clap 형접

→ 맞는 말이라고 박수칠(plaus) 수 없는(im)
⇨ 믿기 어려운

1234 1 2 3 4 5 18. 국회직 9급

irreversible

[irivə́:rsəbl]

reversible 형 ① 되돌릴 수 있는 ② 양면으로 입을 수 있는

형 변경할 수 없는, 되돌릴 수 없는

= irrevocable, unalterable

Damage done to the environment is **irreversible**.
환경에 입혀진 피해는 되돌리기 어렵다.

ir + **revers** + **ible**
not reverse 형접

→ 되돌릴(revers) 수 없는(ir)
⇨ 변경할 수 없는

1235 1 2 3 4 5 22. 서울시 9급 추가채용 / 21. 경찰직 1차 / 18. 국회직 9급

intrepid

[intrépid]

intrepidity 명 대담
trepid 형 겁먹은, 소심한

형 용기 있는, 대담한

= audacious, plucky, undaunted, valiant

For these **intrepid** aviators, 2008 is a special year.
이 용감무쌍한 비행사들에게 2008년은 특별한 해이다.

in + **trepid**
not alarmed

→ 겁먹지(trepid) 않는(in)
⇨ 용기 있는

[인트레피드] = into rapid ➡ 소방관이 불난 집안으로(into) 빠르게(rapid) 들어가니까 ⇨ 용기 있는

1236 1 2 3 4 5 18. 국회직 9급 / 13. 지방직 7급

impeccable

[impékəbl]

peccable 형 죄를 짓기 쉬운

형 결함 없는, 완벽한

The arrangements have been **impeccable** so far.
아직까지 협정은 흠잡을 데 없이 완벽했다.

im + pecc + able
not sin 형접
→ 죄가(pecc) 없으니까(im)
⇨ 결함 없는
쪼아댈(peck) 수(able) 없는(im) ⇨ 결함 없는, 완벽한

1237 1 2 3 4 5 심화

impervious

[impə́ːrviəs]

pervious 형 투과시키는, 통과시키는

형 ① (물·열 등을) 통과시키지 않는 ② 영향받지 않는

= ① impenetrable, impassable, impermeable

The pelt is **impervious** to rain.
그 가죽은 빗물이 스며들지 않는다.

im + pervi + ous
not pass 형접
→ 통과시키지(pervi) 않으니까(im)
⇨ 통과시키지 않는

1238 1 2 3 4 5 심화

incandescent

[ìnkəndésənt]

incandescence 명 발광

형 ① 백열의 ② 의욕에 불타는

an **incandescent** lamp
백열전구

in + candesc + ent
completely glowing 형접
→ 완전히(in) 빛나고 있으니까(candesc)
⇨ 백열의
안에(in) 캔들(candle)이 있는 것 같은 ⇨ 백열의

1239 1 2 3 4 5

inept

[inépt]

ept 형 유능한, 효율적인

형 부적당한, 서투른

= maladroit, clumsy

cf. adept (정통한, 능숙한)

You are completely **inept** at writing.
너는 글씨가 완전히 엉망이다.

in + ept
not apt: 적당한
→ 적당하지(ept) 않은(in)
⇨ 부적당한

1240 1 2 3 4 5 21. 해경직 2차 / 14. 지방직 9급

insatiable

[inséiʃəbl]

satiable 형 만족시킬 수 있는
satiate 동 실컷 만족시키다, 물릴 정도로 주다

형 만족할 줄 모르는, 탐욕스러운

= voracious, ravenous, avaricious, covetous, rapacious

an **insatiable** appetite for scandal
스캔들에 대해 끊임없는 욕구

in + sati + able
not enough 형접
→ 충분할(sati) 수(able) 없는(in)
⇨ 만족할 줄 모르는

1241 1 2 3 4 5

insipid

[insípid]

형 ① 맛없는 ② 재미없는, 지루한

cf. incipient (초기의, 시초의)

This liquor tastes **insipid**.
이 술은 김이 빠졌다.

sipid 형 ① 맛있는 ② 흥미있는

in + **sipid**
not tasty

→ 맛있지(sipid) 않으니까(in)
⇨ 맛없는

고기가 씹히(sipid)는 느낌이 없으면(in) ⇨ 맛없는

1242 1 2 3 4 5

insomnia

[insámniə]

명 불면증

Insomnia is caused by worries about daily life.
불면증은 일상생활에 대한 걱정에서 유발된다.

in + **somn** + **ia**
not sleep 명접

→ 잠을(somn) 잘 수 없는(in) 상태니까
⇨ 불면증

1243 1 2 3 4 5 19. 국회직 9급

indiscriminate

[indiskrímənət]

형 ① 무분별한, 무차별적인 ② 신중하지 못한

She is **indiscriminate** in collecting stamps.
그녀는 닥치는 대로 우표를 모은다.

indiscrimination 명 무차별, 무분별
indiscriminative 형 무차별의

in + **discriminate**
not separate

→ 구분(discriminate)할 수 없는(in) 거니까
⇨ 무분별한

1244 1 2 3 4 5 심화

insurgent

[insə́:rdʒənt]

명 반란자, 폭도 형 반란을 일으킨

insurgent forces
반란군

insurgence 명 반란, 폭동

in + **surg** + **ent**
completely rise 형·명접

→ 정권에 대항해 강하게(in) 일어나는(surg) 사람이니까
⇨ 반란자

1245 1 2 3 4 5

impecunious

[impikjú:niəs]

형 돈이 없는, 가난한

= destitute, indigent

The solicitations of the **impecunious** children
빈곤한 아이들의 애걸하는 소리

pecuniary 형 ① 금전상의 ② 벌금형의

im + **pecuni** + **ous**
not money 형접

→ 돈이(pecuni) 없으니까(im)
⇨ 돈이 없는

1246 1 2 3 4 5 13, 법원직 9급

inaudible

[inɔ́ːdəbəl]

inaudibly 부 들리지 않게

형 알아들을 수 없는, 들리지 않는

The words that he whispered were **inaudible**.
그가 속삭이는 말들은 들을 수가 없었다.

in + audi + ble
not hear 형접
→ 듣지(audi) 못하니까(in)
⇨ 알아들을 수 없는

1247 1 2 3 4 5 11, 지방직 9급

illicit

[ilísit]

licit 형 합법적인, 허가받은

형 위법의, 금지된

= illegal, wrongful, forbidden, prohibited

cf. elicit (끌어내다)

the **illicit** sale of drugs
마약 밀매

il + licit
not lawful
→ 합법적이지(licit) 않으니까(il)
⇨ 위법의

1248 1 2 3 4 5 심화 15, 서울시 7급

impregnable

[imprégnəbl]

pregnable 형 정복할 수 있는, 점령하기 쉬운

형 난공불락의, 확고부동한

= invincible, invulnerable, insuperable, insurmountable, indomitable, unconquerable, unassailable

The fortress seemed **impregnable**.
그 요새는 난공불락처럼 보였다.

im + pregn + able
not grasp 형접
→ 정복하기(pregn) 쉽지 않으니까(im)
⇨ 난공불락의

1249 1 2 3 4 5 심화

impunity

[impjúːnəti]

명 무사, 안전, 처벌받지 않음

Companies screw their workers with **impunity**.
회사들은 아무런 처벌 없이 근로자들을 착취했다.

im + puni + ty
not punish 명접
→ 처벌받지(puni) 않으니까(im)
⇨ 무사

1250 1 2 3 4 5 심화

inadvertent

[inədvə́ːrtnt]

advertent 형 주의 깊은, 신중한

형 ① 부주의한 ② 우연의

= ② accidental, casual, coincidental, fortuitous, adventitious

There is another **inadvertent** side effect.
또 다른 의도치 않은 부작용이 있다.

in + ad + vert + ent
not to turn 형접
→ 주의를 기울이지(advertent) 않고(in) 있으니까
⇨ 부주의한

R 225 a-, an : ① 부정(not) ② 없는(without)

1251 1 2 3 4 5

amoral
[eimɔ́(:)rəl]

형 도덕관념이 없는, 선악 판단이 안 되는

cf. immoral (부도덕한)

an **amoral** behavior
도덕관념이 없는 행위

amorality 명 도덕관념이 없음, 초도덕성

a + moral
without moral
→ 도덕적인(moral) 개념이 없는(a)
⇨ 도덕관념이 없는

1252 1 2 3 4 5 심화

amnesia
[æmníːʒə]

명 기억 상실(증), 건망증

= oblivion

cf. amnesty (사면)

suffer from **amnesia** since the car accident
자동차 사고 후 기억 상실증에 시달리다

amnestic 형 건망증의
amnesiac 명 기억 상실증 환자

a + mnes + ia
not remember 명접
→ 기억하지(mnes) 못하는(a) 증상
⇨ 기억 상실(증)

1253 1 2 3 4 5 심화

anesthetic
[ænəsθétik]

형 마취의, 무감각한 명 마취제

cf. aesthetic (미학적, 미적인)

use **anesthetic** medicine
마취제를 사용하다

an + esthe + tic
without sensation 형·명접
→ 감각이(esthe) 없는(an)
⇨ 마취의

1254 1 2 3 4 5

atoxic
[eitɑ́ksik]

형 독이 없는, 무해한

= innoxious, innocuous

Almost all molds are **atoxic**.
거의 모든 곰팡이에는 독이 없다.

toxic 형 유독성의

a + toxic
not poison
→ 독성이(toxic) 없는(a)
⇨ 독이 없는

1255 1 2 3 4 5 심화

abyss
[əbís]

명 심연, 깊은 구렁

fall into an **abyss**
심연으로 떨어지다

abysmal 형 심연의, 최저의

a + byss
without bottom
→ 바닥이(byss) 없는(a)
⇨ 심연

1256 1 2 3 4 5

atypical

[eitípikəl]

형 전형적이 아닌, 불규칙적인

= aberrant, anomalous

atypical behaviour
이례적인 행동

a + typical
not typical
→ 전형적이지(typical) 않은(a)
⇨ 전형적이 아닌

1257 1 2 3 4 5 심화

asymmetry

[eisímətri, æs-]

asymmetrical 형 비대칭의, 불균형의
symmetry 명 균형, 좌우대칭

명 불균형, 어울리지 않음

a surprising number of asymmetries
놀라울 정도로 많은 비대칭

a + symmetry
not symmetry
→ 균형이(symmetry) 맞지 않는(a)
⇨ 불균형

1258 1 2 3 4 5 심화

atheist

[éiθiist]

atheism 명 무신론
atheistic 형 무신론의, 무신론자의
theist 명 유신론자

명 무신론자

cf. agnostic (불가지론자), pantheism (범신론)

a confirmed atheist
확고한 무신론자

a + the + ist
without god 명접
→ 신이(the) 없다고(a) 믿는 사람
⇨ 무신론자

1259 1 2 3 4 5 심화

aseptic

[əséptik, eisép-]

septic 형 부패성의, 전염성의

형 무균(성)의, 방부 처리의

= antiseptic

use an aseptic bandage
무균 붕대를 사용하다

a + septic
without septic
→ 부패시키는(septic) 균이 없는(a)
⇨ 무균(성)의

9월(Sept.)까지 둬도 안(a) 썩어 ⇨ 방부 처리의

1260 1 2 3 4 5 심화

atrophy

[ǽtrəfi]

동 위축되다, 위축시키다 명 위축(증)

muscular atrophy
근육 위축

a + troph(y)
without nourishment
→ 영양분이(troph) 없어(a) 자라지 못하니까
⇨ 위축(증)

트로피(trophy)를 못(a) 받아서 위축되다(atrophy) ⇨ 위축되다

1261 1 2 3 4 5 심화 16. 국회직 8급

agnostic

[ægnάstik]

형 불가지론자의 명 불가지론자

= 형 명 nescient

He was an **agnostic** for most of his adult life.
그는 성인이 된 후에는 대부분 불가지론자로 지냈다.

agnosticism 명 불가지론

a + gno + stic
not / know / 형·명접

→ 신의 존재에 대해 인간이 결코 알지(gno) 못한다고(a) 말하는 사람
⇨ 불가지론자의

1262 1 2 3 4 5 심화

adamant

[ǽdəmənt]

형 ① 요지부동의, 단단한, 튼튼한
② 단호한, 불굴의

= ② tenacious, indomitable, strenuous, pertinacious, perseverant, unflinching

an **adamant** attitude
단호한 태도

adamancy 명 견고함, 확고

a + damant
not / conquer

→ 어느 누구에게도 정복되지(damant) 않는(a) 것이니까
⇨ 요지부동의, 불굴의

1263 1 2 3 4 5

anomalous

[ənάmələs]

형 변칙의, 이례적인, 비정상적인

= aberrant, atypical

manage the company in an **anomalous** manner
회사를 변칙적인 방법으로 운영하다

anomaly 명 변칙, 이례

a + normal + ous
not / normal / 형접

→ 정상적인(normal) 것이 아닌(a)
⇨ 변칙의, 이례적인

[어나멀러스] = 어 나 몰랐어 ➡ 예외적인(anomalous) 거라 어 나 몰랐어 ⇨ 변칙의, 이례적인

R 226 di-, dis- : ① 부정(not) ② 반대(opposite) ③ 떨어져, 분리된(away, apart)

1264 1 2 3 4 5 20. 지역인재 9급 / 18. 서울시 9급 / 16. 법원직 9급

disregard

[disrigά:rd]

동 무시하다, 묵살하다 명 무시, 묵살

his callous **disregard** for human life
인간의 삶에 대한 그의 냉담한 무시

regard 동 평가하다, 존중하다
명 관심, 고려, 존경

dis + regard
not / consider

→ 상대방을 존중하지(regard) 않는(dis) 것이니까
⇨ 무시하다

1265 1 2 3 4 5

disable

[diséibl]

동 장애를 입히다, 무능력하게 하다

He was **disabled** in a car accident.
그는 교통사고로 장애인이 되었다.

disabled 형 장애를 가진 명 장애인들
disability 명 장애

dis + able
not / possible

→ 할 수(able) 없게(dis) 만드는 것이니까
⇨ 장애를 입히다

1266 ① ② ③ ④ ⑤ 18. 국회직 8급 / 10. 지방직 9급

discharge

[disʧáːrdʒ]

동 ① 내보내다, 방출[석방, 해고]하다 ② 이행하다 ③ 짐을 내리다

명 ① 내보냄, 방출, 석방, 해고, 제대 ② 수행, 이행

discharge one's duties
자기 의무를 이행하다

charge 동 ① 청구[부과]하다 ② 기소[고소]하다, 비난하다 ③ 책임지게 하다 ④ 충전하다

dis + **charge**
opposite carriage

→ 마차에(charge) 짐을 싣는 것의 반대니까(dis)
⇨ 짐을 내리다
→ 사람을 회사에서 내리는 거니까
⇨ 해고하다

1267 ① ② ③ ④ ⑤ 22. 서울시 9급 추가채용 / 16. 서울시 9급 / 16. 서울시 7급 / 14. 서울시 7급 / 14. 국가직 9급

discard

[diskáːrd]

동 버리다, 폐기하다

= abandon, relinquish, waive, forgo, forsake, renounce, abjure

10% of the data were **discarded** as unreliable.
그 데이터 중 10%가 신뢰할 수 없는 것으로 폐기되었다.

discards 명 폐기물

dis + **card**
away card

→ 카드놀이에서 필요 없는 카드를(card) 멀리 떼어놓는(dis) 거니까
⇨ 버리다

1268 ① ② ③ ④ ⑤ 18. 국회직 8급 / 13. 서울시 7급

disinterested

[disintərèstid]

형 ① 사심이 없는, 객관적인 ② 무관심한

= ① impartial, detached

Her advice appeared to be **disinterested**.
그녀의 충고는 사심이 없는 것 같았다.

disinterest 명 무관심, 사심이 없음
uninterested 형 무관심한

dis + **interest** + **ed**
not attention 형접

→ ~에 이해관계를(interest) 두지 않는(dis) 거니까
⇨ 사심이 없는

1269 ① ② ③ ④ ⑤

disillusion

[disilúːʒən]

동 환상을 깨뜨리다

I'd hate to be the one to **disillusion** him.
그의 환상을 깨게 되는 것이 내가 아니었으면 좋겠다.

disillusionment 명 환멸

dis + **illusion**
away fantasy

→ 환상에서(illusion) 멀어지는(dis) 것이니까
⇨ 환상을 깨뜨리다

1270 ① ② ③ ④ ⑤ 20. 국회직 8급 / 18. 경찰직 3차

disguise

[disgáiz]

동 ① 변장[위장]하다 ② 숨기다, 속이다

명 ① 변장 ② 은폐

= 동 ② conceal

The bomb was **disguised** as a package.
그 폭탄은 소포처럼 위장되어 있었다.

dis + **guise**
away look

→ 원래 모양에서(guise) 멀어지게(dis) 만드니까
⇨ 변장하다

1271 1 2 3 4 5

disperse
[dispə́ːrs]

동 ① 흩어지다, 해산시키다
② 퍼뜨리다, 보급하다

= ① dissolve, dismiss, disband

dispersive 형 흩어지는, 전파성의
dispersion 명 확산, 분산

Police used tear gas to **disperse** the crowds.
경찰이 군중을 해산시키기 위해 최루탄을 사용했다.

dis (apart) + **sperse** (scatter)
→ 따로 떨어져 멀리(dis) 흩어지게 하다(sperse)
⇨ **해산시키다**

[디스펄스] = 뒤에서 퍼졌으 ➡ 소문이 뒤에서 퍼졌어 ⇨ 퍼뜨리다

1272 1 2 3 4 5 18. 경찰직 2차 / 15. 국회직 9급 / 13. 기상직 9급

divulge
[divʌ́ldʒ]

동 폭로하다

= reveal, disclose, unveil, debunk

divulgence 명 비밀 누설, 폭로

divulge the identity of the suspect
용의자의 신원을 알려주다

di (away) + **vulge** (people)
→ 사람들에게(vulge) 비밀을 말해서 멀리(di) 퍼지도록 하다
⇨ **폭로하다**

[디벌지] = 뒤 + 벌지 ➡ "뒤에서 벌지"하며 뒷돈 받는 사람을 폭로하다(divulge) ⇨ 폭로하다

1273 1 2 3 4 5

disband
[disbǽnd]

동 해체하다, 해산시키다

= dissolve, dismiss, disperse

disbandment 명 ① 해산, 해체 ② 제대

The committee formally **disbanded** in August.
그 위원회는 8월에 정식으로 해산했다.

dis (away) + **band** (tie)
→ 묶인(band) 것을 따로 떼어놓다(dis)
⇨ **해체하다**

밴드(band)를 디스(dis)하여 해체시키다(disband) ⇨ 해체하다

1274 1 2 3 4 5 19. 국회직 9급

dilute
[dailúːt]

동 희석하다, 약화시키다 형 희석된

= 동 weaken, erode, impair, undermine, attenuate, debilitate

dilution 명 묽게 함, 희석

dilute the quality of education
교육의 질을 약화시키다

di (apart) + **lute** (wash)
→ 물을 따로(di) 넣어서 씻어내는(lute) 거니까
⇨ **희석하다**

1275 1 2 3 4 5 심화

discomfit
[diskʌ́mfit]

동 좌절시키다, 당황하게 하다

= perturb, disconcert, muddle

discomfiture 명 실패, 당황

This ruse will **discomfit** the enemy.
이 계략으로 적을 당황하게 할 것이다.

dis (not) + **comfit** (accomplish)
→ 성취하지(comfit) 못하도록(dis) 방해하는 거니까
⇨ **좌절시키다**

기계를 조립할 때 부품 2개가 서로(com) 맞지(fit) 않으니까(dis) ⇨ 좌절시키다

1276 ①②③④⑤ 17. 국회직 9급

discrepancy

[diskrépənsi]

명 차이, 불일치

= disparity, distinction

She identified a large **discrepancy** between products.

그녀는 제품 사이에 큰 차이가 있는 것을 발견했다.

discrepant 형 모순된

dis (apart) + crepa (crack) + ncy (명접)

→ 서로의 주장 중 한 쪽에(dis) 일치하지 않는 틈이(crepa) 있으니까

⇨ 차이

1277 ①②③④⑤

disparity

[dispǽrəti]

명 차이, 불균형

= distinction, discrepancy

a wide **disparity**

큰 차이

par 명 동등, 동위 형 평균의, 표준의

disparate 형 이질적인, 서로 다른

parity 명 동등, 동격

dis (not) + par (equal) + ity (명접)

→ 동등하지(par) 않음(dis)

⇨ 차이

1278 ①②③④⑤ 18. 서울시 7급 추가채용 / 15. 서울시 9급

disparage

[dispǽridʒ]

동 얕보다, 경시하다

= belittle, derogate

show prejudice and **disparage** others

편견을 드러내고 타인을 폄하하다

disparaging 형 얕보는, 비난하는

disparagement 명 ① 경멸 ② 비난

dis (away) + par (equal) + age (명접)

→ 자기와 계급이 동등한(par) 것과는 거리가 멀다고(dis) 보니까

⇨ 얕보다

1279 ①②③④⑤ 17. 국가직 9급 / 15. 경찰직 1차

disseminate

[disémənèit]

동 퍼뜨리다, 전파하다

disseminate moral behavior

선행을 널리 퍼뜨리다

seminate 동 (씨를) 뿌리다

dis (apart) + semin (seed) + ate (동접)

→ 멀리(dis) 도처에 씨앗을(semin) 뿌리다

⇨ 퍼뜨리다

1280 ①②③④⑤

disentangle

[disentǽŋgl]

동 풀다, 해방시키다

The hairdresser **disentangled** the girl's hair.

미용사가 그 소녀의 머리를 풀었다.

entangle 동 얽히게 하다

dis (opposite) + en (make) + tangle (tangle)

→ 엉키게(tangle) 만든(en) 것을 반대로(dis) 푸니까

⇨ 풀다

1281 ①②③④⑤ 18. 해경직 2차

disdain

[disdéin]

명 업신여김, 무시 동 경멸하다, 무시하다

= 동 despise, contemn, scorn

cf. ordain (임명하다, 정하다)

They have a **disdain** for politicians in general.
그들은 대체로 정치가들을 업신여긴다.

disdainful 형 경멸적인, 오만한

dis + **dain**
not worth

→ 다른 사람의 가치를(dain) 부인하는(dis) 거니까
⇨ 업신여김

[디스데인] = 디스 + 다 + 인(人) ➡ 사람들을 다 디스하니까 ⇨ 경멸하다, 무시하다

1282 ①②③④⑤ 21. 국회직 9급 / 18. 국회직 8급

dissipate

[dísəpèit]

동 ① 소멸시키다, 흩어지게 하다
② 낭비하다

dissipate the tension in the air
공기 중에 감돌던 긴장감을 소멸시키다

dissipation 명 소멸, 소실
dissipative 형 낭비적인

dis + **sip** + **ate**
apart throw 동접

→ 사방으로(dis) 내던지다(sip)
⇨ 소멸시키다, 흩어지게 하다

1283 ①②③④⑤ 심화 20. 국회직 9급 / 15. 경찰직 1차

dilapidated

[dilǽpədèitid]

형 다 허물어져 가는, 황폐한

a **dilapidated** shack
다 쓰러져가는 오두막

dilapidate 동 헐다, 황폐케 하다

di + **lapid** + **ated**
away stone 형접

→ 멀리(di) 돌을(lapid) 던져 무너뜨려진 거니까
⇨ 다 허물어져 가는

디(di)게 급속히(rapid) 좀먹어서(ate) 다 허물어져 가는(dilapidated) 집 ⇨ 황폐한

1284 ①②③④⑤

disqualify

[diskwάləfài]

동 자격을 박탈하다, 실격시키다

disqualified from the competition
그 시합에서 실격된

qualify 동 자격을 얻다

dis + **qualify**
not certify

→ 자격이(qualify) 없도록(dis) 하니깐
⇨ 자격을 박탈하다

1285 ①②③④⑤

dilate

[dailéit]

동 넓히다, 팽창시키다

= expand, inflate

When there is less light, the pupils in our eyes **dilate**.
빛이 줄어들면, 우리 눈의 동공이 팽창한다.

dilation 명 확장, 팽창

di + **late**
apart wide

→ 떨어질(di) 만큼 넓게(late) 만드니까
⇨ 넓히다

1286 1 2 3 4 5

dismantle

[dismǽntl]

동 분해하다

I had to dismantle the engine.
나는 엔진을 분해해야 했다.

dis + mantle
away cover

→ 못 보게 감싸져(mantle) 있던 것을 걷어서(dis) 보니까
⇨ 분해하다

1287 1 2 3 4 5 심화 09. 지방직 7급

disconcert

[dìskənsə́ːrt]

동 (주로 수동) 평정을 잃게 하다, 당황하게 하다

= perturb, discomfit, muddle

He was very disconcerted.
그는 매우 당혹스러워 했다.

disconcertion 명 교란, 당황

dis + concert
opposite agreement

→ 합의한 것을(concert) 갑자기 반대로(dis) 뒤집으니까
⇨ 평정을 잃게 하다, 당황케 하다

콘서트장(concert)에서 눈앞에서 가수를 디스(dis)하니까 ⇨ 평정을 잃게 하다, 당황케 하다

1288 1 2 3 4 5 심화

dissonance

[dísənəns]

명 불협화음, 부조화

= cacophony

cognitive dissonance
인지부조화

dissonant 형 귀에 거슬리는, 불협화음의

dis + sona + nce
apart sound 명접

→ 조화로운 소리에서부터(sona) 떨어져(dis) 나간 것이니까
⇨ 불협화음

1289 1 2 3 4 5 19. 서울시 7급

discordant

[diskɔ́ːrdənt]

형 조화하지 않는, 불협화음의

= dissonant

strike a discordant note
불협화음을 내다

discord 명 불일치, 불화
discordantly 부 일치하지 않게, 불협화음으로

dis + cord + ant
apart heart 형접

→ 마음이(cord) 따로따로 떨어져(dis) 있는 거니까
⇨ 조화하지 않는

R 227 para- : ① -의 옆에(beside) ② -에 반하는(contrary to)

1290 1 2 3 4 5

parasite

[pǽrəsàit]

명 기생충

The lazy man was a parasite on his family.
그 게으른 남자는 자기 가족에 얹혀사는 기생충이었다.

parasitic 형 기생충에 의한, 기생하는

para + site
beside food

→ 옆에(para) 기생하면서 음식을(site) 보충하는 곤충이니까
⇨ 기생충

1291 1 2 3 4 5 심화

parable

[pǽrəbl]

명 우화, 비유담

= allegory, fable

He used **parables** to explain his ideas.
그는 우화를 이용하여 그의 사상을 설명했다.

para + ble
beside throw

→ 함께 던져서(ble) 옆에(para) 두고 비유한 것
⇨ 우화

1292 1 2 3 4 5 심화

paragon

[pǽrəgɑ̀n]

명 모범, 전형

= exemplar

We don't expect candidates to be **paragons** of virtue.
우리는 후보들이 미덕의 귀감이길 기대하는 것은 아니다.

para + gon
beside sharpen

→ 빗대어(para) 날카롭게(gon) 보여 주는 거니까
⇨ 모범

[패러간] = 패라고 ➡ 목수가 제자에게 장작을 이렇게 패라고 모범(paragon)을 보이다 ⇨ 모범

1293 1 2 3 4 5 심화

paranoia

[pæ̀rənɔ́iə]

명 망상, 편집병

= delusion

Her **paranoia** is of little interest to me.
그녀의 피해망상은 나의 관심사가 전혀 아니다.

para + noia
beside mind

→ 정신이(noia) 빗나가(para) 있으니까
⇨ 망상

[패러노이어] = 파란 오이야 ➡ '파란 오이야'하고 오이가 파랗다고 생각하니까 ⇨ 망상

1294 1 2 3 4 5

parallel

[pǽrəlèl]

형 ① 평행의 ② 유사한
명 ① 평행선 ② 대등한 것
동 ① 평행하다 ② 유사하다

cf. have no parallel (비할 데 없다)
in parallel (병행하여, 동시에)

She drew two **parallel** lines on her paper.
그녀는 종이 위에 두 개의 평행선을 그렸다.

parallelism 명 유사성

para + llel
beside 동·형·명접

→ 옆에(para) 평행하게 나란히 있는 거니까
⇨ 평행의

1295 1 2 3 4 5 18. 지방직 9급

paramount

[pǽrəmàunt]

형 ① 주요한 ② 최고의

= ① leading, central, major, prime, primary, principal, staple

This is of **paramount** importance.
이것은 다른 무엇보다 중요하다.

para + mount
beside climb

→ 다른 사람들 옆에서(para) 홀로 올라서는(mount)
⇨ 주요한, 최고의

1296 1 2 3 4 5

paradox

[pǽrədɑ̀ks]

paradoxical 형 역설의, 자기모순의

명 역설, 모순

'More haste, less speed' is a well-known **paradox**.
'급할수록 천천히'는 잘 알려진 역설이다.

para + **dox**
contrary to / teach
→ 가르침(dox)에 반하는(para)
⇨ 역설

1297 1 2 3 4 5

paralyze

[pǽrəlàiz]

paralysis 명 마비(상태), 활동 불능(상태)

동 마비시키다, 무력하게 만들다

= anesthetize

paralyze the rail transport of the whole country
전국의 철도 수송을 마비시키다

para + **lyze**
beside / loosen
→ 몸에 한 쪽이(para) 풀려(lyze) 말을 듣지 않다
⇨ 마비시키다

R 228 anti-, ant- : -에 대항하여(against)

1298 1 2 3 4 5

antagonist

[æntǽgənist]

antagonize 동 적대감을 불러일으키다
antagonistic 형 적대적인
antagonism 명 적의, 적대감

명 적대자

= opponent, adversary

He faced his **antagonist** on the bridge.
그는 다리 위에서 자신의 적대자와 대치했다.

ant + **agon** + **ist**
against / struggle / 명접
→ 반대쪽에서(ant) 싸우는(agon) 사람(ist)
⇨ 적대자

1299 1 2 3 4 5 심화

antioxidant

[æntiɑ́ksidənt]

명 ① 산화[노화] 방지제 ② 방부제

= ② preservative

Vitamins C and E are both an **antioxidant**.
비타민 C와 E는 모두 노화 방지제이다.

anti + **oxidant**
against / oxidant:산화제
→ 산화제에(oxidant) 대항하는(anti) 것이니까
⇨ 산화[노화] 방지제

1300 1 2 3 4 5 심화

antiseptic

[æntəséptik]

septic 형 부패성의, 전염성의

명 소독제[약]
형 ① 소독[살균]이 되는 ② 소독[살균]된

I put some **antiseptic** on the cut and it stung.
베인 상처에 소독약을 좀 발랐더니 따끔했다.

anti + **sept** + **ic**
against / putrefy: 부패하다 / 형·명접
→ 부패되는(sept) 것을 방지하는(anti) 것이니까
⇨ 소독제[약]

R 229 en-, em-, -en : ① -이 되게 하다(make) ② -안에 놓다(put in)

1301 1 2 3 4 5

enlarge
[inlάːrdʒ]

동 확대하다, 확장하다

Magnifier can **enlarge** part of the screen.
돋보기를 사용하면 화면 일부를 확대할 수 있습니다.

enlargement 명 확대, 확장

en + large
make large
→ 크게(large) 하다(en)
⇨ 확대하다

1302 1 2 3 4 5 20. 소방직 9급

endanger
[indéindʒər]

동 위태롭게 하다

= imperil, jeopardize

You will **endanger** your own life.
넌 네 목숨을 위험하게 만들 거야.

endangered 형 위기에 처한
endangerment 명 위태롭게 함

en + danger
put in danger
→ 위험(danger) 안에 두다(en)
⇨ 위태롭게 하다

1303 1 2 3 4 5

enlist
[inlíst]

동 병적에 넣다, 입대하다

He was **enlisted** into the US Navy.
그는 미 해군에 징집되었다.

enlistment 명 병적 등록, 입대

en + list
put in list
→ 명부(list) 안에(en) 이름을 넣다
⇨ 병적에 넣다

1304 1 2 3 4 5 21. 소방직 9급 / 20. 지방직 7급 / 19. 국회직 9급 / 18. 서울시 9급 추가채용 / 16. 국가직 9급 / 11. 국가직 9급

enhance
[inhǽns]

동 높이다, 향상시키다

= elevate, boost, exalt

enhance the reputation of the company
회사의 명성을 높이다

enhancement 명 증진, 고양

en + hance
make high
→ 위로 높게(hance) 만들어주니까 (en)
⇨ 높이다

1305 1 2 3 4 5

enact
[inǽkt]

동 제정하다

= institute, legislate, constitute

cf. enforce (집행하다, 강요하다)

enact the bad law
악법을 제정하다

enactment 명 ① 제정 ② 법규
enactive 형 법률 제정권이 있는

en + act
make law
→ 법으로(act) 만드는(en) 것이니까
⇨ 제정하다

1306 1 2 3 4 5

enrage

[inréidʒ]

enragement 명 격노, 분노

동 격노하게 하다

= infuriate, incense, exasperate, vex

She was **enraged** at the injustice of the remark.
그녀는 그 발언의 부당성에 격분했다.

en + rage
make rage
→ 격노하게(rage) 만들다(en)
⇨ 격노하게 하다

1307 1 2 3 4 5

enchant

[intʃǽnt]

enchanting 형 매혹적인
enchantment 명 매혹, 유혹

동 매혹시키다, 마법을 걸다

= enamor, enthrall, bewitch, mesmerize, beguile

He was **enchanted** to see her again after so long.
그는 그렇게 긴 시간이 흐른 후에 그녀를 다시 만나 황홀했다.

en + chant
put in song
→ 사람을 아름다운 노래(chant) 안에 (en) 두니까
⇨ 마법을 걸다

1308 1 2 3 4 5

embody

[imbάdi]

embodiment 명 전형[화신]

동 구체화하다, 구현하다

It is the words that **embody** thoughts.
생각을 구현하는 것은 말이다.

em + body
make body
→ 추상적인 대상에 대해 실체를(body) 만들어주다(em)
⇨ 구체화하다

1309 1 2 3 4 5

entitle

[intáitl]

entitlement 명 명칭 부여, 자격 부여

동 ① 자격[권리]을 주다 ② 제목을 붙이다

This ticket does not **entitle** you to travel first class.
이 표로는 일등석을 탈 자격이 안 됩니다.

en + title
make title
→ 제목·자격을(title) 만들어주다(en)
⇨ 제목을 붙이다

1310 1 2 3 4 5

embark

[imbά:rk]

embarkation 명 ① 승선(자) ② 적재물

동 ① 승선하다 ② 시작하다

= ② commence, initiate, inaugurate

Riders are waiting to **embark** the train.
승객들이 열차에 탑승하려고 기다리고 있다.

em + bark
put in boat
→ 승객을 배(bark) 안에 놓다(em)
⇨ 승선하다

[임박크] = 임박 ➡ 배 탈 시간이 임박해서 승선했다(embark) ⇨ 승선하다, 시작하다

1311 1 2 3 4 5

embed

[imbéd]

동 파묻다, (물건을) 깊숙이 박다

A piece of glass was **embedded** in his leg.
유리 조각이 그의 다리에 박혔다.

embedment 명 심기, 꽂아 넣기

em + **bed**
put in / bed

→ 어떤 물건을 침대(bed) 안에 놓다(em)
⇨ 파묻다

1312 1 2 3 4 5

embryo

[émbriòu]

명 ① (동·식물의) 태아, 배아 ② 초기

= ② infancy, incipience, nascence

He is doing research into human **embryo** cloning.
그는 배아 복제에 대한 연구를 하고 있다.

embryonic 형 태아[배]의, 초기의

em + **bryo**
make / swell

→ 엄마 뱃속 안에서 부풀어 오르게(bryo) 만들다(em)
⇨ (동·식물의) 태아

1313 1 2 3 4 5 17. 지방직 7급

enliven

[enláivən]

동 활기 있게 하다, 더 생동감 있게 만들다

= stimulate, invigorate, exhilarate, galvanize, rejuvenate

The children's arrival **enlivened** a boring evening.
아이들의 도착은 지루한 저녁을 활기 있게 했다.

enlivenment 명 활력[생기]를 불어넣음

en + **live(n)**
make / live

→ 생기 있도록(live) 만들다(en)
⇨ 활기 있게 하다

1314 1 2 3 4 5 16. 국회직 9급

endorse

[indɔ́:rs]

동 ① 승인하다, 지지하다, 보증하다
② (수표 등에) 배서하다

= ① approve

endorse the ideas expressed in the article
그 논문에 표명된 사상을 지지하다

endorsement 명 배서, 승인

en + **dorse**
make / back

→ 종이 뒷면(dorse) 위에 서명을 만들다
⇨ (수표 등에) 배서하다

1315 1 2 3 4 5 21. 지방직 9급 / 16. 국회직 9급

encompass

[inkʌ́mpəs]

동 ① 동봉하다 ② 에워싸다

encompass a number of themes
많은 주제를 포함하다

encompassment 명 포위
encompassing 형 둘러싸는

en + **compass**
make / compass

→ 컴퍼스로(compass) 원을 만들다(en)
⇨ 에워싸다

1316 1 2 3 4 5 19. 서울시 7급 추가채용

entangle

[intǽŋgl]

동 혼란케 하다, 엉키게 하다

= complicate

tangle 동 엉키다 명 얽힌 것
entanglement 명 복잡한 관계, 얽혀 듦

The bird became **entangled** in the wire netting.
그 새는 철망에 걸렸다.

en + **tangle**
make tangle
→ 엉키게(tangle) 만들다(en)
⇨ **혼란케 하다**

넝쿨이 서로 탱글탱글(tangle) 얽혀 있으니까 ⇨ 혼란케 하다

1317 1 2 3 4 5

entice

[intáis]

동 꾀다, 유혹하다

= allure, seduce, lure, decoy

enticing 형 유혹적인, 매혹적인
enticement 명 유혹(물)

She **enticed** me into a trap.
그녀는 나를 꾀어 함정에 빠뜨렸다.

en + **tice**
make torch
→ 상대방의 마음속에 불을(tice) 지피다(en)
⇨ **꾀다**

1318 1 2 3 4 5 심화

enfranchise

[infrǽntʃaiz]

동 ① 선거권을 주다 ② 석방하다, 해방하다

franchise 명 ① 선거권 ② 독점판매권
enfranchisement 명 ① 참정[선거]권 부여 ② 해방, 석방
disenfranchise 동 선거권을 박탈하다

The government **enfranchised** its citizens.
정부는 재외교포들에게 선거권을 주었다.

en + **franchise**
make franchise
→ 선거권을(franchise) 부여해 주다(en)
⇨ **선거권을 주다**

1319 1 2 3 4 5

engross

[ingróus]

동 집중시키다, 몰두하게 만들다

= immerse, preoccupy

cf. (몰두하다) be engrossed, absorbed, lost, immersed, wrapped in

gross 형 ① 중대한, 심한 ② 무례한, 저속한
engrossed 형 몰두한, 열중하고 있는
engrossment 명 전념, 몰두

He **engrossed** himself in his writing.
그는 집필에 몰두했다.

en + **gross**
put in big
→ 어떤 일에 큰(gross) 관심을 주다(en)
⇨ **집중시키다**

1320 1 2 3 4 5

embellish

[imbéliʃ]

동 미화하다, 장식하다

embellishment 명 치장, 치레

Many building entrances are **embellished**.
많은 건물들의 입구들은 치장되어 있다.

em + **bell** + **ish**
make beautiful 동접
→ 아름답게(bell) 만드는(em) 거니까
⇨ **미화하다**

크리스마스 트리 안(em)을 벨(bell)로 장식하다 ⇨ 장식하다, 미화하다

R 230 mon(o) : 하나(one)

1321 1 2 3 4 5

monopoly
[mənápəli]

명 독점, 전매

cf. oligopoly (과점)

The company has a virtual **monopoly**.
그 회사가 사실상 독점권을 쥐고 있다.

monopolize 동 독점하다

mono + **poly**
one sell
→ 어떤 물건을 혼자서만(mono) 파는(poly) 것이니까
⇨ 독점, 전매

1322 1 2 3 4 5

monotonous
[mənátənəs]

형 단조로운, 지루한

= tedious, humdrum, banal

Aircraft passed overhead with **monotonous** regularity.
항공기들이 단조로울 정도로 정기적으로 머리 위를 지나갔다.

monotony 명 단조로움

mono + **ton** + **ous**
one sound 형접
→ 하나의(mono) 어조로(ton) 소리 내는 거니까
⇨ 단조로운

R 231 bi-, du-, dub- : 둘(two) / tri- : 셋(three)

1323 1 2 3 4 5

bilingual
[bailíŋgwəl]

형 2개 국어를 구사할 수 있는
명 2개 국어 구사자

She is **bilingual** in English and Korean.
그녀는 영어와 한국어 두 개 언어를 한다.

bi + **ling** + **ual**
two tongue 형·명접
→ 두 개의(bi) 언어를(ling) 가진 거니까
⇨ 2개 국어를 구사할 수 있는

1324 1 2 3 4 5

biannual
[baiǽnjuəl]

형 연 2회의

cf. biennial (2년마다의)

You need to have a routine **biannual** examination.
당신은 일 년에 두 번 정기 검진을 받아야 한다.

bi + **ann** + **ual**
two year 형접
→ 한 해에(ann) 두 번이니까(bi)
⇨ 연 2회의

1325 1 2 3 4 5 심화

binary
[báinəri]

형 2진법의, 두 부분으로 이루어진

Computers use **binary** digits.
컴퓨터는 2진수의 숫자를 사용한다.

bi + **nary**
two 형접
→ 둘의(bi)
⇨ 2진법의

1326 1 2 3 4 5

dual

[djú:əl]

duality 명 이중성
dualism 명 이원론

형 두 부분으로 된, 이중의

the **dual** aspects of nature
자연의 이중적인 측면

du + al
two 형접
→ 둘로(du) 이루어지니까
⇨ 이중의

1327 1 2 3 4 5

dubious

[djú:biəs]

형 의심하는, 수상쩍은

= suspicious

I was rather **dubious** about the whole idea.
나는 그 생각 전체가 좀 의심스러웠다.

dub + ious
two 형접
→ 두(dub) 가지 생각으로 가득 차 있는(ious) 것이니까
⇨ 의심하는

1328 1 2 3 4 5

trivial

[tríviəl]

trivialize 동 하찮아 보이게 만들다
triviality 명 사소한 문제

형 사소한, 하찮은

= insignificant

I know it sounds **trivial**, but I'm worried about it.
하찮게 들린다는 거 알지만, 난 그게 걱정이 돼요.

tri + vial
three way
→ 삼(tri)거리는(vial) 어디에나 있는 거니까
⇨ 사소한

R 232 deci- : 십(ten) / multi- : 많은(many)

1329 1 2 3 4 5 심화

decimate

[désəmèit]

decimation 명 대량 살상
decimated 형 떼죽음 당한

동 대량으로 죽이다, 심하게 훼손하다

decimate a large number of people
많은 사람들을 죽이다

deci + mate
ten 동접
→ 죄수들 중 제비뽑기를 해서 10명(deci) 중에 한 명을 죽인 데서 유래
⇨ 대량으로 죽이다

1330 1 2 3 4 5 21. 지역인재 9급 / 16. 사회복지직 9급

multiple

[mʌ́ltəpl]

multitasking 명 ① 다중 작업 ② 동시에 여러 가지 일을 하는 능력
multitude 명 ① 다수 ② 군중
multiply 동 ① 증가시키다, 번식하다 ② 곱하다

형 다수의, 다양한 명 배수

multiple scars on her face
그녀의 얼굴에 난 많은 상처

multi + ple
many fold
→ 여러(multi) 겹으로(ple) 된 거니까
⇨ 다수의

R 233 be- : ① 강조(completely) ② -으로 만들다(make)

1331 1 2 3 4 5 심화

befall
[bifɔ́ːl]

동 (일이) 일어나다, 생기다, 닥치다

the worst fate that can **befall** mankind
인간에게 닥칠 수 있는 최악의 비운

be + fall
completely fall
→ 어떤 일이 누군가에게 떨어지다(fall)
⇨ 일어나다

1332 1 2 3 4 5

besiege
[bisíːdʒ]

siege 동 둘러싸다 명 포위 공격
besieger 명 포위자, (*pl.*) 포위군

동 ① 포위(공격)하다 ② 괴롭히다

The actress was **besieged** by reporters at the airport.
그 여배우는 공항에서 기자들에게 둘러싸였다.

be + siege
completely siege
→ 적 주변을 단단히(be) 포위 공격하다(siege)
⇨ 포위(공격)하다

1333 1 2 3 4 5

beset
[bisét]

동 ① 에워싸다 ② 괴롭히다, 시달리게 하다

= ② aggrieve, harass, torment, inflict, distress, anguish, excruciate, afflict

The team was **beset** by injury all season.
그 팀은 시즌 내내 부상에 시달렸다.

be + set
completely set
→ 군 병력을 사방에(be) 배치하다(set)
⇨ 에워싸다

1334 1 2 3 4 5

beware
[biwέər]

ware 형 조심성 있는, 의식하고 있는

동 조심하다

You must **beware** of the dog.
당신은 그 개를 조심해야 한다.

be + ware
make ware
→ 조심성 있게(ware) 만들다(be)
⇨ 조심하다

1335 1 2 3 4 5 18. 서울시 7급 추가채용

belittle
[bilítl]

동 경시하다, 헐뜯다

= derogate, disparage

People tend to **belittle** other people's success.
사람들은 다른 사람의 성공을 경시하는 경향이 있다.

be + little
make small
→ 누군가의 존재감을 작게(little) 만드니까(be)
⇨ 경시하다

1336 ①②③④⑤

bemoan

[bimóun]

moan 동 신음하다, 불평하다, 한탄하다
명 신음
bemoaningly 부 슬퍼하면서

동 한탄하다, 슬퍼하다

= grieve, mourn, lament, bewail, deplore

She always **bemoans** her lot.
그녀는 항상 자기 운수를 한탄한다.

be + moan
make moan
→ 슬픔으로 인해 신음 소리를(moan) 만들다(be)
⇨ 한탄하다

1337 ①②③④⑤

beguile

[bigáil]

guile 명 ① 교활, 꾀, 속임수 ② 배반
guileful 형 교활한, 음험한

동 ① 현혹시키다, 속이다
② 구슬리다, (마음을) 끌다

= ① swindle, cozen, manipulate, delude

beguile a person of his money
어떤 사람을 속여서 돈을 뜯어내다

be + guile
make guile
→ 상대방에게 교활함을(guile) 이용하여(be) 속이다
⇨ 현혹시키다

뱀(be)이 사과라는 과일(guile)로 이브를 현혹시키다(beguile) ⇨ 현혹시키다

1338 ①②③④⑤ 심화

bequeath

[bikwíːð]

bequest 명 유증, 유산

동 물려주다, 유증하다

= bestow

bequeath his entire estate to his daughter
그의 전 재산을 딸에게 물려주다

be + queath
completely say
→ 중요한 것에 대해 강하게(be) 말하니까(queath)
⇨ 물려주다

아래로(beneath) 재산을 물려주다(bequeath) ⇨ 물려주다

1339 ①②③④⑤ 심화

berate

[bireit]

동 호되게 꾸짖다

= scold, admonish, reprimand, reproach, reprove

I don't need you to **berate** me.
네가 날 질책할 필요는 없어.

be + rate
completely scold
→ 강하게(be) 꾸짖으니까(rate)
⇨ 호되게 꾸짖다

[비레잇] = be + 랫 ➡ 욕심 때문에 쥐새끼(rat)가 된 것(be)을 호되게 꾸짖다 ⇨ 호되게 꾸짖다

1340 ①②③④⑤ 심화

bereave

[biríːv]

bereavement 명 사별
bereft 형 잃은

동 ① 빼앗다 ② 사별하다

those who were recently **bereaved**
최근에 사별을 겪은 사람들

be + reave
completely snatch
→ 중요한 것을 강하게(be) 낚아채니까(reave)
⇨ 빼앗다

상인을 떠나게(leave) 해서 점포를 빼앗으니까(bereave) ⇨ 빼앗다
배우자가 죽어 떠나다(leave) ⇨ 사별하다

R 234 trans-, tres- : ① 이쪽에서 저쪽으로(across) ② 관통(through)

1341 1 2 3 4 5

transfer
[trænsfə́ːr]

동 ① 옮기다, 이동하다 ② 전학[전근] 가다
명 ① 이동 ② 전학, 전근

transferable 형 이동 가능한
transference 명 이동

transfer to a different hospital
다른 병원으로 옮기다

trans + **fer**
across carry
→ 이쪽에서 저쪽으로(trans) 옮기다(fer)
⇨ 옮기다

1342 1 2 3 4 5

transit
[trǽnsit, -zit]

명 ① 통과, 통행 ② 운송, 운반

transition 명 변천, 변이, 과도기
transitional 형 변천하는, 과도기의

Some goods got damaged in **transit**.
일부 상품이 운송 중에 손상되었다.

trans + **it**
across go
→ 이쪽에서 저쪽으로 가로질러(trans) 건너감(it)
⇨ 통과

1343 1 2 3 4 5 17. 서울시 9급 / 16. 법원직 9급

transparent
[trænspέərənt]

형 투명한, 비치는

= lucid, pellucid, translucent, diaphanous

transparency 명 투명도

The insect's wings are almost **transparent**.
그 곤충의 날개는 거의 투명하다.

trans + **par** + **ent**
through appear 형접
→ 이쪽에서 저쪽이 관통해서(trans) 보이는(par)
⇨ 투명한

1344 1 2 3 4 5 심화 19. 서울시 7급 추가채용

trespass
[tréspəs]

동 무단 침입하다

= invade, intrude, encroach

trespasser 명 침입자

I **trespassed** on private land.
나는 사유지에 무단 침입했다.

tres + **pass**
across go through
→ 남의 땅을 허락 없이 가로질러(tres) 통과하다(pass)
⇨ 무단 침입하다

1345 1 2 3 4 5

transfigure
[trænsfígjər]

동 변모시키다

= alter, modify, transform, convert

transfigure our poor lives
우리의 불쌍한 삶을 바꿔놓다

trans + **figure**
across shape
→ 이쪽에서 저쪽으로(trans) 모양을(figure) 바꾸다
⇨ 변모시키다

1346 1 2 3 4 5 17. 서울시 9급 / 15. 국회직 8급

transient

[trǽnʃənt]

형 순간적인, 일시적인

= provisional, momentary, transitory, tentative, evanescent, ephemeral, deciduous

Man's life is as **transient** as dew.
인간의 삶은 이슬처럼 덧없는 것이다.

transience 명 덧없음, 무상

trans + (i)ent
across 형접

→ 빠르게 건너서(trans) 단숨에 지나가는 것이니까
⇨ 일시적인

1347 1 2 3 4 5 심화

translucent

[trænslúːsnt]

형 반투명의

= lucid, pellucid, transparent, diaphanous

translucent glass
반투명한 유리

translucence 명 반투명

trans + luc + ent
through light 형접

→ 빛이(luc) 어느 정도 관통할(trans) 수 있는 거니까
⇨ 반투명의

R 235 post- : 뒤의(after)

1348 1 2 3 4 5 21. 국가직 9급 / 19. 국회직 9급 / 13. 서울시 7급

preposterous

[pripástərəs]

형 ① 터무니없는, 불합리한 ② 앞뒤가 뒤바뀐

= ① ludicrous, absurd, ridiculous

I was fired for a **preposterous** reason.
나는 터무니없는 이유로 해고당했다.

pre + post + erous
before after 형접

→ 뒤(post) 부분이 앞(pre)이 된
⇨ 앞뒤가 뒤바뀐

1349 1 2 3 4 5 심화

posthumous

[pástʃuməs]

형 사후의

This painting is my father's **posthumous** work.
이 그림은 아버지의 유작이다.

posthumously 부 사후에; 유작으로서

post + hum + ous
after bury 형접

→ 묻고(hum)난 뒤(post)니까
⇨ 사후의

1350 1 2 3 4 5 심화 15. 국회직 8급

postulation

[pàstʃəléiʃən]

명 ① 가정, 선결조건 ② 요구

I am asking for your view on that **postulation**.
나는 가정에 대한 너의 관점을 묻고 있는 것이다.

postulate 동 ① 가정[주장]하다 ② 요구하다
postulational 형 ① 가정의 ② 요구의

post(ula) + tion
after 명접

→ 뒤에(post) 일어날 것에 대해 논하거나 예상하니까
⇨ 선결조건, 가정

R 236 pre- : 미리, 먼저(before)

1351 1 2 3 4 5

previous

[príːviəs]

previously 부 이전에, 미리, 사전에

형 앞의, 이전의

previous experience
이전의 경험

pre + vi + ous
before way 형접

→ 길을(vi) 앞서가는(pre) 거니까
⇨ 앞의

1352 1 2 3 4 5 — 18. 교행직 9급

precaution

[prikɔ́ːʃən]

precautious 형 조심하는, 신중한
precautionary 형 예방의

명 ① 조심, 경계 ② 예방 조치

= ① vigilance, prudence

a precaution against accidents
사고 방지책

pre + caution
before caution

→ 미리(pre) 주의하는(caution) 거니까
⇨ 조심

1353 1 2 3 4 5 — 15. 국회직 8급

premise

[prémis]

명 ① 전제 ② (*pl.*) 토지, 부동산

the basic premise of argument
주장의 기본 전제

pre + mise
before send

→ 어떤 주장 전에 미리 앞에(pre) 내세워놓는(mise) 것
⇨ 전제

1354 1 2 3 4 5

prerequisite

[priːrékwəzit]

requisite 형 필요한
명 필수품, 필요조건

형 ① 필수의, 미리 필요한 ② 전제가 되는
명 ① 전제조건 ② 필수 기초 과목

an essential prerequisite for happiness
행복의 필수 전제조건

pre + requisite
before requisite

→ 미리(pre) 필요한(requisite)
⇨ 필수의, 전제가 되는

1355 1 2 3 4 5

preeminent

[priémənənt]

preeminently 부 현저하게
preeminence 명 탁월, 걸출
eminent 형 유명한, 뛰어난

형 탁월한, 우수한

= distinguished, eminent, prominent, outstanding, renowned

the preeminent scientist
우수한 과학자

pre + eminent
before eminent

→ 유명함에(eminent) 있어서 앞서는(pre)
⇨ 탁월한

1356 1 2 3 4 5 심화

predispose

[pri:dispóuz]

동 ① -할 마음이 생기게 하다, -하는 경향이 있게 하다 ② (병에) 걸리기 쉽게 하다

Stress can **predispose** people to heart attacks.
스트레스는 사람들을 심장 마비에 취약하게 만들 수 있다.

predisposition 명 성향, 경향

pre + dis + pos(e)
before apart put

→ 다른 것들과 떨어뜨려(dis) 바로 앞에(pre) 놓으니까(pos)
⇨ -할 마음이 생기게 하다

1357 1 2 3 4 5 심화

presage

[présidʒ]

명 ① 예감 ② 전조
동 (-의) 전조가 되다, 예고하다

= 명 ② portent, premonition

The dark low clouds **presage** the storm.
낮은 암운(暗雲)은 폭풍우의 전조(前兆)다.

sage 형 현명한 명 현자

pre + sage
before perceive

→ 앞일을 먼저(pre) 감지하는(sage) 것
⇨ 예감

1358 1 2 3 4 5 심화

premonition

[pri:məníʃən]

명 ① (불길한) 예감 ② 전조

= ② portent, presage

a **premonition** of danger
위험에 대한 예감

premonitory 형 예고의, 전조의
premonish 동 미리 경고하다, 예고하다

pre + mon + ition
before warn 명접

→ 미리(pre) 마음 속에서 경고하는(mon) 느낌이니까
⇨ 예감

1359 1 2 3 4 5 심화

prescience

[préʃəns]

명 예지, 통찰, 선견지명

The friend has often shown remarkable **prescience**.
그 친구는 가끔 놀라운 통찰력을 보였다.

pre + scien + ce
before know 명접

→ 미리(pre) 알 수 있는(scien) 능력이니까
⇨ 예지

1360 1 2 3 4 5 심화

pretext

[pri:tekst]

명 구실, 핑계

She made a **pretext** of her computer's malfunction.
그녀는 컴퓨터의 고장을 구실로 삼았다.

pre + text
before textile

→ 진실을 못 보도록 옷으로(text) 눈앞을(pre) 가리며 이리저리 둘러 대니까
⇨ 구실

1361 1 2 3 4 5 심화

predicate

[prédəkèit]

동 ① 단언하다
② (주로 수동태로) -를 근거로 두다

= ① affirm, assert, aver

Most religions **predicate** life after death.
대개의 종교는 내세가 있다고 단언한다.

predication 명 단언
predicable 형 단정할 수 있는

pre + **dic** + **ate**
before say 동접

→ 사람들 앞에서(pre) 말하는(dic) 거니까
⇨ 단언하다

1362 1 2 3 4 5

predilection

[prèdəlékʃən]

명 애호, 편애

From the first he showed a **predilection** for it.
처음부터 그는 그것을 편애했다.

pre + **dilect** + **ion**
before love 명접

→ 이전부터(pre) 좋아하던(dilect) 것이니까
⇨ 애호

미리(pre) 선호하는 방향이(direction) 정해져 있음 ⇨ 편애, 애호

1363 1 2 3 4 5 심화

precocious

[prikóuʃəs]

형 조숙한

= premature

a **precocious** child
조숙한 아이

pre + **coc** + **ious**
before ripen 형접

→ 이미(pre) 성숙한(coc) 사람이니까
⇨ 조숙한

조숙한(precocious) 아이들은 먼저(pre) 이성을 꼬셔(cocious) ⇨ 조숙한

R 237 extra-, extrin- : ① -밖의(outside) ② -을 넘어서(beyond)

1364 1 2 3 4 5 19. 서울시 9급 추가채용 / 18. 법원직 9급

extravagant

[ikstrǽvəgənt]

형 낭비하는, 사치스러운

= lavish, prodigal, profligate

extravagant lifestyle
사치스러운 생활방식

extravagance 명 낭비(벽), 사치(품)

extra + **vag** + **ant**
beyond wander 형접

→ 자기 수입을 벗어나(extra) 헤매는(vag)
⇨ 낭비하는, 사치스러운

1365 1 2 3 4 5 심화

extraterrestrial

[èkstrətəréstriəl]

형 외계의, 지구 밖의

extraterrestrial life
외계 생명체

terrestrial 형 육지의, 지구의

extra + **terr(estri)** + **al**
outside earth 형접

→ 지구 땅(terr) 밖의(extra)
⇨ 외계의

1366 1 2 3 4 5 심화

extraterritorial

[èkstrətèrətɔ́:riəl]

extraterritoriality 명 치외 법권
territorial 형 영토의

형 치외 법권의

enjoy **extraterritorial** rights
치외 법권을 누리다

extra + territori + al
beyond 영토의 형접

→ 다른 나라 영토의(territori) 법적 용에서 벗어나는(extra) 외국인의 권리
⇨ 치외 법권의

1367 1 2 3 4 5 20. 법원직 9급 / 17. 국회직 9급 / 15. 경찰직 3차

extraordinary

[ikstrɔ́:rdənèri]

extraordinaire 형 탁월한
ordinary 형 평범한, 일상적인

형 ① 놀라운, 기이한 ② 비범한, 대단한

She was a truly **extraordinary** woman.
그녀는 참으로 비범한 여성이었다.

extra + ordinary
beyond 보통의

→ 보통을(ordinary) 넘어선(extra)
⇨ 놀라운

1368 1 2 3 4 5 심화

extraneous

[ikstréiniəs]

형 ① 관련 없는, 비본질적인
② 외부의, 외래종의

= ① irrelevant, impertinent, extrinsic

extraneous information
관련 없는 정보

extra + neous
outside 형접

→ 주제 밖으로(extra) 벗어난 이야기니까
⇨ 관련 없는

1369 1 2 3 4 5 심화

extrapolate

[ikstrǽpəlèit]

extrapolative 형 추정하는, 추론하는
extrapolation 명 추정

동 (~을 기반으로) 추론하다, 추정하다

= surmise, conjecture

extrapolate trends from past ones
과거 추세로부터 동향을 추론하다

extra + pol + ate
outside polish 동접

→ 어떤 상황 밖의(extra) 사실을 기반으로 생각을 다듬다(pol)
⇨ 추론하다

1370 1 2 3 4 5

extrinsic

[ikstrínsik]

형 비본질적인, 외부의, 관련 없는

cf. intrinsic (내재하는, 본질적인)

extrinsic factors
외부적 요인들

extrin + sic
outside 형접

→ 내부가 아닌 외적인(extrin) 것을 따르는
⇨ 비본질적인

R 238 out-, ut- : ① -밖으로(outside, outward) ② -보다 더 잘(better than, more than)

1371 1 2 3 4 5

outrage

[áutreidʒ]

outrageous 형 ① 터무니없는 ② 포악한

명 ① 격분, 격노 ② 불법 행위, 폭행
동 격분하게 만들다

express **outrage** at the judgement
판결에 분노를 표하다

out + rage
outside rage:분노
→ 몹시 격분하여(rage) 밖으로(out) 표출되는 것
⇨ 격분, 격노

1372 1 2 3 4 5

outstanding

[àutstǽndiŋ]

형 ① 뛰어난, 두드러진
② 미해결된, 미지불된

= ① distinguished, eminent, prominent, renowned, preeminent

the **outstanding** performer of the games
경기의 최우수 선수

out + standing
outside stand
→ 밖으로(out) 튀어나와 서 있어서(standing) 눈에 잘 띄는
⇨ 뛰어난
→ 해결이 안 되어서 밖에(out) 여전히 있는(standing)
⇨ 미해결된

1373 1 2 3 4 5

outstretch

[àutstréʧ]

outstretched 형 펼친, 뻗친

동 -을 뻗다, 펴다

outstretch his arms
그의 팔을 뻗다

out + stretch
outward reach
→ 밖을(out) 향해 쭉 뻗은(stretch) 것이니까
⇨ -을 뻗다

1374 1 2 3 4 5 20. 해경직 3차 / 10. 국가직 9급

outspoken

[áutspòukən]

형 거리낌 없는, 솔직한

= frank, straightforward, forthright, candid

the ruling party's most **outspoken** critics
집권당의 가장 솔직한 비평가

out + spoken
outside speak
→ 밖으로(out) 끄집어내어 숨김없이 말하는(spoken) 거니까
⇨ 거리낌 없는, 솔직한

1375 1 2 3 4 5 19. 지방직 9급

utter

[ʌ́tər]

utterly 형 완전히, 철저히
utterance 명 발화, 발성

형 완전한, 전적인 동 말하다

= 형 stark

an **utter** denial
전적인 부인

ut(t) + er
outside 동·형접
→ '입 밖으로(ut) 소리를 내다'에서 유래
⇨ 말하다
[어터] = 어 터 ➡ 어! 터놓고 말하자(utter)
⇨ 말하다

1376 1 2 3 4 5

outlaw

[áutlɔ̀ː]

동 불법화하다, 금하다 명 범법자, 도망자

= 동 preclude, occlude, inhibit, interdict, deter, forestall, proscribe

outlaw smoking
흡연을 금지하다

out + law
outside law

→ 어떤 행동을 법(law) 테두리 밖으로 (out) 만들다
⇒ 불법화하다

1377 1 2 3 4 5

outset

[áutsèt]

명 시작, 최초, 발단

Why didn't you say so at the **outset**?
왜 처음에 그렇게 말하지 않았던가?

out + set
outside set

→ 안에 있는 것을 밖으로(out) 꺼내 놓음(set)
⇒ 시작, 최초

1378 1 2 3 4 5

outright

[áutràit]

형 ① 노골적인 ② 완전한
부 ① 노골적으로 ② 완전히

Did you pay for the car **outright**?
차 값은 완전히 지불했나요?

out + right
outside proper

→ 제대로(right) 된 모양으로 나오니까(out)
⇒ 완전한

1379 1 2 3 4 5 심화

outlandish

[autlǽndiʃ]

형 이국풍의, 색다른

= bizarre, uncanny, eerie, peculiar, idiosyncratic, weird, eccentric

She likes his **outlandish** hairstyle.
그녀는 그의 이국적인 머리 스타일을 좋아한다.

out + land + ish
outside country 형접

→ 나라(land) 밖에서(out) 볼 수 있는 것들이니까
⇒ 이국풍의

1380 1 2 3 4 5 심화

outcry

[áutkrài]

명 ① 비명 ② 항의
동 ① -보다 더 소리 높여 외치다 ② 부르짖다

make an outcry
아우성을 치다

out + cry
more than cry

→ -을 능가하여(out) 우니까(cry)
⇒ -보다 더 소리 높여 외치다

out + cry
outside cry

→ 울음을(cry) 밖으로(out) 내보내니까
⇒ 부르짖다

1381 1 2 3 4 5

outweigh
[àutwéi]

동 -보다 더 크다, -보다 더 중요하다

cf. outnumber (-보다 수가 더 많다)

The book's virtues far **outweigh** its faults.
그 책은 장점이 흠보다 훨씬 많다.

out + **weigh**
more than　weigh

→ -보다(out) 더 많은 무게가 나가니까(weigh)
⇨ -보다 더 중요하다

1382 1 2 3 4 5

outlive
[àutlív]

동 -보다 더 오래 살다

cf. outlast (-보다 더 오래 가다)
outgrow (-보다 더 커지다)

Some fathers **outlive** their children.
어떤 아버지들은 자식보다 더 오래 산다.

out + **live**
more than　live

→ -보다(out) 오래 사니까(live)
⇨ -보다 더 오래 살다

1383 1 2 3 4 5

outstrip
[àutstríp]

동 -을 능가하다

= exceed, surpass, excel, outdo, outperform, overrun

Demand is **outstripping** supply.
수요가 공급을 능가하고 있다.

out + **strip**
better than　take

→ 업적·득점을 더 잘(out) 빼앗으니(strip)
⇨ -을 능가하다

R 239 inter- : -사이에(between)

1384 1 2 3 4 5

interim
[íntərim]

형 중간의, 잠정적인

= provisional, momentary, transient, transitory, tentative, evanescent, ephemeral, deciduous

We expect to sign **interim** agreements shortly.
우리는 잠정 동의안에 곧 서명할 예정이다.

inter + **im**
between　형접

→ '-의 사이에(inter)'라는 의미에서
⇨ 중간의

1385 1 2 3 4 5 심화

intercede
[intərsí:d]

동 중재하다, 조정하다

= arbitrate, intervene, mediate

intercede in the case
사건을 중재하다

interception 명 가로챔, 방해

inter + **cede**
between　go

→ 대립 중이던 양쪽 사이로(inter) 들어가니(cede)
⇨ 중재하다

1386 1 2 3 4 5 심화

interdict
[intərdíkt]

동 금지하다

= preclude, occlude, inhibit, deter, forestall, proscribe, outlaw

interdict drug shipments
마약 수송을 차단하다

interdiction 명 금지, 차단

inter + dict
between say
→ 어떤 행동을 하려는 사람에게 끼어들어(inter) 하지 말라고 말하는(dict) 거니까
⇨ 금지하다

1387 1 2 3 4 5

interject
[intərdʒékt]

동 끼어들다, 첨가하다

interject during the conversation
대화 도중에 끼어들다

inter + ject
between throw
→ 말 중간에 끼어(inter) 들어(ject) 오니까
⇨ 끼어들다

R 240 a- : ① 상태(on, in) ② 강조(completely)

1388 1 2 3 4 5 12. 사회복지직 9급

arouse
[əráuz]

동 불러일으키다

= evoke, elicit

arouse curiosity
호기심을 불러일으키다

arousal 명 각성, 자극, 흥분

a + rouse
completely rouse
→ 강하게(a) 깨우다(rouse)
⇨ 불러일으키다

1389 1 2 3 4 5 16. 지방직 9급 / 15. 국가직 9급

aloof
[əlúːf]

형 ① 멀리 떨어진 ② 무관심한
부 떨어져서, 멀어져서

He stood **aloof** from the crowd.
그는 대중과 떨어져 서 있었다.

a + loof
on windward
→ 바람이 불어오는 쪽으로(loof) 가서 육지로부터 멀리 떨어진 상태니까(a)
⇨ 떨어져서
지붕(roof)에서 아래로 떨어졌으니 ⇨ 멀리 떨어진, 떨어져서

1390 1 2 3 4 5

afloat
[əflóut]

형 ① (물에) 떠있는
② (경제적인) 곤경에서 벗어난

The ship is **afloat**.
배가 떠 있다.

float 동 뜨다, 떠다니다

a + float
on float
→ 떠 있는(float) 상태니까(a)
⇨ 떠있는

1391 1 2 3 4 5 심화

asunder

[əsʌ́ndər]

sunder 동 찢다, 자르다

형 떨어진, 흩어진
부 낱낱으로, 흩어져

The enemy fled **asunder**.
적들은 흩어져 도망갔다.

a + sunder
on separate

→ 떨어져(sunder) 있는 상태니까(a)
⇨ 낱낱의

[어선덜] = 어선들 ➡ 어선들이 바다 위에 흩어져(asunder) 있다 ⇨ 흩어져

1392 1 2 3 4 5 심화

awry

[ərái]

형 빗나간, 엉망인, 잘못된
부 구부러져, 비틀려서

All my plans for the party had gone **awry**.
내 파티 계획이 모두 엉망이 되어 버린 상태였다.

a + wry
on distorted

→ 비틀어져(wry) 있는 상태니까(a)
⇨ 빗나간, 엉망인

1393 1 2 3 4 5

ablaze

[əbléiz]

blaze 동 활활타다, 눈부시게 빛나다

형 불길에 휩싸인, 불타는 듯한
부 빛나서, 열광하여

The whole of the clothing was **ablaze**.
옷 전체가 불길에 휩싸였다.

a + blaze
on flame

→ 빛나는(blaze) 상태니까(a)
⇨ 불길에 휩싸인, 불타는 듯한

1394 1 2 3 4 5

adrift

[ədríft]

drift 동 표류하다

형 표류하는, 방황하는
부 (배가) 표류하여

The survivors were **adrift** in a lifeboat.
생존자들은 구명정을 타고 표류했다.

a + drift
on driven

→ 방향을 잃고 계속(a) 항해하니까 (drift)
⇨ 표류하는, 방황하는

1395 1 2 3 4 5 심화

agape

[əgéip]

gape 동 입을 딱 벌리다, 입을 벌리고 바라보다

형 입을 벌린
부 (놀람 등으로) 입을 벌려

My mouth fell **agape** with wonder.
내 입은 놀라움으로 떡 벌어졌다.

a + gape
on gape

→ 입을 벌리고 쳐다보기를(gape) 계속(a) 하니까
⇨ 입을 벌린, 입을 벌려

[어게입] = 개 입 ➡ 깜짝 놀란 개가 입을 딱 벌렸다(agape) ⇨ 입을 벌린, 입을 벌려

R 241 contra-, counter- : ① -에 대항하여(against) ② -에 반대하여(opposite)

1396 1 2 3 4 5 심화

countermand [kàuntərmǽnd]

동 철회하다, 취소하다

= revoke, annul, nullify, retract, repeal, rescind, recant, abrogate

countermand an order
명령을 철회하다

counter + mand
opposite order
→ 하지 말라고 반대로(counter) 명령하다(mand)
⇨ 철회하다

1397 1 2 3 4 5

counterfeit [káuntərfit]

동 위조하다 형 가짜의

= 형 fictitious, bogus, phony, spurious

The brothers **counterfeited** bills.
그 형제는 지폐를 위조했다.

counter + feit
against make
→ 진품에 대항하여(counter) 만들다(feit)
⇨ 위조하다

1398 1 2 3 4 5

counteraction [kàuntərǽkʃən]

counteract 동 ① 대응하다 ② 방해하다 ③ 중화시키다
counteractive 형 ① 반작용의 ② 중화성의 명 중화제

명 ① 반작용, 반동 ② 방해 ③ 중화

the **counteraction** of the move towards free trade
자유무역으로 향하는 움직임의 반작용

counter + action
against act
→ 대항하여(counter) 하는 행동(action)
⇨ 반작용

1399 1 2 3 4 5 21. 소방직 9급

encounter [inkáuntər]

동 우연히 만나다, 마주치다, 맞닥뜨리다
명 ① 만남 ② 충돌, 교전

We **encountered** a number of difficulties.
우리는 많은 어려움에 부딪혔다.

en + counter
make opposite
→ 반대(counter) 방향으로 가다가 도중에 만나다(en)
⇨ 우연히 만나다

1400 1 2 3 4 5

counterproductive [kàuntərprədʌ́ktiv]

형 비생산적인, 역효과의

Such measures are **counterproductive** in a crisis.
그러한 조치는 위기 속에서 역효과이다.

counter + productive
opposite productive:생산적인
→ 생산적인(productive) 것에 반하는(counter) 것이니까
⇨ 비생산적인

R 242 per- : ① 완전히, 철저히(thoroughly) ② 내내, 통과하여(through)

1401 1 2 3 4 5

persist
[pərsíst]

동 ① 고집하다, 주장하다 ② 지속되다

She **persisted** in her opinion.
그녀는 자기 의견을 고집했다.

persistent 형 끈질긴, 지속적인
persistence 명 고집, 지속됨

per (thoroughly) + sist (stand)
→ 완전히(per) 서 있다(sist)
⇨ 고집하다, 지속되다

1402 1 2 3 4 5

persevere
[pəːrsəvíər]

동 인내하다, 견디다, 꾸준히 노력하다

You have to **persevere** with difficult students.
힘든 학생들에 대해서는 인내해야 합니다.

perseverant 형 인내심 강한
perseverance 명 인내(심), 참을성

per (thoroughly) + severe (strict)
→ 엄격한(severe) 훈련을 끝까지 철저하게(per) 하니까
⇨ 견디다, 꾸준히 노력하다

1403 1 2 3 4 5 20. 경찰직 1차 / 15. 지역인재 9급 / 15. 경찰직 3차

persuade
[pərswéid]

동 설득하다

cf. dissuade (만류하다)

I tried to **persuade** him, but with no effect.
난 그를 설득하려고 애를 썼지만 효과가 없었다.

persuasive 형 설득력 있는, 설득 잘하는
persuasion 명 ① 설득 ② 확신

per (thoroughly) + suade (urge)
→ 철저히(per) 촉구하다(suade)
⇨ 설득하다

1404 1 2 3 4 5

perish
[périʃ]

동 ① 죽다 ② 사라지다, 소멸하다

= ② vanish, evaporate, evanesce

All his books **perished** in the fire.
그의 책은 모두 잿더미로 사라졌다.

perishable 형 상하기 쉬운

per (thoroughly) + ish (go)
→ 완전히(per) 가버리다(ish)
⇨ 죽다

1405 1 2 3 4 5 심화

peruse
[pərúːz]

동 정독하다

peruse a copy of the report
보고서 한 부를 정독하다

perusal 명 정독, 통독

per (thoroughly) + use (use)
→ 책을 철저하게(per) 사용하는(use) 거니까
⇨ 정독하다

1406 1 2 3 4 5 20. 국회직 9급 / 16. 경찰직 2차

perpetual

[pərpétʃuəl]

perpetuate 동 ~을 영속시키다
perpetuation 명 영구화
perpetuity 명 영속, 불멸

형 영구적인, 끊임없는

= persistent, permanent, perennial, immortal, incessant

We lived for years in a **perpetual** state of fear.
우리는 수년간 끊임없는 공포 속에서 살았다.

per + **petu** + **al**
through seek 형접
→ 내내(per) 추구하는(petu) 거니까
⇨ **영구적인**

1407 1 2 3 4 5

permanent

[pə́ːrmənənt]

permanently 부 영구히, 영구불변으로
permanence 명 내구성, 영속성

형 불변의, 영구적인

= persistent, perpetual, perennial, immortal, incessant

She was looking for a **permanent** job.
그녀는 영구적인 직업을 찾고 있었다.

per + **man** + **ent**
thoroughly remain 형접
→ 철저하게(per) 끝까지 남아 있는(man) 것이니까
⇨ **불변의**

1408 1 2 3 4 5

permeate

[pə́ːrmièit]

permeable 형 침투할 수 있는
permeation 명 침투
permeability 명 투과성

동 침투하다, 스며들다

= pervade, penetrate, infiltrate, saturate

The water **permeated** fast through the dry soil.
물은 마른 땅에 빠르게 스며들었다.

per + **me** + **ate**
thoroughly pass 동접
→ 어떤 물체를 완전히(per) 통과하는(me) 것이니까
⇨ **침투하다**

문 밑(meate)으로 가스가 완전히 퍼(per)지다 ⇨ 침투하다, 스며들다

1409 1 2 3 4 5 심화

perpetrate

[pə́ːrpətrèit]

perpetration 명 범죄, 범행

동 (나쁜 짓을) 하다, 범하다

Abuses are commonly **perpetrated** without punishment.
학대는 처벌 받지 않고 종종 저질러진다.

per + **petr** + **ate**
thoroughly cause 동접
→ '아주 철저하게(per) 나쁜 짓을 야기하다(petr)'에서 유래
⇨ **(나쁜 짓을) 하다**

완전히(per) 제대로 팼드래이(petrate) ⇨ (나쁜 짓을) 하다

1410 1 2 3 4 5 심화

perfunctory

[pərfʌ́ŋktəri]

perfunctorily 부 아무렇게나, 형식적으로

형 형식적인, 기계적인

= superficial, cursory, ostensible

They only made a **perfunctory** effort.
그들은 그저 형식적인 노력을 했을 뿐이다.

per + **funct** + **ory**
thoroughly perform 형접
→ 완전히(per) 기계처럼 수행하는(funct) 거니까
⇨ **형식적인**

1411 1 2 3 4 5

percussion
[pərkʌ́ʃən]

명 ① 충돌, 충격 ② 타악기

We used a lot of **percussion**.
우리는 많은 타악기를 사용했다.

per	+	cuss	+	ion
through		strike		명접

→ 통과하여(per) 치니까(cuss)
⇨ 충돌

1412 1 2 3 4 5 심화

perfidy
[pə́ːrfədi]

perfidious 형 신뢰할 수 없는

명 ① 배반 ② 불성실

History has many examples of **perfidy** and deceit.
역사는 많은 배반과 계략의 실례를 가지고 있다.

per	+	fid	+	y
through		faith		명접

→ 신의(fid)를 통과해서(per) 지나갔으니까
⇨ 배반

명사형 접미사	-ation, -(t)ion, -ty, -ity, -ment, -cy, -ance, -ence, -ure(-ture), -tude, -age, -y, -(e)ry, -al, -ness, -th, -ship, -hood, -ism, -er, -or, -ant, -ent, -ary, -ate, -ist, -ian

-(t)ion : 성질, 상태

1413 1 2 3 4 5

combustion
[kəmbʌ́stʃən]

combust 동 연소시키다
combustible 형 불이 잘 붙는, 가연성인

명 연소, 산화

the **combustion** of fossil fuels
화석 연료의 연소

com	+	bust	+	ion
completely		burn		명접

→ 완전히(com) 타버린(bust) 거니까
⇨ 연소, 산화

1414 1 2 3 4 5

adoption
[ədɑ́pʃən]

adopt 동 ① 채택하다 ② 입양하다

명 ① 채택 ② 입양

Adoption can fail for all kinds of reasons.
입양은 온갖 이유로 실패할 수 있다.

ad	+	op	+	tion
to		choose		명접

→ 어떤 쪽으로(ad) 선택하는(op) 것이니까
⇨ 채택, 입양

-ty : 성질, 상태

1415 1 2 3 4 5

cruelty

[krúːəlti]

cruel 형 잔인한, 잔혹한

명 잔인, 잔혹

Cruelty to animals should be condemned.
동물 학대는 규탄받아야만 한다.

cruel + ty
rude 명접

→ 미개한(cruel) 것이니까
⇨ 잔인, 잔혹

1416 1 2 3 4 5 18. 국회직 8급 / 12. 지방직 9급

sobriety

[səbráiəti]

sober 형 술에 취하지 않은, 냉철한

명 ① 술 취하지 않음, 맨 정신
② 냉철함, 진지함

a sobriety test
음주 측정 검사

so + brie + ty
without drunk 명접

→ 술에 취하지(brie) 않았으니(so)까
⇨ 술 취하지 않음

[서브라이어티] = 소 + 버렸디 ➡ 소주를 마시지 않고 버렸디 ⇨ 술 취하지 않음

-ity : 성질, 상태

1417 1 2 3 4 5

humidity

[hjuːmídəti]

humid 형 습기 있는, 눅눅한

명 습도, 습기

= moisture, dampness

The device measures temperature and **humidity**.
이 장치는 온도와 습도를 잰다.

humid + ity
moist 명접

→ 땅이 젖은 것(humid)이니까
⇨ 습기

1418 1 2 3 4 5

dexterity

[dekstérəti]

dexterous 형 손재주가 비상한, 솜씨 좋은

명 ① 손재주가 있음, 교묘함 ② 영리함

= ① deftness ② cleverness

manual **dexterity**
손재주

dexter + ity
skillful 명접

→ 능숙한(dexter) 거니까
⇨ 손재주가 있음

-ment : 성질, 상태

1419 1 2 3 4 5

fulfillment

[fulfílmənt]

fulfill 동 성취하다, 이행하다

명 성취, 완수

= attainment

Simple wish-**fulfillment** is not belief in God.
단순한 소원 성취는 신에 대한 믿음이 아니다.

ful + fill + ment
full fill (up) 명접

→ 가득(ful) 채운(fill) 거니까
⇨ 성취, 완수

-cy : 성질, 상태

1420 1 2 3 4 5

frequency [fríːkwənsi]

명 ① 빈도, 횟수 ② 빈번함 ③ 주파수

frequency of use
사용 빈도

frequent 형 빈번한, 흔히 있는
frequently 부 자주, 흔히

frequen + **cy**
repeat 명접
→ 반복하는(frequen) 것이니까
⇨ 빈도, 빈번함

-ance : 성질, 상태

1421 1 2 3 4 5

nuisance [njúːsəns]

명 성가신 존재, 골칫거리

He was a **nuisance** to his family.
그는 그의 가족에게 성가신 존재였다.

nui(s) + **ance**
harm 명접
→ 남들에게 피해(nui)를 주니까
⇨ 성가신 존재

-(e)ry : 행위, 성질, 상태

1422 1 2 3 4 5

flattery [flǽtəri]

명 칭찬의 말, 아첨

= adulation

Imitation is the sincerest form of **flattery**.
모방은 가장 진실한 아첨이다.

flatter 동 아첨하다

flat(te) + **ry**
spread 명접
→ 칭찬의 말을 뿌리(flatte)니까
⇨ 아첨

-ness : 행위, 성질, 상태

1423 1 2 3 4 5

alertness [əlɚ́ːrtnis]

명 주의(력), 경계, 기민함

= (민첩) agility

Enough sleep promotes **alertness** and memory.
충분한 잠은 주의력과 기억력을 높여준다.

alert 형 주의하는, 기민한

alert + **ness**
vigilant:경계 명접
→ 경계(alert)하는 것이니까
⇨ 주의, 경계

형용사형 접미사

-able, -ible, -less, -ful, -ous, -ic, -ical, -y, -ly, -ant, -ent, -al, -ual, -tive, -ative, -ary, -ory, -ate, -ish, -some, -en

-able(-ible) : 가능성, 능력, 적합성

1424 1 2 3 4 5 — 21. 국회직 9급 / 19. 지방직 7급

favorable [féivərəbl]

형 ① 호의적인 ② 유리한

= ① agreeable, approving

leave a **favorable** impression on a person
남에게 좋은 인상을 남기다

favor 명 호의, 부탁 동 호의를 보이다

favor + able
friendly 형접
→ 친절하(favor)니까
⇨ 호의적인

1425 1 2 3 4 5 — 17. 국가직 9급 추가채용

affordable [əfɔ́:rdəbl]

형 입수 가능한, (값이) 알맞은

provide **affordable** disaster recovery
경제적인 재해 복구 기능을 제공하다

afford 동 금전적·시간적 여유가 되다

af + ford + able
further forward 형접
→ 더(af) 향할(ford) 수 있으니까(able)
⇨ 입수 가능한

-less : 결핍, 결여

1426 1 2 3 4 5

careless [kɛ́ərlis]

형 부주의한, 경솔한

= imprudent, heedless, reckless, frivolous, flippant

He conducted his business affairs in a **careless** way.
그는 업무를 부주의하게 처리했다.

carelessly 부 부주의하게, 경솔하게
carelessness 명 부주의, 경솔

care + less
care 형접
→ 주의(care)가 결여된(less) 거니까
⇨ 부주의한

1427 1 2 3 4 5

restless [réstlis]

형 ① 불안한, 잠 못 이루는
② 들뜬, 침착하지 못한
③ 쉬지 못하는, 끊임없는

They all felt **restless** and unsettled.
그들은 모두 가만히 못 있고 불안해했다.

restlessly 부 안절부절못하여
unrest 명 불안

rest + less
rest 형접
→ 안정(rest)이 결여된(less) 거니까
⇨ 불안한, 잠 못 이루는

-ful : 풍부

1428 1 2 3 4 5 21. 국회직 9급 / 19. 지방직 7급

harmful

[hɑ́ːrmfəl]

형 해로운

= deleterious, detrimental, lethal, pernicious, nocuous, noxious, baneful, virulent

The UV light from the sun is very **harmful**.
태양의 자외선은 매우 해롭습니다.

harm 명 손해, 피해
동 해치다, 손상시키다
harmless 형 해가 없는, 무해한

harm + **ful**
harm 형접
→ 해로움(harm)이 풍부한(ful) 거니까
⇨ 해로운

-ous : 성질, 성향

1429 1 2 3 4 5

vigorous

[vígərəs]

형 활력 있는, 격렬한

= enthusiastic, passionate, ardent, exuberant, vehement, fervent

This plant is a **vigorous** grower.
이 식물은 건강하게 잘 자란다.

vigor 명 활력, 정력
vigorously 부 발랄하게, 힘차게

vigor + **ous**
vigor 형접
→ 활력(vigor)이 있는(ous) 거니까
⇨ 활력 있는

1430 1 2 3 4 5 21. 법원직 9급

spacious

[spéiʃəs]

형 넓은, 널찍한

= capacious, commodious

The house has many **spacious** rooms.
그 집에는 넓은 방들이 많이 있다.

spaciousness 명 널찍함
spaciously 부 넓게, 거대하게

spac(i) + **ous**
space 형접
→ 공간이(spac) 아주 많은(ous) 거니까
⇨ 넓은, 널찍한

-ic, -ical : 성질, 성향

1431 1 2 3 4 5

mechanical

[məkǽnikəl]

형 기계적인

the **mechanical** view of the world
기계적 세계관

mechanic 명 정비공
mechanism 명 구조, 기계장치

mechan + **ical**
machine 형접
→ 기계(mechan)의 성질(ical)을 띄고 있으니까
⇨ 기계적인

-y, -ly : 성질, 성향

1432 1 2 3 4 5 18. 법원직 9급 / 17. 해경직 2차

costly
[kɔ́:stli]

형 비싼

= expensive, exorbitant

It is too **costly** to travel long distances by car.
자동차로 장거리를 여행하는 것은 비용이 너무 많이 든다.

cost + **ly**
expensive 형접
→ 비싼(cost) 성질(ly)이니까
⇨ 비싼

-ant : 성질, 성향

1433 1 2 3 4 5

abundant
[əbʌ́ndənt]

형 풍부한

= ample, copious, affluent, luxuriant, replete, profuse

A kiwi contains **abundant** nutrition.
키위는 풍부한 영양분을 함유하고 있다.

abundance 명 풍부

abund + **ant**
excess 형접
→ 풍부한(abund) 성질(ant)이니까
⇨ 풍부한

-ent : 성질, 성향

1434 1 2 3 4 5 17. 교행직 9급 / 17. 국회직 8급

different
[dífərənt]

형 다른

The people are all examining **different** books.
사람들이 서로 다른 책들을 뒤적이고 있다.

difference 명 차이, 다름

di + **ffer** + **ent**
apart carry 형접
→ 멀리(di) 가져간(ffer) 거니까
⇨ 다른

1435 1 2 3 4 5

prudent
[prú:dnt]

형 신중한, 사려 깊은

= deliberate, discreet, circumspect, vigilant, cautious

We must choose the **prudent** course.
우리는 신중한 과정을 선택해야 합니다.

prudence 명 신중, 세심

prud + **ent**
foresee 형접
→ 미리 보는(prud) 성향(ent)이니까
⇨ 신중한

-al, -ual : 성질, 성향

1436 1 2 3 4 5 18, 지역인재 9급

optional

[ápʃənl]

형 선택의, 임의의

The Games consist of 10 **optional** sports.
이 대회는 10개의 선택 종목으로 구성된다.

option + al
choose 형접
→ 선택(option)하는 성향(al)이니까
⇨ 선택의

1437 1 2 3 4 5 19, 국회직 9급

habitual

[həbítʃuəl]

형 습관적인

= customary

habitual use
습관적인 사용

habit + ual
habit 형접
→ 습관(habit)적 성향(ual)이니까
⇨ 습관적인

-tive, -ative : 성질, 성향

1438 1 2 3 4 5

massive

[mǽsiv]

형 대량의, 큰 덩어리의

= gigantic, immense, colossal

an arch supported by **massive** pillars
거대한 기둥들이 떠받치고 있는 아치

mass + ive
mass 형접
→ 부피가 큰(mass) 성질(ive)이니까
⇨ 대량의

1439 1 2 3 4 5

informative

[infɔ́:rmətiv]

inform 동 알리다, 통지하다

형 유용한 정보를 주는, 유익한

Both men termed the meeting **informative**.
두 사람 모두 그 회담이 유익했다고 말했다.

inform + ative
inform 형접
→ 알려주는(inform) 성질(ative)이니까
⇨ 유용한 정보를 주는

-ary : 성질, 성향

1440 1 2 3 4 5

customary [kʌ́stəmèri]

형 관례적인, 습관적인

= traditional, conventional

It is **customary** to bargain in Korean traditional markets.
한국의 재래시장에서 값을 깎는 것은 관례적이다.

custom 명 관습, 습관

custom + ary
habit 형접

→ 습관적인(custom) 성향(ary)이니까
⇨ 습관적인

1441 1 2 3 4 5 17. 서울시 9급

momentary [móuməntèri]

형 순간적인, 잠깐의

= provisional, transient, transitory, tentative, evanescent, ephemeral, deciduous

cf. momentous (중대한)

After a **momentary** hesitation, she determined to leave.
잠깐 주저한 후에 그녀는 떠나기로 결심했다.

moment 명 순간

moment + ary
instant 형접

→ 잠깐(moment)인 성향(ary)이니까
⇨ 잠깐의

-ory : 성질, 성향

1442 1 2 3 4 5 17. 사회복지직 9급

statutory [stǽtʃutɔ̀:ri]

형 법령의, 법정의

statutory deductions
법정 공제액

statute 명 법규, 법령
statutorily 부 합법적으로

statut + ory
law 형접

→ 법에(statut) 관련된 성질(ory)이니까
⇨ 법령의

1443 1 2 3 4 5 18. 경찰직 3차

obligatory [əblígətɔ̀:ri]

형 의무적인, 강제의

= mandatory, imperative, compulsory, indispensable

Attendance is expected but not **obligatory**.
출석은 기대는 하지만 의무 사항은 아니다.

obligate 동 의무를 지우다, 강요하다

ob + ligat + ory
to tie 형접

→ 어떤 쪽으로(ob) 묶어두는(ligat) 성질(ory)이니까
⇨ 의무적인

-ate : 성질, 성향

1444 1 2 3 4 5

fortunate

[fɔ́ːrʧənət]

형 운이 좋은

= fortuitous

We were **fortunate** to survive the air crash.
우리가 비행기 사고에서 살아남은 것은 행운이었다.

fortune 명 ① 행운 ② 재산, 부
fortunately 부 운 좋게도

fortun + ate
luck 형접

→ 운을(fortun) 가진 성향(ate)이니까
⇨ 운이 좋은

1445 1 2 3 4 5 22. 지방직 9급 / 20. 국가직 9급 / 14. 서울시 7급

passionate

[pǽʃənət]

형 열정적인, 격정적인

= enthusiastic, ardent, exuberant, vehement, fervent

She is a **passionate** defender of civil liberties.
그녀는 시민의 자유에 대한 열렬한 옹호자이다.

passion 명 열정
passionately 부 열렬히, 격렬하게

passion + ate
passion 형접

→ 열정(passion)이 있는 성향(ate)이니까
⇨ 열정적인

-ish : 성질, 성향

1446 1 2 3 4 5

childish

[ʧáildiʃ]

형 유치한

cf. childlike (아이 같은, 순진한)

Isn't it time you grew out of such **childish** practices?
이젠 너도 그런 유치한 짓을 할 나이는 지나지 않았어?

child + ish
child 형접

→ 유치한(child) 성질(ish)이니까
⇨ 유치한

1447 1 2 3 4 5 18. 소방직 영어

selfish

[sélfiʃ]

형 이기적인

cf. selfless (이타적인)

Most people are **selfish** up to a point.
대부분의 사람들은 어느 정도 이기적이다.

selfishly 부 제멋대로, 이기적으로

self + ish
self 형접

→ 자기(self) 중심적 성향(ish)이 있으니까
⇨ 이기적인

동사형 접미사 -ify, -ize, -ish, -ate, -en

-ify : -화하다(make)

1448 1 2 3 4 5 18. 국회직 8급

purify
[pjúərəfài]

purification 명 정화
pure 형 순수한
impure 형 불결한, 음란한

동 깨끗이 하다, 정화하다

The sublime scene seemed to **purify** my spirit.
숭고한 장면은 나의 영혼을 정화하는 것 같다.

pur + **ify**
pure 동접
→ 순수(pur)하게 만드는 거니까
⇨ 정화하다

-ish : -화하다(make)

1449 1 2 3 4 5 19. 국가직 9급 / 15. 사회복지직 9급

distinguish
[distíŋgwiʃ]

distinguishable 형 구별할 수 있는, 분간할 수 있는
indistinguishable 형 구분이 안 되는, 분명하지 않은

동 구별하다, 식별하다

= discriminate, discern

We need to **distinguish** right from wrong.
우리는 옳은 것과 틀린 것을 골라내야 한다.

di + **stingu** + **ish**
apart stick 동접
→ 사물을 분리하기(di) 위해 쿡쿡 찔러서(stingu) 살펴보다
⇨ 구별하다

-ate : -으로 만들다(make)

1450 1 2 3 4 5 18. 경찰직 2차

differentiate
[dìfərénʃièit]

differentiation 명 차별, 구별

동 구별하다, 구분 짓다

= distinguish, discriminate, discern

differentiate good from bad
선과 악을 구별하다

di(f) + **ferent(i)** + **ate**
apart carry 동접
→ 분리하여(di) 가져가는(ferent) 거니까
⇨ 구별하다

Day 30~40

어원과 연상으로 외우면 좋은 단어

Part 2.

전 직렬 적중으로 증명된

VOCA EXTREME

1451 1 2 3 4 5

accentuate

[æksénʧuèit]

동 강조하다, 두드러지게 하다

= highlight, stress, underline, underscore

accentuate the positive for a change
변화를 위한 긍정을 강조하다

accentuation 명 강조, 역설

ac + **centu** + **ate**
to / sting / 동접

→ 어떤 것을 가리켜(ac) 찌르는(centu) 거니까
⇨ 강조하다

➡ 중심(center)에(ac) 두어 강조하다(accentuate)
⇨ 강조하다

1452 1 2 3 4 5 18. 국회직 8급 / 14. 국가직 7급

accidental

[æksidéntl]

형 ① 우연한, 돌발적인 ② 부수적인

= ① casual, coincidental, fortuitous, inadvertent, adventitious

She expects an **accidental** meeting with him.
그녀는 그와의 우연한 만남을 기대한다.

accident 명 사고, 우연
accidentally 부 우연히, 뜻하지 않게

ac + **cident** + **al**
to / fall / 형접

→ –에(to) 갑자기 떨어지는(fall) 거니까
⇨ 우연한, 돌발적인

엑씨덴틀 = **아씨 dental**

➡ 이가 돌발적으로 아파서 "아씨 이빨(dental)"하고 외치다
⇨ 돌발적인

1453 1 2 3 4 5

account

[əkáunt]

동 ① 설명하다 ② 비율을 차지하다
명 ① 이야기 ② 계좌 ③ 설명

open a new bank **account**
새로운 은행 계좌를 개설하다

accountable 형 책임이 있는
accountant 명 회계사

ac + **count**
to / count

→ 어떤 것에 대해(ac) 설명하기 위해 수를 이용하는(count) 거니까
⇨ ① 설명하다 ② 비율을 차지하다

1454 1 2 3 4 5

allot

[əlάt]

동 (시간·돈·업무 등을) 할당[배당]하다

= assign, allocate, apportion, impart

allot two men and a boy to one man's work
한 사람 일에 두 사람의 어른과 소년 한 사람을 할당하다

allotment 명 할당량

al + **lot**
to / bunch

→ 많은 것(lot)을 사람들에게(al) 나누니까
⇨ 할당하다

1455 1 2 3 4 5

allowance

[əláuəns]

명 ① 감안, 참작 ② 용돈, 비용 ③ 허용

an **allowance** of $5 a day
하루 5달러의 용돈

allow + **ance**
allow / 명접

→ 허락(allow)하는 행위(ance)니까
⇨ 허용

1456 ①②③④⑤ 19. 경찰직 1차 / 14. 서울시 7급

ambiguous

[æmbígjuəs]

형 애매한, 모호한

= equivocal, nebulous, opaque

This particular part of the law is a little **ambiguous**.
이 법의 특정한 부분은 약간 모호하다.

ambiguously 부 애매모호하게
ambiguity 명 애매성, 애매모호함

ambi (both) + gu (drive) + ous (형접)
→ 양쪽으로(ambi) 운전(gu)하니까
⇨ 애매한

1457 ①②③④⑤ 17. 경찰직 1차 / 16. 기상직 7급

ambivalent

[æmbívələnt]

형 양면적인, 상반되는

She is **ambivalent** about getting married.
그녀는 결혼에 대해 양면 가치적이다.

ambivalence 명 모순, 동요

ambi (both) + vale (strong) + nt (형접)
→ 상충되는 양쪽(ambi) 면이 모두 강하니까(vale)
⇨ 양면적인

1458 ①②③④⑤ 09. 국가직 7급

ample

[ǽmpl]

형 충분한, 풍부한

= abundant, copious, affluent, luxuriant, replete, profuse

There is an **ample** hope for success.
성공에 대한 희망이 충분히 있다.

amplify 동 증폭시키다, 더 자세히 진술하다

→ 예시(example)가 충분해야(ample) 이해가 잘 되죠
⇨ 충분한

1459 ①②③④⑤

bulky

[bʌ́lki]

형 부피가 큰, 커서 다루기 힘든

= cumbersome

This luggage is **bulky** in size but light in weight.
이 짐은 크기만 컸지 가볍다.

bulk 명 대부분, (큰) 규모

→ 몸을 벌크(bulk)업하면 부피가 커지죠
⇨ 부피가 큰

1460 ①②③④⑤

commodious

[kəmóudiəs]

형 ① 널찍한, 넓은 ② 편리한

= ① spacious, capacious

My apartment was clean and **commodious**.
내 아파트는 깨끗하고 넓었다.

com (together) + mod (measure) + ious (형접)
→ 많은 사람이 함께(com) 쓸 수 있는 규격(mod)이니까
⇨ 넓은, 편리한

1461 1 2 3 4 5 15. 국가직 7급 / 10. 지방직 7급

colossal
[kəlάsəl]

형 거대한

= massive, gigantic, immense

a **colossal** amount of money
엄청난 액수의 돈

➡ 거대한(colossal) 콜로세움(Colosseum)을 연상
⇨ 거대한

1462 1 2 3 4 5 17. 사회복지직 9급

gigantic
[dʒaigǽntik]

형 거대한

= massive, immense, colossal

the **gigantic** statue of the late president
고인이 된 대통령의 대형 동상

자이겐틱 = **자이언틱**
➡ 거대한 것은 자이언트(giant)라고 하죠
⇨ 거대한

1463 1 2 3 4 5 19. 국회직 9급

belligerent
[bəlídʒərənt]

형 호전적인, 교전 중인

= aggressive, bellicose, pugnacious

He always speaks in a **belligerent** tone.
그는 항상 싸울 듯한 말투로 말한다.

belligerence 명 호전성

belli + **ger** + **ent**
war carry 형접
→ 전쟁을(belli) 가져오는(ger) 것을 좋아하니까
⇨ 호전적인
➡ 저런(gerent) 호전적인(belligerent) 놈은 별로(belli)야!
⇨ 호전적인

1464 1 2 3 4 5

brutal
[brúːtl]

형 짐승 같은, 잔인한

= harsh, relentless, unrelenting, ruthless, inexorable

the realities of life under a **brutal** dictatorship
잔인한 독재 치하의 삶의 현실

brute 명 짐승
brutally 부 야만스럽게, 잔인하게

브루털 = **부르떨**
➡ 일본군의 잔인한(brutal) 짓을 보니 몸이 부르르 떨린다
⇨ 잔인한

1465 1 2 3 4 5 16. 서울시 9급

predatory
[prédətɔ̀ːri]

형 포식성의, 약한 사람들을 이용해 먹는

= carnivorous

All lenders are not **predatory** lenders.
모든 대출업자가 악덕 고리업자는 아니다.

predator 명 포식자, 포식 동물

preda + **tory**
prey 형접
→ 먹이(preda)를 잡아 먹으니까
⇨ 포식성의

1466 1 2 3 4 5 13. 서울시 7급

fierce

[fiərs]

fiercely 부 사납게, 맹렬하게

형 사나운, 맹렬한

= furious, indignant, acrimonious

Fierce fighting continued without intermission.
맹렬한 싸움이 끊임없이 지속되었다.

피어스 = 피어싱

➡ 뾰족하고 무서운 피어싱을 하면 사나워 보일 수 있죠

⇨ **사나운, 맹렬한**

1467 1 2 3 4 5

furious

[fjúəriəs]

fury 명 분노

형 격노한, 맹렬한

= fierce, indignant, acrimonious

a **furious** mood
격노한 기분

furi (fury) + ous (형접)

→ 분노(furi)하는 성질(ous)이니까

⇨ **격노한**

1468 1 2 3 4 5 심화

indignant

[indígnənt]

indignation 명 분개, 분노
indignity 명 모욕, 경멸

형 분개한, 성난

= fierce, furious, acrimonious

She was **indignant** that she hadn't been invited.
그녀는 초대받지 못했던 것을 분해했다.

in (not) + dign (worthy) + ant (형접)

→ 가치 있는(dign) 대우를 받지 못하니까(in)

⇨ **분개한, 성난**

1469 1 2 3 4 5

ruthless

[rú:θlis]

ruth 명 연민, 슬픔
ruthlessly 부 무자비하게, 잔인하게

형 무자비한, 가차 없는

= harsh, brutal, relentless, unrelenting, inexorable

The country is ruled by a **ruthless** dictator.
그 나라는 무자비한 독재자의 통치를 받는다.

ruth (pity) + less (형접)

→ 연민(ruth)이 결여된(less) 거니까

⇨ **무자비한, 가차 없는**

1470 1 2 3 4 5 18. 경찰직 3차

severe

[siviər]

severely 부 심하게, 엄하게
severity 명 격렬, 혹독

형 ① 극심한, 심각한 ② 엄격한

cf. sever (자르다)

Don't be so **severe** with the children.
아이들에게 그렇게 엄하게 굴지 마라.

sever (cut) + e (형접)

→ 칼로 자르듯이(sever) 하니까

⇨ **심각한, 엄격한**

1471 ①②③④⑤

coincident

[kouínsidənt]

coincide 동 동시에 일어나다
coincidence 명 ① 동시 발생 ② 우연의 일치

형 ① 동시에 일어나는 ② 일치하는

= ② consistent, consonant, concurrent, congruent, congruous

It was just **coincident** that I met him there.
내가 거기에서 그를 만난 것은 우연이었다.

co + **incident**
together event
→ 동시에(co) 일이(incident) 일어나는 거니까
⇨ 동시에 일어나는

1472 ①②③④⑤ 17. 국회직 9급

consecutive

[kənsékjətiv]

consecutively 부 연속하여
consecution 명 연속, 일관성

형 연속적인, 계속되는

= successive, sequential

It snowed for ten **consecutive** days.
눈이 10일 동안 계속 내렸다.

con + **secu** + **tive**
together follow 형접
→ 함께(con) 따라오는(secu) 성질(tive)이니까
⇨ 연속적인

1473 ①②③④⑤ 20. 국회직 8급 / 14. 국회직 9급

comparative

[kəmpǽrətiv]

comparatively 부 비교적

형 비교의, 상대적인

a **comparative** study of the welfare systems
복지 제도의 비교 연구

com + **par(a)** + **tive**
together equal 형접
→ 같은 것(par)인지를 보기 위해 함께(com) 두는 성질(tive)이니까
⇨ 비교의

1474 ①②③④⑤

composure

[kəmpóuʒər]

명 (마음의) 평정

= equanimity, tranquility, equilibrium

He tried to smoke himself into **composure**.
그는 담배를 피우며 마음을 가라앉히려 했다.

com + **pos** + **ure**
together put 명접
→ 함께(com) 똑같이 놓이면(pos) 평온하니까
⇨ 평정

1475 ①②③④⑤

considerable

[kənsídərəbəl]

consider 동 고려하다
consideration 명 고려, 숙고
considerate 형 사려 깊은

형 ① 상당한 ② 중요한

That family owns a **considerable** amount of land.
그 가족은 땅을 상당히 많이 소유하고 있다.

con + **sider** + **able**
together star 형접
→ 과거에는 미래를 예측하기 위해 함께(con) 별(sider)을 관찰하는 게 중요했으니까
⇨ 중요한

1476 1 2 3 4 5 20. 국회직 9급

sincere

[sinsíər]

형 진실된, 진정한

= frank, straightforward, outspoken, forthright, candid

offer **sincere** praise
진실된 찬사를 보내다

insincerely 부 성의 없이, 불성실하게

sincere
candid
→ 솔직한(sincere) 거니까
⇨ 진실된, 진정한

1477 1 2 3 4 5

sober

[sóubər]

형 ① 냉정한, 진지한 ② 술 마시지 않은

She is a **sober** and courageous student.
그녀는 침착하고 용기 있는 학생이다.

sobriety 명 맨 정신, 술 취하지 않은 상태

소우벌 = **소주+버**
➡ 따라준 소주도 버릴 정도로 진지한(sober) 금주 결심
⇨ 진지한, 술 마시지 않은

1478 1 2 3 4 5 16. 국가직 7급 / 15. 경찰직 1차

precise

[prisáis]

형 정밀한, 정확한

= accurate, exact

obtain a **precise** idea of passing events
시사문제에 관해 정확한 개념을 얻다

precisely 부 바로, 꼭
preciseness 명 명확함, 정확성

pre + **cise**
before cut
→ 바로 눈앞(pre)에서 자를 이용해 잘라낸(cise) 것이니까
⇨ 정밀한, 정확한

1479 1 2 3 4 5

authentic

[ɔːθéntik]

형 ① 진짜의, 진품인 ② 믿을 만한

= ① factual, genuine

The restaurant offers **authentic** Greek food.
그 식당은 진짜 그리스 요리를 제공한다.

authenticate 동 진짜임을 증명하다
authenticity 명 진짜임

오쎈틱 = **오 쎈데**
➡ 오~ 너 진짜(authentic) 쎈데
⇨ 진짜의

1480 1 2 3 4 5 21. 경찰직 1차 / 19. 소방직 9급 / 18. 서울시 9급 추가채용 / 16. 기상직 7급

meticulous

[mətíkjuləs]

형 세심한, 꼼꼼한

= punctilious, scrupulous, fastidious

She is considered a **meticulous** person.
그녀는 세심한 사람으로 간주된다.

meticulously 부 세심하게, 꼼꼼하게

meticul + **ous**
fear 형접
→ 틀릴까봐 두려워하는(fear) 거니까
⇨ 세심한, 꼼꼼한
➡ 성격이 너무 꼼꼼하면 사람 편하게 만나긴(met) 글렀어(culous)
⇨ 세심한, 꼼꼼한

1481 1 2 3 4 5 14. 기상직 9급

sophisticated

[səfístəkèitid]

sophistication 명 ① 교양 ② 세련 ③ 정교화, 복잡화

형 ① 세련된, 교양 있는 ② 정교한, 복잡한

= ② complicated, intricate, convoluted

sophisticated text and image content analysis
정교한 텍스트와 이미지 콘텐츠 분석

soph + ist + icated
wise human 형접

→ 현명한(soph) 사람인(ist) 것처럼
⇨ 세련된

→ 기계가 현명한(soph) 거니까
⇨ 정교한

1482 1 2 3 4 5 19. 경찰직 1차

thorough

[θə́:rou]

thoroughly 부 철저히, 완전히

형 철저한, 철두철미한

His knowledge is extensive and **thorough**.
그의 지식은 넓고 면밀하다.

쏘로우 = 쏴라우

→ 적들을 철두철미하게 쏴라우!
⇨ 철저한, 철두철미한

1483 1 2 3 4 5 14. 기상직 9급

fastidious

[fæstídiəs]

형 ① 까다로운 ② 세심한, 꼼꼼한

= ② punctilious, scrupulous, meticulous

Everything was planned in **fastidious** detail.
모든 것이 세부적인 것까지 세심히 계획되었다.

→ 음식에 빠르게(fast) 질렸으(dious)니까
⇨ 까다로운

1484 1 2 3 4 5

flawless

[flɔ́:lis]

flaw 명 ① 흠, 금 ② 결점, 약점
flawed 형 결함이 있는
flawlessly 부 흠 없이, 완전하게

형 흠[티] 하나 없는, 나무랄 데 없는

a **flawless** complexion
잡티 없는 피부

flaw + less
flaw 형접

→ 결점(flaw)이 없으니까(less)
⇨ 흠 하나 없는

1485 1 2 3 4 5 18. 서울시 9급

faulty

[fɔ́:lti]

fault 명 잘못, 결함
faultless 형 흠잡을 데 없는

형 결함이 있는, 불완전한

Ask for a refund if the goods are **faulty**.
상품에 결함이 있으면 환불을 요청하세요.

fault + y
flaw 형접

→ 결점(fault)이 있는 거니까
⇨ 결함이 있는

1486 1 2 3 4 5

blemish

[blémiʃ]

명 티, 흠 동 흠집을 내다, 더럽히다

blemish the legitimacy of the dynasty
왕조의 정통성을 흠집내다

➡ 비난해서(blame) 그녀의(she) 명성에
⇨ 흠집을 내다

1487 1 2 3 4 5

shortcoming

[ʃɔ́ːrtkʌmiŋ]

명 결점, 단점

= drawback, foible

His **shortcoming** is his lack of concentration.
그의 결점은 집중력의 부족이다.

➡ 목표한 기준치에 항상 짧게(short) 와서(coming) 부족하니까
⇨ 결점, 단점

1488 1 2 3 4 5 16. 국회직 8급

sparse

[spɑːrs]

sparsely 부 드문드문, 성기게

형 드문, 희박한, 드문드문 나 있는

The information on the subject is **sparse**.
그 주제에 대한 정보는 드물다.

스파스 = 파스

➡ 스포츠(s) 선수가 몸에 파스(parse)를 드문드문 붙였다
⇨ 드문

1489 1 2 3 4 5 16. 국가직 7급 / 11. 지방직 9급

scarce

[skɛərs]

scarcely 부 ① 거의 ~않다 ② 겨우, 간신히
scarcity 명 부족, 결핍

형 부족한, 드문

The human resources in the region are **scarce**.
그 지역의 인적 자원은 부족하다.

스캐어 = 스케어

➡ 영화에서 무서운(scare) 장면은 드물게(scarce) 나오죠
⇨ 부족한, 드문

1490 1 2 3 4 5

meager

[míːgər]

형 빈약한, 불충분한

= scanty

This encyclopedia contains **meager** information.
이 백과사전은 빈약한 정보를 담고 있다.

➡ 미(m)약한 열정(eager)은
⇨ 빈약한, 불충분한

1491 1 2 3 4 5

novice
[nάvis]

명 초보자, 풋내기

= rookie, fledgling, amateur

a political **novice**
정치 초년생

novicelike 형 풋내기 같은

nov + **ice**
new 명접
→ 새로(nov) 들어온 사람
⇨ 초보자, 풋내기

1492 1 2 3 4 5

layman
[léimən]

명 ① 비전문가 ② 평신도

All the plants look similar to the **layman**.
비전문가의 눈에는 모든 식물이 비슷해 보인다.

➡ 세상에 놓인(lay) 평범한 사람(man)
⇨ 비전문가

1493 1 2 3 4 5

keen
[ki:n]

형 ① 예리한, 날카로운 ② 열망하는, 열정적인

The dog is **keen** of scent.
개는 후각이 예민하다.

keenly 부 ① 날카롭게 ② 열심히
keenness 명 날카로움, 매서움

➡ 가수 퀸(Queen)이 인천공항에 등장하자 팬들이 열정적으로 달려들다
⇨ 열망하는, 열정적인

1494 1 2 3 4 5

astute
[əstjú:t]

형 약삭빠른, 영악한

= shrewd, canny

an **astute** politician
약삭빠른 정치인

어스튜트 = **어서 튀는**
➡ 약삭빠른(astute) 사람들은 들키기 전에 어서 튀니까
⇨ 약삭빠른

1495 1 2 3 4 5 15. 지방직 7급 / 14. 기상직 9급

shrewd
[ʃru:d]

형 영리한, 기민한

= astute, canny

a **shrewd** move to win votes
득표를 위한 기민한 행동

쉬루드 = **쉬러**
→ 영리한(shrewd) 사람은 공부를 일찍 끝내고 쉬러 가니까
⇨ 영리한

1496 1 2 3 4 5 심화

deft

[deft]

형 ① 재빠른 ② 능숙한

= ② competent, proficient, adept, adroit, dexterous

He's very **deft** at handling awkward situations.
그는 힘든 상황을 다루는 데 아주 솜씨가 좋다.

deftly 부 솜씨 좋게, 교묘히
deftness 명 교묘함, 능숙함

➡ 왼손(left)으로 능숙하게(deft) 던지는 류현진
⇨ 능숙한

1497 1 2 3 4 5 13. 지방직 9급

nimble

[nimbəl]

형 민첩한, 빠른

= agile

She played the guitar with **nimble** fingers.
그녀는 빠른 손놀림으로 기타를 연주한다.

nimbleness 명 민첩함, 재치 있음

님블 = 님 볼

➡ 님 볼 생각에 빨리(nimble) 가게 되죠
⇨ 민첩한, 빠른

1498 1 2 3 4 5 20. 국가직 9급 / 17. 경찰직 1차 / 16. 서울시 9급

passive

[pǽsiv]

형 수동적인, 소극적인

He is a man of **passive** nature.
그는 수동적인 사람이다.

passively 부 수동적으로, 소극적으로

pass + ive
pain 형접

→ 고통(pass)을 받는 상태는 수동적이니까
⇨ 수동적인

1499 1 2 3 4 5 15. 지방직 9급 / 15. 경찰직 2차

timid

[tímid]

형 겁 많은, 소심한, 내성적인

= trepid, diffident

He stopped in the doorway, too **timid** to go in.
그는 너무 겁이 많아서 들어가지는 못하고 문간에서 멈춰 섰다.

timidity 명 겁 많음, 수줍음

tim + id
fear 형접

→ 겁(fear)의 성질(id)을 가졌으니까
⇨ 겁 많은

1500 1 2 3 4 5 12. 지방직 7급

reckless

[réklis]

형 무모한, 신중하지 못한

= imprudent, heedless, frivolous, flippant

They thought his new business was **reckless**.
그들은 그의 새로운 사업이 무모하다고 생각했다.

recklessly 부 무모하게, 개의치 않고
recklessness 명 무모함

reck + less
care free

→ 신중(reck)이 없으니까(less)
⇨ 무모한, 신중하지 못한

➡ 계산하지(reckon) 않고(less) 행동하니까
⇨ 무모한, 신중하지 못한

DAY 31

1501 1 2 3 4 5 20. 국회직 8급 / 15. 서울시 7급

invigorate

[invígərèit]

동 ① 기운 나게 하다 ② 활성화하다

= ① stimulate, enliven, exhilarate, galvanize, rejuvenate

She felt **invigorated** after the walk.
그녀는 산책을 하고 나니 기운이 났다.

invigoration 명 고무, 격려

in + **vigor** + **ate**
completely vigor 동접

→ 활력을(vigor) 강하게(in) 주다
⇨ 기운 나게 하다

1502 1 2 3 4 5 14. 국가직 9급

augment

[ɔːgmént]

동 증가시키다, 증가하다

= multiply, enlarge, proliferate

The tyrant **augmented** his political power.
그 독재자는 정치권력을 강화했다.

augmentation 명 증가, 증대
augmented 형 증가된

오그먼트 = **어그부츠**
→ 겨울에 어그부츠를 신으면 체온이 증가하죠
⇨ 증가시키다, 증가하다

오그먼트 = **59면**
→ 5월, 9월만 되면 식욕이 늘어 체중이 증가한다
⇨ 증가시키다, 증가하다

1503 1 2 3 4 5 19. 법원직 9급

boost

[buːst]

동 신장시키다, 북돋우다

= elevate, enhance, exalt

boost the world economy
세계 경제를 신장시키다

→ 카트라이더에서 부스터(booster)를 쓰면 속도가 빨라지죠
⇨ 신장시키다, 북돋우다

1504 1 2 3 4 5 17. 기상직 9급

proliferate

[prəlífərèit]

동 확산하다, 급증하다

= multiply, enlarge, augment

Germs tend to **proliferate** in humid conditions.
세균은 습한 상황에서 번식하는 경향이 있다.

proliferation 명 확산, 급증

→ 앞으로(pro) 생명체(life)를 계속 생산해내니까
⇨ 확산하다, 급증하다

1505 1 2 3 4 5 18. 서울시 9급

buttress

[bʌ́tris]

동 지지하다

= bolster, countenance

buttress an argument
주장을 지지하다

버트리스 = **버티게쓰**
→ 내가 지지하는 후보자를 위해 뒤에서 버티겠어
⇨ 지지하다

1506 1 2 3 4 5 20. 국회직 8급 / 19. 서울시 7급 추가채용 / 15. 지방직 9급 / 14. 방재안전직 9급

bolster

[bóulstər]

동 지지하다, 북돋우다

= buttress, countenance

bolster the argument
그 주장을 지지하다

볼스터 = 볼 + 스타

➡ 공(ball)을 갖고 하는 스포츠 종목 스타(star)들을 팬들이 지지해주죠(bolster)
⇨ 지지하다

1507 1 2 3 4 5

prosper

[práspər]

prosperity 명 번영, 번창
prosperous 형 번영한, 번창한

동 번영하다, 번창하다

create an atmosphere where business can prosper
사업이 번창할 수 있는 분위기를 조성하다

pro + sper
forward hope

→ 앞으로(pro) 성공의 희망이(sper) 나아가다
⇨ 번창하다

➡ 플러스(pros)가 퍼(per)지다
⇨ 번영하다, 번창하다

1508 1 2 3 4 5

morale

[mərǽl]

명 사기, 의욕

cf. moral (도덕적인)

boost the **morale** of all team members
모든 팀 구성원들의 사기를 북돋우다

머랠 = 모레

➡ 내일 모레가 휴가면 군인들의 사기(morale)가 높아지죠
⇨ 사기, 의욕

1509 1 2 3 4 5

thrive

[θraiv]

thriving 형 번영하는, 성대한

동 번영하다, 번성하다

Today her company continues to **thrive**.
오늘날 그녀의 회사는 계속해서 번창한다.

➡ 차가 있어 드라이브(drive)할 수 있는 사람이 많은 곳은 번성하는(thrive) 나라죠
⇨ 번성하다

1510 1 2 3 4 5

deter

[ditə́:r]

deterrent 명 억제책

동 단념시키다, 그만두게 하다

= preclude, occlude, inhibit, interdict, forestall, proscribe, outlaw

Failure did not **deter** him from trying again.
실패는 그가 다시 도전하는 것을 단념시키지 못했다.

de + ter
away frighten

→ 겁을 주어서(ter) 하던 일에서 떨어뜨리니까(de)
⇨ 단념시키다

1511 1 2 3 4 5

dissuade

[diswéid]

동 단념시키다

= preclude, occlude, inhibit, interdict, deter, forestall, proscribe, outlaw

dissuade him from his foolish intention
그의 어리석은 의도를 단념시키다

dissuasion 명 만류
dissuasive 형 만류하는, 말리는

dis + **suade**
against persuade

→ 반대로(dis) 설득시키니까(suade)
⇨ 단념시키다

1512 1 2 3 4 5

dwindle

[dwíndl]

동 (점점) 줄어들다

= lessen, diminish, curtail, abate

His fortune has **dwindled** away.
그의 재산은 점차 줄어들었다.

dwin(dle)
die

→ 점점 사라지니까(dwin)
⇨ 줄어들다

1513 1 2 3 4 5 19. 서울시 9급 추가채용

plunge

[plʌndʒ]

동 ① 뛰어들다 ② 떨어지다, 급락하다
명 급락

= 동 ② 명 plummet

plunge into a river
강에 뛰어들다

플런쥐 = **푸른 쥐**

➡ 푸른 쥐가 하수구에 뛰어들다
⇨ 뛰어들다

1514 1 2 3 4 5 19. 서울시 9급 추가채용 / 19. 국회직 9급

plummet

[plʌ́mit]

동 곤두박질치다, 급락하다
명 급락

= 동 명 plunge

He **plummeted** to the ground.
그는 바닥에 쓰러졌다.

플러밋 = **풀러맷**

➡ 놀이기구의 안전장치를 풀어냈더니 곤두박질쳤다
⇨ 곤두박질치다, 급락하다

1515 1 2 3 4 5

shrink

[ʃriŋk]

동 오그라들다, 움츠리다

= contract, constrict

My sweater **shrank** in the wash.
내 스웨터가 물에 빨았더니 줄어들었다.

shrinkage 명 위축, 수축

➡ 새우(shrimp)처럼 몸을 움츠린다(shrink)
⇨ 움츠리다

1516 1 2 3 4 5 심화

stumble

[stʌ́mbl]

stumblingly 부 ① 비틀거리며 ② 주저하며

stumbling block 명 방해물, 장애물

동 ① 넘어지다 ② 비틀거리다

The man **stumbled** along.

그 남자는 비틀거리며 걸어갔다.

스텀블 = 수 + 덤불

➡ 수많은 덤불 때문에 넘어지다(stumble)

⇨ 넘어지다

1517 1 2 3 4 5

dodge

[dadʒ]

dodgy 형 교활한, 의심스러운

동 피하다

= evade, circumvent, shun, avert, eschew, elude

dodge his military service

그의 병역을 기피하다

➡ 도지(doge)코인은 변동성이 심해서 섣부른 투자는 피해야(dodge) 하죠

⇨ 피하다

➡ 황사를 피해서 창문을 닫지(dodge)

⇨ 피하다

1518 1 2 3 4 5

eschew

[istʃúː]

eschewal 명 피하기, 삼가기

동 피하다

= evade, circumvent, shun, avert, elude, dodge

eschew bad company

나쁜 친구를 피하다

➡ 애써서(es) 동료들에게 씹히는(chew) 것은 피해야죠(eschew)

⇨ 피하다

1519 1 2 3 4 5 20, 지방직 9급

shun

[ʃʌn]

동 꺼리다, 피하다

= evade, circumvent, avert, eschew, elude, dodge

an actor who **shuns** publicity

세상의 관심을 피하는 배우

➡ 태양(sun)을 피하는(shun) 방법

⇨ 꺼리다, 피하다

1520 1 2 3 4 5 17, 국가직 9급

detest

[ditést]

detestable 형 혐오스러운

detestation 명 아주 싫어함, 혐오

동 혐오하다, 몹시 싫어하다

= abhor, loathe, abominate

The two political rivals **detest** each other.

그 두 정적은 서로 몹시 싫어한다.

de (away) + test (witness)

→ 상대에게 반하게(de) 증언하니까(test)

⇨ 몹시 싫어하다

➡ 학생들은 디(de)지게 테스트(test)를 싫어하죠

⇨ 혐오하다

1521 1 2 3 4 5 15. 지방직 9급

extinguish
[ikstíŋgwiʃ]

동 ① 끝내다, 없애다 ② 끄다

= ① eradicate, annihilate, exterminate

Firefighters tried to **extinguish** the fire.
소방관들이 화재를 진압하려고 애를 썼다.

ex + **ting** + **(u)ish**
out quench 동접
→ 완전히(ex) 끄다(ting)
⇨ 끝내다, 끄다

1522 1 2 3 4 5

liquidate
[líkwidèit]

동 ① 청산하다, 숙청하다 ② 팔다, 매각하다

= ① eliminate, abolish, efface, obliterate, obviate, expunge

liquidate the rebel movement
반란의 움직임을 제거하다

liquidation 명 청산, 정리

➡ 매각하기 위해서는 자산을 액체(liquid)처럼 유동성 있게 만들어야 하니까
⇨ 매각하다

1523 1 2 3 4 5 18. 해경직 2차

ephemeral
[ifémərəl]

형 일시적인, 단명하는

= provisional, momentary, transient, transitory, tentative, evanescent, deciduous

cf. empirical (경험적인)

This tiny insect lives an **ephemeral** life.
이 작은 곤충은 하루살이 목숨으로 산다.

ephemerality 명 단명, 덧없음

이페메럴 = **애 + 패 + 매로**
➡ 매를 들어 애를 패는 건 일시적인(ephemeral) 효과만 낳을 뿐
⇨ 일시적인

1524 1 2 3 4 5 18. 국회직 8급 / 14. 국회직 8급

tentative
[téntətiv]

형 일시적인, 잠정적인

= provisional, momentary, transient, transitory, evanescent, ephemeral, deciduous

tentative conclusions
잠정적인 결론

tentatively 부 임시로, 잠정적으로

➡ 텐트(tent)는 일시적인 숙소니까
⇨ 일시적인, 잠정적인

1525 1 2 3 4 5 16. 서울시 7급 / 14. 국가직 7급

longevity
[lɔndʒévəti]

명 ① 장수, 오래 지속됨 ② 수명

the average **longevity** of human being
인간의 평균 수명

long + **evity**
long age
→ 오랜(long) 수명(evity)이니까
⇨ 장수

1526 1 2 3 4 5

poisonous

[pɔ́izənəs]

poison 명 독, 독약
poisoning 명 중독, 독살

형 유독한, 독이 있는

= toxic

Chocolate is **poisonous** to its body!
초콜릿은 앵무새의 몸에서 독성을 나타냅니다!

포이저너스 = 보이지않소

➡ 유독한 미세먼지 때문에 앞이 보이지 않소
⇨ 유독한, 독이 있는

1527 1 2 3 4 5

baneful

[béinfəl]

형 해로운

= deleterious, detrimental, lethal, pernicious, nocuous, noxious, virulent

We all wish to find cures for the **baneful** afflictions.
우리 모두는 그 해로운 고통에 대한 치료책들을 찾기를 원하고 있다.

베인풀 = ban + ful

➡ 찬성없이 반대(ban)만 가득한(ful) 것은 해로우니까(baneful)
⇨ 해로운

1528 1 2 3 4 5

corrode

[kəˈroʊd]

corrosive 형 부식을 일으키는, 좀먹는
corrosion 명 부식

동 부식시키다, 좀먹다

Acids **corrode** metals.
산은 금속을 부식시킨다.

cor + rode
completely gnaw

→ 완전히(cor) 갉아먹은(rode) 거니까
⇨ 부식시키다, 좀먹다

➡ 도로(road)는 오래되면 침식되죠(corrode)
⇨ 부식시키다

1529 1 2 3 4 5

toxic

[tɑ́ksik]

toxicity 명 유독성
toxicant 명 독물, 살충제

형 독(성)의, 유독성의

= poisonous

find out sources of **toxic** fumes
유독 가스의 원인을 알아내다

tox + ic
poison 형접

→ 독(tox)이 있는 거니까
⇨ 유독성의

1530 1 2 3 4 5 심화

15, 경찰직 2차

extradite

[ékstrədàit]

extradition 명 본국 송환
extraditable 형 인도되어야 할

동 (범죄자를 관할국에) 인도하다, (본국으로) 송환하다

= repatriate

Britain agreed to **extradite** him to Spain.
영국은 그를 스페인 당국에 인도하기로 합의했다.

ex + trad + ite
out hand over 동접

→ 밖으로(ex) 건네는(trad) 거니까
⇨ (범죄자를 관할국에) 인도하다

1531 1 2 3 4 5 19. 지방직 9급

immigrate

[imәgrèit]

immigration 명 ① 이민, 이민자 수 ② 출입국 관리소
immigrant 명 (다른 나라로 온) 이민자

동 이민 오다

cf. emigrate (이민 가다)

immigrate into a country
나라로 이주해 오다

im + migrate
in migrate
→ 안으로(im) 이주해오다(migrate)
⇨ 이민 오다

1532 1 2 3 4 5

secular

[sékjulәr]

secularism 명 세속주의
secularize 동 세속화하다
secularization 명 세속화

형 세속적인, 비종교적인

= mundane, profane

renounce **secular** pleasure
세속적인 쾌락을 포기하다

➡ 세(se)상에서 굴러(cular)
⇨ 세속적인

1533 1 2 3 4 5 18. 해경직 2차 / 13. 서울시 9급

mundane

[mʌndéin]

mundanity 명 현세, 속세
mundanely 부 현세에, 속세에

형 세속적인

= secular, profane

begin to ignore **mundane** affairs
세속적인 일을 무시하기 시작하다

mund(ane)
world
→ 세상(mund)과 관련이 있는 거니까
⇨ 세속적인

먼데인 = 문댄
➡ 세상사에 몸을 문댄
⇨ 세속적인

1534 1 2 3 4 5 09. 국가직 7급

indulge

[indʌldʒ]

indulgent 형 멋대로 하게 하는, 관대한

동 ① 탐닉하다, 빠지다 ② 제멋대로 하게 하다

She **indulges** herself in extravagant habits.
그녀는 사치스러운 습성에 젖어 있다.

인덜쥐 = 人 + 돌지
➡ 마약에 빠지더니(indulge) 人이 돌아버렸다
⇨ 빠지다

1535 1 2 3 4 5 17. 기상직 9급

indelible

[indélәbәl]

indelibility 명 지울 수 없음

형 잊을 수 없는, 지울 수 없는

= unforgettable

War left people with **indelible** scars.
전쟁은 사람들에게 지울 수 없는 상처를 남겼다.

in + deli + ble
not delete 형접
→ 삭제할(deli)수 없는(in) 거니까
⇨ 잊을 수 없는

1536 1 2 3 4 5

coarse
[kɔːrs]

coarsen 동 거칠어지다

형 ① 거친 ② 음란한, 상스러운

The dress material was of **coarse** texture.
그 옷감은 바탕이 거칠었다.

코어스 = 코스

➡ 나는 음란한(coarse) 관광 코스를 (course) 저주한다(curse)
⇨ 음란한, 상스러운

1537 1 2 3 4 5

barren
[bǽrən]

형 ① 불모의 ② 불임의
명 불모지, 척박한 땅

= 형 ① arid, sterile, desolate

Some deserts are **barren**, with no life.
몇몇 사막은 생명체가 없는 불모지이다.

배런 = 베린

➡ 이 땅은 불모지(barren)라 베린 거야
⇨ 불모의

1538 1 2 3 4 5 19. 경찰직 1차

sterile
[stéril]

sterilize 동 소독하다, 살균하다

형 ① 불모의 ② 불임의 ③ 살균한

= ① barren, arid, desolate

The field is too **sterile** to yield anything.
이 밭은 토박해서 아무것도 할 수 없다.

스테럴 = 스테로이드

➡ 스테로이드를 많이 쓰면 불임 확률이 높아진다
⇨ 불임의

1539 1 2 3 4 5 15. 지방직 7급 / 13. 지방직 7급

drastic
[drǽstik]

drastically 부 과감하게

형 과감한, 격렬한, 급격한

He resorted to a **drastic** measure.
그는 강경 조치를 취했다.

드래스틱 = 드럼 스틱

➡ 락 음악은 드럼 스틱으로 격렬하게 (drastic) 치니까
⇨ 과감한

1540 1 2 3 4 5 18. 기상직 9급

radical
[rǽdikəl]

radicalism 명 급진주의
radically 부 원래는, 근본적으로

형 ① 근본적인, 기본적인 ② 급진적인, 과격한
명 급진주의자

a **radical** change in the educational system
교육 제도상의 근본적인 변화

래디컬 = 레이디 + 꼴

➡ 레이디 가가의 꼴(모습)은 아주 급진적(radical)이고 파격적이다
⇨ 급진적인

1541 1 2 3 4 5

ultimate

[ʌ́ltəmit]

형 ① 최후의, 궁극적인, 절대적인
② 제1차적인, 근본적인

Do you want to know the **ultimate** question?
궁극적 질문에 대해 알고 싶은 겁니까?

ultimately 부 궁극적으로, 결국

ultim + ate
final 형접
→ 최종(ultim)적인 성질(ate)이니까
⇨ 최후의

1542 1 2 3 4 5 17. 경찰직 1차

spiteful

[spáitfəl]

형 악의적인

= malevolent, malicious, vicious, sinister, nefarious

What I did was very **spiteful**.
내가 한 일은 매우 악의적이었다.

spite 명 앙심, 악의 동 괴롭히다

➡ 침 뱉는 것(spit)은 악의적인(spiteful) 행동이죠
⇨ 악의적인

1543 1 2 3 4 5 심화 21. 국회직 9급

inimical

[inímikəl]

형 ① 적대적인 ② 불리한

= ② adverse

Bad habits are **inimical** to success.
나쁜 습관은 성공의 적이다.

inimicality 명 해로움, 적대

in + imic + al
not friend 형접
→ 친구(imic)로 대하는 게 아니니까(in)
⇨ 적대적인

이니미컬 = 에너미 칼
➡ 적(enemy)이 칼을 들고 있으면
⇨ 불리한

1544 1 2 3 4 5 20. 지역인재 9급 / 18. 소방직 9급 / 18. 국회직 8급

intentional

[inténʃənəl]

형 의도적인, 고의적인

an **intentional** insult
고의적인 모욕

intent 명 의도, 목적 형 집중된, 열심인
intention 명 의도, 목적
intentionally 부 의도적으로, 일부러

intention + al
purpose 형접
→ 의도(intention)가 있는 성질(al)이니까
⇨ 의도적인

1545 1 2 3 4 5 17. 국회직 9급 / 13. 서울시 9급

suspicious

[səspíʃəs]

형 의혹을 갖는, 의심스러운

= dubious

The **suspicious** person has an alibi.
그 의심스러운 사람은 알리바이를 가지고 있다.

suspect 동 의심하다
suspicion 명 의심, 의혹

suspic(i) + ous
suspect 형접
→ 불신(suspici)을 하는 거니까
⇨ 의혹을 갖는, 의심스러운

1546 1 2 3 4 5 18. 경찰직 1차 / 16. 국가직 7급 / 12. 국가직 7급

skeptical

[sképtikəl]

skeptic 명 회의론자
skepticism 명 회의론

형 회의적인

The reporter was **skeptical** about the government report.
그 기자는 정부 보도에 대해 회의적이었다.

➡ SK에 입사해서 매번 회의만 반복하면 회의감(skeptical)이 들겠죠
⇨ 회의적인

1547 1 2 3 4 5

blunder

[blʌ́ndər]

명 큰 실수 동 큰 실수를 하다

= 명 mistake, error

His master pounced upon his **blunder**.
주인은 그의 실수를 몹시 꾸짖었다.

블런더 = 불낸다
➡ 남의 집에 불내는 것은
⇨ 큰 실수
➡ 눈을 감고(blind) 행동하면 큰 실수(blunder)를 하게 된다는 것에서 유래
⇨ 큰 실수

1548 1 2 3 4 5

fallacy

[fǽləsi]

fallacious 형 불합리한, 그릇된

명 ① 잘못된 생각, 착오 ② 오류

I will not subscribe to popular **fallacies**.
세상의 잘못된 생각에 동참할 생각은 없다.

➡ 순간의 오류(fallacy)로 추락(fall)하는 사람들이 많다
⇨ 착오, 오류

1549 1 2 3 4 5 심화 19. 서울시 9급 추가채용

grimace

[griméis]

grim 형 엄숙한, 암울한

명 찡그린 표정 동 얼굴을 찡그리다

He **grimaced** at the bitter taste.
그는 그 쓴맛에 얼굴을 찡그렸다.

그리메이스 = 그리 맛없으?
➡ 그게 그리 맛이 없어서 얼굴을 찡그리냐?
⇨ 찡그린 표정

1550 1 2 3 4 5

hypnosis

[hipnóusis]

hypnotize 동 ① 최면을 걸다 ② 홀리다

명 최면

Hypnosis helped me give up smoking.
최면술이 내가 담배를 끊는 것을 도와주었다.

hypno + sis
sleep condition
➡ 잠자는(hypno) 상태(sis)니까
⇨ 최면

DAY 32

1551 1 2 3 4 5 15. 지방직 9급

stingy
[stíndʒi]

형 인색한

= miserly, parsimonious

The man was **stingy** with money.
그는 돈 내기를 아까워했다.

sting + y
prick 형접
→ 칼로 찔러도(sting) 피 한 방울 안 나올 정도니까
⇨ 인색한

1552 1 2 3 4 5

miserly
[máizərli]

miser 명 구두쇠, 수전노

형 인색한

= stingy, parsimonious

cf. misery (고통, 비참)

He was a harsh, **miserly** man, and loved money.
그는 가혹하고 인색한 사람이며 돈을 사랑했다.

miser + ly
unhappy 형접
→ 돈이 없어서 불행하니까(miser)
⇨ 인색한

1553 1 2 3 4 5 심화 21. 해경직 2차

parsimony
[pάːrsəmòuni]

parsimonious 형 인색한
parsimoniously 부 인색하게, 쩨쩨하게

명 인색(함)

His wife's extreme **parsimony** ruined their marriage.
그의 아내의 극단적인 인색함이 그들의 결혼을 망쳤다.

파서모니 = 팍 써 + money
➡ 인색한 사람한테 "돈(money) 좀 팍팍 써"
⇨ 인색(함)

1554 1 2 3 4 5

stringent
[stríndʒənt]

stringently 부 용서 없이, 가혹하게

형 엄격한, 엄한

= rigorous, rigid

We need **stringent** controls and inspections.
우리는 엄격한 통제와 검사가 필요합니다.

string + ent
strict 형접
→ 엄격한(strict) 성격(ent)이니까
⇨ 엄격한, 엄한
➡ 신병들을 일렬로 줄(string) 세워 쫄게(gent) 하는 거니까
⇨ 엄격한

1555 1 2 3 4 5

austerity
[ɔːstérəti]

austere 형 ① 검소한 ② 엄한

명 ① 검소, 긴축 ② 엄격함 ③ 금욕 생활

austerity measures
긴축 조치

오스터러티 = 옷을 떠 입지
➡ 옷을 떠서 직접 만들어 입는 검소함(austerity)
⇨ 긴축

오스터러티 = 어서 떼라
➡ 월급 받으면 저축할 돈부터 어서 떼라
⇨ 긴축

1556 1 2 3 4 5 심화

indigent

[índidʒənt]

형 가난한, 궁핍한

= destitute, impecunious

She helps the **indigent** people.
그녀는 빈곤한 사람들을 돕는다.

indigence 명 가난, 궁핍

➡ 인디(indie) 밴드는 전통(gent)적으로 가난한(indigent) 생활을 하는 경우가 많았죠
⇨ 가난한, 궁핍한

1557 1 2 3 4 5

subsist

[səbsíst]

동 ① 근근이 살아가다 ② 존속되다

subsist by begging
구걸을 하여 연명하다

subsistence 명 최저생활, 생계
subsistent 형 존속하는, 타고난

sub + sist
under stand

→ 하위(sub) 계층에 서 있다(sist)
⇨ 근근이 살아가다

1558 1 2 3 4 5

frugal

[frúːgəl]

형 검소한

= thrifty, economical

a **frugal** life
검소한 삶

frugality 명 절약, 검소

프루걸 = 뿌리 + 갈

➡ 뿌리까지 갈아 먹을 만큼 아끼는
⇨ 검소한

1559 1 2 3 4 5 심화 18. 국가직 9급

ravenous

[rǽvənəs]

형 탐욕스러운, 몹시 굶주린

= insatiable, voracious, avaricious, covetous, rapacious

The lion has not eaten for four days and is **ravenous**.
그 사자는 사흘동안 먹지 않아서 몹시 굶주린 상태이다.

raven 동 약탈하다, (먹이를) 찾아다니다
명 큰 까마귀
ravenously 부 게걸스럽게, 갈망하여
ravenousness 명 게걸스러움, 탐욕

래버너스 = 내 배에 넣었으

➡ 배가 고파서 내 배에 다 넣었어
⇨ 탐욕스러운

1560 1 2 3 4 5 13. 서울시 9급

curb

[kəːrb]

동 억제[제한]하다
명 ① 억제 ② 연석

= 동 restrict, confine, constrain, circumscribe

We put a **curb** on the spread of AIDS.
우리는 에이즈의 확산을 제한한다.

➡ 커브(curve)에선 속도를 억제해야 하니까
⇨ 억제하다

1561 1 2 3 4 5

forbear

[fɔːrbέər]

동 억제하다, 참다

= restrain, refrain, abstain

I could not **forbear** laughing.
나는 웃지 않을 수 없었다.

forbearance 명 관용, 자제

➡ 다이어트를 위해(for) 먹고 싶은 것을 참는(bear) 거니까
⇨ **억제하다, 참다**

1562 1 2 3 4 5 09. 지방직 7급

bewilder

[biwíldər]

동 당황하게 하다, 어리둥절하게 만들다

= embarrass, baffle, confound, perplex, perturb, obfuscate, fluster

She was **bewildered** by their continual questions.
그녀는 그들의 계속되는 질문 공세에 당황했다.

bewildering 형 어리둥절하게 만드는
bewilderment 명 당황

➡ 학생이 너무 거칠게(wild) 대들면 선생님은 당황(bewilder)하죠
⇨ **당황하게 하다**

1563 1 2 3 4 5 심화 09. 지방직 7급

fluster

[flʌ́stər]

동 당황하게 하다 명 당황, 혼란

= 동 embarrass, baffle, bewilder, confound, perplex, perturb, obfuscate

He looked **flustered** for a moment.
그는 잠시 당황한 듯 보였다.

플러스터 = 뿔났었어

➡ 선생님이 뿔났었어! 그래서 학생들을 당황하게 했어
⇨ **당황하게 하다**

1564 1 2 3 4 5

inherent

[inhíərənt]

형 타고난, 내재된, 본질적인

= inborn, innate, congenital, intrinsic

Stress is an **inherent** part of dieting.
스트레스는 다이어트에 본질적인 부분이다.

inherit 동 물려받다
inherently 부 선천적으로

in + herent
in stick

→ 안에(in) 들러붙어(herent) 있으니까
⇨ **타고난, 내재된**

1565 1 2 3 4 5

intrinsic

[intrínsik]

형 내재하는, 본질적인

= inborn, innate, inherent, congenital

the **intrinsic** worth of a man
사람의 본질[내재]적인 가치

intrinsically 부 본질적으로

intrin + sic
intra along

→ 안에(intrin)를 따라가면(sic) 나오니까
⇨ **내재하는**

1566 1 2 3 4 5

hereditary

[hərédətèri]

형 유전적인, 유전성의

= genetic

a **hereditary** illness
유전병

heredity 명 유전(적 특징)

➡ 오랜(here) 세월 지속된 거니까
⇨ 유전적인, 유전성의

1567 1 2 3 4 5 13. 국회직 9급

latent

[léitənt]

형 잠재하는, 잠복해 있는

= potential, dormant

stir the **latent** or dormant forces of a people
국민에 잠재하고 있거나 잠들고 있는 힘을 깨우치다

latently 부 숨어 있어, 잠재하여

➡ 잠복해 있다가(latent) 늦게(late) 나타나다
⇨ 잠복해 있는

1568 1 2 3 4 5 심화

primeval

[praimíːvəl]

형 태고의, 원시적인

= antique, primitive, immemorial

Amazon's **primeval** forests
아마존의 원시림

prim + ev + al
first age 형접

→ 처음(prim) 시대의(ev)
⇨ 태고의

1569 1 2 3 4 5 17. 사회복지직 9급

cardinal

[kάːrdənl]

형 ① 기본적인 ② 가장 중요한
명 추기경, 기수

= 형 ② crucial, pivotal, momentous

cf. cardiovascular (심혈관의)

It is a matter of **cardinal** importance.
그것은 아주 중요한 문제이다.

카디널 = 카드날

➡ 신용불량자가 되지 않으려면 카드(결제)날이 제일 중요하죠(cardinal)
⇨ 가장 중요한

1570 1 2 3 4 5 19. 국회직 9급

rudimentary

[rùːdəméntəri]

형 ① 기본적인, 기초적인 ② 잘 발달이 안된

= ① elementary

Some dinosaurs had only **rudimentary** teeth.
일부 공룡들은 미발달된 치아만 가지고 있었다.

rudiment 명 기본, 기초

➡ 정신(mental)적으로 무례한(rude) 사람은 기본적인(rudimentary) 개념도 없는 거니까
⇨ 기본적인, 잘 발달이 안된

1571 1 2 3 4 5 21. 해경직 2차

formidable

[fɔ́ːrmidəbl]

formidability 명 무서움, 끔찍함

형 ① 끔찍한 ② 가공할 만한, 어마어마한

Formidable power dwells in your soul.
엄청난 힘이 당신의 영혼 속에 살고 있어요.

폼미더블 = 못 미더울

➡ 그가 맡은 일의 양이 못 미더울(믿을) 만큼 많았다
⇨ 가공할 만한, 어마어마한

폼미더블 = 폼이 double

➡ 투수의 투구 폼이 2개(double)니까
⇨ 가공할 만한, 어마어마한

1572 1 2 3 4 5 심화

hideous

[hídiəs]

형 끔찍한, 혐오스러운

= atrocious, abominable, loathsome, odious, repugnant, repulsive

a **hideous** crime
혐오스러운 범죄

➡ 귀신이 숨어 있다가(hide) 뒤에서 (deous) 갑자기 히히히(hi)~ 하며 나타나니까
⇨ 끔찍한

1573 1 2 3 4 5

harsh

[hɑːrʃ]

harshly 부 엄격히, 엄하게
harshness 명 엄격함

형 거친, 가혹한

= brutal, relentless, unrelenting, ruthless, inexorable

Don't you think that's a bit **harsh**?
그건 좀 너무하지 않아요?

하쉬 = 하쒸

➡ "하쒸!"라며 거칠게 말하다
⇨ 거친

1574 1 2 3 4 5

frantic

[fræntik]

형 ① 제정신이 아닌, 미친 듯한
② 굉장한, 지독한

cf. frenzy (광분, 광란), fanatic (열광적인)

These kids are driving me **frantic**.
이 아이들은 나를 미치게 만든다.

프랜틱 = 불안

➡ 불안해서 제정신이 아닌 것 같아 보이는
⇨ 제정신이 아닌, 미친 듯한

1575 1 2 3 4 5

desperate

[déspərit]

despair 명 절망 동 절망하다
desperately 부 절망적으로, 필사적으로

형 ① 자포자기한, 절망적인 ② 필사적인

I was **desperate** for a glass of water.
나는 물 한 잔 생각이 간절했다.

de + sper + ate
off hope 형접

➡ 희망이(sper) 없으니까(de)
⇨ 자포자기한

1576 1 2 3 4 5

frigid

[frídʒid]

형 ① 추운, 혹한의 ② 냉담한

recent **frigid** weather
최근의 추운 날씨

프리지드 = 풀이 지다

➡ 겨울 날씨가 너무 추워(frigid) 풀이 지다

⇨ 추운

1577 1 2 3 4 5

hazardous

[hǽzərdəs]

hazard 명 위험(요소)

형 위험한

= perilous, precarious, treacherous

Smoking is **hazardous** to your health.
담배는 건강에 해롭다.

hazard (risk) + ous (형접)

➡ 위험(hazard)이 있는 성질(ous)이니까

⇨ 위험한

1578 1 2 3 4 5

jeopardy

[dʒépərdi]

jeopardize 동 위태롭게 하다

명 위험

= peril, hazard, pitfall

put the company's future in **jeopardy**
그 회사의 미래를 위험에 빠뜨리다

줴펄디 = 잡혔지

➡ 적군에게 잡혔지

⇨ 위험

1579 1 2 3 4 5 17. 국회직 8급

fatal

[féitl]

fatality 명 사망자
fatally 부 치명적으로

형 ① 치명적인 ② 운명의

= ① deleterious, detrimental, lethal, pernicious, nocuous, noxious, baneful, virulent

The drunk driver caused a **fatal** accident.
그 음주 운전자는 치명적인 사고를 일으켰다.

fat (fate) + al (형접)

➡ 운명(fat)을 결정하는 성질(al)이니까

⇨ 치명적인

1580 1 2 3 4 5 13. 서울시 7급

lethal

[lí:θəl]

lethality 명 치명적임

형 치사의, 치명적인

= deleterious, detrimental, pernicious, nocuous, noxious, baneful, virulent

the **lethal** dose
치사량

리떨 = 니 딸

➡ 니 딸은 치명적인 단점을 가지고 있어

⇨ 치사의, 치명적인

1581 1 2 3 4 5

forsake

[fərséik]

동 버리다

= abandon, discard, relinquish, waive, forgo, renounce, abjure

He held her close and swore never to **forsake** her.
그는 그녀를 가까이 붙잡고 절대로 그녀를 버리지 않겠다고 맹세했다.

sake 명 이익

➡ 새 이익을(sake) 위해(for) 애인을 버린 비정한 사람
⇨ 버리다

1582 1 2 3 4 5

20, 해경직 3차 / 19, 경찰직 1차 / 16, 서울시 9급 / 13, 지방직 7급 / 13, 서울시 7급

squander

[skwɑ́ndər]

동 낭비하다, 함부로 쓰다

= waste, dissipate

squander money on flashy cars
화려한 차에 돈을 낭비하다

스콴덜 = 습관 + 더

➡ 습관적으로 더 소비를 하니까
⇨ 낭비하다

➡ 남들보다 더(der) 소비하니까(spend)
⇨ 낭비하다

1583 1 2 3 4 5

refrain

[rifréin]

동 삼가다, 자제하다 (from)

= restrain, abstain, forbear

You have to **refrain** from smoking.
당신은 흡연을 삼가야 한다.

refrainment 명 자제

re (back) + frain (restrain)

→ 생각을 뒤로(re) 물러나도록 저지하는(frain) 것이니까
⇨ 자제하다

1584 1 2 3 4 5

blurred

[blə:rd]

형 흐린, 선명하지 않은

The writing is **blurred** and difficult to read.
글자가 흐려서 읽기 어렵다.

blurry 형 흐릿한, 모호한
blur 동 흐리게 하다, 흐려지다
명 흐릿한 것

➡ 사진에 블러(blur) 효과를 주면 윤곽선이 흐릿해지죠
⇨ 흐린, 선명하지 않은

1585 1 2 3 4 5

blunt

[blʌnt]

형 ① 무딘, 뭉툭한 ② 직설적인, 퉁명스러운
동 무디게 하다

= 형 ② frank, straightforward, outspoken, forthright, candid

He was sawing the bread with a **blunt** knife.
그는 무딘 칼로 빵을 썰고 있었다.

bluntly 부 직설적으로

➡ 눈이 멀면(blind) 행동이 무뎌진다(blunt)는 것에서 유래
⇨ 무딘

1586 1 2 3 4 5

steep

[stiːp]

형 가파른

The stairs are high and **steep**.
계단이 높고 가파르다.

➡ 가파른(steep) 계단(step)
⇨ 가파른

1587 1 2 3 4 5

fraud

[frɔːd]

명 사기(꾼)

= deceit, swindle

She played a **fraud** to sustain her family.
그녀는 가족을 부양하기 위해 사기를 쳤다.

fraudulent 형 사기를 치는

프로드 = 프로다

➡ 저 사기꾼(fraud)은 프로다
⇨ 사기(꾼)

1588 1 2 3 4 5 심화

hypocrisy

[hipάkrəsi]

명 위선, 위선적인 행위

= affectation

His promises turned out to be full of **hypocrisy**.
그의 약속은 위선 투성이였음이 드러났다.

hypocritical 형 위선적인

➡ 위기(crisis) 하(hypo)에서는 위선적인 정치인들이 인기를 끌기 쉽죠
⇨ 위선, 위선적 행위

1589 1 2 3 4 5

bribe

[braib]

명 뇌물 동 뇌물을 주다

cf. bride (신부)

It is illegal to offer a **bribe** to a policeman.
경찰관에게 뇌물을 주는 행위는 불법이다.

bribery 명 뇌물수수

브라이브 = 브레드

➡ 우리나라의 '떡값'처럼 빵(bread)을 뇌물(bribe)로 주다
⇨ 뇌물

1590 1 2 3 4 5 18. 해경직 2차

forfeit

[fɔ́ːrfit]

동 -을 몰수당하다, 잃다 명 벌금

cf. (몰수하다) confiscate, impound, expropriate

He has **forfeited** his right.
그는 권리를 상실했다.

for + feit
outside do

→ 법의 테두리 밖에서(for) 행동해서(feit) 내는 것
⇨ 벌금, 몰수당하다

1591 1 2 3 4 5

kidnap

[kídnæ̀p]

동 납치하다, 유괴하다

= abduct

They want to **kidnap** small children.
그들은 어린 아이들을 유괴하고 싶어해.

kid + **nap**
child snatch

→ 아이를(kid) 데려가는(nap) 거니까
⇨ 납치하다

1592 1 2 3 4 5

plight

[plait]

명 곤경

= quandary, predicament

She was struck by the **plight** of the refugees.
그녀는 난민들의 곤경을 보고 아연실색했다.

➡ 고소공포증을 가진 사람은 비행기(flight) 탈 때마다 곤경(plight)에 빠지니까
⇨ 곤경

1593 1 2 3 4 5

deadlock

[dédlɑk]

명 교착 상태, 막다른 골목

= impasse

The two nations' relationship was at a **deadlock**.
두 나라 관계가 교착 상태였다.

dead + **lock**
stop lock

→ 완전히 멈춰서(dead) 잠겼으니까(lock)
⇨ 교착 상태

1594 1 2 3 4 5

aftermath

[ǽftərmæ̀θ]

명 결과, 여파

cover the **aftermath** of the tsunami
쓰나미의 여파를 취재하다

➡ 수학(math) 시험 이후(after) 성적에 따라 여파가 크니까
⇨ 결과, 여파

1595 1 2 3 4 5 심화 14. 서울시 9급

vengeance

[véndʒəns]

명 복수, 앙갚음

= retaliation, reprisal, retribution

There can be no doubt that this calls for **vengeance**.
이런 행위는 반드시 복수를 해줘야 해.

벤젠스 = **벤져스**

➡ 어벤져스는 타노스에게 복수하다
⇨ 복수

1596 1 2 3 4 5 심화

intertwine

[intərtwáin]

intertwinement 명 서로 엮음

동 ① 뒤얽다, 엮다 ② 밀접하게 관련되다

intertwine flowers in a garland
꽃을 엮어서 화환을 만들다

inter + **twine**
between twist

→ 서로(inter) 비트는(twine) 것이니까
⇨ 뒤얽다

1597 1 2 3 4 5

interdependent

[intə:rdipéndənt]

interdependency 명 상호 의존

형 상호 의존적인

All living things are **interdependent**.
살아있는 모든 것들은 상호 의존한다.

inter + **depend** + **ent**
among rely 형접

→ 서로 간에(inter) 의존하는(dependent) 거니까
⇨ 상호 의존적인

1598 1 2 3 4 5

irreplaceable

[iripléisəbəl]

replaceable 형 대신할 수 있는

형 대체[대신]할 수 없는

My antique Korean vase is **irreplaceable**.
내 고대 한국 화병은 무엇도 대체할 수 없다.

ir + **replace** + **able**
not replace 형접

→ 대체(replace) 할 수(able) 없으니까(ir)
⇨ 대체할 수 없는

1599 1 2 3 4 5 15. 경찰직 3차

distill

[distíl]

동 증류하다, 증류되다

cf. instill (스며들게 하다)

distill fresh water from sea water
바닷물에서 민물을 증류하다

dis + **till**
apart drop

→ 분리하여(dis) 떨어트리니까(till)
⇨ 증류하다

1600 1 2 3 4 5 13. 지방직 7급

drain

[drein]

drainage 명 배수, 배수 시설

동 ① (물을) 빼내다, 배수하다 ② 비우다 ③ 고갈시키다

= ② vacate

Their fight **drains** national energy.
그들의 싸움은 국력을 고갈시킨다.

→ 드러운 비(rain)을 배수관을 통해 빼내다(drain)
⇨ 빼내다

DAY 33

1601 1 2 3 4 5 18. 해경직 2차 / 14. 서울시 9급 / 09. 국가직 9급

emulate

[émjulèit]

동 ① 모방하다 ② 겨루다, 필적하다

= ① imitate, mimic

We need to **emulate** his passion for his education.
그의 교육열은 본받을 필요가 있다.

emulation 명 ① 모방 ② 경쟁
emulative 형 경쟁의

에뮬레이트 = 애밀
➡ 너는 애밀 모방한 듯 닮았어
⇨ 모방하다

1602 1 2 3 4 5

mimic

[mímik]

동 흉내 내다, ~을 모방하다

= imitate, emulate

She's always **mimicking** her friends.
그녀는 맨날 친구들을 흉내 낸다.

mimicry 명 흉내

mim (mime) + ic (형접)
➡ 몸짓으로 표현하는(mim) 것이니까
⇨ 흉내 내다

1603 1 2 3 4 5 19. 경찰직 2차

plagiarize

[pléidʒəràiz]

동 표절하다

plagiarize other people's work
다른 사람의 작품을 표절하다

plagiarism 명 표절

플래져라이즈 = 표절 + rise
➡ 논문 표절사태가 일어나다(rise)
⇨ 표절하다

1604 1 2 3 4 5 17. 지방직 7급

camouflage

[kǽməflὰːʒ]

명 위장 동 위장하다, 감추다

= 동 disguise

He was dressed in **camouflage** for hunting.
그는 사냥을 위해 위장복을 입고 있었다.

캐머플라지 = 캐면 풀리지
➡ 정체를 계속 캐면 위장이 풀리지
⇨ 위장

1605 1 2 3 4 5 21. 경찰직 2차 / 17. 국회직 9급 / 16. 경찰직 2차

fabricate

[fǽbrikèit]

동 ① 만들다 ② 조작하다, 위조하다

= ② falsify, counterfeit, forge

The desk was **fabricated** from pieces of old wood.
그 책상은 오래된 목재로 만들어졌다.

fabrication 명 ① 제작 ② 위조(물)

➡ 공장에서 직물(fabric)을
⇨ 만들다

1606 1 2 3 4 5

artificial

[ɑ:rtəfíʃəl]

형 ① 인공의, 인위적인 ② 거짓된, 꾸민

= ① synthetic

The beverage contains no **artificial** preservatives.
그 음료에는 인공 방부제가 전혀 들어 있지 않다.

artifice 명 기술, 계략

art(i) + **fic** + **ial**
art / make / 형접

→ 인공적으로(art) 만든(fic) 거니까
⇨ 인공의

1607 1 2 3 4 5 — 14. 서울시 7급 / 08. 지방직 7급

spurious

[spjúəriəs]

형 가짜의, 위조의

= counterfeit, fictitious, bogus, phony

There is a **spurious** equality in everybody dying.
죽어가는 모든 사람은 겉으로는 평등해 보인다.

스퓨어리어스 = **스프여쓰**

→ 국물 맛의 비결이 알고 보니까 라면 스프여쓰
⇨ 가짜의, 위조의

1608 1 2 3 4 5

industrious

[indʌ́striəs]

형 근면한, 부지런한

= assiduous

He is an **industrious** office worker.
그는 근면한 사무직원이다.

industriousness 명 열심, 꾸준함

industri + **ous**
diligent / 형접

→ 근면한(industri) 성질(ous)이니까
⇨ 근면한, 부지런한

1609 1 2 3 4 5

courteous

[kə́:rtiəs]

형 예의 바른

= polite

The hotel staff are friendly and **courteous**.
그 호텔 직원들은 친절하고 예의 바르다.

courtesy 명 공손함, 정중함
courteously 부 예의 바르게, 공손하게

컬티어스 = **court에서**

→ 법정(court)에서는 공손한 태도를 보여야 하죠
⇨ 예의 바른

1610 1 2 3 4 5 — 20. 해경직 3차

compliant

[kəmpláiənt]

형 순응하는, 따르는

= docile, submissive, amenable, pliant, complaisant

We believe that we are largely **compliant**.
우리는 대체로 우리가 순종적이라고 생각한다.

comply 동 따르다, 동의하다
compliantly 부 고분고분하게

com + **pli** + **ant**
completely / fill / 형접

→ 동의서의 칸을 완전히(com) 채우니까(pli)
⇨ 순응하는, 따르는

1611 1 2 3 4 5

pliable

[pláiəbəl]

형 ① 유연한 ② 순응적인

= ① supple, malleable, elastic, resilient

It tends to make your mind extremely **pliable**.
그것은 당신의 마음을 매우 유연하게 만드는 경향이 있다.

pliant 형 얌전한, 나긋나긋한
pliability 명 유연, 유순

pli + **able**
fold 형접
→ 접힐(pli) 수 있는(able)
⇨ 유연한, 순응적인

1612 1 2 3 4 5

foolproof

[fú:lprù:f]

형 ① 실패할[잘못될] 염려가 없는
② 누구나 다룰 수 있는

cf. A-proof (A를 막는)

a **foolproof** security measure
잘못될 염려가 없는 보안 조치

full proof
➡ 충분한(full) 증거(proof)가 있으므로
⇨ 실패할 염려가 없는

1613 1 2 3 4 5 심화

fledgling

[flédʒliŋ]

형 풋내기의, 미숙한 명 애송이

= 명 rookie, novice, amateur

We are a **fledgling** team that was established recently.
우리는 얼마 전에 창단된 신생팀이다.

fledge 동 깃털이 다 나다, 독립시키다

플레져링 = **풀어주링**
➡ 초보자에게 암바를 건 상황에서 "풀어주리?"
⇨ 애송이, 미숙한

1614 1 2 3 4 5 18. 경찰직 3차

clumsy

[klʌ́mzi]

형 ① 서투른, 어설픈 ② 다루기 힘든

= ① inept, maladroit

On land, penguins are very **clumsy**.
땅에서는 펭귄들은 아주 서투르다.

클럼지 = **꼬라지**
➡ 하고 다니는 꼬라지가 서투른(clumsy)
⇨ 서투른

1615 1 2 3 4 5 19. 경찰직 2차 / 14. 국회직 8급

arbitrary

[ɑ́:rbitrèri]

형 ① 임의적인, 제멋대로인
② 일방적인, 독단적인

= ② dogmatic, unilateral, peremptory

record the facts rather than lay down **arbitrary** rules
제멋대로 규칙을 정하는 것보다 오히려 사실을 기록하다

arbitrarily 부 제멋대로

arbitrar + **y**
uncertain 형접
→ 확정되지 않은 거니까(arbitrar)
⇨ 임의적인

1616 1 2 3 4 5 19. 경찰직 2차 / 18. 서울시 9급

pompous

[pɑ́mpəs]

형 거만한

= arrogant, supercilious, presumptuous, haughty, overbearing, lofty

He appears **pompous**.
그는 거만해 보인다.

➡ 내실 없이 폼(pom)만 잡는 사람이니까
⇨ 거만한

1617 1 2 3 4 5 18. 지방직 7급 / 18. 서울시 7급 추가채용

frivolous

[frívələs]

frivolity 명 경솔한 언동, 경박

형 ① 경솔한, 까부는 ② 시시한

= ① imprudent, heedless, reckless, flippant

a **frivolous** activity
경솔한 행동

➡ 프리하게(free) 여기저기로 굴러다녀서(vol) 경솔한(frivolous)
⇨ 경솔한

1618 1 2 3 4 5 16. 기상직 7급 / 14. 국회직 8급

urgent

[ə́:rdʒənt]

urgently 부 급히

형 긴급한, 시급한

= imminent, impending

The problem requires **urgent** attention.
그 문제는 시급한 관심을 요한다.

urg + ent
urge 형접

→ 재촉(urg)하는 성향(ent)이니까
⇨ 긴급한

1619 1 2 3 4 5 18. 서울시 9급 / 18. 서울시 7급 추가채용

imperative

[impérətiv]

형 ① 필수적인 ② 명령적인

= ① mandatory, obligatory, compulsory, indispensable

It is **imperative** that they finish by next week.
그들은 반드시 다음 주까지 일을 마쳐야 한다.

im + per + ative
in prepare 형접

→ 어떤 일에서(im) 꼭 준비(per)해야 하는
⇨ 필수적인

1620 1 2 3 4 5 18. 서울시 9급 / 16. 경찰직 2차

crucial

[krú:ʃəl]

형 ① 결정적인 ② 중요한

= ② pivotal, momentous, cardinal

Defense of the realm is **crucial**.
왕국을 지키는 것은 중요하다.

cruc(i) + al
cross 형접

→ 갈림길에 있는 X자(cruc) 표지판에서 결정해야 하니까
⇨ 중요한

1621 1 2 3 4 5 16. 사회복지직 9급

decisive

[disáisiv]

decisively 부 결정적으로, 단호하게
indecisive 형 우유부단한

형 결정적인, 확정적인

= conclusive

It is time to be **decisive** of our plan.
우리 계획을 결정지을 시간이다.

deci(s) + ive
decide 형접

→ 결정(deci)하는 성질(ive)이니까
⇨ 결정적인

1622 1 2 3 4 5 14. 서울시 7급 / 08. 국가직 7급

profitable

[prɑ́fitəbəl]

profit 명 수익
profitability 명 수익성

형 수익성이 있는, 유익한

= lucrative

The oil business is a **profitable** one.
석유 산업은 수익성이 있다.

profit + able
benefit 형접

→ 이익(profit)이 되니까(able)
⇨ 수익성이 있는

1623 1 2 3 4 5

instrumental

[instrəméntl]

instrument 명 ① 기구 ② 악기 ③ 수단

형 ① 도움이 되는, 중요한 ② 악기의

He was **instrumental** to the plan's success.
그는 그 계획이 성공하는 데 많은 도움이 되었다.

➡ 도구(instrument)는 도움이 되는(instrumental) 수단이다
⇨ 도움이 되는, 중요한

1624 1 2 3 4 5 심화 19. 서울시 9급 추가채용 / 16. 경찰직 2차

pivotal

[pivətl]

pivot 명 중심축, 중심점

형 중심(축)이 되는, 중요한

= crucial, momentous, cardinal

play a **pivotal** role in the TV series
TV 시리즈에서 중요한 역할을 하다

pivot + al
center 형접

→ 중심(pivot)의 성질(al)이니까
⇨ 중심(축)이 되는, 중요한

1625 1 2 3 4 5

momentous

[mouméntəs]

momentum 명 탄력, 가속도

형 중대한, 중요한

= crucial, pivotal, cardinal

cf. momentary (순간의, 잠깐의)

Our society faced **momentous** decisions.
우리 사회는 중대한 결정에 직면했다.

moment + ous
value 형접

→ 가치있는(moment) 거니까
⇨ 중대한, 중요한

➡ 중요한 순간(moment)의
⇨ 중대한, 중요한

1626 1 2 3 4 5

monumental

[mɑ̀njəméntl]

monument 명 기념물

형 ① 기념비적인 ② 엄청난, 대단한

accomplish a **monumental** work
기념비적인 위업을 달성하다

마뉴멘틀 = 만유 + mental

➡ 만유인력의 법칙을 발견한 뉴턴의 정신(mental)은 대단하다
⇨ 기념비적인, 엄청난, 대단한

1627 1 2 3 4 5 15. 국가직 7급 / 10. 지방직 7급

negligible

[néglidʒəbəl]

neglect 동 무시하다
negligence 명 부주의, 태만

형 무시해도 좋은, 하찮은

Transit expenses can in no way be **negligible**.
교통비도 결코 무시할 수 없다.

neg (not) + lig (bind) + ible (형접)

➡ 묶어놓지(lig) 않아도(neg) 되니까
⇨ 무시해도 좋은

1628 1 2 3 4 5 16. 지방직 7급

marginal

[mɑ́:rdʒinl]

margin 명 ① 가장자리 ② 한계

형 ① 가장자리의, 중요하지 않은 ② 한계의

marginal groups in society
사회의 주변부 집단들

➡ 요즘 장사꾼들이 마진(margin)이 안 남는다고 하니
⇨ 한계의

1629 1 2 3 4 5 16. 기상직 9급

tedious

[tí:diəs]

tedium 명 지루함

형 지루한

= monotonous, humdrum, banal

His speech was both long and **tedious**.
그의 연설은 길고 지루했다.

티디어스 = 티 + 되었어

➡ 지루한(tedious) 기다림 속에서 티(tea)를 많이 마셔서 더는 됐다
⇨ 지루한

1630 1 2 3 4 5 16. 사회복지직 9급

soothe

[su:ð]

soothing 형 달래는, 위로하는

동 진정시키다, 위로하다

= ease, relieve, alleviate, appease, assuage, allay, mollify, mitigate, pacify, placate, conciliate

I tried to **soothe** the crying child.
나는 우는 아이를 진정시키려고 애썼다.

수우드 = 수두

➡ 수두를 앓느라 아파하는 아이를 달래다(soothe)
⇨ 진정시키다

1631 1 2 3 4 5 15. 서울시 7급

mitigate

[mítəgèit]

동 누그러뜨리다, 진정시키다

= ease, relieve, alleviate, appease, assuage, allay, mollify, pacify, placate, conciliate, soothe

Soil erosion can be **mitigated** by the planting of trees.
토양 침식은 나무를 심음으로써 완화될 수 있다.

mitigative 형 완화시키는
mitigation 명 완화, 경감

미티게이트 = 미치게뜨

➡ 짜증나 미치겠다는 친구를 간신히 진정시키다(mitigate)
⇨ 진정시키다, 누그러뜨리다

1632 1 2 3 4 5 17. 국가직 9급 추가채용 / 14. 지방직 9급

pacify

[pǽsəfài]

동 진정시키다, 평화를 가져오다

= ease, relieve, alleviate, appease, assuage, allay, mollify, mitigate, placate, conciliate, soothe

He tried to **pacify** his sisters.
그는 그의 남매들을 진정시키려고 노력했다.

pacifist 명 평화주의자

pac(i) + fy
peace 동접

→ 평화롭게(paci) 만드는 거니까
⇨ 진정시키다

1633 1 2 3 4 5

plague

[pleig]

명 전염병 동 괴롭히다

= 동 aggrieve, harass, torment, inflict, distress, anguish, excruciate, afflict

The sorcerer called down a **plague** on the town.
마법사는 마을에 역병을 내렸다.

plag + ue
strike 동·명접

→ 치는 것(plag)은 괴롭히는 거니까
⇨ 괴롭히다

1634 1 2 3 4 5 심화

menace

[ménəs]

동 위협하다, 협박하다 명 위협, 협박

= 동 intimidate

The pollution of atmosphere is a **menace** to health.
대기오염은 건강을 위협한다.

menacing 형 위협적인

매너스 = 매놔쓰

➡ 협박하려고(menace) 나무에 매놔쓰
⇨ 위협하다, 협박하다

1635 1 2 3 4 5 20. 경찰직 2차

recall

[rikɔ́:l]

동 ① 다시 부르다, 소환하다 ② 회상하다
명 ① 소환, 회수 ② 회상

= 동 ② retrospect, recollect, reminisce

I can't quite **recall**, but it was way back.
잘 기억나지 않지만 한참 됐어요.

recallable 형 회상할 수 있는

re + call
again call

→ 지나간 일을 다시(re) 부르니까(call)
⇨ 소환하다, 회상하다

리콜 = 니 꼴

➡ 거만해질 때마다 니 꼴을 떠올려
⇨ 회상하다

1636 1 2 3 4 5 16. 국가직 9급

suggestive

[səgdʒéstiv]

형 ① 암시적인, 연상시키는 ② 외설적인

= ② obscene, salacious, lewd

The music was **suggestive** of a tempest.
그 음악은 폭풍우를 연상시켰다.

suggestibility 명 암시성

➡ 성인 영화는 노골적이기보다 암시적이고 연상시키는(suggestive) 장면들로 더 외설적(suggestive)으로 느껴지죠
⇨ 암시적인, 외설적인

1637 1 2 3 4 5

onset

[ɔ́:nset]

명 ① 시작, 착수 ② 습격, 공격 ③ 발병

= ① outset

cf. offset (상쇄하다), outset (시작, 시초)

the **onset** of winter
겨울의 시작

➡ 출발점에 붙어서(on) 놓여있으니까(set)
⇨ 시작

1638 1 2 3 4 5

setback

[sétbæk]

명 ① 방해 ② 실패, 차질 ③ 역행

a temporary **setback** in the peace process
평화를 위한 진행 과정에서의 일시적인 차질

➡ 뒤(back)로 가도록 설정(set)해 놓은 거니까
⇨ 방해

1639 1 2 3 4 5 20. 국가직 9급 / 20. 해경직 3차 / 10. 국가직 9급

candid

[kǽndid]

형 솔직한, 노골적인

= frank, straightforward, outspoken, forthright

We had **candid** talks about the current crisis.
우리들은 현재의 위기에 관해서 솔직한 이야기를 나누었다.

candor 명 솔직, 정직
candidly 부 솔직히, 숨김없이

➡ 대통령 후보자(candidate)는 국민 앞에서 솔직해야죠(candid)
⇨ 솔직한

1640 1 2 3 4 5 심화

expiable

[ékspiəbəl]

형 보상할 수 있는, 속죄할 수 있는

the low level of an **expiable** offence
속죄할 수 있는 낮은 수준의 범죄

ex + **pi** + **able**
out devout 형접

→ 밖으로(ex) 헌신(pi)할 수(able)있으니까
⇨ 보상할 수 있는, 속죄할 수 있는
➡ 마음의 짐을 끝낼(expire) 수 있는(able)
⇨ 속죄할 수 있는

1641 1 2 3 4 5

figurative

[fígjurətiv]

형 비유적인, 상징적인

figurative extension of the meaning of words
단어 의미의 비유적 확대

figur + **ative**
figure 형접

→ 모양·수치(figur)에 빗대어 표현하는 거니까
⇨ **비유적인, 상징적인**

1642 1 2 3 4 5 19. 서울시 7급 추가채용

categorical

[kæ̀təgɔ́ːrikəl]

category 명 범주
categorize 동 분류하다
categorically 부 절대적으로, 단언적으로

형 ① 범주의, 범주에 속하는
② 절대적인, 단정적인

a **categorical** system
범주적인 체계

➡ 같은 카테고리(category)에 속해 있으니까
⇨ **범주의, 범주에 속하는**

1643 1 2 3 4 5

condense

[kəndéns]

condensed 형 ① 농축된, 응축된 ② 요약된
condensation 명 농축, 응축
condenser 명 응결[냉각]기

동 농축시키다, 응축시키다

cf. dense (짙은, 밀집한), densely (짙게, 밀집하여), density (밀집, 밀도, 농도)

Condense the soup by boiling it for ten minutes.
수프를 10분 동안 끓여 걸쭉하게 만들어라.

con + **dense**
completely thick

→ 매우(con) 빽빽하게(dense) 하다
⇨ **농축시키다**

➡ 콘덴싱(condensing) 보일러는 기체를 액체로 응축하는 보일러
⇨ **응축시키다**

1644 1 2 3 4 5

coverage

[kʌ́vəridʒ]

명 ① 보도[방송] ② 범위 ③ 보급(률)

in-depth **coverage** of today's complex issues
오늘의 복잡한 사안들에 대한 심층 보도

cover + **age**
cover 명접

→ 방송에서 다루니까(cover)
⇨ **보도**

1645 1 2 3 4 5 12. 사회복지직 9급

grind

[graind]

grinding 형 힘든 상황이 끝도 없이 계속되는
grinder 명 가는 기구

동 ① 갈다, 빻다 ② 문지르다

I **grind** my teeth in bed.
저는 잠잘 때 이빨을 갈아요.

➡ 곡식(grain)을 빻다(grind)
⇨ **빻다**

1646 1 2 3 4 5

imaginative

[imǽdʒənətiv]

imagine 동 상상하다, 그리다
imagination 명 상상력, 상상
imaginary 형 가상적인

형 상상력이 풍부한, 상상하기 좋아하는

I will try not to be too **imaginative**.
나는 지나치게 공상을 하지 않도록 노력하겠다.

imagin + (at)ive
imagine 형접
→ 상상하는(imagin) 성향(ive)을 가지고 있으니까
⇨ 상상하기 좋아하는

1647 1 2 3 4 5

immortal

[imɔ́:rtl]

immortality 명 불멸
immortally 부 영구적으로
mortal 형 죽을 운명의

형 죽지 않는, 불멸의, 불변의

It's said that the human soul is **immortal**.
사람의 영혼은 죽지 않는다고 한다.

im + mort + al
not die 형접
→ 죽지(mort) 않는(im) 성질(al)이니까
⇨ 죽지 않는

1648 1 2 3 4 5 15. 국회직 8급 / 14. 서울시 9급

investigate

[invéstəgèit]

investigation 명 조사
investigative 형 조사의, 수사의
investigator 명 조사관, 수사관

동 조사하다, 연구하다

= probe, scrutinize, overhaul

The air force will **investigate** the wreck tomorrow.
공군은 내일 난파선의 잔해를 조사할 것이다.

in + vestig + ate
into trace 동접
→ 어떤 쪽으로(in) 추적하는(vestig) 거니까
⇨ 조사하다

1649 1 2 3 4 5

occupation

[ɑ̀kjəpéiʃən]

occupational 형 직업의, 직업과 관련된
occupy 동 차지하다
occupant 명 사용자, 입주자

명 ① 직업 ② 점유, 점령

= ① vocation, profession, trade

The enemy's **occupation** of the city lasted a year.
적군은 도시를 1년간 점령했다.

occup + (a)tion
occupy 명접
→ 차지하는(occup) 상태(tion)니까
⇨ 점유

1650 1 2 3 4 5 17. 지방직 9급

potable

[póutəbəl]

형 마셔도 되는

cf. portable (휴대가 쉬운)

reuse reclaimed water as a **potable** supply
정수된 물을 식수로 재사용하다

➡ 냄비(pot)에 있는 물을 마실 수 있나요(able)?
⇨ 마셔도 되는

DAY 34

1651 1 2 3 4 5 15. 교행직 9급

responsive

[rispάnsiv]

형 즉각 반응하는, 민감한

= reactive, sensitive

Children develop **responsive** methods.
아이들은 즉각적으로 반응하는 방법을 발달시킨다.

re + spons + ive
again pledge 형접
→ 재차(re) 반응하는(spons) 거니까
⇨ 즉각 반응하는

1652 1 2 3 4 5

instantaneous

[ìnstəntéiniəs]

instant 형 즉각적인 명 순간

형 즉각적인

Death was almost **instantaneous**.
죽음은 거의 즉각적인 것이었다.

instant + aneous
instant 형접
→ 즉각적인(instant) 성질이니까
⇨ 즉각적인

1653 1 2 3 4 5 15. 경찰직 2차

inclined

[inkláind]

incline 동 –할 마음이 내키게 하다, 기울다
inclination 명 경향, 기울어짐

형 ① –할 마음이 있는 ② –하는 경향이 있는

= ① willing, disposed ② prone

I was **inclined** to trust him.
나는 그를 믿고 싶었다.

in + clin + ed
in bend 형접
→ 어떤 행동 안으로(in) 이미 마음이 기울어진(clin) 거니까
⇨ –할 마음이 있는

1654 1 2 3 4 5 15. 서울시 7급

liable

[láiəbl]

liability 명 ① (법적) 책임 ② 빚, 부채

형 ① 책임이 있는
② –하기 쉬운, –하는 경향이 있는

= ① responsible, accountable

We're all **liable** to make mistakes.
우리 모두는 실수하기가 쉽다.

li + able
bind able
→ 어떤 일에 얽어맬(li) 수 있는(able) 거니까
⇨ 책임이 있는, –하기 쉬운

1655 1 2 3 4 5 15. 서울시 7급

prone

[proun]

형 –하기 쉬운, 경향이 있는

= inclined

We become **prone** to feelings of nostalgia.
우리는 향수의 감정을 쉽게 느끼는 경향이 있다.

프론 = 프로
➡ 프로라면 자신의 전문 분야는 언제든지 하기 쉽죠(prone)
⇨ –하기 쉬운

1656 1 2 3 4 5

lament

[ləmént]

통 한탄하다, 슬퍼하다, 애도하다

= grieve, mourn, bemoan, bewail, deplore

lament his death
그의 죽음을 애도하다

lamentable 형 슬픈, 한탄하는
lamentation 명 슬픔, 비탄

러멘트 = 라면도

➡ 가난해서 라면도 먹지 못하는 신세를 한탄하다(lament)
⇨ 한탄하다

1657 1 2 3 4 5

yearn

[jəːrn]

통 그리워하다, 갈망하다

= crave

We **yearn** for beauty and truth in our lives.
우리는 우리의 삶에서 미와 진실을 갈망한다.

yearning 명 갈망, 동경

➡ 해(year)가 바뀌어도 여전히 그리워하다(yearn)
⇨ 그리워하다

1658 1 2 3 4 5 15. 교행직 9급

peculiar

[pikjúːljər]

형 ① 독특한 ② 이상한

= ② bizarre, uncanny, eerie, idiosyncratic, weird, outlandish, eccentric

There is something **peculiar** about her.
그녀에게는 어딘가 독특한 점이 있다.

peculiarity 명 독특함, 특색

피큘리얼 = 피클이야

➡ 참 독특한(peculiar) 맛의 피클이야
⇨ 독특한

1659 1 2 3 4 5 21. 경찰직 1차 / 10. 국가직 7급

bizarre

[bizɑ́ːr]

형 기이한, 특이한

= uncanny, eerie, peculiar, idiosyncratic, weird, outlandish, eccentric

Some are quite **bizarre**, but some are good choices.
일부는 꽤 특이하지만 일부는 좋은 선택입니다.

비자르 = 빗자루

➡ 마녀들이 빗자루를 타고 다니는 건 신기하죠
⇨ 기이한, 특이한

1660 1 2 3 4 5

cryptic

[kríptik]

형 숨은, 비밀의, 수수께끼의

= occult, enigmatic, arcane

a **cryptic** remark
수수께끼 같은 말

cryptography 명 암호 해독술

crypt + ic
hidden 형접

➡ 숨겨진(crypt) 거니까
⇨ 숨은, 비밀의

1661 1 2 3 4 5 15. 서울시 7급

improbable

[imprɑ́bəbəl]

improbability 명 사실 같지 않음
probable 형 있음 직한, 가망성이 있는

형 ① 사실 같지 않은 ② 희한한, 별난

She is telling an **improbable** story.
그녀는 사실 같지 않은 이야기를 하는 중이다.

im + **prob** + **able**
not credible 형접
→ 신뢰하지(prob) 못하니(im)까
⇨ 사실 같지 않은, 별난

1662 1 2 3 4 5 심화

outrageous

[autréidʒəs]

outrage 명 격분, 격노

형 ① 터무니없는, 도가 지나친 ② 포악한

The terms of interest were **outrageous**.
이자 비용이 터무니없다.

out + **rage** + **ous**
outside rage 형접
→ 화를(rage) 내게(out) 만드니까
⇨ 터무니없는, 도가 지나친
→ 화를(rage) 잘 내니까(out)
⇨ 포악한

1663 1 2 3 4 5 15. 서울시 7급

illegible

[ilédʒəbəl]

illegibility 명 판독하기 어려움
legible 형 읽을 수 있는, 또렷한

형 읽기 어려운, 판독하기 어려운

cf. eligible (적임의, 적격의)

Her handwriting is **illegible**.
그녀의 글씨는 알아보기 어렵다.

il + **leg** + **ible**
not read 형접
→ 읽을(leg) 수(ible) 없는(il) 거니까
⇨ 읽기 어려운, 판독하기 어려운

1664 1 2 3 4 5

opposite

[ɔ́pəzit]

opposition 명 반대

형 ① 마주보고 있는, 맞은편의 ② 정반대의
명 정반대의 일[사람, 말]

= 형 ② adverse, reverse, inverse

The **opposite** of love is indifference.
사랑의 적은 무관심이다.

oppos(i) + **te**
against 형·명접
→ 반대(oppos)니까
⇨ 정반대의

1665 1 2 3 4 5 22. 지방직 9급

friction

[fríkʃən]

frictional 형 마찰의
frictionless 형 마찰이 없는

명 ① 마찰 ② 갈등, 불화

Heat is produced by **friction**.
열은 마찰로 생긴다.

➡ 소설(fiction)에서는 인물 간의 갈등(friction)이 등장하기 마련이다
⇨ 마찰, 갈등

1666 1 2 3 4 5 17. 서울시 7급

feasible

[fíːzəbl]

형 실행할 수 있는, 실행 가능한

= viable

It's not **feasible** to manage the business that way.
그러한 방식으로는 그 사업을 꾸려 나갈 수가 없다.

feasibility 명 실행 가능성

feas + **ible**
do 형접
→ 할(feas) 수 있는(ible) 거니까
⇨ 실행할 수 있는

1667 1 2 3 4 5 16. 기상직 7급 / 12. 국가직 7급

practical

[prǽktikəl]

형 ① 현실적인 ② 실용적인

= ② pragmatic

I doubt if such a thing is of any **practical** use.
그런 것이 과연 실익이 있을지 의심스럽다.

practically 부 사실상, 거의
practicality 명 실현 가능성, 현실성

practic + **al**
use 형접
→ 사용할 수 있는(practic) 성질(al) 이니까
⇨ 현실적인, 실용적인

1668 1 2 3 4 5

plausible

[plɔ́ːzəbəl]

형 그럴듯한, 그럴싸한

= probable

His explanation sounds fairly **plausible** to me.
그의 설명은 내게는 아주 그럴듯하게 들린다.

plaus + **ible**
applaud 형접
→ 박수를 칠(plaus) 만 하니까(ible)
⇨ 그럴듯한

1669 1 2 3 4 5 18. 서울시 9급 / 16. 지방직 7급

rational

[rǽʃənl]

형 합리적인, 이성적인

= reasonable

a **rational** argument
합리적인 주장

rationality 명 합리(성)
rationalize 동 합리화하다
rationale 명 이유, 근거
irrational 형 비이성적인

ratio + **nal**
calculate 형접
→ 계산하고 추론하니까(ratio)
⇨ 합리적인, 이성적인

1670 1 2 3 4 5

shiver

[ʃívər]

동 떨다, 전율하다

= tremble, shudder, quiver

I **shivered** from the cold.
나는 감기에 걸려서 덜덜 떨었다.

쉬벌 = **쉬 + 벌**
→ 한겨울에 쉬를 보고 나서 몸을 벌벌 떨다(shiver)
⇨ 떨다

1671 1 2 3 4 5

tremble

[trémbl]

동 떨다, 흔들리다

= shiver, shudder, quiver

His legs were **trembling** with fear.
그의 다리가 두려움 때문에 떨렸다.

trem + ble
shake 형접

→ 사람이나 땅이 떠니까(trem)
⇨ 흔들리다

트렘블 = 틀어 불

➡ 추워서 몸이 떨리니까(tremble) 틀어, 불!
⇨ 떨다

1672 1 2 3 4 5 18. 기상직 9급

vacillate

[vǽsəlèit]

vacillation 명 흔들림, 망설임
vacillating 형 망설이는, 동요하는

동 흔들리다, 머뭇거리다

There is no time to **vacillate** when it comes to dealing with terror.
테러를 다루는 일에 있어서는 망설일 시간이 없습니다.

베설레이트 = 배설 + late

➡ 배설할까말까 망설이다간 늦는다(late)
⇨ 머뭇거리다

➡ 배(va) 실내에(cillate) 있으면 배가 흔들리는(vacillate) 게 잘 느껴지죠
⇨ 흔들리다

1673 1 2 3 4 5 심화 16. 교행직 9급

reckon

[rékən]

reckonable 형 ① 계산할 수 있는 ② 짐작 가능한

동 ① 세다, 계산하다 ② 생각하다, 간주하다

I **reckon** him as a wise man.
그를 현명한 남자라고 생각한다.

레컨 = 내 껀

➡ 내 껀 내가 계산할게(reckon)
⇨ 계산하다

1674 1 2 3 4 5 21. 국회직 9급 / 15. 경찰직 3차

utilize

[júːtəlàiz]

utility 명 ① (수도, 전기) 공공설비 ② 유용성
utilitarian 형 실용적인, 공리주의의

동 이용하다, 활용하다

= harness

utilize public transportation
대중 교통을 이용하다

uti(l) + ize
use 동접

→ 사용하게(util) 만들다(ize)
⇨ 이용하다

1675 1 2 3 4 5 20. 해경직 3차 / 10. 지방직 7급

yield

[jiːld]

yielding 형 유연한, 순종적인

동 ① 산출[생산]하다 ② 양도[양보]하다 ③ 항복[굴복]하다

= ③ succumb, surrender, capitulate

The tree **yields** plenty of fruit.
그 나무는 많은 열매를 생산한다.

➡ 밭(field)에서 농작물을 생산하여(yield) 배고픈 사람들에게 양보하다(yield)
⇨ 생산하다, 양보하다

1676 1 2 3 4 5

represent

[rèprizént]

representative 명 대표자
representation 명 묘사

동 ① 대표하다 ② 표현하다, 나타내다

Computers **represent** the future of learning.
컴퓨터는 미래의 학습 방법을 제시해준다.

re + pre + sent
again before in sight
→ 마치 다시(re) 눈앞(pre)에 있는 (sent) 것처럼 잘 나타내니까
⇨ 표현하다, 나타내다

1677 1 2 3 4 5 19. 국회직 9급 / 12. 사회복지직 9급

procure

[proukjúər, prə-]

procurement 명 조달
procurer 명 획득자, 주선자

동 구하다, 획득하다

procure evidence
증거를 획득하다

➡ 치료(cure) 약을 제 앞으로(pro) 구해주세요
⇨ 구하다, 획득하다

1678 1 2 3 4 5 13. 기상직 9급

salvage

[sælvidʒ]

salvation 명 구원

동 구조하다, 구출하다

= rescue

salvage several paintings from the fire
화재에서 몇 가지 그림들을 구하다

샐비쥐 = 살피지
➡ 구조대가 인명을 구조하려고 숲속을 살피지
⇨ 구조하다, 구출하다

1679 1 2 3 4 5 18. 국회직 8급 / 13. 서울시 9급

bestow

[bistóu]

bestowal 명 증여, 수여

동 주다, 수여하다

= confer, endow

The king **bestowed** knighthood on his loyal subject.
왕은 그의 충실한 부하에게 기사작위를 수여했다.

➡ 시험에서 최선(best)을 다하면 상을 주니까(bestow)
⇨ 주다

1680 1 2 3 4 5 16. 교행직 9급

entrust

[intrʌ́st]

동 위임하다, 맡기다

Passengers **entrust** their safety to the bus driver.
승객들의 안전은 버스 기사에게 달려 있다.

en + trust
put in belief
→ 믿음을(trust) 두는(en) 거니까
⇨ 위임하다

1681 1 2 3 4 5 08. 국가직 7급

streamline
[strí:mlàin]

동 ① 효율화하다, 간소화하다
② 유선형으로 하다

= ① simplify

streamline costs by evaluating our efficiency
업무 효율성을 평가함으로써 비용을 간소화하다

➡ 개울(stream)의 선(line)처럼 유선형으로 유유히 잘 흘러가니까
⇨ **효율화하다, 간소화하다**

1682 1 2 3 4 5 20. 국회직 9급

succinct
[səksíŋkt]

형 간결한, 간명한

= concise, terse, laconic

a **succinct** explanation
간결한 설명

석싱트 = 석식

➡ 석식은 간단하게(succinct) 먹는 편이 건강에 좋으니까
⇨ **간결한, 간명한**

1683 1 2 3 4 5

suitable
[sú:təbəl]

suitability 명 적당, 적합

형 적합한, 적절한

He is **suitable** for the post.
그는 그 자리에 적합하다.

suit + able
fit 형접

→ 딱 맞는(suit) 거니까
⇨ **적합한, 적절한**

1684 1 2 3 4 5

tame
[teim]

untamed 형 길들여지지 않은, 야생의

형 길들여진 동 길들이다

= 동 domesticate

It **tames** a lion better than anything.
그것은 어떤 것보다도 더 잘 사자를 길들인다.

테임 = 퇴임

➡ 퇴임하고 나면 편안한 삶에 길들여져(tame) 사니까
⇨ **길들이다**

1685 1 2 3 4 5

contemplate
[kάntəmplèit]

contemplation 명 사색, 명상
contemplative 형 사색하는

동 심사숙고하다, 고려하다

= deliberate, meditate, ponder, cogitate

All day he did nothing but **contemplate**.
하루 종일 그는 사색에만 잠겨 있었다.

con + templ + ate
completely consider 동접

→ 완전히(con) 생각하는(templ) 거니까
⇨ **심사숙고하다**
➡ 절(temple)에서 명상하며 숙고하는(contemplate) 스님들
⇨ **심사숙고하다**

1686 1 2 3 4 5 17. 국가직 9급

tolerate

[tɔ́lərèit]

동 참다, 견디다

= condone

I can just about **tolerate** it at the moment.
나는 지금 겨우 참고 있다.

toleration 명 용인, 관용
tolerative 형 용인하는, 관용하는

➡ 화장실(toilet)을 생각하며 참다(tolerate)
⇨ 참다

1687 1 2 3 4 5

lenient

[líːniənt]

형 관대한, 너그러운

= humane, benevolent, beneficent, philanthropic, magnanimous

a **lenient** fine
관대한 벌금

leniently 부 관대하게
leniency 명 관대, 관용

leni (soften) + ent (형접)
➡ 마음이 부드러우니까(leni)
⇨ 관대한

1688 1 2 3 4 5

tranquil

[trǽŋkwil]

형 고요한, 평온한

= serene, placid, equanimous

He looked at the man with a **tranquil** eye.
그는 그 남자를 차분한 눈으로 바라보았다.

tranquilize 동 가라앉히다
tranquility 명 조용함, 평화
tranquilizer 명 진정제

tran (completely) + quil (quiet)
➡ 완전히(tran) 조용한(quil) 거니까
⇨ 고요한, 평온한

트랭퀼 = 뜰 안 길
➡ 뜰 안쪽 길은 조용하니까(tranquil)
⇨ 고요한, 평온한

1689 1 2 3 4 5 심화

serene

[səríːn]

형 조용한, 평온한

= placid, tranquil, equanimous

The woods were reflected in the **serene** lake.
나무는 평온한 호수에 반사되었다.

serenity 명 평온, 고요함

➡ 세레나데(serenade)는 조용하고 평온한(serene) 악곡을 의미하죠
⇨ 조용한, 평온한

1690 1 2 3 4 5 18. 국회직 8급 / 16. 서울시 7급

affectionate

[əfékʃənit]

형 다정한, 애정 어린

= amicable, amiable, affable, benign, cordial, genial

He is very **affectionate** towards his children.
그는 자녀들에게 매우 다정하다.

affection 명 애착, 보살핌

affection (love) + ate (형접)
➡ 애정(affection)의 성질(ate)이니까
⇨ 다정한, 애정 어린

1691 1 2 3 4 5 21. 해경직 2차 / 14. 지방직 9급

aesthetic

[esθétik]

aesthetics 명 미학

형 심미적인 명 미학

cf. anesthetic (마취의, 마취제)

I'm sure of my **aesthetic** choices.
제 자신의 미적 감각을 믿어요.

aesthet + **ic**
art 형·명접

→ 예술(aesthet)의 성질(ic)이니까
⇨ **심미적인**

1692 1 2 3 4 5

prototype

[próutoutàip]

명 원형, 본보기

the **prototype** of the modern vehicles
현대 차량의 원형

proto + **type**
first type

→ 맨 앞이나 처음(proto)에 오는 유형(type)이니까
⇨ **원형, 본보기**

1693 1 2 3 4 5 16. 법원직 9급

celebrity

[səlébrəti]

celebrate 동 ① 기념[축하]하다 ② 칭송[찬양]하다

명 유명 인사, 명성

She had an interview with the **celebrity**.
그녀는 연예인과 회견했다.

➡ 셀럽이란 말은 유명 인사인 celebrity를 줄여 부르는 것
⇨ **유명 인사**

1694 1 2 3 4 5

fanatic

[fənǽtik]

형 광신적인, 열광적인 명 광신자, 열광자

= 명 devotee, adherent, zealot

The **fanatic** fans thronged toward him.
열성 팬들이 그에게 몰려왔다.

➡ 광적인(lunatic) 팬(fan)
⇨ **광신자**

1695 1 2 3 4 5 심화

oval

[óuvəl]

명 타원형 형 타원형의

cf. diamond (마름모, 다이아몬드), cube (정육면체), cone (원뿔)

The table is **oval**-shaped.
그 탁자는 모양이 타원형이다.

오우벌 = **O + 벌**

➡ O자로 입을 벌려 타원형(oval)을 만들다
⇨ **타원형**

1696 1 2 3 4 5 14. 국회직 8급

overwhelming

[òuvərhwélmiŋ]

overwhelm 동 압도하다
overwhelmingly 부 압도적으로

형 압도적인

The job looked **overwhelming** at first.
그 일은 처음에는 압도적인 듯이 보였다.

over + whelm + ing
over / beat / 형접
→ 넘어서(over) 압도하는(whelm) 성질(ing)이 있는
⇨ 압도적인

1697 1 2 3 4 5 15. 기상직 9급

poise

[pɔiz]

명 침착 동 자세를 취하다, 유지하다

She has perfect **poise** and never seems embarrassed.
그 여자는 대단히 침착해서 조금도 당황하는 기색이 없다.

→ 침착(poise)하게 포즈(pose)를 취하다
⇨ 침착

1698 1 2 3 4 5 18. 서울시 9급 추가채용

verbal

[və́:rbəl]

verbally 부 말로, 구두로

형 언어의, 구두의

= oral, spoken

Don't count on a **verbal** promise.
말로 한 약속은 믿지 마라.

verb + al
word / 형접
→ 단어(verb)의 성질(al)이니까
⇨ 언어의, 구두의

1699 1 2 3 4 5

regular

[régjulər]

regulate 동 ① 규제하다 ② 조절하다
regulation 명 ① 규제 ② 조절

형 ① 규칙적인 ② 정기적인

= ② periodical

regular breathing
규칙적인 호흡

reg + ular
rule / 형접
→ 항상 지배하고(reg) 있는 것이니까
⇨ 규칙적인, 정기적인

1700 1 2 3 4 5 18. 서울시 9급 추가채용 / 15. 지역인재 9급 / 15. 경찰직 1차

reliable

[riláiəbəl]

rely 동 의지하다
reliant 형 의존하는
reliability 명 신뢰도
unreliable 형 믿을 수 없는

형 믿을 수 있는, 의지할 수 있는

= credible

The news was obtained from **reliable** sources.
이 소식은 믿을 만한 소식통에서 나왔다.

reli + able
rely / 형접
→ 의지(reli) 할 수 있으니까(able)
⇨ 의지할 수 있는

1701 1 2 3 4 5 21. 지역인재 9급

sturdy
[stə́:rdi]

형 튼튼한, 견고한

= hardy, lusty, robust, stalwart

My grandfather still remains hale and **sturdy**.
나의 할아버지는 여전히 건강하고 튼튼하시다.

➡ 공부(study)를 많이 하면 실력이 튼튼하고 견고한(sturdy) 상태가 되니까
⇨ 튼튼한, 견고한

1702 1 2 3 4 5

robust
[roubʌ́st]

형 건장한, 튼튼한

= hardy, lusty, sturdy, stalwart

a flexible, **robust** contract management system
유연하고 강력한 계약 관리 시스템

➡ 로봇(robot)처럼 튼튼한(robust)
⇨ 튼튼한

1703 1 2 3 4 5 심화

debunk
[di:bʌ́ŋk]

동 드러내다, 폭로하다

= reveal, disclose, unveil, divulge

I don't have time to **debunk** all of your nonsense.
나는 너의 모든 허튼 수작들을 폭로할 시간이 없다.

➡ 가수가 공연을 더(de) 펑크(bunk) 냈다고 폭로하다(debunk)
⇨ 폭로하다

1704 1 2 3 4 5 17. 국회직 9급

unveil
[ənvéil]

동 밝히다, 폭로하다

= reveal, disclose, divulge, debunk

It is time to **unveil** the truth.
이제 진실을 밝힐 때이다.

un + **veil**
not curtain

→ 커튼이(veil)이 없는(un) 것이니까
⇨ 밝히다

1705 1 2 3 4 5 20. 국회직 8급 / 18. 국회직 9급 / 16. 국회직 8급

laudable
[lɔ́:dəbəl]

laud 동 칭찬하다
laudatory 형 칭찬하는
laudation 명 칭찬, 찬미

형 칭찬[감탄]할 만한

Helping an old person is a **laudable** act.
노인을 도와주는 일은 칭찬받을 만한 행동이다.

러더블 = 너 더블

➡ 볼링 치는데 친구가 더블을 친 모습을 보고 "우와! 너 더블쳤어?" 하며
⇨ 감탄할만한

➡ 학생이 잘 했을 땐 큰 소리로(loud) 칭찬하죠
⇨ 칭찬할 만한

1706 1 2 3 4 5 심화

venerable

[vénərəbl]

venerate 동 공경하다, 숭배하다
veneration 명 공경, 숭배

형 존경할 만한

I admit that she is a **venerable** person.
나는 그녀가 존경할 만한 사람이라는 것을 인정한다.

베너러블 = 뵈러 + able
➡ 사람들이 뵈러 갈 만한
⇨ 존경할 만한

1707 1 2 3 4 5 19. 소방직 9급

apparent

[əpǽrənt]

apparently 부 ① 명백히 ② 겉으로 보기에

형 ① 명백한 ② 외견상의

= ① conspicuous, obvious, distinct, evident, noticeable, palpable, manifest

the **apparent** reason
명백한 이유

appar (appear) + ent (형접)
➡ 밖으로 나타나(appar) 다른 사람의 눈에 보이니까
⇨ 명백한

1708 1 2 3 4 5

overt

[ouvə́ːrt]

형 공공연한, 명백한

Overt racism is a thing of the past.
공공연한 인종차별은 과거의 일이다.

➡ 수면 위로(over) 드러나니까
⇨ 공공연한

1709 1 2 3 4 5

plain

[plein]

plainly 부 분명히
plaintive 형 애처로운, 구슬픈

형 ① 분명한 ② 솔직한, 있는 그대로의
명 평원, 평지

make her annoyance **plain**
그녀의 짜증을 분명히 드러내다

➡ 여러분, 플레인(plain) 요거트 먹어 보셨나요? 아무 시럽도 넣지 않은 있는 그대로의 요거트죠
⇨ 있는 그대로의

1710 1 2 3 4 5 심화 18. 경찰직 1차

opaque

[oupéik]

형 불투명한, 불분명한

= ambiguous, equivocal, nebulous

The newspeak in his talk was **opaque** to me.
그의 연설에 나오는 신조어는 나는 이해하기 힘들었다.

오페이크 = 오펙(OPEC)
➡ OPEC 석유 감산 여부는 불투명(opaque)하니까
⇨ 불투명한

1711 1 2 3 4 5

flimsy

[flímzi]

형 부서지기 쉬운, 약한

= weak, fragile, frail, feeble, brittle, infirm, delicate, tenuous

the **flimsy** wooden huts
약한 목조 오두막들

플림지 = 풀리지

➡ 이 기계는 약해서(flimsy) 나사가 쉽게 풀리지
⇨ **부서지기 쉬운, 약한**

➡ 사진 필름(film)은 망가지기 쉽고(easy) 약하죠(flimsy)
⇨ **부서지기 쉬운, 약한**

1712 1 2 3 4 5

feeble

[fíːbəl]

형 약한, 연약한

= weak, fragile, frail, flimsy, brittle, infirm, delicate, tenuous

A **feeble** body weakens the mind.
허약한 육체는 마음을 허약하게 한다.

피블 = 피볼

➡ 우리 사회에서는 약한(feeble) 사람들만 피보죠
⇨ **약한**

1713 1 2 3 4 5 18. 지방직 7급 / 16. 국회직 8급 / 14. 국가직 7급

delicate

[délikət]

형 ① 연약한 ② 민감한 ③ 섬세한

= ③ elaborate, exquisite, sophisticated

the **delicate** skin of a baby
갓난아기의 연약한 피부

delicacy 명 여림, 연약함

de + lic + ate
away lure 형접

→ 사람의 넋이 빠지게(de) 유혹(lic)할 정도로 섬세하고 정교하니까
⇨ **섬세한**

1714 1 2 3 4 5

infirm

[infə́ːrm]

형 병약한, 노쇠한 명 병약자

= 형 decrepit

Her grandfather was old and **infirm**.
그녀의 할아버지는 늙고 허약했다.

infirmity 명 허약, 결점
firm 형 확고한, 튼튼한

in + firm
not firm

→ 튼튼한(firm) 상태가 아니니까(in)
⇨ **병약한**

1715 1 2 3 4 5

faint

[feint]

동 기절하다, 실신하다
형 희미한, 어렴풋한

= 형 dim, pale, blurred

There is still a **faint** hope that he may be cured.
아직 그가 치유될지도 모른다는 실낱같은 희망이 있다.

faintly 부 희미하게

➡ 벽 낙서에 페인트(paint) 칠하니까 희미해졌어(faint)
⇨ **희미한**

1716 1 2 3 4 5 — 18. 경찰직 3차 / 16. 서울시 9급

vulnerable

[vʌ́lnərəbl]

형 상처받기 쉬운, 취약한

= susceptible, sensitive, liable

The law is there to protect the **vulnerable**.
법은 약자를 보호하기 위해 있는 것이다.

vulnerability 명 취약성

벌너러블 = 벌 + 너를
➡ 너를 벌주면 상처받을(vulnerable) 테니까
⇨ 상처받기 쉬운

1717 1 2 3 4 5 심화

debilitate

[dibílətèit]

동 쇠약하게 하다, 약화시키다

= weaken, erode, impair, undermine, dilute, attenuate

Prolonged strike action **debilitated** the company.
장기적인 파업으로 그 회사는 약화되었다.

debilitating 형 쇠약하게 하는
debility 명 쇠약

➡ 몸을 더(de) 비리비리(bili)하게 하다(ate)
⇨ 쇠약하게 하다

1718 1 2 3 4 5

wither

[wíðər]

동 ① (식물이) 시들다, 말라죽다
② (색·소리·용모가) 약해지다, 시들어가다

= ② fade, wane, languish

The flowers **wither**.
꽃은 시든다.

➡ 물(water)을 주지 않으면 꽃이 시들죠(wither)
⇨ 시들다

1719 1 2 3 4 5 심화

languish

[lǽŋgwiʃ]

동 ① 약해지다 ② 괴로워하다

cf. anguish (극심한 고통, 고뇌)

= ① fade, wane, wither

All the flowers **languished** from lack of water.
꽃들은 물이 없어서 모두 시들어 버렸다.

languishment 명 쇠약, 초췌

➡ 고통(anguish) 때문에 괴로워하다 몸이 약해지다(languish)
⇨ 약해지다, 괴로워하다

1720 1 2 3 4 5

dismal

[dízməl]

형 우울한, 울적하게 하는, 음산한

= somber, sullen, morose, dejected, despondent, doleful

The main part of the hospital is pretty **dismal**.
병원의 주요 부분은 꽤 음산하다.

dismally 부 음침하게, 우울하게

➡ 심슨쌤이 디스(dis)하는 말(mal)을 듣고 우울해졌다
⇨ 우울한

1721 1 2 3 4 5

lethargic

[ləθάːrdʒik]

lethargy 명 무기력

형 무기력한, 둔감한

That organization acts in a **lethargic** manner.
그 단체는 활동이 활발하지 않다.

➡ 이(le)씨는 이사직을 사직(thargic)하여 지금 무기력한(lethargic) 상태이다
⇨ 무기력한

1722 1 2 3 4 5 16. 국가직 7급

weary

[wíəri]

형 ① 피로한, 지친 ② 싫증난

I am **weary** out with his long talk.
그는 오래 이야기해서 나를 싫증 나게 한다.

위어리 = 왜 이리
➡ "사는 게 왜 이리 지치냐.."
⇨ 지친

1723 1 2 3 4 5

lax

[læks]

laxity 명 이완, 단정치 않음
laxation 명 방종, 완만

형 느슨한

The security is too **lax** to keep them safe.
경비가 너무 느슨해서 그들의 안전을 지키지 못한다.

➡ 휴식(relax)이란 긴장한 몸을 다시(re) 느슨하게(lax) 만드는 것이죠
⇨ 느슨한

1724 1 2 3 4 5 심화 13. 서울시 7급

exoteric

[èksətérik]

형 ① 대중적인, 개방적인 ② 외적인

mere **exoteric** teaching for the masses
대중을 위한 단순히 대중적인 가르침

엑소 + 에릭
➡ 대중적으로 잘 알려진 가수들
⇨ 대중적인

1725 1 2 3 4 5

glimpse

[glimps]

명 ① 잠깐[언뜻] 봄, 일별 ② 짧은 경험

I caught a **glimpse** of her.
나는 그녀를 힐끗 보았다.

글림스 = 끌림스
➡ 끌려서 잠깐 보다
⇨ 잠깐 봄

1726 1 2 3 4 5

gauge

[geidʒ]

동 판단하다, 측정하다

명 치수, 기준

= 동 evaluate, appraise

gaugeable 형 측정할 수 있는, 평가할 수 있는

gauge the distance
거리를 측정하다

➡ 분노게이지(gauge)를 측정하다
⇨ 측정하다

1727 1 2 3 4 5

remarkable

[rimάːrkəbəl]

형 놀라운, 주목할 만한

remark 명 발언, 말 동 언급하다
remarkability 명 현저성, 비범성

She was a truly **remarkable** woman.
그녀는 정말 놀라운 여성이었다.

remark + able
distinguish 형접

➡ 구분이 갈(remark) 수 있으니까
⇨ 놀라운, 주목할 만한

1728 1 2 3 4 5

tackle

[tǽkəl]

동 다루다 명 태클

tackle any role with ease
어떤 역할이라도 쉽게 소화해 내다

tack + le
stick 동·명접

➡ 어떤 주제에 달라붙으니까(tack)
⇨ 다루다

1729 1 2 3 4 5 20. 국회직 8급 / 16. 서울시 7급 / 13. 서울시 7급

hamper

[hǽmpər]

동 방해하다

= impede, interrupt, hinder, thwart, obstruct, disrupt

She was **hampered** by her long overcoat.
그녀는 긴 외투가 거치적거려서 걷기 힘들었다.

햄퍼

➡ 햄을 퍼먹으면 다이어트에 방해가 되죠
⇨ 방해하다

1730 1 2 3 4 5 심화

strand

[strænd]

동 좌초시키다, 오도 가도 못하게 하다

명 가닥

stranded 형 묶인, 좌초된

He is utterly **stranded** from lack of funds.
그는 자금난으로 궁지에 몰려 있다.

➡ 스탠딩 콘서트에 서(stand) 있는 많은 사람들 사이에서 오도 가도 못하다
⇨ 오도 가도 못하게 하다

1731 1 2 3 4 5

astray

[əstréi]

stray 동 벗어나다, 빗나가다 형 길 잃은

형 길을 잃은

부 길을 잘못 들어, 못된 길에 빠져

Those youngsters will lead you **astray**.
저 아이들은 너를 나쁜 길로 이끌 것이다.

어스트레이 = 어서 틀어야

➡ 길을 잘못 들었으니까(astray) 어서 방향을 틀어야 한다

⇨ 길을 잘못 들어

1732 1 2 3 4 5

scorn

[skɔːrn]

scornful 형 경멸하는

명 경멸 동 경멸하다, 비웃다

= 동 despise, contemn, disdain

reject the proposal with **scorn**
경멸스럽게 그 제안을 거절하다

➡ 순(s) 옥수수만(corn) 먹는다고 비웃다(scorn)

⇨ 경멸하다, 비웃다

1733 1 2 3 4 5 심화

mesmerize

[mézməràiz]

mesmerism 명 최면술, 매혹

동 매혹하다, 매혹시키다

= enamor, enchant, enthrall, bewitch, beguile

I was completely **mesmerized** by K-pop.
나는 K-pop에 완전히 매료되었다.

머스마

➡ 잘생긴 머스마(mesmer)들로 이루어진 아이돌 그룹이 대중들을 매혹하다(mesmerize)

⇨ 매혹하다

1734 1 2 3 4 5

shield

[ʃiːld]

동 보호하다 명 ① 방패 ② 보호물

= 동 shelter

He **shielded** her from the bitter cold.
그는 혹한으로부터 그녀를 보호했다.

➡ 조개껍질(shell)처럼 생긴 방패(shield)를 연상

⇨ 방패

1735 1 2 3 4 5

spectacular

[spektǽkjələr]

spectator 명 관중
spectacle 명 구경거리

형 장관을 이루는, 극적인

명 화려한 쇼

The festival ended with a **spectacular** laser show.
축제는 화려한 레이저쇼와 함께 폐막되었다.

spect(acul) + ar
sight 형·명접

➡ 광경(spect)을 보는 것이니까

⇨ 장관을 이루는

1736 1 2 3 4 5 20. 지방직 7급 / 17. 교행직 9급

spontaneous

[spantéiniəs]

spontaneously 부 자발적으로

형 자발적인, 자연발생적인

There is no **spontaneous** brain activity.
자발적인 뇌 활동이란 없다.

스폰테니어스 = 스폰 + 테니스

➡ 스폰서들이 테니스 선수를 지원하겠다고 자발적으로(spontaneous) 나서다
⇨ 자발적인

1737 1 2 3 4 5 심화

terrestrial

[təréstriəl]

extraterrestrial 형 지구 밖의, 외계의
subterrestrial 형 지하의

형 지구(상)의, 육지의

cf. maritime (바다의, 해양의)

Newton investigated **terrestrial** motion.
뉴턴은 지구의 움직임을 연구했다.

terr(e) + st + rial
land stand 형접

→ 땅(terr) 위에 서(st) 있는 거니까
⇨ 지구(상)의

1738 1 2 3 4 5 심화

vigilance

[vídʒələns]

vigil 명 밤샘, 철야
vigilant 형 경계하는, 주의 깊게 지키는

명 경계

= surveillance

He stressed the need for constant **vigilance**.
그는 끊임없는 경계의 필요성을 강조했다.

비절런스 = 삐질

➡ 더운 날씨에 땀을 삐질삐질 흘리며 경계(vigilance)를 서는 군인
⇨ 경계

1739 1 2 3 4 5

virtue

[və́ːrtʃuː]

virtuous 형 도덕적인
by virtue of 전 ~덕분에

명 ① 덕, 미덕 ② 장점 ③ 순결

cf. virtual (사실상의, 가상의), virtuality (실질, 실제, 본질)

Our main **virtue** is respect for others.
우리의 중요한 미덕은 타인에 대한 존중이다.

버츄 = 노바디버츄

➡ 원더걸스의 노바디버츄 춤을 출 수 있는 장점이 있다
⇨ 장점

1740 1 2 3 4 5

radiate

[réidièit]

radiation 명 방사, 방열

동 ① (빛·열을) 발하다, 방사하다
② (사방으로) 퍼지다

Streets **radiate** from the city in every direction.
도로가 시에서 사방팔방으로 퍼져 있다.

radi + ate
ray 동접

→ 빛이나(radi) 열을 만드니까
⇨ 발하다

1741 1 2 3 4 5 19. 서울시 7급 추가채용 / 15. 서울시 9급

spur
[spəːr]

명 ① 박차 ② 자극
동 ① 박차를 가하다 ② 자극하다, 격려하다

= 동 ① hasten, facilitate, accelerate, expedite, precipitate

cf. spurt (분출하다, 분출)

This book **spurs** imagination.
이 책은 상상력에 자극이 된다.

스퍼 = 스퍼트

➡ 스포츠에서 마지막 박차(spur)를 가하는 것을 막판 스퍼트(spurt)라고 하죠
⇨ 박차

1742 1 2 3 4 5 15. 교행직 9급

trigger
[trígər]

명 ① 방아쇠 ② 계기, 발단
동 ① 방아쇠를 당기다 ② 촉발시키다, 유발하다

This incident **triggered** a major conflict.
이 사건은 주요한 갈등을 유발했다.

➡ 호랑이(tiger)를 보면 방아쇠(trigger)를 당겨야죠
⇨ 방아쇠, 촉발시키다

1743 1 2 3 4 5

blast
[blæst]

동 폭파하다
명 ① 폭발 ② 돌풍, 폭풍

= 동 explode, erupt, detonate

Several were wounded in the **blast**.
이번 폭발로 여러 명이 부상당했다.

블라스트 = 불났었다

➡ 지난번 폭발(blast)로 불났었다
⇨ 폭발

1744 1 2 3 4 5 15. 교행직 9급

catalyst
[kǽtəlist]

명 ① 기폭제, 촉매 ② 자극, 장려

= ② incentive, impetus

His sad expression served as a **catalyst** to her anger.
그의 슬픈 표정이 그녀의 화에 기폭제가 되었다.

catalyze 동 (화학 반응을) 촉진시키다

캐털리스트 = 까탈

➡ 까탈스러운 사람이 일을 철저하게 해서 매출에 큰 기폭제가 되니까
⇨ 기폭제

1745 1 2 3 4 5 08. 지방직 7급

stagnant
[stǽgnənt]

형 고여 있는, 침체해 있는

There is a **stagnant** pool at the bottom of the park.
공원 아래쪽에 물이 고여 있는 웅덩이가 있다.

stagnation 명 경기 침체
stagnate 동 침체하다, 고이다

➡ stagnation(경기 침체)은 경제가 stagnant(침체해 있는, 고여 있는)한 상황이니까
⇨ 고여 있는, 침체해 있는

1746 1 2 3 4 5 15. 경찰직 1차 / 11. 국가직 7급

stubborn

[stʌ́bərn]

stubbornly 부 완고[완강]하게
stubbornness 명 완고, 완강

형 고집 센, 완고한

= obstinate, obdurate

I don't know why he's so **stubborn** about it.
그 사람이 그 일에 왜 그렇게 고집을 부리는지 모르겠어.

스터번 = 스타 + born
➡ 스타로 태어나야(born)한다고 고집 부리는 부모
⇨ 고집 센, 완고한

1747 1 2 3 4 5 19. 기상직 9급

elastic

[ilǽstik]

elasticity 명 탄성, 탄력성

형 탄력 있는, 유연한

= supple, pliable, malleable, resilient

The word is so **elastic** that it means nothing.
그것은 대단히 융통성 있는 말로 결국 무슨 뜻인지 몰라진다.

➡ 장난감 공은 대개 탄력 있는(elastic) 플라스틱(plastic) 재질이다
⇨ 탄력 있는

1748 1 2 3 4 5 16. 기상직 7급

capricious

[kəpríʃəs]

caprice 명 변덕

형 변덕스러운

= fickle, volatile, mercurial, erratic, whimsical

The weather has been **capricious** recently.
최근의 날씨는 변덕스러웠다.

카프리셔스 = 카프리썬
➡ 카프리썬 맛을 고르는 데 이랬다저랬다 하니까
⇨ 변덕스러운

1749 1 2 3 4 5 19. 경찰직 1차

volatile

[vɑ́lətil]

형 휘발성의, 변덕스러운

= fickle, mercurial, erratic, capricious, whimsical

The stock market's really **volatile** these days.
요즘은 주식시장이 아주 불안정하다.

볼라틸 = 보일러 틀
➡ 방금 전까지만 해도 덥다고 했으면서 갑자기 보일러 틀자고 하는
⇨ 변덕스러운

1750 1 2 3 4 5

whimsical

[hwímzikəl]

whim 명 일시적 기분, 변덕
whimsically 부 변덕스럽게, 즉흥적으로

형 ① 변덕스러운 ② 엉뚱한, 기발한

= ① fickle, volatile, mercurial, erratic, capricious

whimsical views
변덕스러운 의견

휨시컬 = 힘 + 식칼
➡ 힘을 쓰거나 식칼을 들고 변덕스럽게 동네 식당을 찾는 건달들
⇨ 변덕스러운

DAY 36

1751 1 2 3 4 5 심화

atrocious

[ətróuʃəs]

형 극악무도한, 끔찍한

= abominable, loathsome, odious, hideous, repugnant, repulsive

commit **atrocious** acts of violence
극악무도한 폭력 행위를 저지르다

atrocity 명 잔혹 행위

어트로우셔스 = 엇! 드러우셔

➡ 엇! 성격이 정말 드러우시네
⇨ 극악무도한

1752 1 2 3 4 5 14, 기상직 9급

flagrant

[fléigrənt]

형 ① 극악무도한, 악명 높은
② 노골적인, 명백한

a most **flagrant** violation of medical ethics
의사도덕의 가장 심한 위법

플래이그런트 = 풀라 그래

➡ 추운 겨울 입고 있던 옷을 다 풀라고 하는 극악무도한(flagrant) 군대 문화
⇨ 극악무도한

1753 1 2 3 4 5 심화

heinous

[héinəs]

형 극악무도한, 악랄한

The UK has committed an **heinous** barbarism.
영국은 극악무도한 만행을 저지르고 말았다.

해이너스 = 해 + in + 넣었으

➡ 상대방에게 해를 넣을 만큼 극악무도한(heinous)
⇨ 극악무도한

1754 1 2 3 4 5 심화

nefarious

[niféəriəs]

형 극악무도한, 사악한, 범죄의, 비도덕적인

= malevolent, malicious, spiteful, vicious, sinister

a **nefarious** scheme
사악한 계획

nefariousness 명 극악무도함

ne (not) + **fari** (right) + **ous** (형접)

➡ 옳은(fari) 게 아닌(ne) 거니까
⇨ 극악무도한, 범죄의

니페리어스 = 니 패리

➡ "니를 패리" 하고 사람을 때리는 극악무도한(nefarious) 범죄
⇨ 극악무도한, 범죄의

1755 1 2 3 4 5

sinister

[sinistər]

형 ① 사악한, 해로운 ② 불길한

= ① malevolent, malicious, spiteful, vicious, nefarious

These incidents began to take on a more **sinister** aspect.
이 사건들이 더 불길한 양상을 띠기 시작했다.

➡ 죄(sin)를 짓는 사람(ster)은 사악하고 불길하니까
⇨ 사악한, 불길한

1756 1 2 3 4 5 17. 법원직 9급

vicious

[víʃəs]

형 사악한, 잔인한, 악의의

= malevolent, malicious, spiteful, sinister, nefarious

Wolves are not naturally cruel or **vicious**.
늑대는 선천적으로 잔인하거나 악의적이지 않다.

vice 명 악, 악행, 범죄
vicious cycle 명 악순환

비시어스 = 빚이 있으
➡ "너 나한테 진 빚이 있으"라고 말하는 잔인한(vicious) 사채업자를 연상
⇨ 잔인한, 악의의

1757 1 2 3 4 5

relentless

[riléntlis]

형 ① 잔인한, 가차 없는 ② 수그러들지 않는

= ① harsh, brutal, unrelenting, ruthless, inexorable

The minister's voice was a **relentless** drone.
그 목사의 목소리가 끝이 없이 웅웅거렸다.

relent 통 누그러지다, 수그러들다

➡ 친구가 제때 돈을 갚지 않자 다시(re)는 빌려주지(lent) 않는(less)
⇨ 가차 없는

1758 1 2 3 4 5 심화

virulent

[vírjulənt]

형 ① 악성의, 치명적인 ② 신랄한, 증오에 찬

= ① deleterious, detrimental, lethal, pernicious, nocuous, noxious, baneful

a **virulent** infection
악성 전염병

virulence 명 ① 독성 ② 악의, 증오

viru + lent
virus 형접
➡ 바이러스(viru)의 성질(lent)이니까
⇨ 악성의

비럴런트 = 빌어먹을
➡ 너무 맹렬하고 치명적이어서 빌어먹을
⇨ 치명적인, 신랄한

1759 1 2 3 4 5 심화 18. 서울시 9급 추가채용

deleterious

[dèlitíəriəs]

형 유해한

= detrimental, lethal, pernicious, nocuous, noxious, baneful, virulent

Mercury has **deleterious** effects on the human body.
수은은 인체에 해로운 영향을 끼친다.

➡ 지워야(delete)는 것들은 대개 유해하니까(deleterious)
⇨ 유해한

1760 1 2 3 4 5 심화

poignant

[pɔ́injənt]

형 정곡을 찌르는, 신랄한, 통렬한

= acrid, trenchant

a moving, subtle and **poignant** story
감동적이고, 신비로우며 정곡을 찌르는 이야기

poignancy 명 날카로움, 매서움

➡ 뾰족한(point) 말로 정곡을 찌르니까(poignant)
⇨ 신랄한, 통렬한

1761 1 2 3 4 5 심화

trenchant
[trénʧənt]

형 정곡을 찌르는, 강력한, 신랄한

= poignant, acrid

Some of their comments were **trenchant**.
비평 중에는 신랄한 것도 있었다.

➡ 노래방에서 트랜드(trend)에 맞는 노래(chant)를 잘 부르면 강력한(trenchant) 인상을 줄 수 있다
⇨ 강력한, 신랄한

1762 1 2 3 4 5 심화

vehement
[víːəmənt]

형 ① 격렬한, 맹렬한 ② 열정적인

= ① forceful ② enthusiastic, passionate, ardent, exuberant, fervent

Opposition to the policy is **vehement**.
그 정책에 대한 반대는 격렬하다.

vehemence 명 격렬함, 맹렬함

비어먼트 = beer만

➡ 맥주(beer)만 먹겠다고 말하는 열정적인(vehement) 맥주 애호가
⇨ 열정적인

1763 1 2 3 4 5 18. 기상직 9급 / 13. 국가직 7급

exalt
[igzɔ́ːlt]

동 ① 승격시키다, 높이다 ② 칭찬하다

= ② acclaim, praise, commend, compliment, extol, laud, applaud

cf. exult (크게 기뻐하다, 의기양양하다)

The poem was written to **exalt** the country.
그 시는 그 나라를 칭송하기 위해 쓰였다.

exalted 형 높은, 고귀한
exaltation 명 높임, 칭찬

ex + alt
out high

→ 세상 밖으로(ex) 이름과 명성을 높이다(alt)
⇨ 승격시키다

1764 1 2 3 4 5 심화

recuperate
[rikjúːpərèit]

동 회복시키다, 만회하다

recuperate some of his losses
그의 손실의 일부를 만회하다

recuperation 명 회복, 만회
recuperative 형 회복을 돕는

re + cuper + ate
back take 동접

→ 건강을 다시(re) 찾게(cuper) 만들다(ate)
⇨ 회복시키다

➡ 요구르트 쿠퍼(cuper)스를 먹고(ate) 장 건강을 다시(re) 회복하다
⇨ 회복시키다, 만회하다

1765 1 2 3 4 5 19. 법원직 9급

surge
[səːrdʒ]

동 ① 밀어닥치다, 쇄도하다 ② 급등하다
명 ① 큰 파도 ② 쇄도 ③ 급등

= 동 ② jump, soar, skyrocket

Flood water **surged** into their houses.
범람한 물이 그들의 집 안으로 밀려들어 왔다.

resurge 동 재기하다, 부활하다
resurgence 명 재기, 부활

surg + e
rise 동·명접

→ 아래에서 위로 솟아오르니까(surg)
⇨ 급등하다

써지 = 솟지

➡ 주가가 급등하며(surge) 하늘 위로 치솟지
⇨ 급등하다

1766 1 2 3 4 5 심화

exponential

[èkspounénʃəl]

exponentially 부 기하급수적으로

형 기하급수적인, 급격한

increase at an **exponential** rate
기하급수적으로 증가하다

➡ 동네에 엑스포(expo)가 열리면 방문자가 기하급수적으로 늘죠
⇨ 기하급수적인

1767 1 2 3 4 5

contrive

[kəntráiv]

contrived 형 꾸며낸, 인위적인

동 ① 고안하다, 발명하다 ② (나쁜 일을) 꾸미다

= ① conceive, devise

He **contrived** a new kind of engine.
그는 새로운 종류의 엔진을 고안해냈다.

➡ 함께(con) 노력해서(try) 생각해 내다
⇨ 고안하다

1768 1 2 3 4 5 15. 경찰직 3차

forge

[fɔːrdʒ]

forgery 명 위조

동 ① 만들다, 구축하다 ② 위조하다

= ② falsify, counterfeit, fabricate

Battling mountains helps **forge** your character.
산악 지역을 헤쳐나가는 일은 당신의 인격 수양에 도움이 된다.

폴쥐 = 4G

➡ 우리나라가 4G망을 구축할(forge) 것이다
⇨ 만들다, 구축하다

1769 1 2 3 4 5 18. 서울시 7급 추가채용

refurbish

[riːfə́ːrbiʃ]

refurbished 형 혁신된, 일신된
refurbishment 명 일신, 쇄신

동 새로 꾸미다, 재단장하다

We have to **refurbish** our company image.
우리는 회사의 이미지를 쇄신해야 한다.

➡ 다시(re) 털(fur)을 빗어서(bish) 새로 꾸몄다.
⇨ 새로 꾸미다

1770 1 2 3 4 5 심화 17. 국회직 8급

irascible

[irǽsəbl]

ire 명 분노

형 화를 잘 내는

She gets easily **irascible** about petty things.
그녀는 사소한 일로 쉽게 화를 잘 낸다.

이래서블 = 일해시벌

➡ "일해 시발!"하며 화를 내는 악덕 사장

➡ 성질이 일라(ira)기(일어나기) 쉬운(ible)
⇨ 화를 잘 내는

1771 1 2 3 4 5 17. 국회직 9급

intractable

[intrǽktəbəl]

형 아주 다루기 힘든

= unruly, arbitrary, refractory, recalcitrant

Every study shows that to be true and **intractable**.
모든 연구는 그것이 사실이고 다루기 힘들다는 것을 보여준다.

in + **tract** + **able**
not draw 형접

→ 소를 우리 안으로 끌고 들어올(tract) 수 없으니까(in)
⇨ 아주 다루기 힘든

1772 1 2 3 4 5 심화

haphazard

[hæphǽzərd]

형 무계획적인, 되는 대로의

The monster devoured everything in a **haphazard** way.
괴물은 닥치는 대로 모든 걸 먹어치웠다.

hap + **hazard**
chance risk

→ 기회를(hap) 위험하게(hazard)하니까
⇨ 무계획적인, 되는 대로의
➡ 위험(hazard)은 항상 우연히(haphazard) 일어난다(happen)
⇨ 무계획적인

1773 1 2 3 4 5

fickle

[fikəl]

형 변덕스러운, 변화가 심한

= volatile, mercurial, erratic, capricious, whimsical

The weather has been **fickle** lately.
날씨가 요즘 변덕을 부리고 있다.

fickleness 명 변덕

피컬 = **피클**

➡ 피자에 피클(pickle)을 곁들여 먹는 사람이 있고 안 먹는 사람도 있으니
⇨ 변덕스러운

1774 1 2 3 4 5 17. 경찰직 1차

malleable

[mǽliəbəl]

형 ① 펴 늘일 수 있는, 유연한
② 영향을 잘 받는, 융통성 있는

= ① supple, pliable, elastic, resilient

Reality is both subjective and **malleable**.
현실은 주관적인 동시에 영향을 받기 쉽다.

malleability 명 유연성

malle + **able**
hammer 형접

→ 망치(malle)로 두드려서 펴는 것이니까
⇨ 펴 늘일 수 있는

1775 1 2 3 4 5 심화

supple

[sʌ́pəl]

형 유연한, 탄력있는

= pliable, malleable, elastic, resilient

These cosmetics help to keep your skin **supple**.
이 화장품은 피부를 탄력 있게 유지하는 데 도움을 준다.

suppleness 명 유연함, 탄력

서플 = **셔플**

➡ 셔플 댄스를 추려면 유연해야(supple) 하니까
⇨ 유연한, 탄력있는

1776 1 2 3 4 5

tacit
[tǽsit]

형 암묵적인, 무언의

= implicit

I took his silence to be a **tacit** consent.
나는 그의 침묵을 무언의 승낙으로 받아들였다.

태싯 = **택시**

➡ 손을 들고 기다리는 것은 택시를 타겠다는 무언의(tacit) 표시이죠
⇨ 암묵적인, 무언의

1777 1 2 3 4 5 16. 서울시 7급

taciturn
[tǽsətə:rn]

형 말수가 적은

= reticent, laconic

A **taciturn** male companion stood next to her.
과묵한 남자 동료가 그녀 옆에 서 있었다.

taciturnity 명 말 없음, 과묵

태시턴 = **택시 턴**

➡ 자초지종 설명도 없이 기사한테 "택시 턴(turn)"이라고 말하는 말 없는(taciturn) 사람을 연상
⇨ 말수가 적은

1778 1 2 3 4 5 20. 국회직 8급

reticent
[rétəsənt]

형 ① 말이 없는 ② 삼가는, 조심하는

= ① taciturn, laconic

He was extremely **reticent** about his personal life.
그는 자기 개인적인 생활에 대해 심할 정도로 말을 잘 안 했다.

reticently 부 말없이, 과묵하게

레티선트 = **레드썬!**

➡ 레드썬!을 외치면 의식이 사라지고 말이 없어지니까(reticent)
⇨ 말이 없는

1779 1 2 3 4 5 18. 서울시 7급 추가채용

laconic
[ləkάnik]

형 ① 말수가 적은 ② 간결한

= ② concise, succinct, terse

Shimson was **laconic** in those days.
심슨은 그 시절에 말수가 적은 편이었다.

라코닉 = **꼬냑**

➡ 꼬냑(Cognac)을 먹어서 취하더니 말이 없어진(laconic)
⇨ 말수가 적은

1780 1 2 3 4 5 19. 국회직 9급

terse
[tə:rs]

형 간결한

= concise, succinct, laconic

Now he is seen as a **terse**, disciplined novelist.
이제 그는 간결하고 절제된 소설가로 보여진다.

terseness 명 간결함

털스 = **털어서**

➡ 거추장스러운 것들을 모두 털어내서 간결해진(terse)
⇨ 간결한

1781 1 2 3 4 5 16. 서울시 9급 / 16. 법원직 9급

dormant

[dɔ́:rmənt]

형 잠자는, 잠재하는

= potential, latent

Volcanoes can be active, **dormant** or extinct.
화산은 활화산, 휴화산 또는 사화산일 수 있다.

dormancy 명 휴면

➡ 기숙사(dormitory)는 잠자는(dormant) 곳
⇨ **잠자는**

1782 1 2 3 4 5 18. 서울시 9급 / 16. 서울시 9급

nocturnal

[nɑktə́:rnl]

형 밤에 활동하는, 야행성의

cf. diurnal (주행성의)

Nocturnal animals hunt by night.
야행성 동물은 밤에 사냥을 한다.

nocturne 명 야상곡, 녹턴

낙터널 = **놀토날**

➡ 놀토날에는 밤늦게까지 활동하니까(nocturnal)
⇨ **밤에 활동하는, 야행성의**

1783 1 2 3 4 5 09. 국가직 7급

scanty

[skǽnti]

형 부족한, 빈약한

= meager

She is **scanty** of words.
그녀는 말수가 적다.

스캔티 = **스키에 + 티**

➡ 스키 탈 때 티만 입는 건 부족하다(scanty)
⇨ **부족한**

1784 1 2 3 4 5

dearth

[də:rθ]

명 부족, 결핍

= scarcity, paucity

a **dearth** of reliable information
믿을 만한 정보의 부족

➡ 식량 부족(dearth)으로 인한 사람들의 죽음(death)
⇨ **부족, 결핍**

1785 1 2 3 4 5 16. 서울시 9급

paucity

[pɔ́:səti]

명 ① 부족, 결핍 ② 소량

= ① dearth, scarcity

There is a **paucity** of study with adolescents.
청소년들에 대한 연구가 많이 부족하다.

퍼써티 = **퍼 썼지**

➡ 어제 돈을 아주 퍼 썼지, 그래서 지금 돈이 없지
⇨ **부족, 결핍**

1786 ① ② ③ ④ ⑤ 심화

brisk
[brisk]

형 활달한, 활기 있는

The weather is **brisk** today.
오늘 날씨는 활기차다.

➡ 모험(risk)을 즐기는 활달한(brisk) 성격
⇨ 활달한

1787 ① ② ③ ④ ⑤ 심화 15. 서울시 9급

galvanize
[gǽlvənàiz]

동 활기를 돋우다, 자극해서 -를 하게 하다

= stimulate, invigorate, enliven, exhilarate, rejuvenate

They **galvanized** the American public.
그들은 미국 대중에게 활력을 불어넣었다.

➡ 숙취가 있었는데 갈배(갈아만든 배)를 마시고 활기가 돋았다
⇨ 활기를 돋우다

1788 ① ② ③ ④ ⑤ 18. 경찰직 2차

juvenile
[dʒúːvənl]

형 ① 청소년의 ② 젊은 ③ 유치한

juvenile crimes
청소년 범죄

juven + ile
young 형접

→ 어리니까(juven)
⇨ 청소년의

주버나일 = 주변 일

➡ 주변 일에 관심이 없는 청소년
⇨ 청소년의

1789 ① ② ③ ④ ⑤ 심화 16. 국회직 9급

rejuvenate
[ridʒúːvənèit]

rejuvenation 명 회춘, 원기 회복
rejuvenative 형 회춘시키는, 활기띠게 하는

동 활기를 되찾게 하다

= stimulate, invigorate, enliven, exhilarate, galvanize

Young blood helps **rejuvenate** old cells.
젊은 피가 노쇠한 세포의 회춘을 돕는다.

re + juven + ate
again young 동접

→ 다시(re) 젊게(juven) 만드는 것이니까
⇨ 활기를 되찾게 하다

1790 ① ② ③ ④ ⑤ 심화 09. 지방직 7급 / 09. 국가직 7급

jubilant
[dʒúːbələnt]

jubilance 명 환희

형 의기양양한, 기쁜

There was nothing there to make anyone **jubilant**.
거기에는 사람을 기쁘게 만들 수 있는 것이 없었다.

주벌런트 = 추블리 + 안타

➡ 추신수가 안타치고 의기양양해 하다
⇨ 의기양양한, 기쁜

1791 1 2 3 4 5 16. 지방직 9급

affirmative

[əfə́ːrmətiv]

형 긍정적인, 단정적인

= upbeat, sanguine

give an **affirmative** answer to them
그들에게 긍정적인 대답을 주다

affirm 동 단언하다
affirmation 명 긍정

> **af** + **firm(a)** + **tive**
> to strong 형접
> → -에게(af) 강하게(firma)하게 대하는 것이니까
> ⇨ 단정적인

1792 1 2 3 4 5 심화 18. 경찰직 1차

sanguine

[sǽŋgwin]

형 낙관적인, 자신감이 넘치는

= upbeat, affirmative

beyond our most **sanguine** expectations
우리의 가장 낙관적인 기대 이상으로

sanguinary 형 피가 동반된

> **생귄** = **생긴**
> ➡ 너 남자친구 곧 생긴대!
> ⇨ 낙관적인
> ➡ 잘생긴 배우는 자신감이 넘치니까 (sanguine)
> ⇨ 자신감이 넘치는

1793 1 2 3 4 5 14. 사회복지직 9급

fervent

[fə́ːrvənt]

형 열렬한, 열광적인

= enthusiastic, passionate, ardent, exuberant, vehement

cf. fever (열, 흥분)

He has a **fervent** desire to win.
그는 승리에 대한 열망이 있다.

fervor 명 열정, 열광
fervently 부 열렬하게, 강렬하게
fervency 명 열성, 열정

> ➡ 열정(fervor)이 가득하니까
> ⇨ 열렬한, 열광적인
> ➡ 엄청 열(fever)을 내고 흥분하니까
> ⇨ 열렬한, 열광적인

1794 1 2 3 4 5 14. 서울시 7급

exuberant

[igzúːbərənt]

형 ① 열광적인 ② 풍부한

= ② ample, abundant, copious, affluent, luxuriant, replete, profuse

The new employees have **exuberant** attitudes.
신입사원들은 열정적인 태도를 보인다.

exuberance 명 풍부

> ➡ 해외(ex)의 많은 사람들이 우버(uber) 택시에 열광하고 있으니까
> ⇨ 열광적인

1795 1 2 3 4 5 심화

zealot

[zélət]

명 열광자

= devotee, adherent, fanatic

I am a religious man, but not a **zealot**.
나는 종교인이지만, 광신자는 아니다.

zeal 명 열정, 열의

> **젤럿** = **질러**
> ➡ "다 함께 소리 질러!"라고 외치자 열광하는 사람들
> ⇨ 열광자

1796 1 2 3 4 5 14. 서울시 7급

allay

[əléi]

동 가라앉히다, 경감시키다

= ease, relieve, alleviate, appease, assuage, mollify, mitigate, pacify, placate, conciliate, soothe

cf. ally (연합하다), alloy (합금하다), alley (골목)

allay public concern about the disease
질병에 대한 일반 시민들의 우려를 진정시키다

➡ 고통을 다(all) 눕히니까(lay)
⇨ 가라앉히다, 경감시키다

1797 1 2 3 4 5

mollify

[mɑ́ləfài]

동 누그러지게 하다, 진정시키다

= ease, relieve, alleviate, appease, assuage, allay, mitigate, pacify, placate, conciliate, soothe

mollifying 형 진정시키는
mollification 명 달래기, 완화

You won't be able to **mollify** her with money.
당신은 그녀를 돈으로 달랠 수는 없을 것이다.

moll + ify
soft 동접

→ 부드럽게(moll) 하는 거니까
⇨ 누그러지게 하다, 진정시키다
➡ 환자의 고통을 모르(molli)핀으로 모르(molli)게 하니까
⇨ 누그러지게 하다, 진정시키다

1798 1 2 3 4 5 심화

chuckle

[tʃʌ́kl]

동 낄낄 웃다 명 낄낄 웃음

cf. giggle (키득키득 웃다), sneer (비웃다), grin (씽긋 웃다), guffaw (시끄럽게 웃다)

Ben shook his head and **chuckled**.
Ben은 고개를 가로저으며 낄낄 웃었다.

처클 = 조크를

➡ 조크를 던지니 사람들이 낄낄 웃었다(chuckle)
⇨ 낄낄 웃다

1799 1 2 3 4 5 심화

euphoria

[juːfɔ́ːriə]

명 행복감, 쾌감

euphoric 형 행복한, 큰 기쁨의

He's in some sort of state of **euphoria**.
그는 행복한 상태이다.

유포리어 = 유포

➡ 연예인 스캔들을 유포하면서 쾌감을(euphoria) 느끼는 사람들이 있죠
⇨ 쾌감, 행복감

1800 1 2 3 4 5

philanthropist

[filǽnθrəpist]

명 자선가, 박애주의자

= benefactor

cf. misanthropic (사람을 싫어하는, 염세적인)

a respected **philanthropist**
존경 받는 자선가

phil + anthrop + ist
love human 명접

→ 사람을(anthrop) 사랑하니까(phil)
⇨ 자선가, 박애주의자

1801 1 2 3 4 5

arid

[ǽrid]

형 ① 마른, 불모의 ② 무미건조한, 재미없는

= ① barren, sterile, desolate

This plant grows well in **arid** regions.
이 식물은 건조한 지역에서 잘 자란다.

aridity 명 ① 건조, 불모 ② 무미건조

애리드 = 어리다

➡ 메마른(arid) 사막의 식물은 잘 안 자라서 어리다
⇨ 마른, 불모의
➡ 땅이 마르면 식물이 제거되어(rid) 하나도 없다(a)
⇨ 마른, 불모의

1802 1 2 3 4 5 19. 국회직 9급

banal

[bənǽl]

형 진부한

= monotonous, tedious, humdrum

ask them **banal** questions
그들에게 진부한 질문을 하다

banality 명 따분함

버날 = 뻔한

➡ 안 들어도 뻔한
⇨ 진부한

1803 1 2 3 4 5

humdrum

[hʌ́mdrʌ̀m]

형 지루한

= monotonous, tedious, banal

The wording of the clause is rather **humdrum**.
그 조항의 문구는 다소 지루하다.

험드럼 = 힘드러

➡ 지루한 강의를 듣는 건 정말 힘드러
⇨ 지루한

1804 1 2 3 4 5

tenuous

[ténjuəs]

형 ① 얇고 가는, 미약한 ② 시시한, 보잘것없는

= ① weak, fragile, frail, feeble, flimsy, brittle, infirm, delicate

cf. attenuate (가늘어지다, 약화시키다)

There's a **tenuous** difference between the two.
둘 사이에 미세한 차이점이 있습니다.

tenu (thin) + ous (형접)

→ 너무 가늘어서(tenu)
⇨ 얇고 가는, 보잘것없는

1805 1 2 3 4 5 심화

stale

[steil]

형 신선하지 않은, 퀴퀴한, 진부한

The air in the office is really **stale** and stuffy.
사무실 공기가 너무 퀴퀴하고 답답하다.

sta (stand) + le (형접)

→ 오랫동안 움직이지 않고 서있으니까(sta)
⇨ 신선하지 않은, 진부한

1806 1 2 3 4 5 심화

nonchalant

[nὰnʃəlάːnt]

nonchalance 명 냉담, 태연
nonchalantly 부 무심하게, 무관심하게

형 태연한, 무관심한

He was **nonchalant** about losing his job.
그는 실직하는 것에 대해 태연했다.

➡ 마음이 안(non) 설렌(chalant)다면
⇨ 무관심한

1807 1 2 3 4 5

inertia

[inə́ːrʃə]

inert 형 기력이 없는

명 ① 관성, 타성 ② 활발하지 못함

Inertia is a type of force.
관성은 일종의 물리력이다.

이너샤 = inner + 쉬어

➡ 집 안(inner)에서 계속 쉬어 버려서 관성에 빠져 버렸다
⇨ 관성, 타성

1808 1 2 3 4 5 심화 17. 국회직 8급

sullen

[sʌ́lən]

sullenly 부 시무룩하게, 뚱하게
sullenness 명 시무룩함, 뚱함

형 ① 뚱한, 시무룩한 ② (날씨가) 음침한

= ① somber, dismal, morose, dejected, despondent, doleful

Yumin looked pale and **sullen**.
유민이는 창백하고 시무룩해 보였다.

설런 = 서른 / 서러운

➡ 내 나이 벌써 서른이라 서러운
⇨ 뚱한, 시무룩한

1809 1 2 3 4 5 22. 서울시 9급 추가채용 / 18. 국회직 8급

sluggish

[slʌ́giʃ]

형 느린, 둔한

= tardy

The players became **sluggish** from fatigue.
선수들은 피로로 인해 둔해졌다.

슬러기쉬 = slow + 귀신

➡ 귀신이 느릿느릿 움직이는
⇨ 느린, 둔한

1810 1 2 3 4 5

tardy

[tάːrdi]

형 느린, 지체된

= sluggish

cf. retard (지체시키다, 방해하다)

The law is often **tardy** in reacting to changing circumstances.
법률은 흔히 변화하는 상황에 반응을 보이는 데 더디다.

➡ 늦었으니 태워줄게 타(tar) 뒤(dy)에!
⇨ 느린, 지체된

1811 1 2 3 4 5 심화 17, 국회직 8급

recapitulate

[riːkəpítʃulèit]

동 요약하다

= condense, abridge, abbreviate, encapsulate

recapitulate the essential points
핵심사항을 요약하다

recapitulation 명 요약, 개요

re + capitul + ate
again chapter 동접

→ 중요한 부분을(capitul) 다시(re) 집어주는 거니까
⇨ 요약하다

➡ 심슨샘이 대문자(capital)만 따와서 중요 개념을 다시(re) 정리해주니까
⇨ 요약하다

1812 1 2 3 4 5 15, 기상직 9급

precis

[preisiː]

명 요약, 개략

= abstract, compression, recapitulation

the **precis** of a scientific report
과학 보고서의 요약

pre + cis
forth cut

→ 중요한 것만 잘라서(cis) 앞으로(pre) 두는 것
⇨ 요약

프레이시 = 프레지

➡ 업무나 수업 때 요약하여 발표하기 위해 PPT를 많이들 쓰지만, 요즘은 프레지(prezi)도 많이 쓰죠
⇨ 요약

1813 1 2 3 4 5 심화

gist

[dʒist]

명 요지, 요점

I'm afraid you don't quite follow my **gist**.
나는 당신이 내 요점을 제대로 이해하지 못할까 봐 두렵다.

➡ 시험 직전에는 요점(gist)만 간결하게 목록(list)으로 정리해서 외우니까
⇨ 요점

1814 1 2 3 4 5

orthodox

[ɔ́ːrθədɑ̀ks]

형 정통의, 전통적인

= traditional, conventional

orthodox methods
전통적인 방법들

orthodoxy 명 정설

오르독스 = 오래 됐으

➡ 오래돼서 전통적인
⇨ 전통의, 전통적인

1815 1 2 3 4 5 18, 서울시 9급 추가채용 / 17, 국가직 9급 추가채용

quintessential

[kwintisénʃəl]

형 ① 정수의, 본질적인 ② 전형적인

He was the **quintessential** tough guy.
그는 전형적인 터프가이였다.

quint + esse(nt) + ial
five to be 형접

→ 본질적인 4원소 외에 존재하는(esse) 5번째(quint) 원소 에테르
⇨ 본질적인

➡ 퀸(quint)의 음악은 rock의 정수이므로 꼭(essential) 들어야한다
⇨ 정수의

1816 1 2 3 4 5 심화

perforate

[pə́ːrfərèit]

perforation 명 구멍
perforated 형 구멍이 난
perforative 형 관통하는

동 뚫다, 관통하다

= penetrate

The activated protein **perforates** the lining of the gut.
활성화된 단백질은 장의 내벽을 관통한다.

퍼포레이트 = 폭포

➡ 폭포(perfor)는 강한 힘으로 뚫고 나가죠
⇨ 뚫다, 관통하다

1817 1 2 3 4 5

omniscient

[amníʃənt]

형 전지의, 모든 것을 다 아는

= omnipotent

This novel has an **omniscient** narrator.
이 소설은 전지적 화자 시점에서 쓰였다.

omni + sci + ent
all know 형접

→ 모든(omni) 것을 아는(sci)
⇨ 전지의

1818 1 2 3 4 5 심화

clairvoyant

[klɛərvɔ́iənt]

형 천리안을 가진, 통찰력이 있는

What is your source for this **clairvoyant** reporting?
이 통찰력 있는 보도의 자료 출처가 무엇입니까?

clair + voy + ant
clear see 형접

→ 멀리까지 명확하게(clair) 보이(voy)는
⇨ 천리안을 가진, 통찰력을 가진

1819 1 2 3 4 5 심화 15. 국회직 8급

panacea

[pæ̀nəsíːə]

명 만병통치약, 해결책

Money is not a **panacea** for your life.
돈이 당신의 삶의 만병통치약은 아니다.

pan + acea
all cure

→ 모든(pan) 병을 고치니까(acea)
⇨ 만병통치약, 구제책

1820 1 2 3 4 5

savvy

[sǽvi]

명 지식, 요령 형 요령이 있는

demonstrate considerable political **savvy**
상당한 정치적 수완을 보이다

쌔비 = 쌔비다

➡ 그녀의 마음을 잘 쌔비는 요령을 알려줄게!
⇨ 지식, 요령

1821 1 2 3 4 5

tamper

[tǽmpər]

동 ① 간섭하다 ② 함부로 변경하다, 위조하다

= ① intervene, meddle

cf. hamper (방해하다)

We **tampered** with the monopoly at our peril.
우리는 위험을 무릅쓰고 독점권에 간섭했다.

tamper-proof 형 쉽게 변경할 수 없는

탬퍼 = 탬포

➡ 음악 선생님이 템포를 늦추라고 간섭하다
⇨ 간섭하다

1822 1 2 3 4 5

thwart

[θwɔːrt]

동 방해하다

= impede, interrupt, hamper, hinder, obstruct, disrupt

Every effort in that direction is **thwarted**.
그 방향에서의 모든 노력이 좌절되었다.

뜨왈트 = 뜨악!

➡ 길을 가는데 누군가가 내 앞길을 방해해서 뜨악! 하고 놀랐다
⇨ 방해하다

1823 1 2 3 4 5 15. 지방직 9급

pushy

[púʃi]

형 지나치게 밀어붙이는

He's a very **pushy** man.
그는 매우 강압적인 사람이다.

push + y
push 형접

➡ 밀어붙이는(push) 성질(y)이니까
⇨ 지나치게 밀어붙이는

1824 1 2 3 4 5

hectic

[héktik]

형 분주한, 정신이 없는

I had a very **hectic** week.
이번 주는 아주 정신이 없었어요.

핵틱 = 헥헥

➡ 숨이 차서 헥헥거릴 정도로 돌아다니니까
⇨ 분주한

1825 1 2 3 4 5 12. 사회복지직 9급

heedless

[híːdlis]

형 부주의한

= imprudent, reckless, frivolous, flippant

He is **heedless** of the danger.
그는 위험에 부주의하다.

heed 동 주의를 기울이다 명 주의, 조심
heedlessness 명 부주의함

heed + less
attention 형접

➡ 주의가(heed) 없는(less) 거니까
⇨ 부주의한

➡ 정신 머리가(head) 없는(less) 거니까
⇨ 부주의한

1826 1 2 3 4 5 심화

portent

[pɔ́ːrtənt]

명 조짐, 전조

= premonition, presage

cf. potent (강력한)

portentous 형 (특히 불길한) 전조가 되는

a **portent** of a heart attack
심장마비의 징조

➡ 포텐이 터질 조짐(portent)이 보인다
⇨ 조짐, 전조

1827 1 2 3 4 5 심화 18. 경찰직 3차

threshold

[θréʃhould]

명 ① 입구, 문지방 ② 출발점, 발단

They met at the **threshold** of the theater.
그들은 극장의 입구에서 만났다.

thres + hold
step hold

→ 걸을(thres) 때 딛으니까(hold)
⇨ 입구
➡ 쓰레기(trash)를 잘 처리하는(hold) 게 환경 보호의 시작(threshold)
⇨ 출발점, 발단

1828 1 2 3 4 5 심화

nascent

[néisənt]

형 발생하려고 하는, 초기[발생기]의

= initial, incipient, embryonic

nascence 명 발생기, 초기

A **nascent** romance went sour.
막 싹텄던 로맨스가 시들해졌다.

nasc + ent
young 형접

→ 어리니까(nasc)
⇨ 초기의

1829 1 2 3 4 5 심화

vanguard

[vǽngɑ̀ːrd]

명 선구자, 선두, 선봉(부대)

= forerunner, pioneer, antecedent, predecessor, precursor

He is in the **vanguard** of cancer research.
그는 암 연구에 있어 선구자이다.

➡ 기존 예술 관념을 거부하고 혁신을 시도했던 아방가르드(avant-garde)에서 유래
⇨ 선구자

1830 1 2 3 4 5

harbinger

[hɑ́ːrbindʒər]

명 ① 선구자 ② 전조

cf. binger (폭음하는 사람)

= ① forerunner, pioneer, antecedent, predecessor, precursor

Snow is the **harbinger** of a rich year.
눈은 풍년의 징조이다.

하빈저 = 할비 + ger(사람)

➡ 할비(할아버지)는 우리의 선구자예요
⇨ 선구자

1831 1 2 3 4 5 심화

protagonist

[proutǽgənist]

명 ① 주연, 주인공 ② 주창자, 지도자

The series is named after the **protagonist**, Steven.
이 시리즈는 주인공 스티븐의 이름을 따왔다.

prot + agon + ist
first contest 명접

→ 경쟁(agon)에서 가장 먼저(prot) 나오는 사람이니까
⇨ 주인공

➡ 영화 엔딩 크레딧에서 가장 먼저(prota) 올라가는(go) 사람(ist)이니까
⇨ 주인공

1832 1 2 3 4 5 12. 국가직 7급

plucky

[plʌ́ki]

형 용기 있는, 결단력 있는

= audacious, intrepid, undaunted, valiant

The team won praise for its **plucky** fight.
그 팀은 용감한 싸움으로 표창을 받았다.

pluck 동 잡아 뜯다, 뽑다 명 용기

➡ 용기 있는 자만이 lucky(행운의)한 파트너(p)를 얻으니까
⇨ 용기 있는

1833 1 2 3 4 5

strenuous

[strénjuəs]

형 ① 불굴의, 완강한, 열심인
② 몹시 힘든, 격렬한

= ① tenacious, indomitable, pertinacious, perseverant, unflinching, adamant

Cutting wood is a **strenuous** work.
나무를 자르는 것은 몹시 힘든 작업이다.

stren + uous
strong 형접

→ 강한(stren) 의지를 지닌 거니까
⇨ 불굴의, 완강한

1834 1 2 3 4 5 심화 18. 국회직 9급 / 15. 국회직 9급

unflinching

[ənflinʧiŋ]

형 불굴의, 단호한, 위축되지 않는

= tenacious, indomitable, strenuous, pertinacious, perseverant, adamant

A scary and **unflinching** look at prison life
교도소 생활에서 무섭고, 쉽게 물러서지 않는 모습

flinch 동 움찔하다, 주춤하다
unflinchingly 부 움츠리지 않고

un + flinch + ing
not bend 형접

→ 굽히지(flinch) 않는(un) 거니까
⇨ 불굴의

1835 1 2 3 4 5 16. 국회직 8급

valiant

[vǽliənt]

형 용맹한, 단호한

= audacious, intrepid, plucky, undaunted

He mourned for his **valiant** men.
그는 용맹한 부하들의 죽음을 애도했다.

valiantly 부 용감하게, 뛰어나게
valiancy 명 용감함

val + iant
valor 형접

→ 용기(val) 있는 성격(iant)이니까
⇨ 용맹한

밸리언트 = (까)발리어

➡ 용감하게 다 까발리어!
⇨ 용맹한

1836 1 2 3 4 5 18. 기상직 9급 / 15. 국회직 9급

capitulate

[kəpítʃəlèit]

capitulation 명 항복

동 항복하다, 굴복하다

= succumb, surrender

capitulate to the enemy
적에게 항복하다

cap + it(ul) + ate
head go 동접

→ 상대방에게 머리가(cap) 가는(it) 거니까
⇨ 항복하다, 굴복하다

1837 1 2 3 4 5 17. 서울시 9급 / 14. 서울시 7급

servile

[sə́:rvil]

servility 명 노예 근성, 비굴

형 굽실거리는, 비굴한

= obsequious

show a servile attitude
비굴한 태도를 보여주다

serv + ile
serve 형접

→ 높은 사람한테 시중들기(serv) 쉬운(ile)
⇨ 굽실거리는, 비굴한

1838 1 2 3 4 5

irretrievable

[ìritrí:vəbəl]

retrieve 동 ① 되찾다, 회복하다 ② 검색하다

형 돌이킬 수 없는, 회복할 수 없는

The money already paid is irretrievable.
이미 지불된 돈은 돌려받을 수 없다.

ir + re + triev + able
not again find 형접

→ 다시(re) 찾을(triev) 수 없는(ir)거니까
⇨ 돌이킬 수 없는

1839 1 2 3 4 5 심화

heresy

[hérəsi]

heretic 명 이교도
heretical 형 이단적인

명 이단

= cult

The heresy of one age is the orthodoxy of the next.
한 시대의 이단은 다음 세대의 정통이 된다.

→ 이곳(here)이 천국이니까 본인만 믿으라고 외치는(say)
⇨ 이단

1840 1 2 3 4 5

calamity

[kəlǽməti]

calamitous 형 ① 재난의 ② 불행한

명 재난, 재앙

= catastrophe, upheaval, havoc, cataclysm

The recent flooding in the south was a calamity.
남쪽에서의 최근의 홍수는 재난이었다.

컬래머티 = 갈라 + 밑이

→ 갑자기 땅 밑이 갈라지는 재앙(calamity)이 일어났다
⇨ 재난, 재앙

1841 1 2 3 4 5 18. 경찰직 3차

catastrophe

[kətǽstrəfi]

명 큰 재해, 재난

= upheaval, havoc, calamity, cataclysm

The flood in Venice was a major **catastrophe**.
베니스의 홍수는 주된 큰 재해였다.

catastrophic(al) 형 큰 재앙의, 파멸의

cata + **strophe**
down turning

➔ 땅이 아래로(cata) 뒤집어지면 (strophe) 참사가 벌어지니까
⇨ 큰 재해, 재난

➔ 형이 애지중지하는 트로피(trophe)를 동생이 갖다(cata) 버린 참사(catastrophe)가 벌어졌다
⇨ 재난

1842 1 2 3 4 5 심화

philistine

[fílistìːn]

명 교양 없는 사람, 속물

= snob

The business world is full of **philistines** and charlatans.
비즈니스의 세계는 속물들과 사기꾼들로 가득 차 있다.

➔ 필리핀(philippine)에 여행가서 나쁜 짓을 많이 하는 속물(philistine)적인 한국인들
⇨ 교양 없는 사람, 속물

1843 1 2 3 4 5 15. 국가직 7급

quarantine

[kwɔ́ːrəntiːn]

명 격리 동 격리하다

= 동 isolate, seclude, segregate, sequester

The patients were immediately **quarantined**.
환자들은 즉시 격리되었다.

쿼런틴 = **코로나 + 튄**

➔ 코로나 병균이 튄 사람은 격리해야 한다
⇨ 격리, 격리하다

1844 1 2 3 4 5

polarize

[póuləràiz]

동 양극화되다, 양극화시키다

polarize a society
사회를 양극화하다

polar 형 북[남]극의, 극지의
polarization 명 양극화, 분열

polar + **ize**
polar 동접

➔ 양극(polar)으로 멀어지게 하다(ize)
⇨ 양극화시키다

1845 1 2 3 4 5 심화

bigotry

[bigətri]

명 편협함

= insularity, parochialism, narrow-mindedness

It's time we acted to root out racism and **bigotry**.
우리는 인종차별과 편견을 뿌리 뽑기 위해 행동해야 할 때이다.

bigot 명 편협한 사람
bigoted 형 편협한

비것트리 = **비(가수) + god**

➔ 자기가 좋아하는 가수가 신(god)이라고 생각하는 편협함(bigotry)
⇨ 편협함

1846 1 2 3 4 5 17. 지방직 9급 추가채용

convoluted

[kάnvəlù:tid]

형 복잡한, 뒤엉킨

= complicated, sophisticated, intricate

a **convoluted** argument
난해한 주장

convolute 동 뒤얽히다 형 소용돌이의
convolution 명 난해한 것

con + volu + ted
together roll 형접

→ 빨래가 세탁기에서 함께(con) 섞여 서 돌고 있다(volu)
⇨ 복잡한, 뒤엉킨

1847 1 2 3 4 5 심화 16. 국회직 8급

cramped

[kræmpt]

형 답답한, 비좁은

= congested

cf. cram (밀어 넣다, 벼락치기 공부하다)

She lives in a **cramped** little apartment.
그 여자는 작고 비좁은 아파트에 산다.

cramp 동 속박하다, 제한하다, 방해하다

➡ 좁은 방에 마구 밀어 넣어(cram) 속박하면(cramp)
⇨ 답답한

1848 1 2 3 4 5

custody

[kΛstədi]

명 ① 양육(권), 보호(권) ② 구류, 감금

The man was in the **custody** of the police.
그 남자는 경찰의 보호를 받았다.

커스터디 = 커서 + study

➡ 커서 공부 안하려면 쳐 박혀서 공부해!
⇨ 구류, 감금

1849 1 2 3 4 5 13. 서울시 7급 / 13. 국가직 7급

exhort

[igzɔ́:rt]

동 ① 열심히 권하다
② 훈계하다, 타이르다, 충고하다

= ② admonish

exhort to start prepare for government
정권을 잡을 준비를 시작할 것을 권하다

exhortation 명 권고, 훈계

이그절트 = 이거 좋다

➡ 주변 사람들에게 이거 좋다고 열심히 권하다(exhort)
⇨ 열심히 권하다

1850 1 2 3 4 5 심화 16. 서울시 7급

hortatory

[hɔ́:rtətɔ̀:ri]

hortation 명 권고, 장려

형 ① 충고의 ② 격려의

Some of these books are **hortatory**.
이러한 책들의 일부는 권고적이었다.

➡ 엄마는 니가 옳타(horta) 하는 이야기(story)를 많이 해주었다
⇨ 충고의, 격려의

1851 1 2 3 4 5 심화

facetious

[fəsíːʃəs]

형 ① 경박한, 까부는 ② 우스운, 유머러스한

a facetious comment
경박한 말

facetiousness 명 유쾌함, 경박함

➡ 얼굴(face)을 막 써서(tious) 익살맞은 표정을 짓다
⇨ 경박한, 우스운

1852 1 2 3 4 5

flippant

[flípənt]

형 ① 경솔한 ② 건방진, 무례한

= ① imprudent, heedless, reckless, frivolous

It was an honest but **flippant** answer.
그것은 솔직하지만 경솔한 대답이었다.

flip 동 ① (손가락으로) 튀기다, 가볍게 치다 ② 홱 뒤집다 ③ (버튼) 탁 누르다
flippancy 명 경솔, 경박

flip(p) + ant
flip 형접

→ 결정을 쉽게 뒤집으니까(flip)
⇨ 경솔한
➡ 중요한 자리에 슬리퍼(slipper)를 신고 오는 건 무례한(flippant) 짓이죠
⇨ 무례한

1853 1 2 3 4 5 심화

haughty

[hɔ́ːti]

형 오만한, 건방진

= arrogant, supercilious, presumptuous, pompous, overbearing, lofty

cf. naughty (장난꾸러기인, 버릇없는)

I disliked her **haughty** cast.
나는 그녀의 오만한 태도가 싫었다.

haughtiness 명 거만, 오만

➡ 버릇없고(naughty) 건방진(haughty) 아이
⇨ 건방진

1854 1 2 3 4 5 심화 17. 서울시 9급

officious

[əfíʃəs]

형 ① 참견하기 좋아하는 ② 거만한

He's getting more and more **officious**.
그는 점점 더 거만해지고 있다.

officiousness 명 주제 넘음, 거만함

➡ 좁은 사무실(office)에서는 서로 참견하기 쉽다(officious)
⇨ 참견하기 좋아하는
➡ 고위 공직자 사무실(office)에서 일한다고 거만한(officious) 사람
⇨ 거만한

1855 1 2 3 4 5 심화 18. 서울시 9급

presumptuous

[prizʌ́mptʃuəs]

형 주제넘은, 건방진

= arrogant, supercilious, haughty, pompous, overbearing, lofty

I don't want to be **presumptuous**.
나는 주제넘게 굴고 싶지 않다.

presume 동 ① 추정하다, 여기다 ② 주제넘게 굴다
presumed 형 당연한 것으로 여겨지는
presumptuously 부 주제넘게

pre + sum + ptuous
before take 형접

→ 미리(pre) 자기가 선배인 것처럼 태도를 취하는(sum) 거니까
⇨ 주제넘은
→ 어른보다 먼저(pre) 버스 자리를 차지하려고(sum) 하니까
⇨ 건방진

1856 1 2 3 4 5 11. 국가직 7급

ostentatious

[ɑ̀stəntéiʃəs]

형 허세 부리는, 과시하는

= pretentious

My parents don't like anything **ostentatious**.
우리 부모님은 과시적인 것을 전부 싫어한다.

ostentation 명 과시

오스텐테이셔스 = 5수 땐

➡ 5수 때(osten) 서울대 가려는 거라고 허세 부리는(ostentious) 사람들이 있죠

⇨ 허세 부리는, 과시하는

1857 1 2 3 4 5

audacity

[ɔːdǽsəti]

명 대담함, 무모함, 뻔뻔스러움

He had the **audacity** to do such a thing.
그는 그런 짓을 할 정도로 대담했다.

audacious 형 대담한

오대서티 = 어디 썼지

➡ 그 뻔뻔한 사람은 회삿돈을 횡령해서 어디 썼지?

⇨ 뻔뻔스러움

1858 1 2 3 4 5 심화 16. 지방직 7급

unabashed

[ənəbǽʃt]

형 뻔뻔한, 무표정한

= impudent, blatant

the **unabashed** sentimentality
무표정한 감정

abashed 형 당황한, 창피한
bashful 형 수줍음을 타는

언어배쉬드 = 언니 배에 쉬했다

➡ 언니 배에다 쉬를 한 저 뻔뻔한 강아지

⇨ 뻔뻔한, 무표정한

1859 1 2 3 4 5

avaricious

[æ̀vəríʃəs]

형 탐욕스러운

= insatiable, voracious, ravenous, covetous, rapacious

his **avaricious** conduct
그의 탐욕스러운 행동

avarice 명 탐욕

애버리셔스 = 애 버리셨어

➡ 부모의 탐욕(avarice) 때문에 애 버리셨어

⇨ 탐욕스러운

1860 1 2 3 4 5 심화

covetous

[kʌ́vitəs]

형 탐욕스러운, 욕심 많은

= insatiable, voracious, ravenous, avaricious, rapacious

He looked at the item with **covetous** eyes.
그는 탐욕스러운 눈으로 그 물건을 쳐다보았다.

covet 동 탐내다, 갈망하다
covetousness 명 탐욕

➡ 눈 뜨고 코 베(cove)일 만큼 세상에는 탐욕스러운(covetous) 사람들이 많죠

⇨ 탐욕스러운, 욕심 많은

1861 1 2 3 4 5 심화 17. 서울시 7급

ascetic
[əsétik]

형 금욕적인 명 금욕주의자

= 형 austere, abstinent

live an ascetic life
금욕적인 삶을 살다

asceticism 명 금욕주의

어세틱 = 어색

➡ 세상과 어울리지 못해서 어색한 사람
⇨ 금욕주의자

1862 1 2 3 4 5 심화

sumptuous
[sʌ́mptʃuəs]

형 고가의, 호화로운

a sumptuous feast
호화스러운 연회

sumptuousness 명 ① 고가임 ② 화려함

썸추어스 = 상추 없으

➡ 고기 집에서 상추 리필해달라고 하니 아줌마가 상추 비싸서 없다고 하다
⇨ 고가의

1863 1 2 3 4 5 20. 해경직 3차 / 16. 서울시 9급

lavish
[lǽviʃ]

형 ① 풍부한, 호화로운 ② 사치스러운

= ② extravagant, prodigal, profligate

You need not lavish kindness.
지나친 친절을 베풀 필요는 없다.

lavishly 부 아낌없이
lavishness 명 낭비

lav (wash) + ish (형접)

→ 돈이 휩쓸고(lav) 가는 성질(ish)이니까
⇨ 사치스러운

1864 1 2 3 4 5 22. 국가직 9급

opulent
[ɑ́pjulənt]

형 풍부한, 호화로운

= ample, abundant, copious, affluent, luxuriant, replete, profuse

Royal family lived the opulent lifestyle.
황실은 호화로운 삶을 살았다.

opulence 명 부유, 풍부

오퓰런트 = 옷 풀리는

➡ 호화로운(opulent) 생활을 하면 살이 풍부하게 쪄서 옷이 풀리니까
⇨ 풍부한, 호화로운

1865 1 2 3 4 5 16. 지방직 7급

copious
[kóupiəs]

형 많은, 풍부한

= ample, abundant, affluent, luxuriant, replete, profuse

She supported her opinion with copious evidence.
그녀는 방대한 증거로 자기 의견을 뒷받침했다.

copiosity 명 대량, 풍성성

➡ 복사(copy)를 많이 하면 양이 많아지니까(copious)
⇨ 많은, 풍부한

1866 1 2 3 4 5 심화

hefty
[héfti]

형 ① 장대한, 크고 무거운 ② 많은 ③ 센, 강한

a **hefty** increase in salary
두둑한 봉급의 인상

heft + y
heavy 형접
→ 무거운(heft) 성질(y)이니까
⇨ 장대한, 많은

1867 1 2 3 4 5 심화 17. 국회직 8급 / 16. 기상직 7급

repudiate
[ripjúːdièit]

repudiation 명 거절, 부인
repudiative 형 거부하는

동 ① 부인하다 ② 거부하다, 물리치다

repudiate missionary activity
선교 활동을 거부하다

re + pud(i) + ate
back foot 동접
→ 뒤에서(re) 발로(pud) 차버리다
⇨ 거부하다, 물리치다
➡ "니(re) 내 푸딩(pudi) 먹었지(ate)?"라고 하자 아니라고 부인하다
⇨ 부인하다

1868 1 2 3 4 5 20. 경찰직 1차 / 18. 서울시 7급 추가채용

sanction
[sǽŋkʃən]

동 ① 승인하다 ② 제재하다
명 ① 인가 ② 제재

A city hall gave **sanction** to building a library.
시청은 도서관을 짓는 것을 허가했다.

생션 = 생선
➡ 정부가 후쿠시마산 생선 수입을 제재했다
⇨ 제재하다

1869 1 2 3 4 5 심화

ratify
[rǽtəfài]

ratification 명 비준, 인가

동 비준하다

Posterity will **ratify** the judgment.
후세 사람이 이 판단을 비준할 것이다.

➡ 대통령을 만족시키기(gratify) 위해 법안을 비준(ratify)하는 여당 의원들
⇨ 비준하다

1870 1 2 3 4 5

stipulate
[stípjulèit]

stipulation 명 계약, 조건

동 ① 규정하다, 명기하다 ② 계약하다

= ① specify

They would **stipulate** some of the details.
그들은 세부사항의 일부를 명시할 것이다.

스티풀레이트 = 스티(커) + 풀
➡ 스티커와 풀을 붙여서 분명하게 하다
⇨ 규정하다

1871 1 2 3 4 5

savor

[séivər]

savory 형 향 좋은, 풍미 있는

동 맛보다, 음미하다 명 맛

savor every moment
매 순간을 음미하다

➡ 오셔서 한국의 맛(flavor)을 맛보세요(savor)
⇨ 맛보다, 음미하다

1872 1 2 3 4 5 17. 지방직 9급

palatable

[pǽlətəbl]

palate 명 미각, 구개
unpalatable 형 맛없는, 불쾌한

형 맛있는, 구미에 맞는

cf. palpable (감지할 수 있는, 뚜렷한)

The truth is not always very **palatable**.
진실이 항상 달콤한 것은 아니다.

➡ 테이블(table) 위에 맛있는 음식이 있으면 손놀림이 빨라(pala)지니까
⇨ 맛있는, 구미에 맞는

1873 1 2 3 4 5 17. 국회직 8급

fragrant

[fréigrənt]

fragrance 명 향기, 향수

형 향기로운

= odorous, redolent

cf. flagrant (극악무도한, 악명 높은)

The air was **fragrant** with the smell of orange blossoms.
공기가 오렌지 꽃 냄새로 향기롭다.

➡ 향기로운(fragrant) 장미꽃을 주다(grant)
⇨ 향기로운

1874 1 2 3 4 5

ferment

[fə́ːrment]

fermentation 명 발효

동 발효시키다 명 효모, 발효

A winemaker **ferments** grapes into wine.
와인 제조자는 포도를 발효시켜 와인을 만든다.

펄먼 = 팔면

➡ 슈퍼에서 김치를 팔면 발효(ferment)가 잘 되었는지 시식을 해보는 모습을 연상
⇨ 발효

1875 1 2 3 4 5

smother

[smʌ́ðər]

smothery 형 질식시키는, 숨 막히는

동 질식시키다, 숨 막히게 하다

= suffocate, stifle, muzzle

Heavy equipment was used to **smother** the fire.
불길을 잠재우기 위해 무거운 장비가 사용되었다.

스마더 = 마더

➡ 엄마(mother)의 공부하라는 잔소리가 나를 숨 막히게 한다(smother)
⇨ 숨 막히게 하다

1876 1 2 3 4 5 18. 해경직 2차 / 14. 서울시 9급

excruciate
[ikskrúːʃièit]

동 몹시 괴롭히다, 고문하다

= aggrieve, harass, torment, inflict, distress, anguish, afflict

His sordid appetites **excruciated** him.
그의 비도덕적인 욕망이 그를 괴롭혔다.

excruciating 형 몹시 고통스러운
excruciatingly 부 견딜 수 없이

ex + **cruci** + **ate**
out cross 동접

→ 종교 박해는 십자가(cruci)를 없애라고(ex) 하는(ate) 거니까
⇨ 몹시 괴롭히다, 고문하다

1877 1 2 3 4 5 15. 국가직 9급

incense
[ínsens]

동 몹시 화나게 하다

= infuriate, enrage, exasperate, vex

cf. incendiary (방화하는, 선동하는)

It **incenses** me that she was not found guilty.
그녀가 유죄 평결을 받지 않은 것에 나는 너무나 화가 난다.

incensed 형 몹시 화가 난

in + **cen** + **se**
in glow 동접

→ 안(in)에서 불꽃이 타오르게(cen) 하다
⇨ 몹시 화나게 하다
→ 안(in)에서 분노를 느끼게(sense) 하다
⇨ 몹시 화나게 하다

1878 1 2 3 4 5

censure
[sénʃər]

동 비난하다 명 비난

= 동 denounce, reproach, reprehend, rebuke, impugn, oppugn, excoriate

cf. censor (검열하다, 검열관)

censure a person for a fault
남의 과실을 나무라다

censurable 형 비난해야 할

➡ 센(cen) 욕으로 확실하게(sure) 비난하다(censure)
⇨ 비난하다, 비난

1879 1 2 3 4 5 21. 해경직 2차 / 13. 지방직 7급

rebuke
[ribjúːk]

명 비난 동 비난하다

= 명 동 reproach, reprimand, censure

rebuke a person for what he has done
남이 한 일을 비난하다

리뷰크 = **니 book**

➡ 평론가가 니 책(book)을 비난하다(rebuke)
⇨ 비난하다

1880 1 2 3 4 5

mock
[mak]

동 조롱하다, 놀리다

= ridicule, deride

It's impolite to **mock** other people.
다른 사람들을 조롱하는 것은 불손하다.

mockery 명 조롱, 조소

막 = **막**

➡ 이유 없이 막(mock) 놀리다
⇨ 놀리다

1881 1 2 3 4 5 14. 서울시 7급

sardonic

[sa:rdánik]

sardonically 부 냉소적으로, 비웃으면서

형 냉소적인, 비웃는

= contemptuous

She is **sardonic** of his efforts.
그녀는 그의 노력에 대해 냉소적이다.

살도닉 = 싸도니

➡ 애를 그렇게 싸도니 버릇이 없어진다고 비웃다
⇨ 냉소적인, 비웃는

1882 1 2 3 4 5 심화 19. 서울시 9급 / 17. 서울시 7급

pejorative

[pidʒɔ́:rətiv]

pejoration 명 (가치의) 하락
pejorate 동 악화시키다

형 ① 경멸적인, 비난 투의 ② 악화시키는

a **pejorative** description of their parenting
그들의 육아에 대한 경멸적인 묘사

피조러티브 = 퍼줘라

➡ 정부가 일 안하는 사람에게 자꾸 혜택을 주자 "퍼줘라"라고 하며 시민들이 경멸적인 표정을 짓다
⇨ 경멸적인

1883 1 2 3 4 5 심화

vilify

[víləfài]

vilification 명 험담, 중상
vile 형 극도로 불쾌한, 몹시 나쁜

동 중상하다, 비방하다

= malign, revile, smear, libel, calumniate

vilify the boss that fired her
그녀를 해고했던 그 사장을 비난하다

➡ 남을 비방하여(vilify) 몹시 나쁜(vile) 사람으로 만들다(ify)
⇨ 중상하다, 비방하다
➡ 없는 비리(vili)를 만들어(fy) 중상하다(vilify)
⇨ 중상하다, 비방하다

1884 1 2 3 4 5 심화 19. 서울시 7급

libel

[láibəl]

libelous 형 명예를 훼손하는, 비방하는

동 명예를 훼손하다, 비방하다
명 명예훼손

= 동 malign, revile, smear, vilify, calumniate

He sued the newspaper for **libel**.
그는 그 신문사를 명예훼손으로 고소했다.

라이벌

➡ 라이벌이 자꾸 나를 비방하다
⇨ 명예를 훼손하다, 비방하다

1885 1 2 3 4 5 심화

litigant

[lítəgənt]

litigation 명 소송

명 고소인, 소송 당사자

cf. plaintiff (원고), defendant (피고)

This research involves interviews with **litigants**.
이 연구는 소송자들과의 인터뷰를 포함한다.

리터건트 = return + 건투

➡ 소송 당사자(litigant)들이 법정에 몇 차례 돌아와서(return) 건투하다
⇨ 소송 당사자

1886 1 2 3 4 5 10. 지방직 7급

embezzle

[imbézl]

embezzlement 명 횡령, 착복

동 유용하다, 횡령하다

He **embezzled** a large sum of public money.
그는 많은 양의 공금을 유용했다.

임베즐 = 임 + 빼 + 즐

➡ 임(금을) 빼(내서) 즐(기다)
⇨ 유용하다, 횡령하다

1887 1 2 3 4 5

stigma

[stígmə]

stigmatize 동 오명을 씌우다, 낙인 찍다

명 ① 오명, 낙인 ② 증후

He has the **stigma** of having a criminal record.
그는 전과자라는 낙인이 찍혀 있다.

➡ 뾰족한 것(stick)으로 찌르면 자국이 남아(ma) 흔적이 생기죠
⇨ 오명, 낙인

1888 1 2 3 4 5 심화

strife

[straif]

strifeful 형 분쟁의, 충돌하는

명 갈등, 다툼

intertribal **strife** in Africa
아프리카의 종족 간의 갈등

➡ 파업(strike)으로 인한 노사 갈등(strife)
⇨ 갈등, 다툼

1889 1 2 3 4 5 심화

polemic

[poulémik]

polemical 형 격론의, 격론을 벌이는

명 논쟁, 논박

a political **polemic**
정치적인 논쟁

➡ 양극단(pole)의 사람들이 마이크(mic)에 대고 각자 주장을 말하는 것
⇨ 논쟁, 논박

1890 1 2 3 4 5 심화

crooked

[krúkid]

crook 동 구부리다 명 ① 굴곡 ② 사기꾼

형 ① 비뚤어진, 구부러진 ② 부정직한

a **crooked** business deal
부정한 상거래

크루키드 = 그렇게

➡ 내가 널 그렇게 비뚤어지게 키웠니?
⇨ 비뚤어진

1891 1 2 3 4 5 심화

cunning

[kʌ́niŋ]

형 ① 약삭빠른, 교활한 ② 정교한, 기묘한

TIP 컨닝은 콩글리쉬, 컨닝의 뜻을 가진 단어는 cheating!

a cunning trick
교활한 술책

커닝 = 컨닝

➡ 시험 볼 때 컨닝하는 사람은 약삭빠른(cunning) 사람이다
⇨ 약삭빠른

1892 1 2 3 4 5 심화

avow

[əváu]

vow 명 맹세, 서약 동 맹세하다
avowal 명 공언, 고백
avowed 형 공언한

동 ① 인정하다, 공언하다 ② 맹세하다

avow one's faith in face of persecution
박해를 무릅쓰고 자신의 신앙을 공언하다

어바우 = a(to) + 바위

➡ 바위(vow)에다(a) 사랑의 맹세를 새기다
⇨ 맹세하다

1893 1 2 3 4 5 20. 국회직 8급

acquit

[əkwít]

동 ① 무죄라고 하다, 석방하다
② 혐의를 벗겨주다, 면제하다

= ② exempt, absolve, exculpate, exonerate

acquittance 명 면제, 소멸
acquittal 명 무죄 선고

We cannot **acquit** him of his negligence.
우리는 그의 태만을 용서할 수 없다.

ac (to) + quit (clear)

→ 누군가에게(ac) 혐의를 없애주는(clear) 거니까
⇨ 무죄라고 하다, 혐의를 벗겨주다

1894 1 2 3 4 5 심화 17. 국회직 9급 / 15. 기상직 7급

promulgate

[prɑ́məlgèit]

promulgation 명 ① 선포 ② 보급

동 ① 공표하다 ② 보급하다

promulgate a law
법률을 공포하다

pro (forth) + mulg (publish) + ate (동접)

→ 밖으로(pro) 발표하는(mulg) 거니까
⇨ 공표하다

프로물게이트 = pro + 물개

➡ 앞으로(pro) 물개 사냥을 금지한다고 공표하다
⇨ 공표하다

1895 1 2 3 4 5 심화

efficacy

[éfikəsi]

efficacious 형 효과적인

명 효력

This medicine has a marvelous **efficacy**.
이 약은 놀라운 효능이 있다.

➡ 효과(effect)가 있는 것
⇨ 효력

1896 1 2 3 4 5 14. 지방직 7급 / 13. 국회직 8급

apex

[éipeks]

명 꼭대기, 정점

= pinnacle, apogee, acme, zenith, culmination

He has reached the **apex** of the mountain.
그는 산의 꼭대기에 도달했다.

에이펙스 = 에이 펙스

➡ "에이, 팩스가 책상 제일 위에 있었네"
⇨ 꼭대기, 정점

1897 1 2 3 4 5 심화 15. 국회직 8급

apogee

[ǽpədʒiː]

명 정점, 절정

= pinnacle, apex, acme, zenith, culmination

His popularity reached its **apogee**.
그의 인기는 절정에 달했다.

애퍼지 = 아프지

➡ 인기의 정점에 이르면 악플로 인해 아프지(apogee)
⇨ 정점, 절정
➡ 한번 정점(apogee)에 올라서면 그 자리를 두고 "아(a) 포기(pogee) 못 해"
⇨ 정점, 절정

1898 1 2 3 4 5 14. 지방직 7급 / 13. 국회직 8급

pinnacle

[pínəkl]

명 정상, 절정

= apogee, apex, acme, zenith, culmination

reach the very **pinnacle** of worldly success
현세적 성공의 절정에 달하다

pinnacled 형 높은 곳에 있는

➡ 산 정상은 핀(pin)처럼 뾰족하죠
⇨ 정상

1899 1 2 3 4 5 심화 14. 지방직 7급 / 13. 국회직 8급

nadir

[néidər]

명 최하점, 최저점

= abyss

His fortune was at its **nadir**.
그의 운명은 절망 상태에 빠져 있었다.

➡ 성공에서 추락해 바닥을 나뒹굴러(nadir)
⇨ 최하점, 최저점

1900 1 2 3 4 5 심화

cajole

[kədʒóul]

동 ① 부추기다 ② 속이다

= ② swindle, cozen, manipulate, delude, beguile

He **cajoled** me into buying a new one.
그는 내가 새것을 사게 부추겼다.

cajolery 명 감언이설, 아첨

커졸 = 가족

➡ 우리는 가족(cajole)이나 마찬가지라며 부추기고 속이다
⇨ 부추기다, 속이다

1901 1 2 3 4 5 심화 19. 서울시 9급 추가채용

cozen
[kʌzn]

동 속이다, 기만하다

= swindle, manipulate, delude, beguile

They **cozened** him into signing the paper.
그들은 그를 속여서 서류에 서명을 하게 했다.

➡ 사촌(cousin)형이 나한테 간장을 콜라라고 속여서(cozen) 먹였다
⇨ 속이다

1902 1 2 3 4 5 19. 서울시 9급 추가채용

swindle
[swíndl]

동 사취하다, 속이다

= cozen, manipulate, delude, beguile

He is not so easily **swindled**.
그는 그렇게 쉽게 속아 넘어가지 않는다.

➡ 사장이 회사 돈을 사취(swindle)하면 회사 돈은 줄어들(dwindle) 수밖에
⇨ 사취하다, 속이다

1903 1 2 3 4 5 심화

feign
[fein]

feigned 형 거짓의, 꾸민

동 -인 체하다

= pretend

feign illness[to be ill]
아픈 체하다, 꾀병 부리다

페인 = 폐인

➡ 돈을 구걸하기 위해 폐인인 척 하다(feign)
⇨ -인 체하다

1904 1 2 3 4 5

lure
[luər]

동 꾀다, 유혹하다

= allure, entice, seduce, decoy

Don't **lure** him away from his studies.
공부하는 그를 꾀어내지 마라.

루어 = 누어

➡ 내일 시험인데 친구가 누워 쉬다 가라고 유혹하다(lure)
⇨ 유혹하다

1905 1 2 3 4 5

skew
[skju:]

skewed 형 왜곡된

동 ① 왜곡하다 ② 비스듬히 움직이다

= ① distort, contort

That can **skew** our perception of reality.
그것이 우리의 현실 인식을 왜곡시킬 수 있다.

➡ 스키(ski)를 타기 위해서는 땅을 비스듬히 움직여야(skew) 하니까
⇨ 왜곡하다, 비스듬히 움직이다

1906 1 2 3 4 5 심화

tilt
[tilt]

동 기울이다, 경사지게 하다

= incline

Carl **tilted** his head and looked sideways at her.
칼은 머리를 기울여 그녀를 옆으로 쳐다보았다.

tilted 형 경사진, 기울여진

틸트 = 틴트
➡ 너 오늘 틴트(tint)가 살짝 기울어졌어
⇨ 기울이다

1907 1 2 3 4 5 심화

estrange
[istréindʒ]

동 이간질하다, 서먹하게 만들다

= alienate

The affair has **estranged** him from his family.
그 일은 그를 그의 가족과 서먹해지게 만들었다.

estrangement 명 소원, 별거

➡ 둘 사이를 이상하게(strange) 만드는 것
⇨ 이간질하다

1908 1 2 3 4 5 심화

smuggle
[smʌ́gəl]

동 밀수하다, 밀수입[수출]하다

She **smuggled** in luxury items.
그녀는 명품을 밀수입했다.

smuggler 명 밀수업자
smuggling 명 밀수

스머글 = 스멀
➡ 물건을 스멀스멀 밀수입하다
⇨ 밀수하다

1909 1 2 3 4 5 심화

lurk
[ləːrk]

동 ① 숨어 있다, 잠복하다
② 도사리다, 잠재하다

Some uneasiness still **lurked** in my memory.
어떤 불안감이 아직도 내 기억에 잠재해 있었다.

lurking 형 숨어[잠복해] 있는

➡ 운(luck)은 항상 주변에 도사리며(lurk) 기다리고 있다
⇨ 도사리다, 잠재하다

1910 1 2 3 4 5 18, 서울시 7급 추가채용

furtive
[fə́ːrtiv]

형 몰래하는, 은밀한

= covert, confidential, surreptitious, clandestine

She cast a **furtive** glance at him.
그녀가 그에게 은밀한 시선을 던졌다.

furtively 부 몰래, 살그머니

➡ 모피(fur) 반대 여론을 피해 TV(tive)에서 몰래(furtive) 사다
⇨ 몰래하는, 은밀한

1911 1 2 3 4 5 17. 사회복지직 9급

clandestine
[klændéstin]

형 비밀의, 은밀한

= covert, confidential, furtive, surreptitious

The nuclear project is cloaked in a **clandestine** shroud.
그 원자력 사업은 비밀의 장막에 가려져 있다.

➡ 부족(clan)의 운명(destiny)은 주술사에 의해 비밀스럽게 점쳐지니까
⇨ 비밀의, 은밀한

1912 1 2 3 4 5 심화

fugitive
[fjúːdʒətiv]

명 도망자, 탈주자 형 도망한, 탈주한

He concealed the **fugitive**.
그는 도망자를 숨겨 주었다.

퓨지티브 = 후지티비
➡ 일본의 후지TV 방송에 나온 탈주자(fugitive)의 인상착의
⇨ 도망자, 탈주자

1913 1 2 3 4 5

gullible
[gʌ́ləbl]

형 속기 쉬운

= ingenuous, credulous

American society in general is **gullible**.
미국 사회는 대체로 잘 속는다.

gull 동 속이다 명 잘 속는 사람

걸러블 = 걸려들
➡ 속임수에 걸려들기 좋으니까
⇨ 속기 쉬운

1914 1 2 3 4 5 심화 19. 서울시 9급 추가채용

treacherous
[trétʃərəs]

형 ① 기만적인, 신뢰할 수 없는 ② 위험한

= ② hazardous, perilous, precarious

He was cowardly and **treacherous**.
그는 비겁하고 기만적이었다.

treachery 명 배반

트레쳐러스 = 트릭 쳐넣었으
➡ 모든 말에 속임수(trick)를 쳐넣어서 말하는 사람은
⇨ 신뢰할 수 없는

1915 1 2 3 4 5

turmoil
[tə́ːrmɔil]

명 혼란, 동요

= uproar, commotion, mayhem

The whole class is in **turmoil**.
학급 전체가 혼란에 빠졌다.

터모일 = 터 모여
➡ 사람들이 장터에 모여 정신이 없고 혼란(turmoil)스럽다
⇨ 혼란, 동요

1916 1 2 3 4 5 13. 국회직 8급

enigma

[ənígmə]

enigmatic 형 수수께끼 같은

명 수수께끼, 불가해한 것

The **enigma** was solved at last.
마침내 그 수수께끼가 풀렸다.

이니그마 = 아니구마

➡ 아 또 틀렸네! 이것도 답이 아니구마
⇨ 수수께끼

1917 1 2 3 4 5 심화

bulging

[bʌ́ldʒiŋ]

bulge 동 가득 차다, 튀어 나오다
bulgingly 부 불룩하게, 돌출하여

형 불룩한, 튀어 나온

= protrusive

Her pockets were **bulging** with candy.
그녀의 주머니는 사탕으로 불룩했다.

벌징

➡ 돈을 잘 벌징. 그러니 잘 먹어서 배 불뚝이가 되니까
⇨ 튀어 나온

1918 1 2 3 4 5 19. 국회직 9급

salient

[séiliənt]

salience 명 돌출, 현저

형 눈에 띄는, 두드러진

= conspicuous, noticeable

the **salient** features of the new design
새 디자인의 두드러진 특징들

세일런트 = 세일

➡ 백화점 세일(sale) 코너는 눈에 확 띄니까(salient)
⇨ 눈에 띄는, 두드러진

1919 1 2 3 4 5 심화

emboss

[imbɔ́:s]

동 도드라지게 새기다

= carve, inscribe, incise, engrave

The athletic's name was **embossed** on the trophy.
그 트로피에는 그 선수의 이름이 도드라지게 새겨져 있었다.

➡ 엠보싱(embossing) 휴지에는 도톰한 무늬가 볼록하게 새겨져 있죠
⇨ 도드라지게 새기다

1920 1 2 3 4 5 16. 국가직 7급

rampant

[rǽmpənt]

형 만연하는, 유행하는

= pervasive, prevalent

Starvation was **rampant** in the country.
그 나라에는 굶주림이 만연했다.

ramp + ant
mad 형접

➡ 광란(ramp)의 성질(ant)이니까
⇨ 유행하는
➡ 어두운 시골 밤길에 차의 램프(ramp) 불빛은 멀리까지 퍼지죠
⇨ 만연하는

1921 1 2 3 4 5 21. 국가직 9급 / 15. 국회직 9급

ubiquitous

[ju:bíkwətəs]

형 도처에 존재하는, 편재하는

= pervasive, omnipresent

Windows is the **ubiquitous** operating system.
윈도우는 어디서나 볼 수 있는 운영체제다.

ubiqui(t) + ous
everywhere 형접
→ 어디에든(ubiqui) 있는 것이니까
⇨ 도처에 존재하는

1922 1 2 3 4 5 21. 국가직 9급 / 15. 국회직 9급

vicinity

[visínəti]

vicinal 형 인근의, 인접한
vicinage 명 근처, 부근

명 근접, 인접

= proximity, adjacency

There is a shopping mall in the immediate **vicinity**.
아주 가까운 인근에 쇼핑 센터가 하나가 있다.

버시너티 = 벗어놔 + 티
➡ 티셔츠는 아무 데나 벗지 말고 가까운 데다(vicinity) 벗어놔
⇨ 근접, 인접

1923 1 2 3 4 5 20. 해경직 3차 / 18. 경찰직 2차 / 16. 서울시 9급 / 16. 기상직 7급

sporadic

[spərǽdik]

형 산발적인, 이따금 발생하는

= intermittent

Sporadic gunfire continued throughout the night.
산발적인 총성이 밤새도록 이어졌다.

spora + dic
scatter 형접
→ 흩뿌리는(spora) 성질(dic)이니까
⇨ 산발적인

1924 1 2 3 4 5 심화

falter

[fɔ́:ltər]

faltering 형 비틀거리는
unfalteringly 부 망설임 없이

동 비틀거리다, 불안정해지다, 흔들리다

My voice **faltered** as I began my speech.
연설을 시작할 때 내 목소리가 흔들렸다.

➡ 정책이나 제도가 자꾸 바뀌면(alter) 불안정해지죠(falter)
⇨ 불안정해지다, 흔들리다

1925 1 2 3 4 5 심화

stagger

[stǽgər]

staggering 형 ① 비틀거리는 ② 충격적인

동 ① 비틀거리다, 흔들리다
② 깜짝 놀라게 하다

He **staggered** with a package on his shoulder.
그는 그의 어깨에 짐을 짊어지고 비틀거렸다.

➡ 무대(stage)에서 비틀거리며(stagger) 춤추는 모습을 연상
⇨ 비틀거리다

1926 1 2 3 4 5 16. 경찰직 1차 / 12. 지방직 7급

precarious

[prikέəriəs]

형 ① 불안정한, 위험한, 위태로운
② 불확실한, 미정의

= ① hazardous, perilous, treacherous

Our financial situation had become **precarious**.
우리의 재정 사정은 위태롭게 되고 말았다.

precariousness 명 불안정성

➡ 앞에(pre) 차(car)들이 쌩쌩 달리고 있는 도로 한가운데 어린 아이가 서 있는 상황
⇨ 위태로운

1927 1 2 3 4 5 20. 국회직 8급

brittle

[brítl]

형 ① 잘 부러지는 ② 불안정한

= ① weak, fragile, frail, feeble, flimsy, infirm, delicate, tenuous

a **brittle** cup
깨지기 쉬운 컵

brittleness 명 ① 잘 부러짐 ② 불안정함
brittlely 부 불안정하게, 성마르게

브리틀 = 부리

➡ 새의 부리는 잘 부러지니까
⇨ 잘 부러지는
➡ 작은(little) 것은 잘 부러지니까 (brittle)
⇨ 잘 부러지는

1928 1 2 3 4 5 심화 17. 국회직 8급

nomadic

[noumǽdik]

형 유목의, 방랑의

= wandering, itinerant

lead a **nomadic** life
유목 생활을 하다

nomad 명 유목민
nomadism 명 유목 (생활)

노매딕 = 남의 집

➡ 남의 집을 이리 저리 다니는 유목생활
⇨ 유목의

1929 1 2 3 4 5 심화 18. 국가직 9급

itinerant

[aitínərənt]

형 떠돌아다니는, 순회하는

= wandering, nomadic

itinerant workers
뜨내기 노동자들

itinerary 명 일정, 여정

아이티너런트 = 아이티 + 놀러

➡ 아이티로 놀러 가서 떠돌아다니는 (itinerant)
⇨ 떠돌아다니는

1930 1 2 3 4 5 19. 서울시 9급

hover

[hʌ́vər]

동 머물다, 맴돌다

He **hovered** nervously in the doorway.
그가 문간에서 초조하게 서성였다.

허버 = 하버

➡ 항구(harbor)에는 많은 배들이 항상 머물러(hover) 있죠
⇨ 머물다

1931 1 2 3 4 5 심화

forage

[fɔ́:ridʒ]

foraging 명 수렵 채집

동 먹이를 찾다, -을 찾다 명 사료

Skunks usually **forage** during the night.
스컹크는 주로 밤에 먹이를 찾는다.

➡ 4마리의(four) 굶주림에 화가 난(rage) 사자가 먹이를 찾아다닌다(forage)
⇨ 먹이를 찾다

1932 1 2 3 4 5 심화 14. 서울시 7급

ransack

[rǽnsæk]

동 ① 뒤지다 ② 빼앗다

= ① rummage

Burglars **ransacked** an elderly couple's home.
강도가 한 노부부의 집을 뒤졌다.

ran + sack
house search

→ 집을(ran) 찾는거(sack)니까
⇨ 뒤지다

➡ 소매치기는 달려와서(ran) 가방(sack)을 빼앗아 가죠
⇨ 빼앗다

1933 1 2 3 4 5 심화

rummage

[rʌ́midʒ]

동 샅샅이 뒤지다 명 뒤지기

= 동 ransack

Have a **rummage** around in the drawer.
서랍을 이리저리 뒤져 봐.

rumm + age
room 동·명접

→ 방(rumm) 안을 다 찾아보다
⇨ 샅샅이 뒤지다

러미쥐 = 남의 집

➡ 도둑이 남의 집을 샅샅이 뒤지다
⇨ 샅샅이 뒤지다

1934 1 2 3 4 5 20. 경찰직 1차 / 19. 서울시 7급 추가채용 / 15. 국회직 8급

scrutinize

[skrú:tənàiz]

scrutiny 명 정밀 조사

동 세심히 살피다, 면밀히 조사하다

= probe, investigate, overhaul

He **scrutinized** her face.
그는 그녀의 얼굴을 유심히 보았다.

➡ 스쿠터(scruti)를 사려면 면밀히 조사해야 하니까
⇨ 세심히 살피다, 면밀히 조사하다

1935 1 2 3 4 5 15. 교행직 9급

remnant

[rémnənt]

명 나머지, 잔여

= residue, leftover

The castle is a **remnant** of feudal times.
그 성은 봉건시대의 유물이다.

remn + ant
remain 명접

→ 아직 남아있는(remain) 것이니까
⇨ 나머지, 잔여

1936 1 2 3 4 5

peripheral

[pərífərəl]

형 주변적인, 지엽적인

Fund-raising is **peripheral** to our main activities.
기금 조성 활동은 우리의 주된 활동에 비해 지엽적인 것이다.

periphery 명 주변, 주변부

peri + **pher** + **al**
around carry 형접

→ 주변에서(peri) 나르는(pher) 것이니까
⇨ 주변적인, 지엽적인

1937 1 2 3 4 5 심화

ancillary

[ǽnsəlèri]

형 보조적인, 부수적인

= secondary, incidental, subsidiary, collateral

perform **ancillary** studies
보조적인 연구들을 수행하다

ancillarity 명 부속성

앤서래리 = **안 설레**

➡ 너에겐 안 설레니까 넌 나에게 부수적인 존재일 뿐이야
⇨ 부수적인

1938 1 2 3 4 5 심화

annex

[ənéks]

동 ① 합병하다 ② 추가하다
명 부가물, (건물의) 별관

= 동 ① incorporate, integrate, consolidate, merge, coalesce

Unhappiness is usually **annexed** to poverty.
대개 불행은 가난과 동반된다.

annexation 명 합병

an + **nex**
to bind

→ 군데군데 흩어진 것들을 하나로(an) 묶다(nex)
⇨ 합병하다
→ 옆쪽(next) 회사랑 묶으니까
⇨ 합병하다
→ 옆쪽으로(next) 붙이니까
⇨ 추가하다

1939 1 2 3 4 5

celestial

[səléstʃəl]

형 하늘의, 천체의

We are mere toys of **celestial** forces.
우리는 단지 하늘의 힘에 의해 움직여지는 장난감들일 뿐이다.

celestiality 명 천상계, 천사

celesti + **al**
sky 형접

→ 하늘(celesti)의 성질(al)이니까
⇨ 하늘의

설레설 = **설레서**

➡ 밤하늘을 보면 마음이 설레서
⇨ 하늘의, 천체의

1940 1 2 3 4 5

hallow

[hǽlou]

동 신성하게 하다

= consecrate

cf. hollow (속이 빈)

The ground in the church is **hallowed**.
그 교회의 부지는 신성시 된다.

hallowed 형 소중한, 신성시 되는

➡ 핼러윈(halloween)은 'All hallows' eve(모든 성인의 날 전야제)'의 줄임말로, 신성한 밤을 의미하죠
⇨ 신성하게 하다

1941 1 2 3 4 5 심화 17. 국회직 8급

diaphanous
[daiǽfənəs]

형 투명한, 비치는

= lucid, pellucid, transparent, translucent

The movie star wore a **diaphanous** gown.
그 영화배우는 비치는 가운을 입고 있었다.

다이애퍼너스 = 다이아(로 된) 판
➡ 다이아몬드로 된 판은 투명하니까
⇨ 투명한

1942 1 2 3 4 5 18. 서울시 7급 / 16. 경찰직 2차

conscientious
[kɔ̀nʃiénʃəs]

형 양심적인, 성실한

= scrupulous

She does all her work in a **conscientious** manner.
그녀는 모든 일을 성실하게 한다.

conscience 명 양심

conscienti + ous
moral 형접
→ 도덕적인(conscienti) 성향이니까 (ous)
⇨ 양심적인
➡ 과학자(scientist)에게는 큰 양심 (conscience)이 있어야 하죠
⇨ 양심적인

1943 1 2 3 4 5 심화

commiserate
[kəmízərèit]

동 동정하다, 가엾게 여기다

= sympathize

He **commiserated** with the losers on their defeat.
그는 진 사람들에게 패한 데 대한 위로를 표했다.

commiseration 명 위로의 표현
commiserable 형 가엾은
commiserative 형 인정 많은

com + miser + ate
completely misery 동접
→ 매우(com) 비참(miser)한 것으로 여기다
⇨ 동정하다, 가엾게 여기다

1944 1 2 3 4 5 심화

solace
[sάləs]

명 위로, 위안 동 위로하다

She finds **solace** of a kind in alcohol.
그녀는 술에서 그나마 위안을 찾는다.

➡ 몇 년 동안 솔로(solo)로 지낸 그를 위로했다
⇨ 위로

1945 1 2 3 4 5 17. 국회직 8급 / 14. 기상직 9급

cordial
[kɔ́:rdʒəl]

형 진심의, 다정한

= amicable, amiable, affable, affectionate, benign, genial

a **cordial** smile
진심어린 미소

cordially 부 다정하게, 진심으로

cord + ial
heart 형접
→ 마음에서(cord) 우러난 거니까
⇨ 진심의

1946 1 2 3 4 5 심화

foible

[fɔ́ibl]

명 결점, 약점

= drawback, shortcoming

other's little **foibles**
타인의 작은 결점들

포이블 = 포위 + ible
➡ 남들에게 포위당하기 쉬운(ible) 거니까
⇨ 약점

1947 1 2 3 4 5

grudge

[grʌdʒ]

명 원한, 유감
동 ① 억울해하다, 아까워하다 ② 시기하다

= 명 malevolence, malice

He **grudges** having to pay so much tax.
그는 그렇게 많은 세금을 내야 하는 것에 억울해한다.

ungrudging 형 아낌없는, 기꺼이 주는

그러쥐 = 그러지(마)
➡ 너 나한테 그러지 마!
⇨ 원한, 유감

1948 1 2 3 4 5 심화 12. 지방직 7급

gnarl

[nɑːrl]

동 비틀다 명 마디

gnarl his hands
그의 손을 비틀다

그날
➡ 복수의 그날만을 기다리며 몸을 비틀고 으르렁거렸다
⇨ 비틀다

1949 1 2 3 4 5 심화 18. 국가직 9급

dilettante

[dilətɑ́ːnt]

명 아마추어 애호가, 호사가

She's a professional artist, not a **dilettante**.
그녀는 전문적인 화가이지, 아마추어가 아니다.

dilettantish 형 취미삼아 하는

➡ 직업보다는 자기가 좋아서, 기뻐서(delight) 일을 하는 사람
⇨ 애호가

1950 1 2 3 4 5

blatant

[bléitənt]

형 노골적인, 뻔뻔한, 야한

= unabashed, impudent

There was a **blatant** attempt to buy votes.
돈으로 표를 얻으려는 노골적인 시도가 있었다.

blatantly 부 주제넘게, 뻔뻔스럽게

bla + (t)ant
noisy 형접
➡ 말하기에도 시끄러운(bla) 성질(ant)이니까
⇨ 노골적인

1951 1 2 3 4 5 16. 서울시 9급

rebellious

[ribéljəs]

rebel 명 반역자 동 반항하다, 저항하다
rebellion 명 반란, 모반

형 반항적인, 반란하는

= defiant

He has a strong **rebellious** disposition.
그는 반항적인 기질이 강하다.

rebell + (i)ous
rebel 형접

→ 반역(rebell)의 성질(ous)이니까
⇨ 반항적인

➡ 벨(bell)을 한 번만 누르라는 안내문을 보고도 계속 다시(re) 누르는 것은
⇨ 반항적인

1952 1 2 3 4 5 17. 국회직 9급

animosity

[ænəmάsəti]

명 반감, 적대감

= antipathy, enmity, rancor

The actress felt no **animosity** towards his critics.
그 여배우는 자기를 비판하는 사람들에 대해 아무런 반감이 들지 않았다.

애니마서티 = 아니 뭐

➡ 어떤 말에도 '아니, 뭐'로 대답하는 사람을 보면
⇨ 반감, 적대감

➡ 짐승(animal) 같은 놈들로 가득한 도시(city)에 대한 반감(animosity)
⇨ 반감, 적대감

1953 1 2 3 4 5 심화

backlash

[bǽklæʃ]

명 반발

The new legislation has received a **backlash**.
이 새로운 조항은 반발을 샀다.

백내쉬 = back + 내시

➡ 다시(back) 내시가 되게 만들려고 하자 반발하다
⇨ 반발

1954 1 2 3 4 5 심화 16. 국회직 8급

ramification

[ræməfikéiʃən]

명 파문, 영향

There is no legal **ramification**.
법적인 파급력은 없다.

래머피케이션 = 루머 + 피켓 있어

➡ 그 연예인을 둘러싼 온갖 루머들은 엄청난 파문을 몰고 왔고, 팬들은 은퇴하라는 피켓을 들고 있었다
⇨ 파문, 영향

1955 1 2 3 4 5 18. 경찰직 3차 / 14. 국회직 9급 / 14. 국회직 8급

repercussion

[ri:pərkʌ́ʃən]

명 영향, 반향

There is no threat of **repercussion**.
거기에는 반향의 염려가 없다.

re + percuss + ion
back strike 명접

→ 반대(뒤) 방향으로(re) 돌아오는 거니까(percuss)
⇨ 영향, 반향

1956 1 2 3 4 5 심화 14. 지방직 9급 / 13. 해경직 2차

unquenchable

[ʌnkwéntʃəbl]

quench 동 가라앉히다, 억제하다
quenchable 형 억제할 수 있는, 달랠 수 있는

형 억제할 수 없는, 억누를 수 없는

He had an **unquenchable** thirst for life.
그는 삶에 대해 억제할 수 없는 갈증을 지니고 있었다.

un + quench + able
not extinguish 형접

→ 풀 수(quench) 없는(un) 거니까
⇨ 억제할 수 없는

1957 1 2 3 4 5 심화

bout

[baut]

명 한바탕, 한차례, 시합

= burst

have a **bout** with her
그녀와 승부를 겨루다

바웃 = 바위

➡ 바위를 던지고 한바탕(bout) 싸우다
⇨ 한바탕, 한차례

1958 1 2 3 4 5

genocide

[dʒénəsàid]

명 대량살상, 집단학살

cf. homicide (살인), insecticide (살충제), feticide (낙태), herbicide (제초제), suicide (자살)

Almost no one apologized for the **genocide**.
그 집단 학살에 대해 사과한 사람은 거의 없었다.

gen(o) + cide
gene kill

→ 한 종족의 유전자까지(gen) 죽이는(cide) 거니까
⇨ 대량살상

1959 1 2 3 4 5

havoc

[hǽvək]

play havoc with 동 ~을 혼란시키다

명 대파괴, 큰 혼란

= catastrophe, upheaval, calamity, cataclysm

Rioters caused **havoc** around the town.
폭도들은 도심 주변에 대혼란을 야기했다.

해벅 = 할복

➡ 전투에서 진 사무라이가 할복(havoc)하여 자신을 대파괴하다
⇨ 대파괴, 큰 혼란

1960 1 2 3 4 5 21. 경찰직 1차 / 09. 지방직 7급

predicament

[pridíkəmənt]

명 곤경, 궁지

= plight, quandary

He found himself in a strange **predicament**.
그는 자신이 이상한 궁지에 빠져 있는 것을 알았다.

➡ 사람들 앞에서(pre) 디카(dica)로 찍히는 상황
⇨ 곤경, 궁지

1961 1 2 3 4 5 심화 14. 서울시 7급

enjoin
[indʒɔ́in]

동 ① 명하다 ② 금지하다

The teacher **enjoined** me to be silent.
선생님은 내게 조용히 하라고 말씀하셨다.

➡ 합류(join)하라고 사람들에게 명령하니까(enjoin)
⇨ 명하다

1962 1 2 3 4 5 심화

recant
[rikǽnt]

동 철회하다, 취소하다

= revoke, annul, nullify, retract, repeal, rescind, countermand, abrogate

recant her testimony
그녀의 증언을 취소하다

recantation 명 철회, 취소

re + cant
back chant

→ 뒤에서(re) 외치니까(cant)
⇨ 철회하다

➡ 할 수 없다(can't)며 뒤로(re) 물러서니까
⇨ 철회하다

1963 1 2 3 4 5 심화

foment
[foumént]

동 조장하다, 선동하다

= incite, instigate, agitate, abet

foment insurrection
반란을 조장하다

포맨트 = 포맨

➡ 포맨(4MEN) 노래를 틀어 로맨틱한 분위기를 조성하다(foment)
⇨ 조장하다

1964 1 2 3 4 5 심화

encroach
[inkróutʃ]

동 침해하다, 침략[잠식]하다

= invade, intrude, trespass

They were trying to **encroach** into our area.
그들은 우리의 지역에 침입하려 시도하고 있었다.

encroachment 명 침해, 침입

en + croa + ch
in hook 동접

→ 내 안으로(en) 갈고리(croa)가 들어오는 것이니까
⇨ 침해하다

➡ 바퀴벌레(roach)가 인(en)간의 삶을 힘들게 하니까
⇨ 침해하다

1965 1 2 3 4 5 심화

adulterate
[ədʌ́ltərèit]

동 ① (불순물 따위를) 섞다 ② 질을 떨어뜨리다

= ② debase, degrade, alloy

adulterate milk with water
우유에 물을 타다

adulteration 명 섞음질, 불순품

➡ 성인(adult)이 된다는 것은 세상의 때가 묻는다는 것
⇨ (불순물 등을) 섞다, 질을 떨어뜨리다

1966 1 2 3 4 5 심화 09. 국가직 7급

tarnish

[tɑ́:rniʃ]

동 ① 녹슬다, 흐려지다
② (평판을) 손상시키다, 더럽히다

The affair **tarnished** the reputation of the senator.
그 사건이 상원위원의 평판을 손상시켰다.

tarnishable 형 흐려지기 쉬운

타니쉬 = 타니

➡ 소주에 맥주를 타니 흐려지다
⇨ 흐려지다

1967 1 2 3 4 5 18. 서울시 7급 추가채용 / 18. 경찰직 3차

nebulous

[nébjuləs]

형 흐릿한, 모호한

= ambiguous, equivocal, opaque

a **nebulous** concept
모호한 개념

➡ 말을 똑바로 안하고 네뷸네뷸(nebul) 대니까 의미가
⇨ 흐릿한, 모호한

1968 1 2 3 4 5 13. 서울시 7급

baffle

[bǽfl]

동 당황하게 하다

= embarrass, bewilder, confound, perplex, perturb, obfuscate, fluster

I was **baffled** about my parents' separation.
나는 부모님의 별거에 당혹스러워 했다.

baffling 형 당황하게 하는
bafflement 명 곤혹, 당혹

배플 = 배틀

➡ 갑자기 싸움(battle)을 하면 주변 사람들이 당황하니까
⇨ 당황하게 하다

1969 1 2 3 4 5 17. 경찰직 2차 / 16. 경찰직 2차 / 12. 지방직 7급

exacerbate

[igzǽsərbèit]

동 악화시키다

= aggravate, inflame, compound

He hurt his foot, and walking on it **exacerbated** the pain.
그는 발을 다쳤고, 그 발로 걸으면 통증이 심해졌다.

exacerbation 명 악화, 분노

이그재설베이트 = 이그 써! 뱉어

➡ 약이 쓰다고 뱉어내면 병세는 악화되니까(exacerbate)
⇨ 악화시키다
➡ 적의 중요한 요새(ce)만을 정확하게(exact) 때리니(bat) 적의 역량이 악화되죠
⇨ 악화시키다

1970 1 2 3 4 5

skim

[skim]

동 ① (액체 위 기름을) 걷어내다
② 스치듯 지나가다 ③ 훑어보다

The skaters **skimmed** along the ice.
스케이트 선수들이 얼음을 따라 경쾌하게 미끄러져 갔다.

➡ 뛰어넘듯이(skip) 글을 훑어 읽다(skim)
⇨ 훑어보다

1971 1 2 3 4 5 심화 22. 서울시 9급 추가채용

perspicuous
[pəːrspikjuəs]

형 (언어·문체 등이) 명쾌한, 명료한

= lucid, pellucid, luminous

The report was uniformly **perspicuous**.
그 보고서는 전체가 고르게 명료했다.

perspicuity 명 명확함, 명료함

per + spicu + ous
through see 형접
→ 통과해(per) 보이는(spicu) 거니까
⇨ 명쾌한, 명료한

1972 1 2 3 4 5 14. 국가직 9급

unerring
[ʌnə́ːriŋ]

형 틀림없는, 항상 정확한

= infallible

He is **unerring** in his judgment.
그는 판단에 있어 항상 정확하다.

unerringly 부 한 치도 틀리지 않고

un + err + ing
not error 형접
→ 오류(err)가 없는(un) 거니까
⇨ 틀림없는, 정확한

1973 1 2 3 4 5 심화

stark
[stɑːrk]

형 ① 삭막한, 냉혹한
② 있는 그대로의, 적나라한
③ 완전한, 뚜렷한

Now, we have to wake up to the **stark** reality.
이제, 우리는 냉혹한 현실에 눈을 떠야 한다.

starkness 명 순전, 완전함

➡ 우리가 보는 아름다운 별(star)은 완전해보이지만(stark) 사실 삭막한(stark) 환경이죠
⇨ 완전한, 삭막한

1974 1 2 3 4 5 심화 16. 국회직 9급

seamlessly
[síːmlisli]

부 이음매가 없이, 균일하게

allow old and new to blend **seamlessly**
옛것과 새것이 균일하게 섞이도록 하다

seam 명 솔기
seamless 형 솔기가 없는, 아주 매끄러운

seam + less + ly
sew free 부접
→ 이음새(seam)가 없는(less) 거니까
⇨ 이음매가 없이, 균일하게

1975 1 2 3 4 5 심화 16. 국회직 8급

felicitous
[filísətəs]

형 적절한

= relevant, suitable

I finished my essay with a **felicitous** turn of phrase.
나는 절묘한 어구 전환을 사용해 나의 에세이를 완성했다.

felicity 명 굉장한 행복, 적절함

펄리시터스 = 빨리 씻어서
➡ 단수되기 전에 빨리 씻어서 적절한(felicitous) 타이밍을 맞추다
⇨ 적절한, 절묘한

1976 1 2 3 4 5

viable

[váiəbəl]

viability 명 생존 능력, 실행 가능성

형 실행 가능한, 성공할 수 있는

= feasible

look for **viable** alternatives
실행 가능한 대안들을 찾다

vi + able
way 형접
→ 길, 방법(vi)이 있는 곳으로 가는 거니까
⇨ 실행 가능한

1977 1 2 3 4 5 15. 지방직 9급

underpin

[ʌ̀ndərpín]

underpinning 명 받침대, 토대

동 뒷받침하다, 보강하다, 지지하다

It is impossible to **underpin** the argument.
그 주장을 뒷받침하는 것은 불가능하다.

➡ 커튼이 자꾸 흘러 내려 아래에(under) 핀(pin)을 꽂아서 지지하다(underpin)
⇨ 뒷받침하다, 보강하다, 지지하다

1978 1 2 3 4 5 심화 15. 지방직 7급

bleak

[bliːk]

bleakness 명 적막함, 음침함

형 암울한, 황량한

= barren, desolate

Of course, things are not uniformly **bleak**.
물론, 모든 게 한결같이 암울한 것은 아니다.

블릭 = 블랙
➡ 어두워지면 기분도 암울해지니까
⇨ 암울한

1979 1 2 3 4 5 심화

somber

[sάmbər]

형 (=sombre) ① 침울한, 우울한, 엄숙한
② 흐린, 어두컴컴한

= ① dismal, sullen, morose, dejected, despondent, doleful

A cloudy winter day is **somber**.
흐린 겨울날은 침울하다.

삼버 = 쌈 봐
➡ 부모님 쌈 봤더니(싸우는거 봤더니) 침울하네
⇨ 침울한

1980 1 2 3 4 5

garrulous

[gǽrələs]

garrulousness 명 수다스러움, 장황함

형 수다스러운, 시끄러운

= talkative, prolix, verbose, loquacious

a **garrulous** fellow
수다스러운 동료

갤룰러스 = 꺄르르
➡ 꺄르르 웃으며 즐겁게 수다 떠는(garrulous) 학생들을 연상
⇨ 수다스러운

1981 1 2 3 4 5 심화

raucous

[rɔ́:kəs]

형 소란스러운, 귀에 거슬리는

= clamorous, vociferous, strident

The party next door seems to be a little **raucous**.
옆집의 파티가 좀 소란스러워 보인다.

로커스 = rockers

➡ 로커들이 무대 위에 소란스레 노래를 부르고 있으니까

⇨ 소란스러운, 귀에 거슬리는

1982 1 2 3 4 5 17. 서울시 9급

harness

[hɑ́:rnis]

동 이용하다 명 마구

= 동 utilize

how to **harness** the power of your networks
당신의 인적망의 힘을 이용하는 방법

할니스 = 할리스

➡ 할리스 커피를 이용하자

⇨ 이용하다

1983 1 2 3 4 5 심화

coalesce

[kòuəlés]

동 연합하다, 합병하다

= incorporate, integrate, consolidate, merge, annex

The puddles **coalesced** into a small river.
물웅덩이들이 합쳐져 작은 강을 이루었다.

coalescence 명 합체, 융합
coalescent 형 유착한, 합체한

코얼레스 = co + 얼랬으

➡ 함께(co) 얼래고 달래서 하나로 뭉치니까

⇨ 연합하다, 합병하다

1984 1 2 3 4 5 심화 15. 기상직 7급

muster

[mʌ́stər]

동 모으다, 동원하다 명 소집, 집결

= 동 assemble, convene, gather, mobilize, congregate

muster an army
군대를 동원하다

머스터 = 버스 타

➡ "버스 타!"라며 사람들을 모으다

⇨ 집결, 모으다

➡ 내일 운동장으로 반드시(must) 모여라

⇨ 소집

1985 1 2 3 4 5 심화

saturate

[sǽtʃərèit]

동 ① 흠뻑 적시다
② 포화시키다, 과잉 공급하다

= ① pervade, permeate, penetrate, infiltrate

The continuous rain **saturated** the soil.
계속 내린 비가 땅을 흠뻑 적셨다.

saturation 명 (흔히 비유) 포화 (상태)
saturated 형 흠뻑 젖은

satur + ate
enough 동접

→ 물이 흥건하도록(satur) 만들다(ate)

⇨ 흠뻑 적시다

➡ 토요일(Saturday)은 술에 흠뻑 적시는(saturate) 날

⇨ 흠뻑 적시다

1986 1 2 3 4 5

barter

[bɑ́:rtər]

동 물물교환하다, 교역하다
명 물물교환, 교환물

We work on the **barter** system.
우리는 물물교환 시스템에서 일한다.

➡ 술집(bar) 어디 다니는지 서로 터(ter) 보자!
⇨ 교역하다

1987 1 2 3 4 5 심화

enumerate

[injú:mərèit]

enumerative 형 열거하는, 계산상의
enumeration 명 열거, 계산
numeral 명 숫자 형 수의
numerical 형 수의

동 열거하다, 낱낱이 세다

= list

Can you **enumerate** the capitals of the 50 states?
(미국의) 50개 주를 모두 열거할 수 있습니까?

e (out) + numer (number) + ate (동접)
➡ 하나하나(number) 밖으로(e) 끄집어내니까
⇨ 열거하다

1988 1 2 3 4 5 심화 15. 서울시 9급

codify

[kάdəfài]

codification 명 성문화

동 성문화하다, (체계적으로) 정리하다

the need to **codify** the rules
규칙을 성문화할 필요성

cod (code) + ify (동접)
➡ 법규(cod)로 만드니까(ify)
⇨ 성문화하다

1989 1 2 3 4 5 심화

fortuitous

[fɔ:rtjú:ətəs]

fortuity 명 우연성, 우연

형 우연한

= accidental, casual, coincidental, inadvertent, adventitious

The **fortuitous** accident caused a great discovery.
그 뜻밖의 사건이 위대한 발견을 초래했다.

➡ 운(fortune)이 좋아서 우리는 우연히 만났다
⇨ 우연한

1990 1 2 3 4 5 16. 국회직 9급

semantic

[simǽntik]

semantics 명 의미론
semantically 부 의미상, 의미론적으로

형 의미의

It may be a **semantic** difference.
그것은 의미적인 차이일 수 있다.

시멘틱 = 시멘트
➡ 시멘트처럼 견고한 건 외관이 아니라 내적인 의미!
⇨ 의미의

1991 1 2 3 4 5 심화

pristine

[prístiːn]

형 ① 완전 새 것 같은, 아주 깨끗한
② 자연 그대로의, 오염되지 않은

= ② intact, immaculate

Visitors marveled at its **pristine** beauty.
방문객들은 그곳의 자연 그대로의 아름다움에 감탄합니다.

➡ 엘라스틴(elastin)으로 머리를 감아서 깨끗한(pristine) 상태가 되다
⇨ 아주 깨끗한

1992 1 2 3 4 5

homogeneous

[hòumədʒíːniəs]

형 동종의, 동질의

cf. heterogeneous (이종의)

It was a tedious city of **homogeneous** buildings.
그곳은 동종[같은 모양]의 건물들로 이루어진 따분한 도시였다.

homo + gene + ous
same birth 형접

→ 출생(gene)이 같은(homo) 것이니까
⇨ 동종의

1993 1 2 3 4 5 심화

facade

[fəsɑ́ːd]

명 정면, 표면

The **facade** of that building is made of wood.
저 건물의 정면은 목재로 되어있다.

fac + ade
face 명접

→ 얼굴(fac)에 해당하는 거니까
⇨ 정면, 표면

1994 1 2 3 4 5 15. 기상직 9급

hyperbole

[haipə́ːrbəli]

명 과장(법)

= exaggeration

The newspaper was full of the **hyperbole**.
신문은 과장으로 넘쳐났다.

hyper + bole
beyond throw

→ 저 너머로(hyper) 던지는 것(bole)이니까
⇨ 과장

1995 1 2 3 4 5 심화 18. 경찰직 1차

indispose

[indispóuz]

동 ① -할 마음을 잃게 하다
② 부적당하게 하다 ③ 병이 나게 하다

cf. predispose (-할 마음이 생기게 하다, 병에 걸리기 쉽게 하다)

The heat **indisposed** him to work hard.
더위 때문에 그가 열심히 일할 마음을 잃었다.

indisposed 형 ① 내키지 않는 ② 몸이 안 좋은
indisposition 명 (가벼운) 병, 몸이 불편함

in + dispose
not incline

→ 마음이 기울지(dispose) 않도록(in) 하는 것이니까
⇨ -할 마음을 잃게 하다

1996 1 2 3 4 5 심화

idiosyncratic

[idiəsiŋkrǽtik]

형 특이한

= bizarre, uncanny, eerie, peculiar, weird, outlandish, eccentric

one of the most **idiosyncratic** films
가장 특이한 영화들 중 하나

➡ 이디엄(idiom) 같은 것들은 특이한 경우죠
⇨ 특이한

1997 1 2 3 4 5 심화

sap

[sæp]

sappy 형 ① 수액이 많은 ② 활기 찬
sapless 형 ① 수액이 없는 ② 활기 없는

명 수액 동 약화시키다

= 동 weaken, erode, impair, undermine, dilute, attenuate, debilitate

The hot sun **sapped** our energy.
뜨거운 태양이 우리의 기력을 약화시켰다.

➡ 나무에서 수액(sap)을 빼는 거니까
⇨ 약화시키다

1998 1 2 3 4 5

wane

[wein]

waney 형 쇠퇴해진

동 적어지다, 약해지다

= fade, wither, languish

The controversy did not look likely to **wane**.
그 논란은 수그러들지 않을 것처럼 보였다.

웨인 = 와인

➡ 비싼 와인을 자주 사 먹으니 통장 잔고가 적어지다(wane)
⇨ 적어지다

1999 1 2 3 4 5 21. 경찰직 2차 / 20. 해경직 3차

abate

[əbéit]

동 덜다, 줄이다

= lessen, dwindle, diminish, curtail

Steps must be taken to **abate** pollution.
오염을 줄이기 위한 조치들이 취해져야 한다.

a (away) + bat(e) (beat)

→ 두드려서(bat) 털어내다(a)
⇨ 덜다

2000 1 2 3 4 5

euthanasia

[jùːθənéiʒiə]

명 안락사

Euthanasia is only legal in the state of Oregon.
안락사는 오레곤 주에서만 합법이다.

eu (good) + thana(s) (death) + ia (명접)

→ 죽음을(thanas) 좋게(eu) 맞이하는 것이니까
⇨ 안락사

A~Z

색인

Index

전 직렬 적중으로 증명된

VOCA EXTREME

A

S

Staff

Writer	심우철
Director	김지훈
Researcher	노윤기 / 정규리 / 장은영
Design	강현구
Manufacture	김승훈
Marketing	윤대규 / 한은지 / 장승재

발행일 2022년 9월 30일 (개정 5판 2쇄)

내용문의 http://cafe.naver.com/shimson2000